蘭書訳述語攷叢

吉野政治 著

和泉書院

はじめに

地動説を我が国に最初に紹介した和蘭《おらんだ》通詞本木良永（1735–94）は、厳冬に神社に詣で水垢離《みずごり》をして翻訳に臨んだという。老体でなぜそのような無理をするのかという人の諫《いさ》めに、彼は「私の家は翻訳を勤めとして公禄を食《は》んでいる。その職を尽くして死に至るのも私のさだめであろう」と答えたという（「吾自二先世一以レ訳食二公禄一。蓋尽二其職一以斯致レ死、即吾分而已《のみ》」楢林栄哲撰本木良永墓誌・大槻如電『新撰洋学年表』所載）。

和蘭通詞は蘭語の書類を読み、書いてもいたはずであるが、蘭書を翻訳する者はほとんどいなかった。その理由を彼は『星術本原太陽窮理了解新制天地二球用法記』（寛政四年〔1792〕成）の中で次のように説明している。

総じて和蘭言語を翻訳し、左行の横文字を以て日本右行文字の縦に訳を采《と》るは、鳥獣草木を以て人事に当てるに同じ。蓋《けだ》し、人は天地の竪《じゅ》気を受けて万事に通達す。鳥獣は天地の横気を受けて、頭横に附きて横に歩行し、皆口ありて食ひ、草木は天地の逆気を受けて逆に立ちたる容の如く、口は地中の上下に在りて、根に培養すれば枝葉生育するに相似たり。然るに横文字を以て日本言語に解するは、譬《たと》へば鳥獣草木の横気逆気を以て人に喩へ、左横文字の言語を以て日本文字の縦に取るは、横に左行の逆なる文字を竪にして、恰《あたか》も鳥獣草木を人事に当て通達するに相似たり。故に適当の訳成り難し。準的《めあて》とする者は横文字、已れ正しからずして箭《や》を放つが如く、訳証の拠これ無く、射垜《あづち》に当るを善《よし》として訳言的当す可《べ》からず。是に依つて先輩の訳人、和蘭の書籍を翻訳する者これ無し。

（和解例言草稿）

文字を横に並べて文章を綴る人の思考は縦に並べて文章を書く人のそれとは異なるのではないか、それを翻訳するのは鳥獣草木のことばを人間のことばに訳すようなものではないのか、訳したとしても弓矢の的《まと》ではなく、射垜《あづち》（的を嵌め置く盛り土）に矢が当たれば良しとするような不確かなものでしかないのではないか。先輩の通詞たちはそのように考えたのである。仕事上の会話や書類程度の内容であれば、そのような不安は生じることはなかったであろう。しかし、学術書に説くところは学説以前に根本において理解できない考え方の上に成り立っているようである。それが理解できない限り、正しい翻訳などできないのではないか。そうした不安が書物を翻訳することを彼らに躊躇させたのである。この書の後書きに「古来一巻の和蘭書を解する者訳家にこれ無し。下僕□此の一巻を解す」（□は欠字）と書いた本木良永も東洋と西洋との思想や認識の違いを次のように指摘している。

> 和漢の学士天地を説くに、陰陽五行を以て論ずると雖も、和蘭人は天地を論ずるに、陰陽五行の論説これ無し。又陰陽といふ言語これ無し。其の余の説義、和漢に相似たり。和蘭人陰陽をいふ時は、天地上下、春秋夏冬、南北東西、寒暑温冷、水火湿燥、昼夜黒白、父母男女、牝牡雌雄等の言語を以て言を建て、五行を論ずる時は、四元行の地水火気の四つを以て論じ、国俗風土共に日本人と同じからず。天地学の論説間々不合の言語ありて、和漢天地を説く義論の弁説と合一ならざる事あり。（同右）

西洋には陰陽五行といった議論もなく、陰陽ということばさえ存在しない。一見似たところもあるが、詳細は異なっているのである。こうした根本的なことだけではない。普遍的に存在するはずの事物の名称が彼の国には無いこともあり、その反対の場合もある。存在していてもその捉え方には違いがある。目に見えるものについてはその違いは容易に理解できるが、目に見えない概念についてはどのようにしてその違いを知ることができるのか検討もつかない。

和蘭語を日本語に翻訳するには、各《おのおの》形状ある者は其の形状に因りて其の名義を識ると雖も、其の余の無形の言語に至りては、何に因りてか習ふ事を得んや。和蘭の言語固《もと》より日本言語に相当らざるあり、或は日本の言語和蘭に通ぜざるあり。日本に事物の名目ありて和蘭に名目これ無きあり、又和蘭に事物の名目ありて日本に通ぜざるあり。（同右）

例えば数の数え方の違いも彼らには戸惑いの一つであった。

近く仮令《たと》へば、一二三の数は一語一語相当ると雖も、和蘭に一十百千といふ語ありて万といふ語無く、万といふを、和蘭語、逓尹《ティーン》・丟逸《ドユイ》扇掇《セント》といふなり。此に十千と正訳す。此の如く万を十千といひ、十万を百千といひ、百万を密立猶尹《ミリユーン》といふなり。日本の言語に密立猶尹《ミリユーン》といふ言語これ無し。万を百数積みて百万といふなり。然るに和蘭人は密立猶尹《ミリユーン》といひて百万とはいはず、又億兆京といふ言語これ無し。故に万語万言一々的当の翻訳を成し難し。其の所以は、万といへる言語を和蘭に通ずるときは十千といひ、和蘭語の密立猶尹《ミリユーン》と一語にていふ語を日本に通ずるには百万といふなり。（同右）

西洋の書物を翻訳するのには、こうしたさまざまな点において困難があることを本木は十分に理解していた。しかも、今、翻訳しようとしているのはこれまで信じて疑うことのなかった世界観を覆している書物である。彼が厳冬に水垢離までして、文字通り決死の覚悟で翻訳に臨んだのは、本書であったと言われる。

さまざまな学問分野の蘭書は、程度の差こそあれ、こうした緊張の中で翻訳されていったのであろう。しかし、西洋の書物を翻訳することは自らの拠って立つ思想や思考法を客観視する機会でもある。一冊の書物の翻訳が成し遂げられたとき、そこには新しい世界が現れてくる。それは体系としての思想の違いであり、これまで知っていたものとは異なる文化や文明であった。吉田光邦氏の『復刻　日本科学古典全書3』（朝日新聞社 1978刊）の「解説」に言う、

「解体新書」は新しいパラダイムを成立させた。オランダ語の書物の入手、それを翻訳することによって、日

本の人々は中国以外の異質の文化、文明の体系を知ることができる。それはあらゆる自然についての観点をはじめとして、そこからつくりだされる体系についても、すべて質的にちがった存在であり学問である。この発見によって、いわゆる蘭学といわれる学問の体系が開始されたのであった。

ところで、先に述べたように、異国の書物は日本と異なる考え方や思想の上に書かれているものであり、単純に逐語訳して済むものではない。日本語にない概念を意味する語も存在するのである。そこで蘭学者たちは原書にはない説明を適宜加えながら翻訳していった。それを訳述と言う。この訳述の方法は、文や文章だけではなく、一つの単語に対しても行われている。特に術語は原則として漢名が用いられるが、取りあえず用いた漢名に本来の意味との違いを注記する形が採られることがある。適当な漢名がなく、新しく訳語を創作することもあった。その場合、どのような漢字を組み合わせれば、原義により近く、より理解しやすいものになるかを苦心している。そうして造られた訳語には今日でも用いられているものがある。例えば次のような語はよく知られている（造語者の名を注記したが、詳しく調べれば別人によるものもあるかもしれない。しかし、蘭学出自の語であることは間違いない）。

【天文学】惑星（本木良永）、地動説・衛星・視差など（以上、志筑忠雄）

【医　学】神経・盲腸・十二指腸・鼓膜・軟骨・動脈・門脈・蝸牛殻・骨膜・咽頭など（以上、杉田玄白ら）、腺・膵（以上、宇田川玄真）、膣〔膣〕・靭帯・乳糜管・輸精管・腱・繊維・胸骨・鎖骨・海綿（状）・肋間（対）神経・甲状軟骨・薦骨・胃液・小腸・大腸・胃液・骨髄・尿道・視神経・網膜など（以上、大槻玄沢または宇田川玄真[1]）

【物理学】引力・動力・弾力・圧力・重力・求心力・遠心力・速力・加速・真空・落体・属子・分子・重心・気圧・水圧・気圧計・晴雨計など（以上、志筑忠雄）光線・雰囲気・導体・寒暖計・検温器など（以上、

青地林宗）

【化　学】元素・酸素・炭素・窒素・硫酸・硝酸・還元など（以上、宇田川榕菴）

【植物学】雄蕊・雌蕊（以上、伊藤圭介）、花柱・柱頭・葯・気孔・花梗・単葉・複葉・葉柄・澱粉など（以上、宇田川榕菴）

これらの語は多くの人が取り上げて研究している。しかし、このような今日に伝わる訳語だけでなく、同じく西洋の概念と格闘し、より適切な語を生み出す捨て石となって歴史の中に消えていった訳語もまた注目される。例えば、本書で取り上げたもので言えば、「雄蕊・雌蕊」に先行する「鬚蕊・心蕊」、「年輪」に先行する「歳輪」、「元素」に先行する「実素」などである。

また、今日に伝わる訳語を造ったのは誰かということに関心が向けられがちであり、これらの語が如何《いか》に旧来の思想を克服し新しい概念を伝えているのか、あるいは克服できずに旧来の思想を引きずる形でしか伝えられなかったのか、といった観点から論じられることは少ないようである。本書はそのような観点から訳語を捉えてみたいと思う。この本書の観点は次のようにも言い換えることができる。蘭学は新しい知識やものの考え方を伝えただけでなく、それまで存在していたものの捉え方を変えてしまったり、漠然と認識されていたことを明確に概念化したりしたものもある。本書で取り上げたものを例として挙げれば、化石は「気」の凝ったものではなくなり、虹の色の数は五つから七つとなった。人間の利用の観点から果類とか菜類とか穀類などと分類されていた植物は、植物そのものの特徴によって分類されるようになり、鑑賞の対象であった花は子孫を残すための生殖器官となり、蕊は雄蕊と雌蕊に分けられた。また、木と草とで区別されることのなかった植物の主軸はクキ（茎）とミキ（幹）に区別され、木目の中から年輪が区別されることになった。こうしたことを明らかにするためには、それまでどのような語が日本にあり、それらはどのように事物を捉えていたのかを明らかにしておかなければならない。本書に収めた拙論が蘭学以前のことに多くの紙幅を割いているのはそのためである。

ところで、先に述べたように蘭学者たちが用いている訳語には、古典籍などに見られる漢語に新しい意味を賦与し、あるいは用い方を変えて利用したものもある。蘭学者たちは在華外国人宣教師が用いた訳語をも利用しているが、それらも同様である。さらに蘭学者たちは旧来の意味のままに漢語を訳語として使用している。蘭書の訳述にはこの新旧二種の漢語が用いられているのであり、新しく造られた漢語だけで西洋の知識や思想が説明されているのではない。新しい漢語は旧来の漢語では対応できない概念を表わすためにのみ存在するのである。こうした訳語の在り方から見れば、西洋の新知識は東洋の知識や思想の土台の上に説明されていると言うこともできる。あるいは新しい知識は旧来の文化の土壌の上に蒔かれ、その養分を利用して育てられているとも言えよう。本書はそのような見方から、蘭書訳述における訳語の、日本の思想史あるいは文化史の中での位置を捉えてみたいと思っている。

本書に収めた論の多くは「あとがき」に記したような経緯で書かれ、学内誌に発表してきたものである。この機会に誤りを正すとともに、一書としての体裁を整えるために重複する内容をできる限り削ったが、各論を独立しても読み易いように、重要な先学の指摘や各著作の成立年などは敢えて重複させたものもある。

注

（1） これらは宇田川玄真の創語とされるが、玄真の『西説医範提綱』（文化二年〔1805〕刊）に「此書ニ載ル諸器諸液ノ名称、並ニ新製字等、皆重訂解体新書ト参考出入シテ改訳シ医範ニ載ル所ナリ」（題言）とあり、玄真の創語か大槻玄沢の『重訂解体新書』に初出したものか、にわかには判断できない。

目次

第一篇　天文学・暦学のことば

第二篇　地理学・地学のことば

第三篇 物理学・化学のことば

第四篇　植物学のことば

研究余滴

資料紹介

凡例

一、本書の構成は次のとおりである。

1、「序篇」には蘭書訳述の文体と漢語の形をとる術語との関係、また訳語に対する蘭学者の態度について考えたものと翻訳法の名称について整理したもの二編を収めた。

2、「第一篇」から「第四篇」までが本論であり、西洋から伝わった新しい知識や概念にどのような訳語が用いられているか、そしてその訳語がそれまでの知識や概念とどのように連続し、あるいは連続しないかを具体例を通して検討したものを収めた。取り上げた語に応じて便宜的に天文学・暦学、地理学・地学、物理学・化学、植物学の領域に分ける。

3、「研究余滴」には文字どおり研究の過程で気付いたことで、公に発表する価値があると思われるもののいくつかを収めた。

4、「資料紹介」には重山文庫所蔵（新村出博士旧蔵書）のもので、ほとんどその存在が知られていず、しかもそれぞれの研究分野で重要と思われる資料三つを紹介した。

二、本書で用いたテキストは、蘭学と直接関わらないものについてはそれぞれの論攷の中で示したが、主に用いた蘭学関係書については本書の最後に一覧表の形で示した。ただし、第二篇の最初に収めた「大州」の数について扱ったものについては、検索の便を考え、一部重複したものをその章の最後にも掲げている。

三、引用文については次のような処理をおこなった。

1、読みやすさの便を計って、異体略体の漢字や仮名は原則として現行の字体に改め、仮名には濁点や半濁点を加えた。宛字・仮名遣い・送り仮名などは原文のままとする。

2、漢字ひらがな交じり文で助詞の「つ」・「の」また活用語尾などに現在のカタカナ字体が用いられているものがあるが、現行のひらがな字体に改めた。ただし、「資料紹介」における翻刻文については原文のままとする。

3、漢文の引用は返り点また句読点を付すか、書き下し文に改めた。

4、二行細書きの注記で長いものは〈　〉内に本文と同様の形に改めたものがある。

5、必要と思われるものにひらがなでルビを私に付した。カタカナで付す場合は（　）に入れた。

序篇　蘭書の訳述

翻訳の文体と漢語の術語

1　翻訳の文体

蘭書の翻訳は、長崎では早く和蘭通詞本木良意（1628–97）の『和蘭全軀内外分合図』（明和九年〔1772〕刊）などが行われていたことが明らかにされているが、江戸においては杉田玄白らの『解体新書』（安永三年〔1774〕刊）に始まるとされる。玄白は自ら建部清庵への手紙（安永二年〔1773〕十月十五日付）に、

此度翻訳仕候解体新書之儀、是迄《まで》和蘭書和解等は少々見当り申候得共、急度《きっと》翻訳と申事、只今迄見当り不レ申候。乍レ不レ及《およばずながら》自レ我作《なす》レ古之業に御座候間、（『和蘭医事問答』下）

と言い（引用者注――「急度《きっと》」はきちんとしたの意）、『蘭学事始』（文化十二年〔1815〕成）にも、

殊《こと》に和蘭書翻訳といふ事は、古今に無き所の最初なれば、此読初《よみはじめ》の時にあたりて、細蜜《ママ》なる所は因《もと》より弁ずべき様もなし。

と言っており、その弟子である大槻玄沢も「本朝西洋医書翻訳之業以二本編一為二権輿一也」（『重訂解体新書』巻之十一・附録下）など、折にふれて『解体新書』がその始まりであることを顕彰している。

玄白は『解体新書』の価値は一切経の翻訳の権輿《はじめ》である『四十二章経』に匹敵するものがあると自負し（『蘭学事始』）、前に引用した建部清庵への手紙にも、

不佞《わたくし》此度之解体新書も、色々工夫仕候得共《ども》、多く漢人未レ説者御座候故、右之書第三篇、肝要之者計《ばかり》集候篇御座候、此篇に計《ばかり》蛮名を唐音書キにして、片仮名を付申候、存寄に御座候。是は乍《ながら》レ不レ及運に叶ひ、唐迄《まで》も渡候ば、其節之為にと存、唐音書に仕候。日本人に読《よま》せ候には仮名にて可レ然奉レ存候。（『和蘭医事問答』下）

とあるように、この訳書が中国にも伝わることを願ってもいた（引用者注―「唐音」とは当時の中国語のこと）。『解体新書』は漢文で書かれている。この時代においては、学問の文章は漢文で書かれるべきものであったが、こうした願いからも『解体新書』の翻訳は漢文でなされなければならなかったのである。玄沢もまた「（オランダの文章は）達意ノ辞ニテ記シタルモノニテ文章ヲ飾ルナド云コトナキ質樸ナル風俗ニテ実地ヲ踏ミ事ノ簡径ナルヲ先トスル国俗ユヘニ常話モ書籍ニ著スコトモ同様ニテ別ニ文章ノ辞ト云モノナシ」（『蘭学階梯』巻下・学訓、天明三年〔1783〕刊）と言いながら、『蘭訳梯航』（文化十三年〔1816〕成）では次のように翻訳は漢文で行うべきであると主張しているのは、同様の願いを持っていたからであろう。

> 訳ハ蘭学者ノ真訣ナリ。訳トハ、彼言ヲ此語ニ取リ換ヘ、彼言ニテ説キタル文ヲ此方ノ人ニ能ク通ジテ、其事速ニ我用ニ供スルヤウニスルコトナリ。（中略）熟ク彼文法ヲ理会シテ、猶漢土ノ書籍ヲ我国語ニ諺解スルガゴトシト知ルベシ。又、漢文ニ書クベキ学才アラバ、直ニ漢文ニ訳スベキナリ。
>
> 若シ文才ノ人アリテ、直チニ漢文ニ直スコトアラバ、弘ク異朝ニモ伝フベキコトナレバ、尤モ喜ブベキコトナリ。

しかし、右の玄沢の文章に「訳ハ蘭学者ノ真訣ナリ。訳トハ、彼言ヲ此語ニ取リ換ヘ、彼言ニテ説キタル文ヲ此方ノ人ニ能ク通ジテ、其事速ニ我用ニ供スルヤウニスルコトナリ」とあるように、蘭学は日常の生活に要用のことを西洋の書籍に求めるという目的から始まったはずである。したがって、その翻訳文には文辞を飾る漢文より実用本位のものが相応しいという考えがその弟子達の中から主張されることになる。橋本宗吉（曇斎 1763–1836）は

『三法方典』（文化二年〔1805〕刊）で、

訳幷文字漢様ノ体裁ニ乖《そむ》クガ如キモノ有ベシ。彼浮屠者流ノ梵書ヲ訳セルモノ往々侏離アルニ同ジ。是蘭訳者流ノ一面目ナリ。凡テ文字ハ仮器ナリ。義理達シテ已ム。予ガ不才ナルモ烏《いづく》ンゾ此ニ拘々セン。

（題言。傍点原文）

と言い、緒方洪庵も漢文読み下し調で書かれた自著『病学通論』（嘉永元年〔1848〕序・嘉永二年〔1849〕刊）に対してなされた「この書は病理学の分野の最初の著であり、後の規範になるべきものであるから、このように文章が鄙俗で雅でないもの（すなわち漢文ではないもの）であってはならない」という忠告に対して、「遺芳ノ備ラザランヨリハ寧《むし》ロ臭ヲ伝ヘザル者勝レリ」と述べている（『病学通論』題言）。福沢諭吉の『福沢全集緒言』によると、洪庵は「訳書中無用の難文字を臚列《られつ》して、一読再読尚《な》ほ意味を解する難きものあり。畢竟原書に拘泥して、無理に漢文字を用ひんとするの罪にして、其極《そのきわみ》訳書と原書と対照せざれば解す可からざるに至る。笑ふ可《べ》きの甚だしきものなり」と常々言っていたようである。また、長与専斎（1838–1902）の自伝『松香私志』（明治三十五年〔1902〕刊、平凡社・東洋文庫『松本順自伝・長与専斎自伝』1980刊所収）にも、蘭医ポムペが医学伝習を始めた時、その学問の仕方は「きわて平易なる言語即文章を以て直ちに事実の正味を説明し、文字章句の穿鑿の如きは毫も歯牙にかくることな」いものであり、「この伝習の事より蘭学の大勢一変して、摘句尋章の旧習を脱し、直ちに文章の大要を領してもっぱら事物の実理を研究するの目的に進」んだようであるが、「前年緒方先生の蘭学一変の時節到来と宣《のたま》いしぞ、まことに達人の知言なりしと、私《ひそ》かに深く感歎したりき」とある。

やがて蘭書（洋書）の翻訳は、およそ漢文から漢文読み下し調、俗語訳、直訳文へと文体を変えていった。古田東朔「江戸期における翻訳書の文章形式」（緒方富雄編『蘭学と日本文化』東京大学出版会1971刊所収）は、各文体の訳述書の例を次のように挙げている。

1漢文のもの…杉田玄白『解体新書』（1774）・青地林宗『気海観瀾』（1825）大槻玄沢『重訂解体新書』（1826《ママ》）・宇田川榕菴『植学啓原』（1833）・廣瀬元恭『理学提要』（1856）
2漢文読み下し調（体）のもの…志筑忠雄『暦象新書』（1798）・宇田川玄真『医範提要』（1805）・宇田川玄真『遠西医方名物考』（1822）・吉雄南皐『遠西観象図説』（1823）・宇田川榕菴『舎密開宗』（1837）・緒方洪庵『病学通論』（1848）・川本幸民『気海観瀾広義』（1851–58）
3俗語訳のもの…伊藤慎蔵『颶風新話』（1857）・大庭雪斎『民間格知問答』（1862）
4直訳文のもの…伊藤圭二『輿地紀略直訳』（1858）・大学南校助教訳『格賢勃斯英文典直訳』（1870）

また、一書の内に大綱は漢文で書き、その註解を漢文読み下し調で書いているものもあった。宇田川玄真『医範提要』はこの例であり、高野長英の『医原枢要』（1832）などもそれである。

2　術語としての漢語と訳語の採用順序

このように翻訳の文体は蘭学本来の目的に沿って変遷していったが、すべての文体において重要な概念を伝える術語には漢語が用いられていることは、改めて注目されても良いことであろう。『重訂解体新書』に、

中古以降漢学之入二于我一。其文字則以二国語一読レ書。号曰二和訓一。物子曰、取二諸《これを》訓詁之義一。其実則訳也。而人不レ知二其為レ訳矣。和訓与訳無二差別一。又邦人以二和語一為二漢文一。亦称二訳文一。又後世謂二某書諺解亦訳文一之類歟。吾党方今以二漢語一翻二訳異方殊域之書冊一。当下以二斯編一為中草創上也。（巻之十一・附録下）

と見えるように、これは漢文体を翻訳の文体とする蘭学の伝統であった。漢文体で訳すことを頑なに拒否した橋本宗吉や緒方洪庵においてもこの伝統には従い、術語には漢語を用いている。これは洪庵の『病学通論』に「諸名称

大概榛斎（引用者注—宇田川玄真）先生ノ訳例ニ随フ。其欠如スル者ハ章（引用者注—洪庵の名）ガ膚見ヲ以テ之レヲ構成ス」（題言）とあるように、先学によって考えだされたものを踏襲することが原則となっていたことも関係する。この習慣は明治時代に至って洋学の時代になっても踏襲されている(1)。

つまり、西洋の学術技芸は中国のそれより遥かに優ることを確信していた蘭学者においても、漢籍に典拠のある漢語があるときは、それを用いて西洋の概念を翻訳した。古典に見られる漢語だけでなく、明《みん》以降に中国に入ってきた耶蘇会の宣教師による新しい漢語もまた、和語よりも優先的に訳語として利用されている。例えば宇田川玄真・榕菴の『遠西医方名物考』に、

薬品和漢ニ産スル者ハ漢名ヲ挙グ。唯本邦ニ産シテ漢名未ダ詳ナラザル者ハ和名ヲ挙グ。和漢ノ産未ダ詳ナラザル者、並ニ方剤器械等ハ対訳シテ原名ヲ挙ゲ〈注略〉或ハ直訳義訳シテ其名ヲ定ム〈注略〉。（凡例）

とあり、橋本宗吉の『三法方典』にも、

薬品漢名ヲ先ニシ（中略）漢名未詳モノハ和名ヲ先ニス。（中略）名物亦之ニ倣《なら》フ。

とあり、医学の分野以外においても吉雄《よしお》南皐《なんこう》（常三）の『遠西観象図説』（文政六年〔1823〕刊）に、

凡ソ、編中ノ名目、漢人既ニ義訳スルモノハ、コレヲ用フ。龍頭、龍尾、游星、地球ノ類コレ也。爾《シカ》ラザルモノハ、新ニ義訳ス。内游星、外游星、太陽環、太陰環ノ類コレ也。又、漢名アレドモ、義訳シテ初学ニ通ジ易キモノハ、訳名ヲ出シ、其下ニ漢名ヲ注ス。中線〈漢名、赤道〉、月道〈漢名、白道〉、年圏〈漢名、黄道〉トスルノ類コレナリ。又、義訳スルトキハ、反テ通ジ難キモノハ、直《タヾ》チニ漢名ヲ用フ。日中線ト云フベキヲ、子午規ト云ヒ、鉛星、錫星、鉄星、汞星ナド云フベキヲ、土星、木星、火星、金星、水星ナド云フノ類コレナリ。爾余コレニ倣へ。（巻上・題言）

とある。

すなわち蘭学者たちはおよそ次のような順序で訳語を採用したのであった。

1　中国に漢名もしくは意訳語があるものはそれを用いる。(2)

2　中国に意訳語のないものは新たに造る。

3　漢名あるいは適当な意訳語もない時は和名を用いる。

そして、漢名も意訳語も和名もない場合は音訳語が用いられた。例えば珈琲 Coffee・瓦斯 Gass・可里 Kalium・虎列拉 Cholera・窒扶斯 Typhus・三鞭 Champagne・罐 Can・檸檬 Lemon・護謨 Gum・曹達 Soda などがこれである。

3　漢語への新しい意味賦与と新字の製作

先に述べたように、訳語に用いられた中国製漢語は二種に分けられる。一種は中国古典に現れる意味で用いられているものであり、もう一種は同じ字面であるが、本来の意味とは異なる意味で用いられているものである。注目されるのは後者の例である。

例えば「解体」という語がそれである。『蘭学事始』に「腑分と言ひ古りしことを新たに解体と訳名し」とあるが、「解体」は、文字通り「体を解く」すなわち身体をバラバラにすることで、動物について用いられるものであった。それを玄白は、屍体の四肢を順を追って切り離し、体の内部外部の諸器官を観察して、その働きを理解し、その正常な状態を知って、異変を推知することを治療の根本とするという西洋医学の基礎をなすものとして用いたのであった。そのことを大槻玄沢の『重訂解体新書』は次のように説明している。

西方医流、先以下支二解屍体一諦二視其内外諸器一、熟二識其官能主用一、拠二其常一而推中其変上、為二治術之根基一。謂二之

「翁多列乙鐸《ヲントレイド》」一。此猶レ云二体解節折一。今依二其義一新釈云二解体一。
（巻之十一・附録下）

蓋《けだし》人身雖二巧妙一、未レ能レ免二疾病之変動一。故欲レ極二疾病之変動一者、須三先極二人身之巧妙一。欲レ極二人身之巧妙一者、須三先極二解体科一焉。夫《それ》解体科者、所三以極二人身之巧妙一之術也。
（巻首・附言）

杉本つとむ氏はこれを次のように解説されている。「それまで一口に〈五臓六腑〉などとよんで、名と物との明確な対応も議せずにいた日本の医学が、ここで人間の体を解き開き、その一つ一つの器官・臓腑に、一つ一つ名のあること、名を与えることを確認した記念すべきことばが〈解体〉であった」（『江戸蘭方医からのメッセージ』ぺりかん社 1992刊 p.96）。医学に関する語でなお一例挙げれば、

西医ノ説ニ頭胸腹皆諸物ヲ包蔵スルヲ以テ此ヲ三部ノ空殻トス。今空殻ノ義ヲ訳シテ腔字ヲ用ユ。字書ニ腔ハ囲也内空也ト云ニ因ル。
（『西説医範提綱』巻一・総括）

とある、宇田川玄真の用いた「腔」の字もその例である。

「窮理」という語も同様である。「窮理」は『易説卦』に「窮レ理、尽レ性、以至二于命一」などと見えるが、「物の理」も「心の理」も、同じ「理」によって連続するものであり、その人倫上のことから自然現象まで、すなわち形而上形而下の一切の現象の理を窮めることが朱子学の「窮理」であった。しかし、蘭学においては形而下の物質的なものの「あるべきあり方」、すなわち自然的世界の構成原理や秩序を究めるといった意味に用いられた。例えば、地動説を紹介した本木良永の『星術本原太陽窮理了解新制天地二球用法記』（寛政四年〔1792〕成。以下『新制天地二球用法記』と略称する）では「箇百耳尼久数《（コペルニクス）》ノ窮理　又一名　太陽窮理」「和蘭語骨百耳尼戛曷尹《コペルニカアン》設数得而説而《セステルセル》といふなり。此に骨百耳尼詰由数《コペルニキュス》の窮理学と訳す」などと見え、ステルセル（stelzer＝システム）の訳語として「窮理」を用いている。すなわち「窮理」は一切の事情についての主観的な思弁から客観的科学的な法則の意味に変わっているのである。(3)

同様の例は明治期にも見られる。「衛生」という語は現在は病気の予防のための行為を意味する医学用語であるが、『荘子』には文字通り「生を衛《まも》る」の意味で見られ、長寿をはかるために養生することであり、また処世術でもあった。明治八年に文部省にあった医務局が内務省に移され、衛生局と改称されたが、その初代衛生局長であった長与専斎の『松香私志』に次のような説明がある。

嚮《さき》に医制を起草せし折、原語（引用者注―Gesundheitspflege あるいは Hygiene）を直訳して健康もしくは保健などの文字を用ひんとせしも、露骨にして面白からず、別に妥当なる語はあらぬかと思いめぐらししに、ふと『荘子』の「庚桑楚篇」に衛生といへる言あるを憶いつき、本書の意味とはやや異なれども字面高雅にして呼声もあしからずとて、ついにこれを健康保護の事務に適用したりければ、こたび改めて本局の名に充てられんことを申し出でて衛生局の称はここに始めて定まりぬ。

さらに例を挙げれば、freedom や liberty に対する「自由」、nature に対する「自然」もそうであるが（鈴木大拙『新編東洋的な見方』岩波書店 1997 刊）、帝国憲法に用いられた「臣民」という語もまたそのような例である。穂積陳重の『続法窓夜話』（岩波書店 1936 刊）に次のような説明がある。一国は「君」と「臣」と「民」から成る。君は令し、臣は行い、民は依るという関係である。「臣」は官吏であり、「民」は衆庶である。直接の服従関係は君と臣との間に存し、したがって、即ち統治の目的物は民のみである。漢籍における「臣民」はそのような意味である。しかし、帝国憲法に用いられた「臣民」は英語の subject ドイツ語の Untertan などに当たる語であって、一国の主権に対して絶対的服従関係を有している国人という新しい観念を表わすものである。穂積氏は「典籍にのみ捉《とら》われておっては到底新事物新思想を言い表すことは出来ぬ」と言われているが、江戸の蘭学者たちも同様に考えたのであろう。

ところで、既存の漢語に新しい意味を賦与することは必ずしも熟語の場合だけではなく、一語の場合もあるが、漢字漢語の持つ意味の束縛を解いていることにおいては新しい漢字を造ることも同じであろう。宇田川玄真の「腺」「膵」はその例として知られている。そのことは『西説医範提綱』「題言」に「腺新生字　音泉　／新機里爾」（7ウ）、「膵新製字　音萃　／新大機里爾」（7オ）と明記されている（引用者注―新とは『解体新書』のこと）。中国の五臓六腑説にはない klier（英 gland）を肉と泉《セン》とで会意形成して「腺」字を造り、Alvleesch（全部が肉であるの意）を月（肉）と萃《スイ》（すべて。集める）とで会意形成した「膵」を造って訳語としたのであった。『解体新書』を重訂するために、漢語本来の意味を徹底的に調べ直した玄沢もまた新造字を造る必要を認めざるをえなかった。『重訂解体新書』（巻之五「翻訳新定名義解上」）に「今所二伝訳一、務《つとめて》欲三名義之妥二当於原称一、不レ能下以不中私《わたくしに》造レ語、新製レ字以訳定上」と言い、「所謂《いわゆる》肫・膣・摂護、或解体・神経・濾胞之類是也」とある。このうち「肫」は玄真の「膵」に代えて玄沢が新たに造ったものであり、「膣」もまた「男茎受容の室なり。且つ胎産及び月経通利の道、今新たに字を製して訳す」（巻之九「名義解」第四「生殖諸器篇三十六」）とあり、玄沢の造字である。ちなみに「濾胞」は玄真の「腺」に代えて造った語であり、「摂護」もまた「遮防囲護の義なり。故に訳して「摂護」といふ」（同右）とあり、prostata の訳語として造られたものである。

4　漢語と蘭語の造語力

前節で見たように古典漢籍に適当な漢名のない場合、また近代の中国で造られた新しい訳語もない場合には、彼らは新しい訳語を漢語の形で造った。表語文字である漢字、またそれによって成立している漢語の持つ造語力の強さが蘭語蘭文の内容を術語として造語する際に有効に働いていることも注目されているところである。渡辺実氏の「日本語に及ぼしたオランダ語の影響」（緒方富雄編『蘭学と日本文化』東京大学出版会 1971 刊）に言う、訳語の生産にあたって彼らが発見した方法は、蘭通詞の外来語がただオランダ語を日本語の中にそのまま流したにすぎないのと比べた場合、もっと辛苦を経たものであって、その方法は、彼らの訳語そのものが弱化する時代を迎えてもなおお伝えられ、日本語の語彙を豊かにするきわめて有力な方法として、今に至るまで日本語に活気を与えることとなった。その方法というのが、オランダ語の表わす概念を分析理解し、理解し得た結果を漢文の表意性を利用して示し、さらにその漢文の形にした分析を、2字3字程度の語の形に圧縮するである。渡辺氏はその例として「神経」を挙げ、この語は「Zenew＝神液通流之経也→神経」という過程を経て成立したものと説明する。更に渡辺氏は次のように続けられる。

Zenewとは「神液」が「通流」する「経」である、という理解認識は、『重訂解体新書』に「世奴即神液通流之経也」と記されているような、本当に漢文として書かれる段階を持っていてもあるいはいなくても、それは問題ではない。文章にすれば漢文の形になしうる程度の分析が、オランダ語のひとつの概念に対してなされていることが大切なのであって、その分析の結果を圧縮した漢字の組み合わせによって示すことが、蘭学者の発見した新しい方法なのであったのである。この方法は幕末明治の英学時代にもうけつがれ、多数の新しい語彙の生産が可能となったのである。

訳語が「2字3字程度の語の形に圧縮」し得るということは漢語の持つ造語力によるものであるが、これに関わって注目されるのは吉田忠氏が指摘されている蘭語の造語力である（「蘭学と西洋科学―訳語による専門用語の形成―」伊東俊太郎・村上陽一郎共編『講座　科学史4　日本の科学史の射程』培風館 1989刊）。吉田氏はオランダ語は他のヨーロッパ語に較べて容易に複合語を合成する言語であると言う。そして、オランダ語がまさに合成語、複合語が容易に作成されるがゆえに、蘭学における訳語決定にも、その要素たる各単語に一対一に対応して、訳語をつけていくことによってでき上がるという漢字の特性も大いに効果的に働

いたのではないかと思われる（下略）

と指摘される。つまり、もともと体系的に作られていた蘭語の術語の語成分に対して訳語を一定にすれば、その訳語もまた体系的なものとなる。例えば、Hoofdstof は Hoofd と Stof という語成分から成る。それぞれの成分に「元」と「素」という訳語を当てると「元素」という訳語が出来上がるが、Zuurstof, Waterstof, Koolstof, Stikstof の Zuur, Water, Kool, Stik という成分に「酸」・「水」・「炭」・「窒」を当て、stof の訳語「素」と合わせると「酸素」・「水素」・「炭素」・「窒素」という訳術語が出来上がるわけである。蘭語の訳語として漢字漢語は最適なものであったのである。

5　訳語に対する蘭学者の態度

中国語に適当な語のない場合には新たな訳語や新字が考えだされたが、彼等は自分たちが考え出した訳語が、後学の人によってさらに研究が深められ、より良いものに訂正されることを常に願っていた。訳述書には次のような言葉が常に書かれている。

○本木良永『新制天地二球用法記』下巻「和解例言」

今、鎮台の命を奉り、此の書を解するに辞す可からざる所にあり。素《もと》より浅劣の任にあらず。如何にしてか翻訳的当する事を得んや。義理の達せざる所は之を補ひ、後賢をして訂正せしめ給はん事を庶幾《こひねが》ふのみ。[4]

○大槻玄沢『重訂解体新書』巻之五「翻訳新定名義解上」

今所㆓伝訳㆒、務欲㆘名義之妥㆓当於原称㆒、不㆑能㆘以不㆗私造㆑語、新製㆑字以訳定㆖。所謂肫・腟・摂護・或解体・神経・濾胞之類是也。（中略）独憾吾党学識疎浅、所㆓釈定㆒名義、恐多㆘不㆓妥帖㆒者㆖。後之識者、須㆘細考㆓原称㆒

以改正上、則幸甚。

○宇田川玄随『西説内科撰要』「凡例」

凡、名物創二見蘭書中一、而経二漢人之訳一者皆襲用焉。（中略）其他則雖三言不二雅馴一姑且新訳、以俟《まつ》二後賢一。

○青地林宗『気海観瀾』「凡例」（原漢文）

芸術家各《おのおの》其の家言あり。即ち其の科目の詞、星学・地学・医や数や、先輩往々之を訳す。理科の如きは、諸家の兼通・共学する所たり。然れども其の言、僅僅見ること稀なり。是を以て初学、其の原本を繙き、特に其の創見する所、名目の処《を》り難く、言の寓す可き無きことに苦しむ。予愚にして自訾《じじ》せず、斯の編の挙あり。竊に子弟の為に計りて弁髦《べんちょう》を作るのみ。若し通達の閲を冒すこと有りて裁正を被らば尤も幸甚と為す。

○川本幸民『気海観瀾広義』「凡例」

篇中諸物ノ名義、先哲既ニ訳名アル者ハ、従テ改メズ。然レドモ其創見ニ係カリ、或ハ、新ニ名ヲ命スル者ハ、細注ヲ下シ、或ハ劃シテ以テコレヲ分カツ。是蓋シ止ムコトヲ得ザル所ノ者ナリ。読者幸ニ其未ダ穏ナラザル者ヲ訂セヨ。

○廣瀬元恭『理学提要』「題言」（原漢文）

編中の諸名称は、皆先哲の訳例に従ふ。若し先哲に欠如する者は、恭密かに訳して其の名を命ず。穏当ならざるが如きは、覧者の訂正を俟つ。

○緒方洪庵『病学通論』「題言」

諸名称大概榛斎先生ノ訳例ニ随フ。其欠如スル者ハ章（洪庵の名）ガ膚見ヲ以テ之レヲ構成ス。固ヨリ穏当ナラザル者居多《おお》シ。故ニ毎名条下、各〳〵原名ヲ附シテ考ニ具ヘ、以テ後ノ君子ヲ挨ツ。

これらには常套の謙辞以上のものを感じさせる。彼らは、より正確な訳語を求めるために自らの考えた訳語はもちろん、先学の訳語も批判検討の対象とした。宇田川榕菴は「元素ハ古賢ノ所謂ル元行ナリ。崎陽ノ柳圃翁訳シテ実素トス。仍テ今姑ク素ノ字ヲ用ヒ学者ノ後考ヲ竢ツ」（『遠西医方名物考補遺』）と、先賢の用いていた「元行」を改めた柳圃翁（中野柳圃＝志筑忠雄）の「原質」を採らず、さらに「元素」の語を考え、洪庵も蘭語 Pathologie に対する宇田川玄真（榛斎）の訳語「原病学」を採らず、「先哲之ヲ原病学ト訳ス。固ヨリ穏当トスト雖モ今原語ノ名義ニ随テ原ノ字ヲ省ク」（『病学通論』題言）と「病学」に代えた。その「病学」もまた後に「病理学」に取って代わられることになる。

こうした蘭学者たちの不断の努力の積み重ねの上に成立した訳語が明治以降の洋書翻訳にも用いられたことは先に見たところである。斎藤静氏『日本語に及ぼしたオランダ語の影響』（東北学院大学 1967 刊）に言う、

英米独仏などの原書を直接読破する以前に、これらの国々において出版された自然科学関係の専門書類は、オランダ訳を通じて和訳された。すなわち重訳された。そしてそれらの和訳本に用いられた術語類が一般化していたので、英米独仏の書類を直接に読み、それを翻訳する場合は、すでにでき上がっていたオランダ系統の翻訳借用語、すなわち Translation Looan Words を用いたのであって、オランダからの翻訳借用語と独立に、英米独仏の書類を翻訳したのではない。このことは近代日本の文化および近代日本語の語史という立場から極めて重要な史実であって、この事実を無視すると、とんでもない時代錯誤に陥り、無意味な結論に到達するのである。（序論）

ところで、斎藤静氏は続けて、

専門語の訳語がすでにでき上っているのに、それを用いないで、別の訳語を用いることは、その訳者の寡聞を表白することになるばかりでなく、先哲の訳語に多少の無理、不便または不精確な点があるにしても、それらの不便、不精確を忍んで、すでにできている訳語を採用するというのが日本人の人情である。真理を追究する

という厳粛な学問の立場からは、あまり奨励すべきことではないが、多少の不便はあっても、言語は解釈のいかんによって、適当な解釈がつくという融通性を有することを認めなければならない。

と言われている。そのようなことが一部の洋学者の間にも認められるようではあるが、多くの洋学者たちのとった態度ではないようである。たとえば文部省編纂・片山淳吉著の『物理階梯』（明治五年〔1872〕刊）の「題言」に、

訳字ハ総テ博物新編、格物入門、気海観瀾等先哲撰用ノモノニ従フ

とあるが（この「訳字」とは「訳語」と同義である）、須川賢久訳『具氏博物学』（明治九年刊）の「凡例」に、

其訳字ハ多ク先哲ノ塡字及漢土ノ訳名ニ従フ。而シテ其未詳ナル者ハ原語ノミヲ記載スルヲ以テ良全トスレドモ、原書ヲ読マザル人ニ於テハ大ニ迂遠ヲ覚ユルニ似タリ。因リテ新ニ訳字ヲ下ス者アリ。其ノ未ダ妥当ナラザルモノハ識者ノ訂正ヲ俟ツ

とあり、『哲学字彙』（東京大学三学部印行、明治十四年〔1881〕刊）の訳語選定基準もまた、

先輩之訳字中妥当者、尽採而収レ之、其他新下二訳字一者、佩文韻府淵鑑類函五車韻瑞等之外、博参二考儒仏諸書一而定、今不三尽引二証一独其意義艱深者、攙二註脚一以便二童蒙一。

というものであった。新たなる概念には新たな訳語を考えだしたのであり、妥当でないものも無理に先学の訳語を流用して済まそうということはしていない。先人の訳語もまた再検討が行われたものと思われる。

6　意訳の功罪

ところで、翻訳は直訳・意訳・音訳という三つの方法でなされるが、このうち意訳という方法が、もっともすぐれた翻訳法であると言われる。杉本つとむ『江戸蘭方医からのメッセージ』（ペリカン社 1992 刊 p.94）に言う、

翻訳においても他国語で表現されている内容を自国語に移すことはも必ずしも困難ではない。しかし、形式―厳密にいえばその中心は言語形式―までも十二分に考慮して、AのことばをBの国のことばに移すのはかなり困難がともなうし、時には至難のわざであり、不可能なことである。翻訳に〈義訳（意訳）とも〉という一方法が考えられ、それが翻訳の中核であり、すぐれた方法と判定されるのも、こうした内容と形式の不離不即の問題があるからである。

右は文また文章レベルのことについて言われていることであるが、単語レベルにおいても意訳は、漢字文化と西洋文化とが一語の中にせめぎ合っているという意味で極めてドラマチックな訳法である。

ただ、意訳は、岩崎克己氏の指摘するように「創作的翻訳と名付けるべきところのもの」でもある（『前野蘭化 2 解体新書の研究』平凡社・東洋文庫 1996 刊 p.108）。したがって、意訳には翻訳者のそれまで培ってきた教養や考え方が反映されやすい。例えば、直訳すれば「筋」と訳すべきものを、玄白が「神経」と訳したのは、東洋の「気」を克服できなかったからであるとも言える。「太陽中心説」と直訳すべきものを志筑忠雄が「地動説」と訳したのも、それまでの地球不動の考え方を引きずっていたことによると言える。こうした旧来の考え方がまとわりついた訳語で、未知の概念が理解しやすいものになったことは確かであるが、その理解しやすさと引き替えに西洋の説が正確には伝達されない部分の生じていることも確かである。

漢名を用いつつ、その意味をずらす方法も意訳と言える。大槻玄沢はこの方法を採っている。玄沢は『重訂解体新書』の「附録下」で次のように述べている。

日本での西洋医学書の翻訳は本編（『解体新書』）が始めである。遥かに遠い上古の時は明らかではないが、中世から漢や唐の医書が伝わり、その古い訓み方に法り、その術方を以てするようになってほとんど千年になる。ただ、先哲の付けた人身の諸器官の名の拠るところは、実測して定めた名称と大いに異なっており、同じものは少なく、多くは採用することができない。そこで、自分は聊かでもそのいまだ備わらないところを補訂しようと思う。——
玄沢はこのように述べた後、さらに次のように述べる。

此所二訳定一内景名物、漢人所レ未レ説而不レ可下以二漢名一直訳上者、皆出二于新訳一。然、吾儕苟業レ医、従来奉二漢唐方法一、均薫二陶其諸説一者也。而今更創二新訳之業一、専欲レ補二其闕一、則豈悉廃二其旧一為レ得耶。

—この書において訳定した人体の内側の名は、漢人が説かなかったものであり、当てるべき漢名がない。そこで新たに造ったものである。私は医者を業とする者であり、漢唐の医方を奉じ、その諸説の薫陶を受けてきた者であるが、今新たな訳語を造るのは漢唐医方の欠を補うためであり、その旧称（漢名）をことごとく廃することなどあり得えないことである。

若《もし》其名物逐一従二彼原称一下レ訳、則観者不二唯不レ得三遽弁二識之一、又為下可レ解不レ可レ解一種之異説上。以至レ俾下二嚮往者一裹上レ足也。故務以踏二襲旧称一。其無二可レ当者一、姑仮二借他義一以踏二襲旧称一以為二之訳一。是以有下回二護古経一者上焉、有下牽二強旧説一者上焉。要取レ令下二人意一易上レ会也。然、対レ彼言レ此、則或有下雖三古経所二論定一不レ得レ不レ議者上故、委曲翻二彼西説一直為二之訳一者間亦有レ之。余非二敢好一レ弁。出レ不レ得レ已也。読者察レ焉《これを》。

—もし漢唐医で知られていなかったものを逐一西洋の原名で示すことにすれば、この書を読む者は理解できず、また理解しようとして理解できないものとなってしまうであろう。そこで、先を行く者の足を包むことにした（漢名に説明を加えることにした）。つまり、不都合がない場合は務めて旧称（漢名）を踏襲し、当てるべき語がないときは暫定的に他の意味に借りて訳語とした。それで古い教えを護り、旧説にこじつけたように見えることがある。これは読む人が理解しやすいようにした為である。しかし、ある語の訳に用いた旧称が、古い書物に論じ定めたものである場合はそれとの違いについて詳しく説明しなければならないこともある。その場合は西洋の説を詳しく説明した上でその旧称を訳語として用いている。自分は議論を好むのではない。やむを得ない処置であるので、読者はそれを察してもらいたい。

玄沢は旧来の漢名を用いて説明するのが人に理解されやすいことも分かっている。しかし、その漢名ではその語がそれまで担ってきた意味に理解され、西洋の説を誤解するであろうことも分かっている。そこで彼は「先を行く者の足を包む」方法を採用したのである。しかし、これはやむを得ない処置であり、十分な説明を要する方法である。しかし、それでも漢字漢名を用いているかぎり、漢字漢語に染み込んでいる旧思想を払拭できていたかは疑問である。

注

(1) このことについては古田東朔「幕末・明治初期の訳語―『民間格致問答』を中心にして―」(『国語学』53、1963.6)にも指摘されている。ちなみに『もりわりのはしご』(とますていと撰・しみづさぶろう訳、明治七年〔1874〕刊)は術語をも和語にする試みを行っている例外的な著作である。例えば「氷点　はつど」、「空気　ほのけ」、「飽和　けれきはみ」、「牽合力　へばりつくちから」、電気の「積極・消極」は「をのきはみ・めのきはみ」、「化学　ものわり」、「分子　わりこ」、「流動体　ながれもの」、「結合　むつび」、「窒素　むせびね」、「酸素　すいね」などとする。

(2) 比較的新しい漢語に病院・電気・望遠鏡・顕微鏡・(軽)気球・天王星・海王星・水成岩・火成岩などがある。

(3) 「窮理」の意味の展開については吉田忠「『窮理』の発展―徳川時代の科学精神とその限界―」(『歴史学研究』79、1940.7)に詳しい。

(4) 本文は『日本哲学全書』による。この箇所は早稲田大学図書館蔵本にはない。

三訳法の起源とその名称

本章では今日言うところの意訳、直訳、音訳の三訳法がどのように成立したかを考え、それぞれの訳法がどのような語で呼ばれていたのかについて整理しておくことにする。

1　浮屠氏訳法と『翻訳名義集』

姑蘇景徳寺普潤大師法雲編『翻訳名義集』（南宋・紹興十三年〔1143〕序）に、

> 夫翻訳者、謂㆘翻㆓梵天之語㆒転成㆗漢地之言㆖。音雖㆑似㆑別、義則大同。宋僧伝云、如㆘翻㆓錦繡㆒、背面俱華㆖。但左右不㆑同。訳之言易也。謂㆔以㆑所㆑有易㆓其所㆒㆑無。（巻一）

とある。中国における外国語の翻訳は、七世紀に景教の聖典の一部について行われたようであるが、本格的には梵語で書かれた仏典の翻訳から始まった。杉田玄白の安永二年（1773）十月十五日付建部清庵宛書翰に、

> 万事訳法も新製に仕候。勿論浮屠氏訳法も可㆑有㆓御座㆒候得共、是は一向学候義無㆓御座㆒候。対訳・義訳・直訳と三等に仕候義、彼法に倣候迄に御座候。（『和蘭医事問答』下）

と見え、「浮屠氏《ふとし》訳法」（仏家の翻訳法）を学んだことはないと言っているが、彼が蘭書翻訳の参考にしたのは、やはり、その翻訳法であった。具体的に彼が参考にしたのは『翻訳名義集』であったと思われる。玄白自身の清庵へ

の手紙（安永二年四月九日付）に「漢名計《ばかり》にて蛮名は悉く巻末に集め、翻訳名義集之様に致候ば、針法要術見易く、便利なるべく候」とその名が見えている。この『翻訳名義集』は蘭学者にも利用されていたようで、平賀源内の『物類品隲《ぶつるいひんしつ》』（宝暦十三年〔1763〕刊）にもこの書からの引用があり、前野良沢（蘭化）もまたこの書を読んでいたことは、大槻玄沢の『蘭畹摘芳』（寛政十年〔1798〕刊）巻三に「翻訳名義集ニ、金比羅、訳シテ曰レ蛟ト。所レ謂可勃拉《コブラ》、即、蛟之梵語也」とあって、同書巻一「吸毒石」には「蘭化先生曰右ニ云フコブラハ金比羅ナルベシト。翻訳名義集ニ金比羅此ニ翻スレ蛟トアレバリ」とあることから窺える。

大槻玄沢は蘭書の翻訳がこの『翻訳名義集』に引かれている浮屠氏訳法に拠ることを明記している。すなわち、『重訂解体新書』（文政元年〔1818〕頃成？）の「附録下」に、先に引用した『翻訳名義集』の文章が引かれており（「按二名義集一曰、翻二訳梵天之語一転為二漢地之言一。音雖レ似レ別、義則同、云」）、「翻訳新定名義解上」には「三訳者倣二浮屠氏訳経旧例一」とある。

その『翻訳名義集』には仏典漢訳の法について次のように書かれている。

宋高僧伝、明二翻訳四例一。一翻レ字不レ翻レ音、諸経呪詞是也。二翻レ音不レ翻レ字、如二華厳中卍字一是也。以二此方萬字一翻レ之、而字体猶是梵書。三音字倶翻、経文是也。四音字倶不レ翻、西来梵莢是也。（巻六・唐梵字体篇）

本稿の筆者は、この「宋高僧伝」の本文に直接に当たることはできていないが、『増補諸乗法数』（姑蘇洞庭沙門行深編輯、宣徳二年〔1427〕序）にも「僧伝」と注記のある「翻訳四」があり、その四方法を「訳レ字不レ訳レ音」「訳レ音不レ訳レ字」「音字倶訳」「音字倶不レ訳」と説明している。「宋高僧伝」に書かれている「翻訳四例」はこのようなものであったと思われる。【補記】したがって、梵語仏典の漢訳は、

一、原語の字を漢字に変え、音は変えない。

二、原語の音を漢音に変え、字は変えない。

三、原語の音も字も漢字漢語にともに変える。

四、原語の音も字もともに変えない。

というものであったようである。一は現在言うところの音訳であり、二は原文の文字を自国の文字として利用したものであり、三は現在言うところの意訳および直訳である。四は原文をそのまま引用したものであろう。『翻訳名義集』にその例として上げられている「西来梵莢是也」の「梵莢」とは貝多羅葉（木の葉）に書かれている経文である（「貝葉経也。以レ板莢レ之」『資治通鑑』唐紀注）。

日本の蘭学者たちが蘭書翻訳に用いた方法は、この四つの翻訳法の、二番目と四番目の方法を除き、三番目の方法を二つの種類に分けたものではないかと思われる。そのように考える理由は以下に述べるとおりである。

二番目の方法は実際の翻訳にはほとんど用いられない。『翻訳名義集』に引く宋高僧伝では如来の胸に見える吉祥模様を「萬《マン》」の音字として用いる「卍」を挙げているが、『翻訳名義集』に取り上げられている梵語（若干の句を含む）およそ千語の中でも、この方法の例は「卍」とその異形の文字が殆んどである。日本の蘭学書で言えば、例えば前野良沢『和蘭訳筌』（天明五年〔1785〕成）に「『カラクテル』即識号ノ文ナリ」として例示されている星や星座の記号、また「『アベセ』中ヨリ取テ用ムモノアリ」として示された「O　オオスト　W　ウェスト　Z　ソイド　N　ノオルト」のO・W・Z・N、賀寿麻呂大人（宇田川榕菴）の『蘭学重宝記』（天保六年〔1835〕頃成）に収載された量や重さの単位の記号、橋本宗吉の『三法方典』（文化二年〔1805〕刊）に「鎔分家或医青有必用之称奇字釈弁」として纏められている「♀銅　蘭　可百耳《コーペル》　羅　夜数《エス》　又勿牛数《ヘニュス》」などの記号を日本語で読む場合がこの例に当たるのでないかと思われる。四番目の外国の文字で書かれたものをそのまま訳書に引用する方法は、現在でも翻訳とは考えないように、蘭学者たちも翻訳の方法とは考えなかったものと思われる。単語集であるから当然ではあるが、『翻訳名義集』にはこの例は見られない。

三番目の訳法の具体例は『翻訳名義集』では音訳で掲げられた原語についての説明文の中に「此云㆓〇〇㆒」（此《ここ》には〇〇と云ふ）という形で示されているものと、「翻㆓〇〇㆒」また「訳㆓〇〇㆒」の形で示されているものとがこれに当たるが、後者の中に「正翻㆓〇〇㆒」、「義翻㆓〇〇㆒」あるいは「義訳㆓〇〇㆒」などと説明されているものの二種がある。次にその例のいくつかを掲げる。

那伽曷樹那　義翻為㆑猛。（巻一・宗釈論主篇）

婆羅　隋言㆓毛道㆒。謂㆓行心不定㆒。猶如㆓軽毛随㆑風東西㆒。魏金剛云、毛道凡夫。応法師云、梵語縛羅、此云㆑毛。婆羅、此云㆑愚。梵音相近。訳人致㆑謬。正言㆓婆羅必栗託仡那㆒。此翻㆓愚異生㆒。（中略）凡夫者義訳也。（巻二・人倫篇）

婆羅門　普門疏云、此云㆓浄行㆒。劫初種族山野自閑。故人以㆓浄行㆒称㆑之。（中略）具云㆓婆羅磨拏㆒。義云承㆓習梵天法㆒者也。（中略）正翻浄裔、称㆓是梵天苗裔㆒也。（巻二・外道篇）

因陁羅　此云㆑帝。正翻㆓天主㆒。以㆑帝代㆑之。（巻三・帝王篇）

尼拘律陁　（中略）摭華云、義㆓翻楊柳㆒。以㆔樹大子小似㆓此方楊柳㆒故以翻㆑之。（巻三・林木篇）

牛頭栴檀　或云此方無故不㆑翻。或云義㆓翻与薬㆒。能除㆑病故。（巻三・衆香篇）

歌羅分　経音義云如以㆓一毛㆒折為㆓百分㆒。一分名㆓歌羅分㆒。論以㆑義翻名為㆓力勝㆒。以㆓無漏善法㆒勝㆓有漏㆒也。（巻三・数量篇）

踰繕那　此云㆓限量㆒。又云㆓合応㆒〈計応㆓合尓許度量㆒〉業疏云此無㆓正翻㆒。（巻三・数量篇）

尸羅　此云㆓清涼㆒。大論云秦言㆓性善㆒。好行㆓善行㆒不㆓自放逸㆒、是名㆓尸羅㆒。経音義云此義訳也。正翻止得。謂、止㆑悪得㆑善也。（巻四・弁六度法篇）

僧伽梨　西域記云、僧迦胝、旧訛云㆓僧伽梨㆒。此云㆑合又云㆑重。謂㆓割㆑之合成㆒。義浄云、僧迦胝唐音言㆓重複衣一。霊感伝云、毎レ転二法輪一、披二僧伽梨一南山云、此三衣名、諸部無二正翻一。今以レ義訳、大衣名二雑砕衣一、以二篠数多一故。若従レ用為レ名、則曰二入王宮聚落時衣一。乞食説法時著。（巻七・沙門服相篇）

このうち「義翻」（＝「義訳」）は、

羯磨　南山引二明了論疏一。翻為レ業也。所作是業、亦翻二所作一。百論云事也。若以レ義求レ翻為二弁事一。謂施造遂法必有二成済之功一焉。（巻四・衆善行法篇）

と説明されたものもあり、原語の意味に正しく対応する漢名がなかった時に、原語の意味を参考に考えられた訳語という意味であると考えられる。これに対して「正翻」は原語の意味に正しく当たる漢名を用いたものであろう。すなわち法雲は三番目の訳法を実質的には「正翻」と「義翻」（＝「義訳」）とに分けて考えているようである。

玄白の「三等」（玄沢の「三訳」もまた）というのは、以上のような『翻訳名義集』において実際に行われている翻訳法を参考にしたものと思われる。玄白の用語で言えば、「対訳」は『翻訳名義集』の「正翻」に当たる

①蘭語の意味に正しく当たる漢名を用いる方法

であり、「義訳」は『翻訳名義集』の「義翻」（＝「義訳」）に当たる

②蘭語の意味を漢語を用いて訳す方法

であり、「直訳」は『翻訳名義集』の「翻レ字不レ翻レ音」という方法に当たる

③蘭語の語形を漢字の音で写す方法

である。

ただし、玄白がこの三方法を『翻訳名義集』を参考に全く新たに考えだしたとは考えられない。おそらく『解体新書』の実質的翻訳者であった前野良沢が長崎の遊学を通して学んでいたことを参考にしたのではないかと思われる。

2　蘭学者たちの三訳法の名称

三法の名称は『翻訳名義集』に見える「義訳」の名称を例外として一定していない。以下、蘭書の翻訳を実際に行った人々がどのような名称を用いているかを、判明した範囲で列挙する。

A　長崎和蘭通詞の本木良永（1735–94）は、①に「正訳」、②に「義訳」を用い、③には「仮借」を用いている。例えば、『天地二球用法記』（安永三年〔1774〕成）に、

今此ノ書ヲ解スルニ、和漢ノ文則ニ拘ラズ、専ラ和蘭ノ意ニ従ヒ、正訳或ハ義訳、仮借略文[1]ヲ交ス。然ラザレバ彼ノ土ノ語意ヲ解シ難シ。彼ト我ト語路同ジカラザレバナリ。

とあり、『新制天地二球用法記』（寛政四年〔1792〕成）には、例えば次のように見える。

一、第一章〇太陽窮理といふ所以は太陽に在り。此の名中に、和蘭語、和桴掇《ホーフト》甫刺捏夜天《プラネーテン》と名づくる六星あり。和桴掇《ホーフト》といふを此に頭と正訳す。甫刺捏夜天《プラネーテン》といふは刺的印《ラテイン》天学語なり。此の語和蘭に読瓦而数得耳《ドワールステル》と通ず。此に惑《まどひぼし》 星と訳す。又一名は読瓦而迭耳《ドワールデル》といふ。此に惑《まどひもの》 者と訳す。和桴掇《ホーフト》甫刺捏夜天《プラネーテン》といふときは頭《かしら》惑《まどひぼし》 星と正訳すべき語なりと雖も、和蘭の語意は人の頭といふときは、長たる人の位高大なるをいひ、大いなる義に取る故に、今此に大惑星と義訳す。（中略）

（上巻・太陽窮理とは何が故に名づくるや）

B　前野良沢（蘭化 1723–1803）は、①と②については良永と同じく「正訳」「義訳」を用いている。『思思未通』（成立年未詳）に、

私訳云、正訳一也。又義訳指レ物之辞トス。（引用者注—een に対する訳）

『和蘭管蠡《かんれい》秘言』（安永六年〔1777〕成）に、

是書本然学ノ旨趣ヲ述テ心友ノ弁正ヲ諳フモノ。序中ニ云々スルガ如シ。然ヲ其学本然ヲ以テ称スルコトハ蘭語ノ義訳ナリトイヘドモ（下略）　（凡例）

『和蘭訳筌』（天明五年〔1785〕成）に、

「ドルク」トハ彫刻ト義訳スベシ〈本言圧押ノ義ナリ。然彼俗彫刻ノ事此義アルヲ以此称アリ〉　（末編・訳字体音韻）

△ウウ如何フハアルト度ゲイ你アル悉

按スルニ、フハアルトハ原ト舟行ヲ云ナリ。コレヲ仮テ度リレ日ヲ度リレ世ヲノ義ニモ用ルナリ。今義訳シテ起居トナスベシ。　（末編・訳言類）

如発言助語ノ辞正訳シ難キ者ハ圏ヲ附スベシ。加訳字義ニ随テ転ズベキ者アラバ則半圏ヲ正訳ノ左ニ附シ而義訳ノ右ニ記ス。　（附録）

などと見られ、その「附録」の「蘭化亭訳文式」に、

凡ソ翻訳ヲ為ス者、宜シク先ヅ線字ヲ用ヰテ原文ヲ謄写スベシ。次ニ毎言下訳字ヲ記ス。如シ発語・助語ノ辞モ正訳シ難キ者ハ○圏ヲ附スベシ。如シ訳字、義ニ随ツテ転ズベキ者アラバ、則チ半圏（ヲ正訳ノ左ニ附シ、而シテ義訳ヲ右ニ記ス。

と見える。

③には「直訳」を用いている。『思思未通』に、

訳文附側抹者（引用者注――「阿《ア》」「別《ベ》」とあるもの）直訳彼音也。

とあるのがその例である。

なお、良沢は「義訳」を文全体の要約の意味にも用いているようで、『金石品目』（成立年未詳）に「本文ラピ

ドムノ義訳ナリ」とある「本文」はラピドム（書名）から要約した内容（すなわち『金石品目』の原文）を指す。このことについてはなお後述する。

C　杉田玄白（1733–1817）は、②を「義訳」、③を「直訳」と呼んでいるが、①については「対訳」とも「翻訳」とも呼んでいるようである。すなわち、前掲の建部清庵宛の手紙には①を「対訳」、②を「義訳」、③を「直訳」と言っていたが、『解体新書』（安永三年〔1774〕刊）では次のようにあり、

訳有二三等一。一曰翻訳。一曰義訳。一曰直訳。如下和蘭呼曰二価題験《ベンデレン》一者即骨也。則訳曰上レ骨。翻訳是也。又、如丙呼曰二加蠟假《カラカ》価《ベン》一者。謂二骨而軟者一也。加蠟假《カラカ》者。謂下如二鼠嚙レ器音一然上也。蓋取二義於脆軟一。価《ベン》者価題験《ベンデレン》之略語也。則訳曰乙軟骨甲。義訳是也。又如丙呼曰二機里爾《キリイル》一者。無二語可レ當。無二義可レ解。則訳曰中機里爾《キリイル》上。直訳是也。余之訳例皆如レ是也。読者思レ諸《これを》。（凡例）

さらに晩年の『蘭学事始』（文化十二年〔1815〕成）では、

成丈《なるた》ケ漢人称する所の旧名を用ひて訳しあげ度《た》ク思ひしなれども、此に名《なづけ》るものと彼に呼ぶものとは相違のもの多ければ、一定しがたく当惑せり。彼此考へ合すれバ、迚《とて》も我より古《はじめ》をなす事なれば、いづれにしても人々の暁《さと》し易きを目当《めあて》として定る方と決定して、或《あるい》は翻訳し或は対訳し、或は直訳、義訳と、様々に工夫し（下略）、

と書いている。この不統一の理由については後に考えることにしたい。

D　森島中良（1754–1810）は、①は不明であるが、②に「義訳」、③に「音訳」の語を用いている。『紅毛雑話』（天明七年〔1787〕刊）に、

日本にて「ヲランダ」といふは転音にて、実は「ホルランド」なり。支那にて紅毛、又紅夷なんど書るは、華人のくはしうせざる義訳なり。阿蘭陀《をらんだ》と書は、少し転じたる音訳なり。紅毛の人、国の名を唱ゆるに、

「ホーラン」とのみいふやうに、ドの字を口チに残し云を聞て、喝蘭《をうらん》と書たる音訳も委しからず。近比《ちかごろ》、荷蘭《ほうらん》、法蘭《ほうらん》と音訳したるぞ親しかりき。（巻三「紅毛国の名」）

と見える。

E　宇田川玄随（槐園1755–97）は、①「対訳」、②「義翻」（「義訳」）、③「直訳」また「音訳」を用いている。「対訳」の例は『蘭訳弁髦』（寛政五年〔1793〕成）に、

多ハ之ノ字ヲ対訳シテヨシ。其時ハヤハリ漢文ノ意ニテ上体下用トカ下体上用トカ孰レ之ノ字ノ上下ガ二事ニナルナリ。（巻一・van）

とあり、『西説内科撰要』（寛政五年〔1793〕刊）に、

病有地不レ可下以二漢名一対訳上者天漢之無レ名也非レ無レ病。（凡例）

と見える。「義翻」（「義訳」）の例は『蘭訳弁髦』に、

且ナリ及ナリ与ナリ而ナリ（中略）又上文ニ云タルコトヲ指シテ言コトアリ。其トキハ同ト云意ナレドモ義訳シテソレヲ何々ソレハ何々トモ訳スルナリ。（巻一・en）

事物ヲ尋問シ異ニシテ疑ハシキコトニ驚キ問フ意アル処ニ使フ詞ナリ。（中略）此ハ愈ト云義ハナケレドモ恰モ漢ノ文法ト相合スル故ニ、一句ノ上ニテ義翻シテ尓《シカ》スルナリ。（巻五・hoe）

などとあり、「直訳」の例は『西説内科撰要』（凡例）に、

凡、名物創二見蘭書中一、而経二漢人之訳一者皆襲用焉。乳糜硝子薔薇露之類是也。（中略）又其直訳出二漢人之手一如二泊夫藍《サフラン》没薬盧会底野迦《テリアカ》阿芙蓉舎利別《セーローブ》之類一。皆襲用焉。

とあり、「音訳」は『遠西名物考』に、

○底野迦　此レ漢人ノ音訳ナリ。又的里亜加トモ書ス。

とある。『遠西名物考』の成立は寛政三年（1791）頃かと思われるが、『西説内科撰要』に対応する薬物書であり、『西説内科撰要』と同時期に書かれたものであろう。

F　長崎和蘭通詞の志筑忠雄（中野柳圃 1760–1806）もまた、①に「対訳」、②に「義訳」を用いている。③については不明。「対訳」「義訳」の例は例えば次のように見られる。

引力、動力、求心力、速力等の名は、義訳に出たり。（『暦象新書』中編凡例）

酒は原文にはビールと云と翻すれば、ビールの語に対訳なし。故にまた国字を用ゐて、サケといふと記せり。（『異人恐怖論』凡例）

G　吉雄南皐（1787–1843）も、①「対訳」、②「義訳」、③「直訳」を用いている（吉田忠氏前掲論文の『内外要方』文政元年〔1818〕成、同三年刊での調査による）。

H　大槻玄沢（磐水 1757–1827）は最初は玄白の用語を用い、後には独自の用語を用いた。すなわち、『六物新志』（天明六年〔1786〕序）の「凡例十三則」の第三には、

訳有二三義一。対訳・義訳・直訳、是也。其義已詳見二於我師所レ著解体新書凡例中一。今又不レ贅焉。然訳之為レ物、終不レ外二於三義一。故読二此書一者亦就レ彼参二互之一而可也。

とあるが、同第九には、

諸地名其有二漢訳一者皆従レ之。其間有二其訛転一者亦不レ革二其旧一。若無レ之、則今新以二対訳之法一。当二其呼称一而塡以二漢之字音一。且傍書副墨者以便二於誦読一也。

とあり、また、同第十二にも、

○阿蘭陀之国名、本二於彼邦之言音一而考レ之。則彼邦自称曰二涸盧蘭鐸一。羅甸語謂二之涸盧蘭地亜一。明人則為二和蘭一、為二荷蘭一、為二喎蘭一、為二何蘭一。是皆対訳而省二略其下一也。又、其謂二之法蘭得亜一者、即羅甸語之対

訳也。

とあって、③に「対訳」の語を用いている[2]。ただし、玄沢は③に「音訳」の語をも用いている。『蘭学階梯』（天明三年〔1783〕刊）に「明人の音訳に、和蘭、荷蘭、喎蘭地などあるに依れり」、『蘭説弁惑』（天明八年〔1788〕序。ただし出版は後年）にも「阿蘭陀といふ文字、清人の音訳字なり。唐音読にすれば阿蘭陀《オツランド》なれば、よく正音にかなへり。明人は和蘭、喎蘭、荷蘭、または法蘭得亜《ハランデア》など、といふ字を音訳したり」などとあり、『厚生新編』「訳編初稿大意」（文化八年〔1811〕。ただし馬場貞由との連署）には「和蘭ハ漢人の音訳字にしておらんだなり。此方にてハ阿蘭陀の字を用ゆ。原名は「オウランド」ナリ。和蘭の音訳も下略なれども、近時通称多きに従ひ和蘭におらんだの倭名附をなせり」「病名漫りに和漢名を充つべからざる者あり。（中略）瘡瘍の通名は茂質が続訳瘍医新書中に取るもあり、未だこれなきものは直訳して後の識者を待て定めんとす」と「音訳」また「直訳」を用いている。寛政十年（1798）に刊行された『蘭畹摘芳』の「凡例」にも「西洋之訳、有二直訳者一、既有二漢訳一、乃循二其旧一、若亡則填以下所二曾伝一之杭州音上新訳二定之一」と見え、「直訳」を用いている。

最終的には玄白は①「直訳」、②「義訳」、③「対訳」を用いたようである。すなわち『重訂解体新書』の「翻訳新定名義解上」に、

凡本編所レ載其物其名皆由二解体実測一而所二創定一也。故、我邦及漢土、古今未二説及者一居レ多。雖三則有二説及者一、形状主用大差者又不レ鮮矣。於レ是不レ能下以二其物一為二其物一、以二其名一為中其名上、遂私立二種種訳例一以従レ事。所レ謂直訳・義訳・対訳是也。即訳二協盧僧《ヘルセン》一曰レ脳、訳二法盧多《ハルト》一曰レ心之類、謂二之直訳一。訳二泄奴《セーニユー》一曰二神経一、訳二吉離盧《キリール》一曰二濾胞一之類、謂二之義訳一。直曰二翅業盧《ケーゲル》一、曰二蛤變杌《カラーグ》一之類、謂二之対訳一〈又謂二之音訳一〉。

と見え、『重訂解体新書』では玄白の『解体新書』の凡例を次のように書き換えてもいる。

訳例有二三等一。曰二直訳一。曰二義訳一。曰二対訳一。今挙二其一二一。言レ之。萚牒冷《ベーンデレン》。即骨也。訳曰レ骨。直訳是也。

泄奴《セーニユ》。即神液通流之経也。訳曰二神経一。義訳是也。吉離盧《キリール》。無二名可一レ充。乃音訳曰二吉離盧《キリール》一。対訳是也。
（旧刻解体新書凡例）

酒井シヅ氏によると『重訂解体新書』の製作過程は、寛政元年（1789）か翌年に開始され、最初の草稿が完成したのが寛政十年、「附録」までを書き上げたのが文化元年（1804）、出版のための原稿を脱稿したのは文政元年（1818）かその翌年である（「『解体新書』と『重訂解体新書』」洋学史研究会編『大槻玄沢の研究』思文閣出版 1991 刊所収）。この「旧刻解体新書凡例」の草稿が杉田玄白に提出されたのは寛政十年（1798）の夏のことであった。この時、玄沢は玄白の漢名を至上とする態度と訣別したようである。このことは「直訳」という語の意味に関わることであり、後に詳述する。

I　玄沢の四天王の一人である橋本宗吉（1763–1836）は、『三法方典』（文化二年〔1805〕刊）では、玄白の用語「対訳」「義訳」「直訳」を用いている。

訳ニ対義直ノ三法アリ。皆先輩ノ則ニ依ル。先訳アルモノハ更《か》ヘズ。偶予ガ新ニ直訳セシ所ノモノハ唐音字ヲ以テコレヲ塡ム。（例言）

ただし、この著は玄沢の『重訂解体新書』の原稿が完成する以前のものである。

J　同じく玄沢の四天王の一人山村才助（1770–1807）は訳法の名称を言うことは極めて少なく、『訂正増訳采覧異言』（享和二年〔1802〕成?）では①の呼び方は確認することができない。③も多くは「（喎蘭・和蘭）漢訳マタ法蘭得斯マタ荷蘭ニ作ル。我邦ニテ阿蘭陀ト書スルハ亦明儒ノ翻訳セル書中ニアル訳字ヲ用タルナリ」（巻四）のように「漢訳」とのみ言うが、「入尓馬泥亜《ゼルマニア》」の説明に「此国漢訳マタ熱而瑪尼亜ニ作リ、又亜勒瑪尼亜ニ作ル。コレハ上ニ云フ古名ノ音訳ナリ」（巻二）、「蘇亦斉」の説明に「艾氏ノ図説ニハ雪際亜ニ作リ、又其欧羅巴洲ノ総図ニハ蘇厄祭亜ニ作ル。並ニ羅甸《ラテン》語ノ音訳ナリ」（巻二）とあって、③を「音訳」と言っていたことが確認できる。②の「義訳」は多く見られる。ただし、これも玄沢の『重訂解体新書』の出版原稿完成以前のものである。

K　同じく玄沢門下の四天王の一人宇田川玄真（1769–1834）は、後年の玄沢の用語である①「直訳」、②「義訳」、③「対訳」を用いている。『遠西医方名物考』（文政五—八年〔1822–25〕刊）に、

薬品和漢ニ産スル者ハ漢名ヲ挙グ。唯本邦ニ産シテ漢名未ダ詳ナラザル者ハ和名ヲ挙グ。和漢産未ダ詳ナラザル者。並ニ方剤器械等ハ対訳シテ原名ヲ挙ゲ（注略）、或ハ直訳・義訳シテ其名ヲ定ム（注略）。

（巻一・凡例2ウ）

と見える。ちなみに「対訳」の具体例には「草木ハ乙百葛格安那《イベカコアナ》。阿利襪《オレイフ》ノ類。方剤ハ見篤《ケント》散ノ類。製剤ハ護謨《ゴム》規吉《テイキ》ノ類。器械ハ列篤児多《レートルト》ノ類」があり、「直訳」・「義訳」の例には「薬草ハ海葱ノ類。方剤ハ鎮痙散ノ類。製剤ハ覇王鹽ノ類。器械ハ地管ノ類」などがある。[3]

L　吉田正恭（生没年不詳）は、玄沢に代わってドドネウス（Rembert Dodonaeus 1517–85）の“Cruydt-Boeck”の全巻完訳『遠西独度湼烏斯草木譜』（文政四年〔1821〕成）に関わった人物であるが、彼は玄沢の用語、①「直訳」、②「義訳」、③「対訳」を用いている。例えば次のとおり。

一荷蘭之称呼、若地名人名薬名無㆓直訳之漢字㆒、則更以㆓其字音㆒塡入焉。戞杷訳悉印独度湼烏斯《カポドシインドドネウス》「亜苛羅湼《アヘローネ》」之類是也。従来漢人所㆓対訳㆒者通従焉。業謁埿爾蘭杜《ネーデルランド》〈出㆓職方外記㆒〉依卜加得《ヒッポカラテス》〈仝上〉「亜魯厄《アロエ》」〈出㆓鷹論㆒〉之類是也。

（題言）

一内景及疾病名称、有㆑不㆑可㆑以㆓漢名直訳㆒者、載㆓先輩之訳例㆒。如㆓表被・腺・靭帯・寒液・腐敗・胆汁・敗黒病・痿黄病・稽留熱之類㆒是也。

（同右）

一名称目録、因㆓原本例㆒以㆓亜A別B設C之次第㆒、傍対㆓訳漢字㆒而記。毎㆑巻之章号也。間示、附㆓載和漢之諸名㆒。

正恭曰（中略）是故ニ今二義相兼テ姑ク叢字ヲ以テ義訳ス。（第一巻第一章・叢）

正恭曰（中略）箇禄哄ハ頭上ノ飾トナスモノナリ。（中略）共ニ其形ニ比シテ言フ。即チ漢人ノ所謂傘状ヲ為スト云モノ是ナリ。故ニ傘状ト義訳ス。（第一巻第一章・傘状）

M　高野長英（1804–50）は①と②のみを翻訳の法としていて、③を翻訳とは考えていなかったようである。『三兵答古知幾』（弘化年間〔1844–48〕成?）に、

翻訳ノ法ニ、二種ノ別アリ、一ヲ対訳トシ、一ヲ意訳トス、対訳ハ辞義ニ従テ訳字ヲ下スヲ主トス、故ニ一言一字ト云ヘドモ本文ニ在ル所ノ者ハ務テ之ヲ存シ湊合ヲ以テ、文ヲナスナリ、（中略）意訳ハ、専ラ其文意ヲ取ヲ主トシ、辞義ニ拘泥セザルナリ、故ニ繁浩ハ、之ヲ刈リ、欠漏ハ之ヲ補フ、文外余意ノ在ル所ハ、悉ク之ヲ収拾シ編綴テ以テ、各其国文トナシ、務テ観者ヲシテ、其全意ヲ知ラシメントスル也、

とある。②に「意訳」のを用いているのが注目されるが、宇和島潜伏期の著とされる『旁訳洋文解』（嘉永元年刊）では「対訳義訳ニテ其道理ヲ詳ニシテ」と「義訳」が用いられている（杉本つとむ『日本翻訳語史の研究』八坂書房 1983 刊 p.53 に引用の本文による）。

N　杉田成卿（1817–59）は『済生三方』（嘉永二年〔1849〕刊）に

訳方ニ音訳・義訳・直訳・対訳等ノ別アルコトハ、先輩已ニ論弁スル所ナルヲ以テ、今復贅セズ。（凡例）

とあるが、[4]「対訳等」が何を指すかは不明である。あるいは名称の一定しない①もしくは③の言い換えにすぎないのかもしれない。

以上の調べ得た蘭学者たちの用いた用語を表にすれば次のとおりである。

	①	②	③
A 本木良永	「正訳」	「義訳」	「仮借」
B 前野良沢	「正訳」	「義訳」	「直訳」
C 杉田玄白	「翻訳」「対訳」	「義訳」	「直訳」
D 森島中良	？	「義訳」	「音訳」
E 宇田川玄随	「対訳」	「義訳」「義翻」	「直訳」「音訳」
F 志筑忠雄	「対訳」	「義訳」	？
G 吉雄南皐	「対訳」	「義訳」	「直訳」
H 大槻玄沢	「直訳」	「義訳」	「対訳」
I 橋本宗吉	「対訳」	「義訳」	「直訳」
J 山村才助	？	「義訳」	「音訳」
K 宇田川玄真	「直訳」	「義訳」	「対訳」
L 吉田正恭	「直訳」	「義訳」	「対訳」
M 高野長英	「対訳」	「意訳」「義訳」	？
N 杉田成卿	「直訳」（「対訳」）	「義訳」	「音訳」（「対訳」）

この表から言えることは以下のことである。②については高野長英（M）が一時期「意訳」を用いた他は、ほぼ「義訳」に統一されているが、①には「正訳」「対訳」「直訳」、③には「仮借」「直訳」「音訳」「対訳」が用いられて一定することはなかった。ただ、玄沢の『重訂解体新書』の出版原稿が脱稿されて以降は、玄沢の門に連なる者は、玄沢の①「直訳」・②「義訳」・③「対訳」を用いているようである。

ところで、杉田玄白（C）が①に「翻訳」と「対訳」を用いているのは次のようなことであろうと思われる。前述のように『蘭学事始』に「成丈《なるた》ケ漢人称する所の旧名を用ひて訳しあげ度《た》ク」とあるように、彼は訳語には漢名を用いたいと考えていた。したがって、彼にとって「翻訳」とは『翻訳名義集』に「夫《それ》翻訳者、謂㆘翻㆓梵天之語㆒転成㆗漢地之言㆖」とある「翻訳」と同じく、蘭語を「漢地之言」すなわち漢名に代えることに他ならなかった。「対訳」もまた蘭語に当たる漢名をもって当てることであったものと思われる。「梵天之語」すなわち梵語が蘭語に代わっただけである。したがって、彼にとっては「翻訳」も「対訳」も全く同じことであったものと思われる。これに対して、長崎和蘭通詞の本木良永（Ａ）が①に用いている「正訳」は、「和蘭語ノ転用変化ノ義ヲ考フルニ至リテハ千言万語何ゾ正訳ヲ得ンヤ。今此ノ書ヲ解スルニ、和漢ノ文則ニ拘ラズ、専ラ和蘭ノ意ニ従ヒ」と言っているのを見ると、必ずしも玄白のように漢名にこだわったものではなく、蘭語の意味に正しく対応する語を意味しているようである。前野良沢（Ｂ）以降の「正訳」も同様であろう。

「直訳」という語は二つの意味で用いられているようである。一つは③に用いられた「直訳」であるが、これは帆足萬里『仮名考』（弘化四年〔1847〕成）に「漢字の音をとりて此邦の言葉を写（す）は唐人の直訳といへるものにて」とあり、唐話（当時の現代中国語）のようであり、原語の語形に当てるという意味である（『増韻』「直、当也」）。これに対して、①に用いられた「直訳」は原語の意味を正しく訳すという意味であろうと考えられる。すなわち「正訳」の語に近いものと思われる（『広雅』「直、正也」）。

おわりに

現在では①直訳、②意訳、③音訳が用いられている。いつ頃からこの名称に定着したのかは調査しえていないが、「直訳」は玄沢の用語が踏襲されたものと考えられる。「意訳」の語は高野長英に見られたが、明治期以降では明治九年（1876）刊『伊曾保物語』（大久保夢遊・春陽堂）所載の香雪散人「伊曾保物語の考」に見える次の例が管見では最も早い。

紐とき開きて見るに料紙は鳥の子の厚紙の厚ごえたるに金銀泥もて梅の花を密くも粗にも描き先づ目録をあげきて本文を記したり其順序を見るに近く此方に舶載されたる原書とは異なる処闕たる処あるのみか比譬に引ける物などにもかはれるがあるは蛙が主君を望みて柱を得また改めて鷺を授けられしといふを鳶にかへしし類に

て此方にては鷺よりも鳶の方相応と思ひてかへぬるにや意殊なる外国人の作れる書をうつし記さむには覚り易きを旨とすべければ彼の直訳《ちよくやく》にはあらで意訳《いやく》といふかたにせしなるべし原書と併せ見ば斯る処猶多からむ

山田美妙の『大辞典』（明治四十五年〔1912〕刊）に「ちよくやく（直訳）」を「原文ノ語句其儘ニ訳スルコト。意訳、義訳ナドノ対」と説明し、「いやく（意訳）」には「いみやくの略」とあって、「いみやく（意味訳）」を「欧米等ノ洋書ノ訳ニ云語。一語毎ニ訳サズ、一文全体ノ意ヲ採ツテ訳スルコト。ちよくやくノ対。＝意訳」と説明しているにも拘わらず、「義訳」が掲出語に見られないのは、当時「義訳」はほとんど用いられない語になっていたことを示すものと思われる。

「音訳」は早く森島中良にあり、山村才助も用いていたが、江戸時代では一般に用いられる語ではなかった。それが明治時代以降に用いられるようになった理由は未詳であるが、管見では明治九年（1876）に書かれた和田維四郎訳『金石学』（博物館蔵版）の「凡例」に見えるのが早い例である。

また、江戸時代の蘭学者においては、直訳、義訳は主に単語レベルについてのみ論じられ、現在のように文章全体については問題にされることはほとんどないことは注目される。(5) 前野良沢に「義訳」を文章全体を言ったものが見られたのが例外的用例である。「直訳」が文または文章のレベルで用いられたのは管見では安政五年（1858）刊の伊藤圭二訳『輿地紀略直訳』があり、明治時代以降のものでは、大学南校助教訳『格賢勃斯英文典直訳』（明治三年〔1870〕刊）、右の『伊曾保物語』（明治九年〔1876〕刊）、また青木輔清の『捷無径類英学童子解』（明治十八年〔1885〕刊）に、

原語ヲ字綴《ジツヅリ》ノ通リニ棒読《ボウヨミ》ニスルハ、則チ彼国ノ言語ナリ、之ニ邦訳ヲ施シ、転動《カヘリ》ヲ附ケテ一語モ残ラズ、直《タダチ》ニ之ヲ読ムヲ直訳《チヨクヤク》ト云ヒ、又原語ノ順序《ジユンジヨ》ニ拘ラズ、唯原文ノ意味ヲ採《トリ》テ之ヲ我ガ文ニ翻案《ホンアン》シタルヲ翻訳《ホンヤク》ト云フ。

とあり、日高真実『経国亀鑑』の書評（『出版月評』6、明治二十一年〔1888〕一月刊）に、

然れども茲にまた語々に訳することを目的とするものあり即ち世に行ハるゝ何々直訳何史直訳といふものゝ類

是なりこれハ全文章の意義を訳するにハあらすとて何本の何処にある何といふ語ハ何といふ意味なりとて語々の意味を挙しもの故これ辞林たるに過ざるなり(6)

とあるのがその早い例かと思われる。

注

(1) 「仮借略文」の「仮借」と「略文」との間には脱文があるようで、『新制天地二球用法記』の下巻「和解例言」には「正訳或は義訳、仮借一二の略文潤文を交ふ」とある（この部分は早稲田大学図書館本にはない）。誤脱ではないとすれば「仮借略文」とは、例えば緒方洪庵『病学通論』（巻之一・生機論）に Mechanismus, Chemismus, Dynamismus をそれぞれ「黙加尼私謬斯《メカニスミュス》」「舎密私謬斯《セミスミュス》」「納那密私謬斯《ディナミスミュス》」と仮借し、これを「黙加（力）」「舎密（力）」「納那」と略しているようなものかとも思われる。

(2) この不一致について大友信一氏は稿本（書名は『西産緒言』）との比較により、玄沢はもと「対訳」の語を用いていたようであり、それを「直訳」に直したのは小石元俊であることを明らかにし、『六物新志』稿本完成頃（天明六年〔1786〕序）には、玄沢は玄白の「①対訳（翻訳）・②義訳・③直訳」を代えて「①直訳・②義訳・③対訳」の語を用いていたと推測されている。また、大友氏は玄沢が「直訳・義訳・対訳」の語を用いるようになったのは「長崎遊学の経験と成果に拠るものであろう。もっと推測を逞しくすれば、長崎で、玄沢が師事した本木良永の影響に拠るものであろう」と言われているが、本木良永は異なる名称を用いていたことは本文で見たとおりである。大友信一『『六物新志』の「対訳」「義訳」「直訳」』（『洋学資料による日本文化史の研究Ⅲ』吉備洋学資料研究会 1990 刊）。

(3) 宇田川榕菴（1798–1846）も『植学啓原』（天保五年〔1834〕刊）では養父玄真と同じ語を用いているが、『舎密開宗』（天保八年〔1837〕初冊刊）では訳法名を用いず、①には「漢名」、②には「訳名」を用いている（序例）。

(4) 杉本つとむ『日本翻訳語史の研究』（八坂書房 1983 刊）p.423 より引用。

(5) 小島幸枝氏によると、『ラホ日辞典』で fonyacu（翻訳）という訳語を含むラテン語は、1「Traduco·Transfero」、2「Explanate・Hermenia・Interres」、3「Converto」の三種に分けられるとされる。1は現在言うところの「翻訳」であって、別の言語に移し換えることであり、2は説明したり分析したり解釈するという意味であって、『サントスのご作業』にラテン語を解しないイルマン養方パウロの「翻訳なり」とあるような例がこれに当たり、3は言語は変わらず、文字だけを変える「書写」「筆写」の意味であって、ラテン語の学習はもとより、ローマ字も正式に学んだことのない細川ガラシャが『コンテムツスムンヂ』を「翻訳」したとあるような例がこれに当たるのであろうと言われる（『コンテムツスムンヂの研究　研究篇』武蔵野書院 2009 刊 pp.513–515）。およそ1は現在の直訳、意訳に、3は現在の音訳にあたり、2は文全体に対する意訳に近いものと思われる。

（6）　山田忠雄述「文献解読に直接役立つ注釈書群」（『マイクロフィルム版　山田忠雄責任監修国立国会図書館所蔵明治初期辞書集成目録（Ⅰ）—字類・字解・字引類』ナダ書房）から引用。

【補記】　稿後、北宋の賛寧撰『宋高僧伝』（端拱元年〔988〕成）を慶安四年〔1651〕に京都の西村又右衛門が出版した訓点本で見る機会を得た（新島襄旧蔵本、同志社大学図書館蔵）。その巻三「唐京師満月伝」に次のようにある。

今立レ新意《ヲ》成レ六‐例《ト》焉。謂《ク》訳レ字《ヲ》訳レ音《ヲ》為レ一例《ト》。重訳直訳《ヲ》為レ一例《ト》。麤言細語《ヲ》為レ一例《ト》。華言雅俗《ヲ》為レ一例《ト》。直語密語《ヲ》為レ一例《ト》也。初《ニハ》則四句、一《ニハ》訳レ字不レ訳レ音《ヲ》、陀羅尼是《レナリ》。二《ニハ》訳レ音不レ訳レ字、如《キ》二華仏《ノ》胸前《ノ》卍字《ノ》一是《レナリ》。三《ニハ》音字倶《ニ》訳、即諸経律中純華《テナル》言是《ナリ》。四《ニハ》音字倶不レ訳、如二経題《ノ》上《ノ》へ・乁二字一是也。

第一篇　天文学・暦学のことば

「地動説」ということば

――中山茂氏説続貂――

はじめに

大地は球形であるという説を否定する人の反応は洋の東西を問わず変わらないようである。三世紀末の神学者ラクタンティウスのそれは悪意に満ちている。(1)

足が頭よりも上にあるような人間の棲息することを――作物や樹々が下向きに生えるということを――、また雨や雪や霰が大地に向って上向きに降って来るということを、そんなことを信ずるような馬鹿者があるだろうか。……ひとたびあやまった考えをもつとそれを頑固に固持し、虚偽を他の虚偽によって弁護するような人間については、私はいうべき言葉をもたない。

慶長十一年（1606）に儒学者林羅山が耶蘇会者不干（ハビアン）に対して投げかけたのも守株独善的な言葉であった（林羅山『排耶蘇』。原漢文）。

干（ハビアン）曰く、地中を以て下となす。地上亦《また》天たり。地下亦天たり。吾邦舟を以て大洋に運漕す。東極これ西、西極これ東、ここを以て地の円なるを知る。

春（林羅山）曰く、この理不可なり。地下あに天あらんや。万物を観るに皆上下あり。彼の上下なしと言ふが如きは、これ理を知らざるなり。かつそれ大洋の中、風あり波あり。舟西してあるいは北、あるいは南してまた東。舟中の人、その方を知らず、おもへらく西に行くと。これを西極これ東極と謂《い》ふは不可なり。もし舟東すれば、すなはちあるいは北、あるいは南すれば、またかならず西す。これを東極これ西と謂ふは不可なり。かつまたついに物みな上下あるの理を知らず。彼、地中を以て下となし、地形を円かなりとなす。その惑《まど》ひ、あに悲しからずや。

その地球は回転しているという説もまた容易には信じがたいものである。二世紀前半アレキサンドリアで天動説を主張したプトレマイオスの反論がコペルニクスの『天体の回転について』（1543刊）に紹介されている（岩波文庫本pp.35–36）。

もし地球が動くならば、（中略）二四時間で地球の円を突破する運動は非常に猛烈であって、及び難い速度のものであろう。烈しい回転で動くものは、或る力で結びつけられているのでなければ、結合していることができず、散りぢりになってしまうように見える。そこでプトレマイオスはこう言っている――地球はとうの昔に散りぢりになってしまったであろう（これはおかしなことだ）、そうして天自体をも破壊してしまったであろう、またすべての生物や自由に動く他の重い物体は地面に留まることはできないで、振り落とされてしまったであろう。また自由に落ちる物体はそれが向かった場所には落ちないだろう、その間に下の物は非常な速さで動くから。また雲やその他の空に浮かんでいる物はすべて絶えず西へ動くのを見るであろう、と。

江戸時代の日本でも「高名なる人」の反応は同様である。本田利明の『西域物語』（寛政十年〔1798〕刊）に、

近年日本へも其暦法渡りたれども、大地が飛び旋るといふ説に肝を潰し、一向諾《うべな》ふ人もなかりしなり、故に日本にて高名なる人も此説を聞き大に肝を潰して曰、此大地が飛び旋《めぐり》たらば、飯椀も水瓶も倒れ返り、家も蔵も敗れ砕ん、どふして右様の事あるべき迚《とて》、一向承容なき人のみ多し。

と見える。これに対して庶民の反応にはのんびりしたものがある。式亭三馬の『四十八癖』（文化八年〔1811〕刊）

に次のような一節が見える。

此間も赤酔さまのおはなしできいたが。天地といふものは一たい丸いもので。マヅいはば手毬のやうなかたちだによつて。其丸いものが循環して。ぐる〳〵とめぐるとおつしやつたが。毬のやうにぐる〳〵廻つたらば。今の地が天になつて。天が地になるだろうス。もしさうなつたらひょんなものだす。まづ畳を上へ敷て。階梯を下のほうへかけずばなるまい。さうなつてくると。雨や雪が下のほうから降るだらうから。傘をはいて下駄をかぶつてあるくやうにならうシ。地震があたまの上でゆさ〳〵する。こいつは気づかひがなくてよしと。

森鷗外の『渋江抽斎』（大正五年〔1916〕発表）にも次のような挿話が見える。

五百《いほ》はまだ里方に居た時、或る日兄三郎が鮓久に奇な事をいふのを聞いた。「人間は夜逆さになつてゐる」云々といつたのである。五百は怪んで、鮓久が去つた後に兄に問うて、初めて地動説の講義を聞いた。その後兄の机の上に気海観瀾と地理全志とのあるのを見て、取つて読んだ。抽斎に嫁した後、或日抽斎が「どうも天井に蝿が糞をして困る」と云つた。五百はこれを聞いて云つた。「でも人間も夜は蝿が天井に止つたやうになつてゐるのだと申しますね」と云つた。抽斎は妻が地動説を知つてゐるのに驚いたさうである。（その百六）

この話は渋江抽斎の子の追憶談を基に書かれたものだそうであるが、五百《いほ》は文化十三年（1816）の生まれ、二十九歳の時に抽斎に嫁したという。五百の兄が読んでいた『気海観瀾』は文政十年（1827）頃に刊行された青地林宗の訳述書であるが、『地理全志』は慕維廉（William Muirhead 1822–1900）の著であるとすると、それが出版されたのは一八五三年から四年にかけてであるから、記憶違いのようであるが、当時の知識人はこのような書物から地球地動説を知ったようである。

1　「地動説」についての中山茂氏の指摘

ところで、鷗外の文章に「地動説」という語が用いられていたが、この「地動説」ということばについて中山茂氏に次のような指摘がある。(2)

　「地動説」という言葉は西洋にはない。太陽中心説かコペルニクス説という。地動というと地球の自転か公転か、あるいは両方ともに含むか、明確でないので、科学上の用語としても適当ではない。ところが、今日中国、日本、朝鮮ではすべて地動説という言葉を使っている。

中山氏が言われるように、西洋では地動説はコペルニクス説あるいは太陽中心説と言った呼び方をする。例えば英語ではCopernican syestem〔theory〕(コペルニクス体系・説)またはheliocentricism(太陽中心説)と言い、それぞれPtolematic syestem〔theory〕(プトレマイオス体系・説)またはgeocentricism(地球中心説)に対している。

日本に地動説が紹介された当初は西洋と同じような名で紹介されていた。後に詳しく見るが、和蘭《オランダ》通詞の本木良永(1735–94)の『新制天地二球用法記』(寛政四年〔1792〕成)の上巻に六惑星が太陽の周囲を旋る図があり、その図は「箇百耳尼久数《(コペルニクス)》ノ窮理　又一名　太陽窮理」と題されている。「箇百耳尼久数《(コペルニクス)》ノ窮理」は、下巻の本文に「此の太陽及び惑星列次の学を名づけて天学語骨百耳尼戛曷尹設湿数得抹曷《コペルニカアーンセシステマアー》といふ、和蘭語骨百耳尼戛曷尹設数得而説《コペルニカアンセステルセ》而《ル》といふなり。此に骨百耳尼詰由数《コペルニキユス》の窮理学と訳す」、また「骨百耳尼戛曷尹設数得而説而《コペルニカアンセステルセル》とは如何なるをいふや。骨百耳尼戛曷尹設《コペルニカアンセ》・数得而説而《ステルセル》といふは太陽窮理といふに同じ。骨百耳尼戛曷尹設《コペルニカアンセ》・数得而説而《ステルセル》とは尼骨刺乎数《ニコラウス》・骨百耳尼詰由数《コペルニキユス》といひし人の姓名を以て名づく。此の語、骨百耳尼詰由数《コペルニキユス》といひし人の窮理学を云はんが如し」などと説明されており、「太陽窮理」は「太陽窮理といふ所以は太陽にあり」(上巻本文)とも「(ティコ・ブラーへの説に拠れば）地球は吾が太陽窮理の中心に静居して、地球の周に太陽・太陰・恒星運動するなり」（下巻本文）とも説明されている。この書の中には書かれていないが、現在では太陽系と訳されている Zonne-Stelzel といった語に対する訳のようである。

中山氏はまた、「地動という言葉はふつうに解すれば地震」であるとも指摘している。この点についても確かにそのとおりであり、諸橋轍次の『大漢和辞典』には、

郡国被㆓地動災㆒甚者、無㆑出㆓租賦㆒。（『漢書』元帝紀）

献帝紀曰、京師地震、卓又問㆑邕。邕対曰、地動陰盛、大臣踰㆑制之所㆑致也。（『魏志』董卓伝・注）

造㆓候風地動儀㆒以㆓精銅㆒鋳成。（『後漢書』張衡伝）

など地震の意味の例しか載せていない（「地動儀」は地震の起きた方向を測る装置）。金沢庄三郎『辞林』（明治四十年〔1907〕）にも「①地殻のふるひうごくこと。②大地の運動即ち自転・公転の称。〔地動説〕地動によりて昼夜四時の起るといふ説。天動説の対」とあり、地震の意味が最初に挙げられている。さらに江戸時代には地殻の大変動の意味でも用いられたようである。小山田与清『松屋筆記』（文化十五年―弘化二年〔1818–45〕）に次のように見える。

去文政□《ママ》年、紅夷医シーボルトといふ者長崎より江戸へまうでくる道のほど備前備中の間の海中なる牛クヒ島に泊れるをり、相具せる長崎の内通辞菊谷米蔵そこにて枯骨一枚見出て示せしに、シーボルト曰、「日本国は地動以前の世界にてはカムシカツトより蝦夷松前アメリカ州まで続（き）たる地なれば、当時大獣おほく栖（み）、象も栖（み）たれば、その象骨也。地動の時、人蓄共に沈没して空土となりぬ。扶桑木とて海辺より出るもそのをりの埋木也。又山中より貝殻など出るも地動以前の物也。所所にて龍骨とて掘出る、はた象骨也。地動といふは漢土にては夏禹洪水を治し時にあたれり」といへり、となん。（巻七十五・地動の説）

さて、当初「箇百耳尼久数《（コペルニクス）》ノ窮理」また「太陽窮理」という名で紹介されたものに「地動説」という訳語を与え

たのは一体誰なのか。中山氏は「おそらくこれは志筑忠雄に起原を持つものであろう」と言われ、

彼にとっては、太陽が中心か地球が中心かは単に作図的・位置的問題で、それよりも動静の物理の方が伝統的な自然哲学の上で、より本質的な意味を持つ。だから太陽中心説よりも地静か地動かが問題である。

と言われている。以下、この中山氏の指摘を確認しつつ、「地動説」という訳語の持つ意味あいを考えてみたい。

2　本木良永の「コペルニクスの窮理」等と航海術

その前に本木良永が「箇百耳尼久数《コペルニクス》ノ窮理」「太陽窮理」に出会った経緯がどのようなものであったかを見ておくことにしたい。

良永には前掲の『新制天地二球用法記』より前にW・J・ブラフの蘭書を訳した『天地二球用法記』（安永三年〔1774〕成）があり、さらにその前に『和蘭地球図説』（安永元年〔1772〕成）という訳書がある。この書は仏語で書かれたルナールの航海地図の欄外に書かれてある啓蒙的記事をメルキオスが蘭語訳したものを邦訳した『阿蘭陀地球説』（明和八年〔1771〕成）を更に改訂増補したもののようである。その『和蘭地球図説』の巻一の「地球並ニ地図諸圏ノ事」の中の次の一節が地動説が我が国に紹介された最初であるとされる(3)。

地図ノ上ニテ見得ル所ノ諸圏ノ名目、度数配分、総テ用法ヲ能ク知ルベシ。無益ニ是ヲ定メタルニ非ズ。又如何ナル理ヲ以テ究メタルヤ吾等謂ン。是レ日曜ノ旋ニ因ル也。若クハ二十四時〈一昼夜ヲ云フ〉、若クハ一年ニ日曜地球ヲ旋ルヤ、又地球日曜ヲ旋ルヤ、古今ノ異説ココニ用ナシ。専ラ吾等思惟ノ実明ナル所ニ拠テ、只其肝要ナル所ヲ書載ス。日曜二十四時ニ全地球ノ円周ヲ照シ給ヒ、三百六十五日五時四十九分ミニユツテンヲ歴テ〈ミニユツテン此ニ分ト訳ス、一時六十分之一ヲ云〉又初メ旋行ノ初点ニ至ル。能ク諭サバ、地球ニ二個

ノ運リ有ル事ヲ監ルベシ。（中略）人々日光ノ中ニ在テ、日輪ハ世界全体ノ大ニ君タル所ノ物トス。日輪正中ニ居坐シ玉ヒテ、其光輝万方ニ光被シ、天地間ノ闇体ノ物ヲ照シ温メ、悦シメ動ザルヤウニス。実ニ監ミベキ輪行ノ旋動ナシ。然レバ、日輪ノ旋転シ玉フト見ルハ、地球ノ旋転スルヲ見ル所ナルベシ。斯ノ如キヲ、日曜地球ノ周ヲ周行シ玉フト見ル也。

すなわち、地動説は航海地図の欄外にあった啓蒙的記事によって日本に初めて知られたのである。

ところで、本木良永は原文に忠実な翻訳者であったと言われているが、中山氏は『天地二球用法記』とその原書との比較から次のような事実を指摘している。(4) それは良永は原著から神の創造の業を語っている部分と西洋天文学史の中でコペルニクス説にまつわる聖書の字義解釈論争の部分を抜いて訳しているという事実である。中山氏はその理由を次のように推測されている。「コペルニクスは神学と関係があり、危険思想である」、「当時の日本の現実のなかにそれを紹介することは、当局の忌憚に触れ、ひいては己の家業が危うくなり、さらに通詞一般は危険思想に常に接している注意人物だと勘ぐられはしないか」と「体制内の囲われ者であった一長崎通詞」は判断し、その結果「コペルニクス説がほんの少し覗いているだけの不完全な紹介に終わり、コペルニクスの名の初出としての意味しかとどめていない」のだ、と。(5) しかし、良永がキリスト教に関係する内容を翻訳しなかったのは別の理由もあったように思われる。当時の日本においては『出島蘭館日記』にあるように蘭書は「医薬・外科及び航海」などの技術を得るために翻訳されることが多かった。本木良永の『和蘭地球図説』もまた、人の求めに応じて航海の要器としての地球図を理解する目的で訳されたのであったが、天球儀地球儀の用い方を説明する『天地二球用法』もそうした目的に直接関係しない聖書の字義解釈論争などは省かれたものかとも思われる。自序にはそうした翻訳の意図が明確に記されている。

古聖俯仰シテ天文地理ヲ見察シ、四時ヲ正シ、民時ヲ授ケ、以テ天下ヲ平治ス。欧羅巴ノ先賢亦同ジ。殊ニ和蘭人ハ海ニ浮デ万国ニ通商シ、其利ヲ得テ国ヲ富シ、博ク衆芸ヲ学ンデ身ヲ潤シ、以テ国ヲ利ス。嗚乎大哉、航海之術。纔《わずか》ニ一隻舶ヲ以テ万里ノ大洋ヲ渡ル。其要天文ヲ測リ、地理ヲ察シ、日月諸星ノ運行ヲ考ヱ、彼土ノ暦ヲ以テ年月日時ヲ推シ、昼ハ太陽行度升降ヲ測リ、夜ハ恒星地平上高低ヲ度分ヲ測定シ或ハ南北二極ノ高低ヲ推考シ、経緯ノ度分ヲ測テ其船隻ノ所在ヲ知ニ在リ。是ニ於テ測量ノ諸器アリ。天地二球ハ天文地理ノ学士及航海者ノ要器ナリ。或人一日予ニ此器ノ用法ヲ問フ。予謂、予ガ得ル所ノ一書アリ。（中略）ヨーハンブラーウト云ヒシ者彼土暦数、一千六百六十六年開板セル書ナリ。

したがって、続く文章において、

其書ノ序曰天学達識ノ人天ノ中心三光ノ運行ヲ思惟スルニ二説アリ。其一曰、地球ハ天ノ中心ニ居リ不動ニシテ七曜恒星ハ地球ノ円周ヲ運転スト。其一ハ太陽ハ常静不動ニシテ地球ハ五星ト共ニ太陽ノ周郭ヲ旋リ、恒星天ハ凝住シテ不動ナリトス。初ニ思議スル所ハ「テイモカアンス」或「ヒツパルクユスプトロメユース」ト云シ者其門人等今ノ時節ニ及ブ迄思議スル所ナリ。其次ニ思議スル所ハ古昔書籍ヲ著セル人ノ考証ニ従シハ古ノ事ニシテ其書ヲ遺ス事無ク数多ノ芸術ヲ失ヱリ。然ト云トモ凡一百年前ニ「ニコラアスコペルニキユス」ト云シ者アリ、天学測量比類ナキ一人「テイコヲブラヘ」ト云シ者ト交ヲ成シ此術ノ奥義ヲ究メ深暗ノ中ヲ出テ再ビ明中ニ移ルガ如シ。

といった西洋天文学史の簡単な紹介がなされているにすぎないのであろう。しかしなお、中山氏はこのように自序には書かれているものの、本文中には「実際的な用法（特に航海用の）は詳述されているが太陽中心説には全くふれられず、ティコ・ブラーエの観測結果は採用されているが、コペルニクスの名はついに出て来ない」ことを指摘し[6]、「良永は前訳でコペルニクスがキリスト教に関係あるものとして恐れをなしたが、一方自分自身には気にかかる問題である。そこで訳出して依頼者に差し出す段では、第二部を削ってごまかしてしまったのではあるまいか」と言われる。(7) しかし、良永の他の和蘭書訳述書のほとんどは次のように実用のためのものばかりである。『翻訳阿蘭陀本草』（明和八年〔1771〕）、『平天儀用法』（安永二―三年〔1773–74〕）、『太陽距離暦解』（安永三年）、『日月圭和解』（安永五年）、『象限儀用法』（天明三年〔1783〕）、『阿蘭陀海鏡書』（天明八年）、『阿蘭陀永続暦和解』（天明八年）、『阿蘭陀全世界地図書訳』（寛政二年〔1790〕）、『和蘭候象器附解』（寛政四年）。この『天地二球用法』もまた「天文地理ノ学士及航海者ノ要器」である天球儀地球儀の用い方を説明したものである。天文学も航海に必要な知識の一つであった。したがって、コペルニクス説に知的好奇心を抱いたことは確かであろうが、西洋天文学について深く研究するという意志はなかったように見える。『天地二球用法』が訳されたのは『解体新書』が出版された年と同じである。『解体新書』（安永三年〔1774〕）もまた、原文注から「形体に関渉するもの」だけを取り、解剖学の研究法や新旧解剖学者の略歴や業績、あるいは旧約聖書時代からの血液循環に関する観念や学説などの、直接方術には関わらないものは省かれている（岩崎『前野蘭化2』p.41–2）。『天地二球用法記』もまた航海技術に直接関係しないものは省かれたのであろう。

いずれにせよ、地動説は航海に必要な天地二球儀の使い方を問われた和蘭通詞が「航海天学術の書籍」の翻訳を契機に知られ、「箇百耳尼久数《（コペルニクス）》ノ窮理　又一名　太陽窮理」と翻訳されて、日本に紹介されたのである。

良永は更に寛政四年（1792）に官命によってジョージ・アダムスの原著を訳した『新制天地二球用法記』を訳している。この書で注目されるのは西洋の天文学に曷数鐸緑羅拭曷《アストロローシャ》と曷数鐸緑挪密曷《アストロノラミヤ》の二つがあり、それぞれが和漢の「命理占候の天学」と「形気測量の天学」に当たることを指摘していることである。

> 和漢の説に天といふに二儀あり。命理の天と形気の天なり。命理の天は声色に非ず人身に在り、形気の天は蒼々として人の頭上に在り。仰いで七曜衆星の更《かは》る更《がは》る運行するを見ると。和蘭人天学を論ずるにも亦二儀あり。其の一は天学語の曷数鐸緑羅拭曷《アストロローシャ》といひ、和蘭語、数蹋耳列《スタルレ》、夫屋耳説古掘久尹迭《ホールセクケキユンデ》といふなり。此の語、

正訳すれば星の占と和語に通ず。是れ和漢に所謂《いわゆ》る命理占候の天学なり。（中略）又和蘭天学の其の二（は）天学語咼数鐸緑挪密咼《アストロノラミヤ》といひ、和蘭語数蹋耳列羅甫久尹迭《スタルレロープキユンデ》と云ふなり。此の語を正訳すれば星行術《ほしめぐりのじゅつ》と和語に通ず。（中略）是れ和漢に所謂る形気測量の天学なり。

このことについては次節で再び取り上げることにする。

3　志筑忠雄の「地動の説」と陰陽説

西洋天文学の本格的な紹介は良永の語学の弟子である志筑《しづき》忠雄（中野柳圃1760–1806）の『暦象新書』（上編寛政十年〔1798〕、中編同十二年〔1800〕、下編享和二年〔1802〕成）によって始まる。この書は英国人ジョン・ケールの天文書をヨアン・リュロフスが蘭訳したものを、和漢の暦書を引用しつつ分かりやすく邦訳したものである。

彼は『暦象新書』の旧訳本あるいは草稿と考えられる『天文管闚』（天明五年〔1785〕成）と『動学指南』（同年成）をも書いている。注目されるのは『天文管闚』の下巻末にある、東洋の自然哲学思想である陰陽静動の説を十分に理解してない者が、西洋の新説にかぶれて「邪説」を信じることを懸念する(8)「星学指南評説」である。その「評説」の序に言う（傍線引用者）、

天地之始《ハジメ》初混沌たるもの既に判《わか》れ、清《スメル》者は升《のぼり》て天となり、濁《ニゴレル》者は礙《こり》て地となる。猶湿気の青蒼中に変て霧粒となるが如し。易曰、本《ニク》二乎《ク》上《ニ》一者は親《ミ》レ上《ヲ》、本《ク》二乎下《ニ》一ものは親《ニ》レ下《ヲ》。（以下陰陽静動を説く。略す）今や欧羅巴の人機巧之術を好み、形器之天学を専にす。事理の採るべきを知て陰陽の測るべからざるを知らず。故に説辞煩砕にして温ならず、気象急進にして平ならず。然といへども小知者是を愛し、利口者は是を好む。是故に近来和人往々其説を唱るものあり。其道本より見るべき無きにあらずといへども、若し或は遠流に溺れて返ること

を知らざるものは必ズ後世邪説を為すの端を発さん。是を以聊《いささか》管見を述し、これが評説を作ることしかり。

傍線部に見える「形器之天学」とは、本木良永の『新制天地二球用法記』に見えた「形気測量の天学」のことであり、「命理占候の天学」に対するものである。朱子学においては「命理占候の天学」「形気測量の天学」は「形而上の道」「形而下の道」に対応するものであり、もとは一つであるとする。この考え方は早く日本にも取り入れられており、西川如見（1648–1724）の『天文義論』（正徳二年〔1712〕刊）に、

天ト云ニ二義アリ。命理ノ天ト形理ノ天ト也。（中略）夫此両天ノ位ヲ論ズル時ハ命理ハ上ニシテ形気ハ下トス。（中略）此二ツノ天ヲ学ブハ同ク是ヲ天学ト可レ言。（乾の巻）

天文ト地理ト運気ト三ノ者ハ不レ可レ離。運気ト云ハ天地ノ気ノ中間ニ運リ行ハル、ヲ云リ。天文地理ハ形体ニシテ、運気ハ其ノ作用也。都テ是ヲ学ヘルヲ天学ト云フ。此故ニ天文地理ヲ学バン者ハ運気ヲ不レ識不可也。苟クモ天文ノ体而已《ノミ》ヲ識テ運気ノ用ヲ不レ識バ、医ハ本草ニ明ニシテ治療ニ疎キガ如シ。中華ノ運気ハ五運六気ヲ立ツ。五運ハ土金水木火ノ五行ニシテ、六気ハ寒暑燥湿風火ナリ。（坤の巻）

とあり、西川正休（1693–1756）の『大略天学名目鈔』（享保十五年〔1730〕刊）には端的に、

夫レ天学ニ二義アリ。命理ノ天学ト形気ノ天学トナリ。性命五常ノ道理ヲ窮ル。是レ命理ノ天学也。日月五星ノ運行推歩測量ヲ修ル。是レ形気ノ天学也。命理ト形気ト本二ツニ非ズ。（天学初学問答）

と書かれている。

志筑忠雄の語学の師であった本木良永の『新制天地二球用法記』にも「曷数鐸緑羅拭曷《アストロローシヤ》」と「曷数鐸緑挪密曷《アストロノラミヤ》」とを「命理占候の天学」と「形気測量の天学」とに対応させていた。しかし、良永はその対応を指摘するだけで、それ以上のことは言っていない。しかし、志筑忠雄は本来一つである「命理ノ天学」「形気ノ天学」の一方だけしか西洋の天文学は扱わないと批判し、西洋の天文学に対する東洋の天文学の優位を二つの観点から主張する。一つ

は西洋天文学と東洋自然哲学の方法論の違いであり、思索の深さにおいて西洋天文学は東洋自然哲学に及ばないという主張である。

唯蛮説はかならず其事を見て而後《しかるのち》、其理を云ふ。故に其語浅陋にして味なく、其の心労役して益すくなし。古之人は其の理に通じて其事を善す。故に其語簡易にして含容あり、心慮苦まずして、言教とするに足れり。是其異なる所なり。（中略）蛮人揣摩を好んで、天を敬することを知らず。故に放言誕説して是を神にすることを知らず。若以至言妙道とするものは本より論るに足らず。常見にして容《いる》ること能《あたは》ざるもの又得りとせず。異方の天学は形色名声の末に止《とどまり》て精微の理に達せず。是を以、證を引譬を設ること明白なりと雖、又唯線を画し、形を比ぶるに過ぎず。見んひと宜く是を察し給へ。（星学指南評説）

もう一つは地動説は既に東洋で言われていたことであるという主張である。

（前略）今の蛮説は太陽恒星を静物とし、地と五星とを一種とし、各太陽を旋りて、内なるは速やかなるに外なるは遅く、二地に回転ありて視動左旋之本たりといへり。是則昼夜を以、地の転回とし、春秋を以、地の周行とす。（中略）是を観れば蛮人の云ふ所地動の説又自ら一理あり。爾雅の疏に、地に升降あり、冬至より夏至に至て降る三万里夏至より冬至に至つて升ること三万里と云ふことあり。然れば一日の行凡百六十余里也。此の如くなる時は、地動の説古昔より是あり、何ぞ必ずしも蛮人而已ならん。列子曰、天地密に移る、疇《タレ》か是を覚せん。又曰《ク》、凡《ソ》一気頓に進まず、一形頓に欠《ケ》ず。是等の論蛮説と同じからざれども、又何も合ふ所あり。（同右）(9)

「地動の説」はこうした文脈の中に現れるのである。ここにおいて志筑忠雄が本木良永のように「箇百耳尼久数《コペルニクス》ノ窮理」「太陽窮理」といった直訳語を用いず、「地動の説」と意訳した理由が理解できるように思われる。すなわち、中山氏が言われるように東洋自然哲学を克服できなかった彼にとって、コペルニクス説は太陽を中心に地球が回っているということより、地球が動いているということの方が重要なこととして捉えられるものだったのである。

したがって、次のような天動と地動とは相対的な見方の違いにすぎないとする説明も、彼にとっては東洋自然哲学擁護の意味を持っていたにちがいない(10)。

○問曰く、然らば西人地動の説は、確論といふべしや、古人天動の説は、非なりといふべしや。
曰く、然らず。夫れ天は形体の限なし。一物北より南に行て、一尺を移すことありとも、天は是が為に一尺を増さず、南に減ぜず。されば動も猶静の如し。然れば一物東行するを以て、外物皆是が為に西行すと言んも可なり。譬へば太白右に進み、歳星左に退くを見て、衆星と歳星と太白の為に左行し、衆星と太白と歳星の為に右行すと言んも、亦皆可なり。今我と天地日月五星と共に、其行を同くして、常に疾行することあらんも知り難し。抑又地球実に不動にして、天上元来彼等の変動あらんも亦知るべからず。(中略)されば動は動静の間に生ずるものなり。是を地にありと言んも可なり、天にありと言んも可なり。天動の説何ぞ非とすべき。
(『暦象新書』上編下巻の附録・天体論)

次のような発言も同様であろう。

○問曰く、地動の説、陰陽の理に於て相悖《もと》ることなからんや。
曰く、立二天之道一曰二陰与一レ陽、立二地之道一曰二剛与一レ柔といへり。(中略)是等の言にて観れば、天質の陰物たるること知ぬべし。然れば地質の天中に動くの義は、明白なるものをや。且つ天は円に動、地は方に静といへるは、其の形にありや其徳にありや。若し其形をいへるならば、後人所謂の地如二弾丸一は、是れ古に悖るの言たらん。若し其徳のみをいへるならば、地形の移り動くと言んも、亦何の妨かあらん。何を以てか特《ひと》り如二弾丸一の説を以て移動の説を捨ることを得ん。
(同右)

また、中編下巻末には「子が言、上編に在ては必しも地動と云はず、是編に至ては西説に和し了るが如なるは如何」という問いに対する「是の書は形体を論ず、形体を以て言へば、地は円にして動なり、道徳を以て言へば、地は方にして静なり」という答えが見える。

4　吉雄南皐の「地動説」と西洋天文学

本木良永の著述は官府に収められて出版されず、一部の人々に写本によって伝わった。司馬江漢（1747–1818）の『刻白爾《コッペル》天文図解』（文化五年〔1808〕刊）に「此編ノ全説ハ西洋ノ書ニシテ、曩《サキ》ニ崎陽《ナガサキ》ノ訳司《ツウジ》本木氏翻訳スル者ニシテ、余請テ之ヲ閲スルニ刻白爾《コッペル》ノ窮理地転ノ説也」（凡例）とあり、平田篤胤（1776–1843）の『印度蔵志』に「西洋の説は、天地二球用法記といふ書に見えて、骨閉留《コッペル》と云し者の説なり」とあり、同じく篤胤の『太昊古易伝』に「早く長崎人本木何某の訳せる天地二球用法記と云ふ物に見えて、彼の骨閉留と云へるも此説なり」などとある。志筑の『暦象新書』も同様に写本で伝えられていったものである。こうして伝えられた新説がどのような名前で呼ばれていたのかを追ってみたい。

司馬江漢は「地動ノ説」を『和蘭通舶』（文化二年〔1805〕刊）に一例用いているだけで、主に「地転の説」を用いている（『刻白爾天文図解』『独笑妄言』『春波楼筆記』『無言道人筆記』『訓蒙画解集』『吉野紀行』『天地理譚』）、この「地転の説」という言い方は司馬の積極的な啓蒙活動の影響により広く用いられるようになったようで、片山松斎の『北窓雑話』（文政九年〔1826〕序）に「此書（引用者注—『刻白爾天文図解』のこと）海内に流布せしより、我国の人粗地転の新説を知れり」（巻一「西洋天象惑耳驚心」）とあり、鶴峯戊申《つるみねしげのぶ》（1788–1859）も『天の御はしら』（文政四年〔1821〕刊）では単に「西洋天体の新説」とあるが、後に書かれた『地転新図』（文政十年〔1827〕刊）では「地転」を用いている。

志筑忠雄の「地動の説」は『暦象新書』を批判した円通の『佛國暦象編』（文化七年〔1810〕刊）にも「地動之説」と用いられており、山片蟠桃の『夢ノ代』（享和二年〔1802〕序・文政三年〔1820〕刊）には「凡例」に「地動の説」とあり、本文にも「地動の儀」（儀は説の意）が用いられている。また、吉雄《よしお》南皐《なんこう》（1787–1843）の『遠西観象図説』（文政六年〔1823〕刊）には上巻「題言」に一例「地動〈セカイガマハル〉ノ説」とあるが、本文では、

厄《エ》日多《ジット》国ニ一奇論ヲ唱ル者アリ。「太陽ハ天ノ中央ニ静居シ、地球ハ五星ト共ニ是ヲ旋回ス」ト云フ。是、実ニ天象ノ真理ニ適《カナ》ヒ、星学家ノ枢要ヲ得ル者ニシテ、所謂地動説ノ濫觴〈ハジメ〉也〈地動説トハ、西洋今時行ル所ノ天学ニシテ（下略）〉。（中巻・理学発端）

のように「地動説」も現れてくる。現在のチドウセツという語の直接の源は吉雄のこの書にあるようである。佐藤信淵の『鎔造化育論』（文政七年〔1824〕成）には音合符を付した「地動説」が見える。

『遠西観象図説』は、その「題言」によると、南皐が家塾で講じた天文学の講義を草野養準が筆記したものを整理したものであり、内容はマルチンとマルチネットの著書を中心に何種類かの和蘭語の自然科学書に基づいたものであるが、南皐が門人達に天文学を教える時のテキストには『暦象新書』が専ら用いられていたことは、門人の一人の野村立栄の随筆によって知られる（木村陽二郎・遠藤正治編『医学・洋学・本草学者の研究　吉川芳秋著作集』八坂書房 1993刊）。『遠西観象図説』の本文中にも『暦象新書』からの引用や「柳圃先生」（志筑忠雄）の名が見える。

ところで、『遠西観象図説』の末尾に付された南皐自身の手になる「地動或問」によって、当時の地動説に対する厳しい思想的環境が窺える。その「引」に言う（原漢文）、

この書や、ほぼ地動の大凡を挙ぐれども、いまだ然る所以の理を尽さず、ただ以て理学の階梯、動論の基原となすべきなり。方今《いま》渾天（引用者注―天は球形であるとする説。ここでは天動説の意）を以て確説となすの時に、遽《にわか》に動静顛倒の説を出さば、乃ち眩惑せざるもの鮮《すくな》し。（中略）この書一たび世に出づれば、また二氏（引用者

注―地動説に反対して天動説を唱えたアリストテレスと黄道周を指す）の徒の蜂起せんことを恐る。

つまり当時においても世の中は未だ「渾天を以て確説となす」情況であった。南皐はこの書が出版されることによって起こる事態を予想して、敢えて旧著「地動或問」を付したのである。その中に次のような「或問」がある。

問　支那ト西洋ト究理ノ法同ジカラズ。何ヲ是トスベキヤ。

問　易ニ、乾ヲ天トシ坤ヲ地トシ、乾ヲ陽トシ動トシ、坤ヲ陰トシ静トスル者ハ、西洋ノ地動ト相戻《もと》ルニ非ズヤ。

南皐は前問に対し、「柳圃先生ハ（中略）暦象新書ヲ著スニ及ビテ『易ヲ学ブニ非ズバ、造化ノ妙ヲ究ルコト能ハザルベシ』ト云ヘリ。豈浅学ノ徒軽臧否スルコトヲ得ンヤ」と答え、後問に対しても「易ハ卜筮ノ為ニ設ル所ニシテ、吉凶・悔吝ノ情ヲ尽シ、視動ヲ主トシテ之ヲ設ケリ。（中略）凡ソ吉凶・悔吝ハ、人間彼我ノ間、事ニ触レ物ニ応ジテ起ル所ノ視動ニシテ、鬼神ニ拠リテ之ヲ見レバ、吉凶ノ分ナカルベシ。学者視・実両動ヲ得ル時ハ、自ラ其別ヲ知ルニ至ラン」と答えて、志筑忠雄の説を尊重している（「視動」は見かけの動きを言い、「実動」は実際の動きを言う。志筑が天動と地動とは相対的な見方の違いにすぎないとするときに用いた説明である）。しかし、注目されるのは、

問　地動ノ説聖経ニ戻《もと》ルコトナクバ、支那ノ人既ニ西洋ノ推測ヲ信ジ、反テ地動ヲ喜バザルハ何ノ故ゾヤ。

という問いに対して、南皐は、

其学已ニ支那ニ入ルト雖ドモ、其俗古伝ヲ改ムルコトヲ厭フノ風アリテ、仮令《たと》ヒ二、三ノ学者其理ニ達シタリトモ、遽《にわか》ニ通国ノ旧習ヲ一掃スルコト能ハズ。且、暦ヲ作リ民時ヲ授ルニ於テハ、皆ナ視動ヲ用フルコトニシテ、実動ノ論ニ至リテハ初学ノ急ニ非ルガ故ニ、強《しい》テコレニ及バズト見エタリ。然レドモ、後世ニ至リ実動ヲ説クコトアラバ、支那ト雖ドモ地動ヲ外ニシテ何ヲカ云フコトノアラン。

と答えていることである。すなわち、これまで中国では初学の者に理解しやすい視動による天動説を教えてきたが、

いずれ実動を説くときには地動説に触れなければならないだろうと言うのである。彼の著は「運気論はもちろん、気象とも決別し、完全に近代的な洋学天文書となって」おり[11]、思想と科学とは明確に区別されている。志筑忠雄も同じような発言をしているが、陰陽五行説を擁護する立場からの発言であり、吉雄南皐とはおのずから異なる意味あいが含まれることになる。

唯古人は先務を急にして、知を万物に周くすることを欲せず、無為にして万理の至要に達す。然れども今は数千年来の知を積て、究理推測共に漸く精密なるに至りぬれば、実に理を推して、是等の事を論ずるに至るも、固より時勢の自然なるべければ、従来幻妄無拠にして、徒に人を惑はすもの、類とは、大に異なるべし。

（『暦象新書』天体論）

宋学との決別は『解体新書』（安永三年〔1774〕刊）の訳業を成し遂げ、西洋の近代的科学精神に目ざめたときから既に始まっていた。前野良沢の『和蘭管蠡秘言』（安永六年〔1777〕成）に言う、

地球　球ハ美玉ヲ云フ。然シテ支那、古ヘハ地ノ本形ヲ知ラズシテ、地ハ方ニシテ棊局ノ如シト云ヒ、或ハ地ノ下ニ四ツノ柱アリト云等ノ虚説ヲナセリ。後世ニ至テ欧羅巴ノ天地学ヲ伝フルニ因テ、始テ地球ト称ス。

このような認識は時代を先取りしていた蘭学者たちに共通のものであった。『厚生新編』第七巻の「ア、ルデ即土又地」の項に言う（傍線引用者）、

（前略）天文家の説は地球は七曜《よう》七惑星の一にして他の惑星《わくせい》のごとく其周囲《めぐり》に濛気《まうき》輪を帯《お》びて精微《せいび》なる大気中に浮漾すといへり。又近世可白爾《コーペル》人名流の説には地球は一年に太陽の周囲を一周し太陽を以て大世界の中心とす。故に春夏秋冬四時の気候行はる。又二十四時の中に其軸一周転す。故に昼夜を生ずといへり。是地球の運転すといふ新説にして、近世諸名家の信用する所なり。

○但し往古の暦家の説は地球は永世不動にして大世界の中心に静定し、日月諸恒星ともに地球の周囲を環廻し

て毎年一周すといへり。此説今時も尚信用するものあり。殊に凡庸の愚民に至りてはこれに服するもの多し。其故は日輪毎日東方より出て西に向ふて運行するごとく見ゆればなり。然れどもこれは地球其地軸に依て毎日右旋をなすなり。この故に斯く顕れたるものなり。

右の文章は馬場貞由（佐十郎）による訳述であるが、「戌九月廿七日摂津守殿江上」と添え書きされており、文化十一年〔1814〕に書かれたもののようである。『解体新書』刊行から四十年後、『遠西観象図説』刊行の九年前のことである。

吉雄南皐の考え方はこうした流れの中に位置づけることができる。そうした者にとっては「地動説」という語より、実動の視点からの「太陽中心説」の用語を用いる方が適切だったと思われるにもかかわらず、そうしなかったのはなぜであろうか。あるいは朱子学や仏教徒に対して「易ニ、乾ヲ天トシ坤ヲ地トシ、乾ヲ陽トシ動トシ、坤ヲ陰トシ静トスル」などというが、「地」は確実に「動」いているのであるという意味を籠めて敢えて用いたのであろうか。梵・漢・和の諸説について「小児ノ戯ニモ及バザルナリ、西洋人ニ見セタランニハ腹ヲカ、ヘテ笑フベシ」と言った山片蟠桃が「地動の説」を用いているのは、明確にこの意図を含ませていたにちがいない。とすれば、志筑忠雄の「地動の説」と吉雄南皐の「地動説」とは微妙に異なる意味あいのものとなる。

ともあれ、明治以降になると志筑忠雄に発し、吉雄南皐で確立した「地動説」の語が専ら用いられるようになる。西周の『百学連環』（明治三─四年〔1870─71〕）第二篇上に「本居氏の説（古事記伝）出でて服部中庸の記録せし三大考と称する書あり。其説に天地日月の運転等の論あり。蓋し西洋の地動説より採り来りて附会せしものなり」また「其頃意多里の窮理家に Galileo なる人ありて、地動説を以て創めて論ぜしかば、即ち査庭に於て糾問せられけるが、漸くにして免るることを得たり」とあり、『百学連環覚書』（自筆ノート、明治三年〔1870〕頃）第二冊にも「Copernican system」「地動説」と見える。以降、花谷安慧の『天文三字経』（明治七年〔1874〕刊）に「先天《ツ》文《ニ》。

有㆓三品㆒。一ニ天竺。経論説。二ニハ支那ハ。周髀説。三ニ西洋。地動説ノ。」、福沢諭吉『文明論之概略』（明治八年〔1875〕刊）に「ガリレヲが地動《ちどう》の論を唱へしときは、異端と称して罪せられたるにあらずや」（巻之一第一章）、今井恒郎訳『哲学階梯』（明治二十年〔1887〕刊）に「例へば地動説、重力論、光線波動説の如き、其初め皆憶説にあらざるなし」（一・三三）などと見える。

おわりに

コペルニクスの説が「太陽中心説」とも呼ばれるのは「或る人々が宇宙の瞳と呼び、他の人々が宇宙の心と言い、更に他の人々が宇宙の支配者と呼んでいる」太陽を中心に、いくつもの惑星が周転するという宇宙像が「偉大な創造者の荘厳な作品はかくの如く完全である」（コペルニクス）と感じさせるからでもあろう。「地動説」という訳語も、東洋的世界観を基として、動くべからざる大地が動くことに対する驚きを反映するものであった。

ところで、明治維新以降文部省が地球地動の説を採用した後にも、通俗教科書である『天文三字経』（前掲）には「地動説」は「経論説」（外周を鉄圍山で囲まれた海の中央に須弥山があり、その周辺に人々が住む世界があるという仏教的世界観）、「周髀説」（天は蓋笠のごとく、地は覆盤のごときものであるという世界観）と並べられている。佐田介石という人物は「醜俗を改テ皇国ノ威風ヲ仰ガシメン」と『地球説略』（褘理哲 Way 著、1856 刊）を標的にした『槌地球説略』（文久二年〔1862〕刊）という仏教的世界観を主張する書物を書き、「洋人ト雖モソノ理ヲ尽サザルニ非ズヤ。況ヤ天地ノ論ヲヤ。何ゾソノ理ヲ尽セリト信ズベキモノナランヤ」と主張していたが、明治になっても依然として地方天動の説を主張する『視実等象儀詳説』（明治十三年〔1880〕刊）を書いている。その序に「天地の真象は眼に在らずして心に在る」（原漢文）とある。理論的仮説であった地動説が経験的仮説になるのは一七二八年のブラッドレーによる光行差の発見以降のことである。それが伝わらないうちは天動説はひとつの世界観としてその存在を主張できたのである。

注

（1）ホワイト著・森島恒雄訳『科学と宗教との闘争』（岩波新書 1938 刊 p.23）

（2）中山茂『日本の天文学―西洋認識の先兵―』（岩波新書 1972 刊 p.100）

（3）広瀬秀雄「洋学としての天文学―その形成と展開―」（日本思想大系65『洋学　下』岩波書店刊・解説 pp.426-7）引用の本文もこれによる。

（4）注（2）p.90。「本木良永訳〝和蘭地球図説〟について」（蘭学資料研究会『研究報告』112および162）にも同様の説明がある。

（5）寛永七年〔1630〕に出された禁書令は「寛永七年ヨリ欧羅巴人利瑪竇等之三拾弐種之書幷邪宗門教化之書者御制禁被　仰付」（近藤正斎『好書故事』）というものであり、中国に渡ったヨーロッパ人宣教師による漢文の著作に関するものとキリスト教関係書についてであって、それ以外の洋書については対象ではなかったとされているが、『出島蘭館日記』一六四一年十月三十一日の条に「医薬・外科及び航海に関するものの外日本に持渡るべからず」という命令がバタビア（オランダ本国のラテン語名）に帰るカピタン（船長）に対して出されており、『バタビア城日記』一六四二年一月二十八日条に「平戸商館の創設より引上に至《いたる》まで商館に在りし帳簿及び書類は、特使筑後守及び長崎奉行等が其中に基督教に関するものの隠匿しあらんことを惧《おそ》れ、日本よりタイオワンに輸送することを命じたれば、同所に於ては目録を作り之を保管せり。其上、印刷したる書籍日本に送ることを禁止せり」とあることから、洋書についてもキリスト教に少しでも関わるものは同様であったことが窺われる（岩崎克己『前野蘭化1』東洋文庫 p.161-4）。享保五年〔1720〕の禁書令の緩和によって洋書の輸入が認められた時もキリスト教義に関係するものは例外であった。したがって、中山氏が推測するようなことも考えられることである。

（6）中山茂「本木良永の天文書翻訳について」（蘭学資料研究会『研究報告』66、1960.7）

(7) 注(2)p.92

(8) これはかつての向井元升の『乾坤弁説』(明暦二年〔1656〕成)における発言とよく似ている。元升は次のように言う。

天地の間に、陰陽五行の気、升降浮沈往来循環する事、是天地の政也、天道大徳の化也。是に依て万物の生成あり。(中略)右、南蛮学家に天地万物生成変化の義を論ずる、苟も牽強附会の工夫なる故に、凡俗愚昧の者は迷ひ入といへども、君子は彼学教の正理、正論に非ることを知て、其教に迷ふ事なし。右の論弁に付て、弥《いよいよ》工夫を加へ、考弁をなし、愚俗の彼の蛮教に惑はざるやうになし玉へるとぞ。(亨巻の末)

(9)「星学指南評説」の次のような議論も同じである。

○問ふ。荘列仏氏の説は、理をいへるのみにて、実は妄言に似たり。今西人は星体を以て世界とす。其言確証あるが如し。是に於ては古人もいまだ、其実に然ることを知らざるに似たり。

曰く、古人は唯其然る所以を知りて、其然ることを穿鑿せず。然れども気を天とし、質を地とする時は、是星を以て地の類とせること明なり。如何とならば、清軽者上為レ天、濁重者為レ地といへり。

(10) また『暦象新書』に次のようにもある。

○問曰、然らば則地動天動、孰をか非とせん。

曰く、(中略)我は地球を以て不動なりとすれども、他星より視ば動物ならん。古人況是を知らざらん。而も地を以て静体とするものは、亦命あればなり。是思慮弁論の及ばざる所の道理あることとなるべければ、我儕の得て知る所にあらじ、されば地は処り、天は運るといはんこそ、天下に通じて正平の論なるべけれ。但西人地動の説、固より其理なきにも非ず。如何とならば、太陽に時中して論ぜば、地球動かずにてあらんや。且其説奇怪なるに似たれども、是によりて愈かの上天の妙用、神変不測無窮なることを、尊信するに足りぬべければ、地球の全体不動なりとのみは言べからず。古時は観二天文一察二地理一といへり、天の象は動き、地の象は静なり。今天体を論ずるものは、天に於ても理を察す。地動くといへるは察理の言なり。是を以て同からず。宜く察知すべき所なり。(上編下巻の附録・天体論)

(11) 注(3)に同じ。

「惑星」と「遊星」

はじめに

天動説による宇宙像の一つに九重の天から成るものがある。最も外側には何ものも存在せず、動くことのない常静天（永静天とも）があり、その内側には無数の星が貼り付いている総動天（宗動天とも）がある。さらにその内側には鎮星（土星）・歳星（木星）・熒惑（火星）・日輪・太白（金星）・辰星（水星）・月の七つの星が巡る七つの天がある。(1)こうした宇宙像によって天体は二種に分類される。(2)第一種は、総動天に貼り付く無数の星である。これらは互いの位置関係を変えることなく東から西へ動く。すなわち今日言うところの恒星である。第二種は、総動天の動きに随って東から西へと動きながら、それぞれの所属する天の動きによって西から東へと動くものである。この第二種の星は二つのグループに分けられる。ひとつは鎮星天・歳星天・熒惑天・辰星天、太白天・辰星天のそれぞれに存在する星であり、現在いうところの惑星（遊星とも）である。もうひとつは、特に明るく輝いて我々の生活に直接に関わる存在である星、すなわち月と太陽である。

本章では第二種のひとつめのグループの星を総括していう語が天動説から地動説へという、パラダイムの変換によってどのように変化したかを見る。以後、メタ言語として用いるときには〈惑星〉などと表記し、実際の語を指すときには「惑星」などと表記する。

1 〈恒星〉の名称

本論に入る前に第一種の星、すなわち総動天に貼り付く無数の星の総称について簡単に触れておきたい。これらは中国の古典籍では「恒星」「経星」「列星」（＝列宿）「衆星」と呼ばれていた。

「衆星」は限られた数の〈惑星〉に対する多くの星を意味し、「恒星」「経星」「列星」（＝列宿）は互いにその位置関係が変わらないことをいうもののようである。

「恒星」の語は早く『春秋』荘公七年夏四月条に「夜、恒星不レ見」と見える。左氏伝の「注」には「恒、常也。謂二常見之星一」とあり、公羊伝の注には「恒、常也。常以レ時列見」とある。

本木良永の『新制天地二球用法記』（寛政四年〔1792〕成）に、

> 恒星を名づけて、発数鐸《ハスト》・数蹋耳楞《スタルレン》といふ。此の語、発数鐸《ハスト》といふは、居《すわり》て不動《うごかざる》の語意、数蹋耳楞《スタルレン》といふは星と通ず。恰《あたか》も不動星と言はんが如し。此の発数鐸《ハスト》・数蹋耳《スタル》といふ語、此に恒星と義訳す。 （下巻）

とあり、蘭語 vaste sterren（不動の星）に「恒星」の訳語を当てている。司馬江漢『天地理譚』（文化十三年〔1816〕成）にも、

> 二十八宿及ビ衆星ハ之ヲ列星ト呼ンデ、其ノ象ヲ不レ変。故ニ之ヲ恒星ト云。 （恒星の窮理）

とあり、吉雄南皐『遠西観象図説』（文政六年〔1823〕刊）にも、

> 恒星ハ（中略）静居シテ其位置ヲ改メズ。故ニコレヲ恒星ト云ヒ（下略） （巻下・恒星）

とこの語が用いられている。ちなみに英語の fixed star もまた、動かないことに着目した名であり、ヘボンの『和英語林集成』（三版、1886刊）には「恒星」と訳されている（初版、二版には見られない）。

「経星」の語は『春秋』穀梁伝荘公七年夏四月辛卯条に「恒星不㆑見。恒星者経星也」とあり、その「注」に「経、常也。謂㆓常列㆒㆑宿」とある。また、『漢書』天文志に「凡、天文在㆓図籍㆒昭昭可㆑知者。経星常宿中外官凡百一十八名。積数七百三十八星。皆有㆓州国官宮物類之象㆒」とあり、『晋書』天文志の「天文経星」も列宿を成す星について説明したものであり、さらに清の游子六（游芸）の『天経或問』（康熙十四年〔1675〕序）にも、

恒星亦名㆓列宿㆒。亦名㆓経星㆒。云㆑恒者、謂㆓其終古不㆑易也。（天巻・恒星多寡）

とある。この『天経或問』は江戸時代の日本でも読まれ、渋川春海『天文瓊統《けいとう》』（元禄十一年〔1698〕成）にも「経星」の語が用いられており、大庭雪斎『民間格知問答』（文久二年〔1862〕刊）には「経星《たてぼし》」、大森秀三『博物新編訳解』（慶応四年〔1868〕序）には「定位経星《スワリノホシ》」とある。「経」が「不易」の意味を持つのは、布を織る時に緯（横糸）が左右から差し込まれ、動くのに対して、経（縦糸）は固定されて、その位置を変えないことによるものと思われる。

以上、〈恒星〉の日本における訳語には中国の古典籍に見られる「恒星」と「経星」が用いられ、現在では良永が選んだ「恒星」が用いられているわけである。

2　〈惑星〉の名称①――「五星」・「五行」・「五歩」――

十八世紀末に天王星が発見されるまで、〈惑星〉は辰星、太白、熒惑、歳星、鎮星の五つの星だけであり、したがって「五星」と呼ばれていたが、これには陰陽五行説が関わる。言うまでもなく、五行説とは、宇宙間の一切の現象は木・火・土・金・水の五つの要素の結合消長に依って生ずるものであり、この五つの性質を帯びたものが適当に結合し、その結びつき具合の勢いによって種々の現象が起こるとする説である。地上にも五行があるように天

にも五行があり、それが五星であるとされた。日月は陰陽の精であり、日月から溢れ出た精がさらに種々に配合してできたのが五星である。したがって、「日月五星は畢竟陰陽五行の精の天上に凝り積つて居るもの(3)」ということになるのである。

太史公曰。（中略）仰則観㆓象於天㆒。俯則法㆓類於地㆒。天則有㆓日月㆒。地則有㆓陰陽㆒。天有㆓五星㆒。地有㆓五行㆒。天則有㆓列宿㆒。地則有㆓州域㆒。三光者陰陽之精。気本在㆑地。而聖人統㆓理之㆒。（『史記』天官書）

五星合㆓於五行㆒。水合㆓於辰星㆒、火合㆓於熒惑㆒、金合㆓於太白㆒、木合㆓於歳星㆒、土合㆓於鎮星㆒。（『漢書』律歴志）

張衡云、文曜麗㆓乎天㆒、其動者七、日月五星是也。日者、陽精之宗。月者、陰精之宗。五星者、五行之精。
（『晋書』天文志上・天文経星）

天有㆓五行㆒。一曰木。二曰火。三曰土。四曰金。五曰水。
何謂㆓五星㆒。
（董仲舒『春秋繁露』）

東方木也。（中略）其神為㆓歳星㆒。南方火也。（中略）其神為㆓熒惑㆒。中央土也。（中略）其神為㆓鎮星㆒。西方金也。（中略）其神為㆓太白㆒。北方水也。（中略）其神為㆓辰星㆒。（『淮南子』天文訓・五星）

こうした陰陽五行説による五星の説明は日本にも伝わり、「五星」の名も用いられていた。例えば西川正休『大略天学名目鈔』（享保十五年〔1730〕刊）に、

五星ハ五行ノ星ナリ。土ハ塡星。木ハ歳星。火ハ熒惑星。金ハ太白星。水ハ辰星。（中略）五星ハ天ノ五行ノ気。五行ハ地ノ五気ノ質。五星ハ即チ天ノ木火土金水。五行ハ即チ地ノ五星也。気質一貫。理気合一ノ義ヲ察スベシ。
（五星暦名目）

とあり、向井元升『乾坤弁説』（明暦二年〔1656〕成）にも、

月は陰の至精至貴なるもの也、故に天地の陰精を主る。（中略）日は陽の至精至貴なるもの也、故に天地の陽

気を主る。（中略）日月の性徳は陰陽の至精を以て論ずべきもの也。扨《さて》五星の内、辰星は世界の水類を主る故に水星とも名づく。太白星は世界の金類を主る故に金星とも名づく。熒惑星は世界の火類を主る故に火星とも名づく。歳星は世界の草木類を主る故に木星とも名づく。鎮星は世界の土類を主る故に土星とも名づく。

（貞巻・第二十七・星之事）

などと見られる。

また、〈惑星〉は「五歩」とも呼ばれたようである。五行の「行」の伝来字音は、行跡の意の去声 hsing、また行列の意の hang ではなく、歩行、流行、運行の意味の戸庚切（hsing の下平声）であるとされるが、(4)『説文解字』「歳」の項に「律歴書名二五星一為二五歩一」とあり、『漢書』律歴志に五星を五歩と呼び、五歩について、例えば「木晨始見、去レ日半次、順レ日行十一分度二百二十一日、始留（下略）」（木〔木星〕晨《あした》に始めて見て、日を去ること半次、日に順ふこと十一分度の二百二十一日にして始めて留る）とあり、金土火水の星についても同様の記事がある。したがって、「五歩」は五星の運行を測ることを言ったものであり、やがて五星そのものを言うようになったものと思われる。

この「五歩」が日本で用いられた形跡はない。陰陽五行説と関わる名で日本で広く用いられたのは「五星」だけである。西洋天文学を紹介した本木良永や志筑忠雄や吉雄南皐も〈惑星〉を纏めて言う場合にこの語が用いられている。この慣用は天王星、海王星が発見された後も続いており、明治に入っても例えば次のように見られる（ふりがなは原文にあるものである）。

西洋の古説支那方今の説を渾天の説といふ。其説に曰く、地は周回五千四百里（中略）にして円球の如く天の中央を懸り、日月五星《じつげつごせい》、これを旋回し、恒星《こうせい》其外を羅列す。

（黒田行元『新暦明解』明治六年〔1893〕刊）

3 〈惑星〉の名称②——「五緯」・「緯星」——

〈惑星〉は不変の恒星とは異なり、その運行に特徴がある。「五歩」の名もその特徴から名づけられたものと考えられたが、『史記』の天官書に「水・火・金・木・塡星、此五星者、天之五佐。為レ緯」とあり、『後漢書』の律暦下・暦法に「日月五緯」などと見える「五緯」もこの特徴から付けられたもののようである。(5)『周礼』春官・大宗伯に「以二禋祀一祀二昊天上帝一、以二実芝一祀二日月星辰一云々」の鄭注に「星、謂二五緯一」とあり、賈公彦の疏に、

　五緯、即五星。（中略）言レ緯者、二十八宿随レ天左転為レ経、五星右旋為レ緯。

とある（「右旋」原文「左旋」。嘉慶二十年重刊宋本十三経注疏の校勘記に「蒲鏜云右誤左」とあるのによって改める）。すなわち、二十八宿（「経星」）は東から西に動き（左旋）、五星は西から東に動く（右旋）。二十八宿の動きを経と言い、五星の動きを緯と言う。この西から東への動きによって「五緯」の名があるのである。

また、時代が降ると〈惑星〉は「緯星」と呼ばれる。『天経或問』に、

　三垣二十八宿与レ天並運。而一定不レ移者、為二経星一也。日月五星、運二行於列宿一。而無二定在一者、為二緯星一也。（天巻・経星各位）

とある。この場合の「緯」は、「経星」の「経」が互いの位置が一定して動かないという意味であるのに対して、定住することなく動くという意味であるようである。前述のように機織りの「経《たていと》」は固定されているのに対し、「緯《よこいと》」は左右に差し込まれることから来たものと思われる。ただし、その動きは南北の方向を意味する。『天経或問』に、

　恒星亦名二列宿一、亦名二経星一。云レ恒者、謂二其終古不易一也。云レ経者、以別二五緯南北行一也。（天巻・恒星多寡）

とある。すなわち五星の行なう東から西への動き（左旋）と西から東への動き（右旋）に加えて、南北へも若干動く。この南北への動きを明らかにしたのは西洋天文学であった。同じく『天経或問』に、

原不レ詣《もとさとらず》レ有二緯行一〈此緯行、近歳西儒熊羅諸公始測出。〉一見三金星在二緯南北七八度之間一、即詫《あやしみて》謂二之失行一。皆不レ知三五星有二緯行一之故也。然五星有二緯南緯北之分一。（天巻・五星遅疾伏退）

とある。西儒熊羅とはイタリア人宣教師熊有綱と羅雅谷を指す。したがって、「五緯」と「緯星」とは同じく「緯」が用いられているが、区別されるべきものである。

『天経或問』は西川正休の訓点本（享保十五年〔1730〕刊）によって日本でも広く読まれたが、正休自身も『大略天学名目鈔』（享保十五年〔1730〕刊）で次のように「緯星」の語を使用している。

経緯ニ二ツアリ。南北ヲ緯トシ、東西ヲ経トスルハ、七曜ハ黄道ノ緯行ヲナス。故ニ緯星トス。二十八宿幷ニ恒星ハ、東西ニ経行運旋スル故ニ、経星恒星ト云リ。是ハ東西ニ旋ル恒星ヲ経トシ、南北ニ旋ル日月五星ヲ緯トスル也。又天地ノ南北ヲ経トシ、東西ヲ緯トスル有リ。是ハ南北ノ不動ヲ縦糸トシ、東西ノ昼夜左旋スルヲ緯糸ニ譬フ。（実経緯視経緯）

七曜ハ自行有テ、行度伏見、時々動テ斉シカラズ。是ヲ緯星ト云。（二十八宿又二十八舎）

志筑忠雄の『暦象新書』（上編寛政十年〔1798〕成）も「緯星」の語を用いている。しかし、「五緯」と「緯星」とは特に区別されずに用いられたこともあったようで、馬場信武の『初学天文指南』（宝永三年〔1706〕刊）の次の文章は『天経或問』の文章がほぼそのまま利用されたものであるが、「五緯」の語が用いられている。

恒星ヲ亦列宿ト名ヅケ、亦経星ト名ヅク。恒ト云ハ其終古易《カハラ》ザルヲ謂《イフ》ナリ。経ト云ハ五緯南北ニ行ト別ナル故ナリ。（巻二・恒星多寡ノ論）

渋川景佑は一七八一年に新たに発見された〈惑星〉「烏刺奴斯《うらぬす》」（Uranus天王星）のことを「新緯星」と言っている。

文政甲申初春臣景佑偶諳厄亜航海暦ニ新緯星烏刺奴斯ノ経緯度南中時分等精細ニ書載スルヲ見得タリ。(6)

4 〈惑星〉の名称③ ——「惑星」と「遊星」——

前述のように「五星」「緯星」などは漢籍に見られるものであるが、「惑星」は本木良永によって造られた語であることはよく知られている。『新制天地二球用法記』（寛政四年〔1792〕成）上巻に、

和蘭語、和桴摋甫刺捏夜天《ホーフトプラネーテン》と名づくる六星あり。和桴摋《ホーフト》といふを此に頭と正訳す。甫刺捏夜天《プラネーテン》といふは刺的印《ラテイン》天学語なり。此の語和蘭に読瓦而数得耳《ドワールステル》と通ず。此に惑星《まどひぼし》と訳す。又一名は読瓦而迭耳《ドワールデル》といふ。此に惑者《まどひもの》と訳す。

とある。すなわち、ラテン語の planēten（ギリシャ語 Planetes・英語の Planet）、またオランダ語の dwaalster の dwaal は「さまようもの」といった意味である。『訳鍵』（文化七年〔1810〕刊）に「Dwaalen 迷。惑」、『和蘭字彙』（安政二—五年〔1855–58〕刊）に「dwaalen 迷フ」とある。それらを直訳したのが「惑星」であった。ただし、良永のこの語には月と太陽も含まれていることは注意しておきたい。

惑星惑者と名づくる趣旨は推歩測量の学士七曜の纏度を測り視るに、今此所に在るかと視れば彼所に在りて、一瞬の間も一所に在らず、暫くも動かざる事なく、測量者纏度に惑ひ、一世一代を歴るとも不断《たえず》七曜の纏度に惑へる故を以て、日月五星の七曜を名づけて、総名を惑星惑者といふなり。

また、

和桴摋甫刺捏夜天《ホーフトプラネーテン》といふときは頭惑星《かしらまどひぼし》と正訳すべき語なりと雖も、和蘭の語意は人の頭《かしら》といふときは、長たる人の位高大なるをいひ、大いなる義に取るが故に、今此に大惑星と義訳す。此の大惑星六星といふは、辰

星・太白星・熒惑星・歳星・鎮星の五曜に地球を加へて六星と為して、其の総名を大惑星といふなり。和蘭人、惑星惑者と名づくる義は、五星地球は、今爰に在るかと観れば彼所に在りて、天学者推歩測量を為すに纏度に迷へるに因りて、水・金・火・木・土の五星に地球を加へて六星と為して、大惑星と名づけしなり。

とある。[7] 前野良沢の『和蘭訳筌』（天明五年〔1785〕成）に、

デ　セェヘン　七　プラ子《ね》テン　曜　［星［即七曜ナリ］］

と見え、planeten を「曜」（曜星）と訳しているが、良永の「惑星」はこれに相当するのである。

また、良永は惑星の周りを廻る衛星をも「小惑星」また「副惑星」と訳している。

民迭列甫刺揑夜天《ミンデレプラネーテン》といひ、又は別逸甫刺揑夜天《ベイプラネーテン》と名づくる十星あり。民迭列《ミンデレ》とは微小なるをいふ語なり。別逸《ベイ》とは副《そふる》といふ語なり。民迭列甫刺揑夜天《ミンデレプラネーテン》といふを、此に小惑《こまどひぼし》星と訳す。別逸甫刺揑夜天《ベイプラネーテン》といふを、此に副惑《そひまどひ》星《ぼし》と訳す。（上巻）

本木良永の書からコペルニクスの説を学んだ司馬江漢も「惑星」（ワクセイ・マヨヒボシ）・「小惑星」の語を用いている。『刻白爾天文図解』（文化五年〔1808〕刊）に、

地球ノ如キ者天中ニ五ツアリ。之《コレ》ヲ五星ト名ク。各々大小遠近アリテ吾ガ地球ヨリ仰ギ視レバ星ノ如シ。木・火・土・金・水ノ文字ヲ以テ符合トス。且テ字儀ノ説ナシ。西洋ノ人之ヲ惑《ワク》星ト呼ブ。（凡例）

日輪ノ外天ヲ旋ル者ハ吾地球及ビ五星ヲ以テ六ツノ惑《ワク》《マヨヒ》星ト名ク。一星ゴトニ其ノ行《カウ》疾キト遅キトアリ。地球ノ行アルニ因テ地上ノ人乃ヲ視テ惑《マヨ》フ。天ノ衆星ノ旋リ移ルニ異ナリ。故ニ六惑星ト名ヅク。（巻下）

六惑星ニ副テ旋ル小星アリ。之ヲ十ノ小惑星ト名ヅク。其小惑星ナル者ハ地球ノ月ノ如キ者ニシテ（下略）（同右）

と見える。

「惑星」と同じくdwaalsterを訳したものに「游星」（遊星）がある。吉雄南皐の『西説観象経』（文政五年〔1822〕刊）に、

又有二恒河沙数小光点一。名曰二恒星一。皆為二東移一。有二五箇光点一。時伏時見。時進時退。其一水星。其一金星。其一火星。其一木星。其一土星。総名二之游星一。

と見え、同『遠西観象図説』（文政六年〔1823〕刊）には、

游星　ドワール、シルケル　（巻上・国字類音　観象名目）

其大小数箇ノ大土塊、半面ハ太陽ニ対シ、明瞭亮ニシテ、半面ハ太陽ニ背キ、幽暗ナリ。遠ク其大土塊ヲ望ムトキハ、一点ノ恒星ノ如シ。然レドモ、太陽ヲ旋回スルガ故ニ、常ニ游行シテ止マズ。故ニコレヲ游星ト云フ。（巻中・太虚）

とある。ただし、「游星」（遊星）は彼の造語ではない。巻上・題言に「凡ソ、編中ノ名目、漢人既ニ義訳スルモノハ、コレヲ用フ。龍頭、龍尾、游星、地球ノ類コレ也」とあり、「漢人既ニ義訳スルモノ」であり、例えば明の徐光啓等撰『新法算書』（乾隆四十六年〔1781〕刊）に、

論二経星一在二七政上一距レ地遠、彼此相距、有二定度一、終古如レ一。故西歴名二恒星一。而七政則游行如二奕遂一称曰二游星一焉。（巻十六・天球）

と見える（「七政」とは五星に日月を加えた七星。奕遂は未詳）。ただし、「五星」に地球を加えたものを「大游星」、衛星を「小游星」とし、地球の内側を廻るものを「内游星」、外側を廻るものを「外游星」と名づけたのは吉雄のようである。

以降、明治維新以前の「惑星」「遊星」の用例に管見では次のものがある。

寛政八年〔1796〕　稲村三伯他編『波留麻和解』　「惑星」

文化七年〔1810〕　藤林普山『訳鍵』　「惑星」
文化十一年〔1814〕　『厚生新編』（第七巻）　「惑星《わくせい》」
天保六年〔1835〕？　宇田川榕菴『蘭学重宝記』　「惑星」
弘化三年〔1846〕？　高野長英『星学略記』　「游星」
嘉永四年〔1851〕　川本幸民『気海観瀾広義』　「游星」「惑星」
嘉永七年〔1854〕　村上義俊『三語便覧』　「惑星」
文久二年〔1862〕　大庭雪斎『民間格知問答』　「遊星《まよひぼし》」
慶応二年〔1866〕　宇田川榕精『地学初歩和解』　「遊星《プラネット》」

5　〈惑星〉の名称④ ――「行星」――

明治時代に入ってからも「惑星」「遊星」の両語が日本では用いられているが、維新前後に「行星」の語が現れる。

万延元年〔1860〕　福沢諭吉『増訂華英通語』
慶応三年〔1867〕　ヘボン『和英語林集成（初版）』
慶応四年〔1868〕　大森秀三『博物新編訳解』
明治三年〔1870〕頃　西周『百学連環覚書』
明治七年〔1874〕　中村正直「西学一班続訳」
明治九年〔1876〕　西村繁樹『天文学』

明治十年〔1877〕　小宮山弘道『格物全書』
明治十二年〔1879〕　宇田川準一『物理全志』
明治十九年〔1886〕　中江兆民『理学鉤玄』

「行星」という語の成立時期また造語者は未詳であるが、[8]荒川清秀氏[9]によると、中国の辞書ではメドハースト『英華字典』（1847–48刊）に初出すると言う。「行星」の名の由来は、中江兆民『理学鉤玄』に「太陽ノ周辺ヲ廻転ス。行星ノ名有ル所以ナリ」とあるが、富田弘一郎『彗星の話』（岩波新書）の「星座のなかを東に行ったり西に行ったりする星だから」（p.18）というのが正しいであろう。訓点本『博物新編』には「行星」にドワールステルの振り仮名があり、大森秀三の『博物新編訳解』にはアルクホシの読みが振られている。「行星」はプロテスタント伝道開拓期の代表的著作物である丁韙良の『天道溯原』（咸豊四年〔1854〕刊）でも用いられ、『六合叢談』（1857–58刊）に連載された「西国天学源流」にも「行星」が多用されており、ホブソン（合信）の『博物新編』（1864刊）第二編も「行星論」である。以上の例は日本で見える「行星」の初出より早く、「行星」という名は中国で造られたもののようである。日本で「行星」が現れるのはロプシャイドの『英華字典』（1866–69刊）の影響かとも言われているが（前田富祺監修『日本語語源大辞典』小学館1999刊）、それ以前に右に示した書物からの影響があったものと思われる。[10]また、日本で「行星」が使われなくなったのは、『日本語語源大辞典』では「恒星」と同音のためであろうとされている。ただ、明治十九年（1886）のヘボン『和英語林集成（三版）』では、

YUSEI　ユウセイ　遊星　n. planet. Syn. GYOSEI
GYO-SEI　ギヤウセイ　行星　n. A planet
KOSEI　カウセイ　行星　A moving star, a planet gyosei
KOSEI　カウセイ　恒星　n. Fixed star =i.q. gosei, teisei[11]

GOSEI　ガウセイ　恒星　n. Fixed star

とあり、「恒星」にはガウセイの語形もあり、「行星」はギョウセイの語形もあったようである（「恒星」をガウセイと訓む例は2節で引用した『新暦明解』の振り仮名付きの例でも確認できるが、さらに遡って宝暦四年〔1754〕刊の文雄『非天経惑問』にも「恒星《ガウセイ》」と見える）。

さて、明治期の「惑星」と「遊星」の使用状況は、横田順弥氏[12]に詳細な調査があるが、江戸時代と同様に一定していない[13]。一般に及ぼす影響が大きい啓蒙書や教科書類で見ると、小学校の物理の教科書として広く利用された片山淳吉『物理階梯』（明治五年〔1872〕刊）には、

諸游星ノ太陽ヲ中心ト為シテ運行スル、各其常道アリト雖モ、之ヲ望ムトキハ或ハ西シ或ハ東スルモノノ如ク、常ニ其所ヲ異ニシ、行道ノ惑乱スルヲ覚ルコト、恒星ノ其地位ヲ同ウスルガ如キニ非ズ。因テ又惑星ノ名アリ。

とあって、「遊星」の別名として「惑星」があり、師範学校で使われた宇田川準一『物理全志』（明治十二年〔1879〕刊）には、

惑星（遊星或は行星とも云ふ）

とあって、「惑星」の別名として「遊星」「行星」があるといった状態である。これによると一つの名称に定めようとする動きは窺えないが、横田氏によると、東京帝国大学系の学者は「惑星」を使用し、京都帝国大学系の学者は「遊星」を使用する傾向があったようである。また、同氏によると、昭和三十年前後までは圧倒的に「遊星」が多いが、以降は「惑星」が多くなり、「よほど特殊な例を除いて「遊星」が消えるのは昭和四十年ころ」と言う。ちなみに荒川清秀氏によると、メドハースト『英華字典』以降、中国の辞書には一時的に「惑星」「遊星」が見られるが（顔恵慶『英華大辞典』1908、ヘメリング『官話』1916、『総合英漢大辞典』1927）、現在では「行星」に落ち着いているそうである（〈恒星〉は「恒星」のようである）。

おわりに

木星・火星・土星・金星・水星という「五星」の名は五行説によるものであった。この「五星」の順序は、木は火を生じ、火は土を生じ、土は金を生じ、金は水を生じるという陰陽五行説の相生説の順序に基づくものであろう。(14)日本もこれに従い、「南蛮紅毛の天文学が、支那人の書を通じてわが国に移入せられる直前の天文書といふべき」(三枝博音氏)と言われる『天文図解』(井口常範、元禄二年〔1689〕刊)などでもその順序が保たれている。それが水星・金星(・地球)・火星・木星・土星の順序に変化したのは太陽中心説に基づくことは言うまでもない。この順序の変化は五星が五行の概念から〈惑星〉の概念で捉え直されたことに外ならない。しかし、蘭学者たちは五星の名に新しい語を考えることをせず、「水星」「金星」などの名を引き続き用いている。それは「便利なるを以て」という理由からであった。本木良永の『新制天地二球用法記』(下巻・和解例言)に、

日月五星の名目は、和蘭人陰陽を弁ぜざれども和漢の名義に随ひ、日月を太陽太陰と訳し、五星の名目は固より和蘭人、木火土金水、の五行を弁ぜずと雖も便利なるを以て、辰星を水星と訳し、太白星を金星と訳し、熒惑星を火星と訳し、歳星を木星と訳し、鎮星を土星と訳するなり。

とある。司馬江漢『刻白爾天文図解』(文化五年〔1808〕刊)に「木・火・土・金・水ノ文字ヲ以テ符合トス。且テ字儀ノ説ナシ」とあるように、符号としても用いられたのである。

ところで、新しい宇宙観と望遠鏡の発明によって、一七八一年にUranusが発見され、惑星の数は五行の数を超えることになった。さらに一八四六年にはNeptunが発見され、Uranusは「天王星」、Neptunは「海王星」という意訳語が中国で成立することになる。さらに一九三〇年には他の〈惑星〉と比べて小さいPlutoが発見された。

これには野尻抱影氏によって「冥王星」の名が提案され、中国でもこれが採用されることになる（野尻抱影『星座神話』研究社出版 1933 刊 p.235）。これらの名によって、五星の名に刻されていた五行説は確実に意味を失うことになったと言える。

さらに一九九二年以降には冥王星の軌道近くで冥王星と大きさの変わらない天体が続々と発見され、二〇〇三年には冥王星より大きい Eris（エリス）が発見された。このことをきっかけに〈惑星〉planet は再定義されることになる。国際天文学連合（IAU）が行った新定義は、

太陽の廻りをまわり、十分大きな質量をもつので、自己重力が固体にはたらく他の種々の力を上まわって重力平衡形状（ほとんど球状の形）を有し、その軌道の近くでは他の天体を掃き散らしてしまいそれだけが際だって目立つようになった天体。

というものであった[15]。その結果、冥王星はその後に発見された〈惑星〉とともに「準惑星」などと訳される dwaf planet という新しい分類に位置づけられることになったが、この訳語に関して贅言したいことがある。この新定義には「惑う」という要素は含まれていない。言うまでもなく新定義は太陽を中心として一定の軌道を巡る実際の動き（実動）に基づいてなされたものだからであるが、とすれば、その訳語の「惑星」も、そのパラダイムの転換に合った語に変えることも考えられて良かったのでないか。本木の訳語「惑星」は「不動の星」（vaste sterren）に対する、観測者が見て動き回る天体を意味する語であって、太陽と月をも、さらに衛星をも含むものであったからである。〈惑星〉の新定義がなされるより先に minor planet の訳に「小惑星」[16]の語が用いられていたが、この機会に考えられても良かったのではないかと思うのである[17]。

注

（1）『月令広義』『両儀玄覧』に載せる九重天の図による。西川如見の『天文義論』（正徳二年〔1712〕刊）には「唐土九天ノ説ハ七曜各一天トシテ七天也。衆星ヲ以テ一天トシ、宗動天ヲ加テ九天也。（中略）九天ト云也トテ天体ニ分画ノ界有テ一重一重各分レテ旋転スト云ニハ非ズ。天ハ気ヲ体トシテ一貫也。日月五星是ニ躔《やどり》テ循環ス。其行度七曜日各不レ同。或ハ疾ク或ハ遅シ。是ニ因テ分テ七重ト名ク。列宿衆星ハ各々ノ循環ナク総テ一様ニ左転ス。故ニ是ヲ一重トス。宗動天ハ下八重ノ天ヲ包ミ提テ一日一夜ニ左旋一周ス。此一天ヲ加テ九重トス」（乾の巻）とある。

（2）彗星や流星や新星など不定時に現れるものは星ではなく火気とされ、吉凶を占うものとして観察され、瑞星・妖星・占星・運星と呼ばれた。『初学天文指南』（馬場信武、宝永三年〔1706〕刊）には「流《ナガ》レ隕《ヲツ》ル彗孛ハ皆《ミナ》火ナリ。（中略）俗《ゾク》ニ是ヲ夜《ヨ》ハイ星ト名ヅク。コレ星《ホシ》ニテハナシ火気ナリ。（中略）又更《サラ》ニ常《ツネ》ニ見ル所ノ星ニアラザルアツテ、偶《タマタマ》天ニ見《アラハ》ルコレヲ新星客《シンセイキヤク》星ト云者アリ。（中略）但《タダ》シ此種《コノシユ》々倶《トモ》ニ火気ニ属《ゾク》ス。星ニテハナシ。」（巻五・彗孛総叙）とあり、『和漢三才図会』では彗星は天部天文の項ではなく、天象類に入れられている。

（3）飯島忠夫『支那暦法起原考』（第一書房 1979 復刊 p.267）

（4）同右。

（5）『史記』天官書の「此五星者、天之五佐。為レ緯」という説明には、主たる「経」に対する従の「緯」といった意味も含まれていたようである。

（6）渡辺敏夫『天文暦学史に於ける間重富とその一家』（山口書店 1936 刊）からの引用。この星は佐藤信淵『鎔造化育論』（文政七年〔1824〕成）では「揺星」、川本幸民の『気海観瀾広義』（嘉永四年〔1851〕初冊刊）では「穀星」と呼ばれている。

（7）新城新蔵はユーモアをこめて次のように言われている（『こよみと天文』弘文堂 1928 刊 p.242）。

　空の星を見るといふと、全体として星は東から西に移るのでありますが、其中に所々動く星があります、浪人星があります。之を遊んで居る星といへば遊星、之が動き方が分からないから惑つて居るといへば惑星と称へるのであります。が、それは星が惑つて居るのではなくして人間の頭が惑つて居つたのであります。

（8）中国の歴史書の「律歴志」に「除レ逆定二行星一三度百六十六萬一千二百八十六分」（『漢書』）などと見られる「行

星」は星の進んだ度数である。また、小林謙貞『二儀略説』（寛文七年〔1667〕成?）に「天ノ周ラスシテ、日月星ノ巡環ナラバ、サシモ速ナル行星互ニ行アタリ、押アフ事有ヘキナリ」（上・第二・諸層宿ノ巡環、幷其様体ノ事）とあるのは五星に限らず太陽と月をも含むようである。

(9) 荒川清秀『近代日中学術用語の形成と伝播―地理用語を中心に―』（白帝社 1997）、同「『六合叢談』における地理学用語」（沈国威編著『『六合叢談』（1857–58）の学際的研究』白帝社 1999 刊所載）

(10) 横尾謙七著『世界節用無尽蔵』（明治六年〔出版免許〕）の天文学に関する説明に用いられている図は、ほぼ全て『博物新編』からのものである。

(11) teisei は「定星」であろう。注（9）荒川（1997）に拠れば、この語は慕維廉 Muirhead の『地理全志』（上海墨海書館 1853–55 刊）に初出すると言う。

(12) 横田順弥「『遊星』か『惑星』か」（『日本古書通信』62-9、1997.9）、また橋本万平「遊星と惑星」（『日本古書通信』62-11、1997.11）も参照。

(13) 注（12）の文献に見えないもので注目すべき例に次のようなものがある。田口卯吉『日本開化小史』「惑星」（明治十五年〔1882〕）、井上円了『真理金針』「惑星」（明治十九年〔1886〕）、石川啄木『漂泊』「遊星」（明治四十年〔1907〕）、三宅雪嶺『宇宙』「遊星」（明治四十二年〔1909〕）。

(14) 五行は色にも当てられるが、五星も五行の色で説明されることがある。『天経或問』に「五星像㆓五行之色㆒。故名為㆓金木水火土㆒。」（天之巻・経星名位）とあり、西川如見『天文義論』（正徳二年〔1712〕刊）に「今五星ノ色ヲ視ルニ金星ハ色白ク、水星ハ微白ニ、火星ハ赤ク、木星ハ青ク、土星ハ黄也。五行ノ義トスル事最《むべ》ナリ。」（乾の巻・二〇オ）とあり、飯島忠夫『支那暦法起原考』（1930 刊、第一書房 1979 復刊）にも「木・火・土・金・水を五星に配合する方法は其等の色に因んだことと考へられる。木星の色が青に近く、火星の色が赤に近く、土星の色が黄に近く、金星の色が白に近く、水星の色が灰黒色に近いことは其れを証明するものである。」（p.270）とある。相生説とこの色の関係は未だ考え得ない。

(15) この訳は『Newton 別冊』（2009.5）から引用。

(16) 良永の「小惑星」は衛星のことであったが、現在では主に火星と木星の軌道間にあって、太陽をめぐる小天体を言う。

（17）　太陽と月を含めて〈惑星〉とするのは古代バビロニア、エジプト、インド、ギリシャも同様であった（荒木駿馬『西洋占星術』恒星出版 1963 刊 p.106）。また、注（8）に引用した『二儀略説』の「行星」も同様である。天動説においてはそのように理解するのは当然のことであろう。

黄道十二宮の星座名

はじめに

天球における太陽の軌道を黄道と言い、黄道の南北幅八度の帯を黄道帯と言う。黄道が天の赤道と交わる一つの点を春分点と言い、春分点を始発点とする一周三百六十度の黄道帯を三十度ずつに分けたものを黄道十二宮と言い[1]、各宮に存在する星座名をそれぞれの宮名としている[2]。現在の日本では黄道十二宮は次のような和名と漢名が用いられている。学術名（ラテン語）も合わせて掲げる。

【和名】	【漢名】	【学術名】
おひつじ座	白羊宮	Aries
おうし座	金牛宮	Taurus
ふたご座	双児宮	Gemini
かに座	巨蟹宮	Cancer
しし座	獅子宮	Leo
おとめ座	処女宮	Virgo
てんびん座	天秤宮	Libla

さそり座	天蠍宮	Scorpius
いて座	人馬宮	Sagittarius
やぎ座	磨羯宮	Capricornus
みずがめ座	宝瓶宮	Aquarius
うお座	双魚宮	Pisces

日本に最初に十二宮が現れるのは密教の曼荼羅の中においてであるが（【補説】参照）、以下では、西洋の天文学との関係を中心に現在用いられている和名と漢名の成立を考えてみたい。

1　日本に伝わった西洋黄道十二宮

西洋天文学の十二宮はおよそ四つの経路で日本に知られたようである。一つは南蛮航海術あるいは南蛮紅毛との貿易によって、二つはキリスト教イエズス会のコレジオ（学林）などで用いられた教科書によって、三つは在華イエズス会宣教師による漢訳天文書の輸入によって、四つはオランダ人から直接に、あるいはオランダ語で書かれた天文学書などによって知られたものである。以降、この四つの系統それぞれの実例を掲げ、若干の考察を加えることにする。

1―1　南蛮紅毛との交易から

1―1―1　南蛮航海術から

一つめの南蛮航海術によるものは、『元和航海書』（元和四年〔1618〕成、寛永七年〔1630〕頃加筆）に見られるものである。この書は池田好運が「葡萄牙人マヌエル・ゴンザロ Manuel Gonzalo といふ本邦在留の航海貿易家に就いて航海の術を学び、呂宋や暹羅と長崎との間の航海を誌し、緯度の測量や、気象の観測、海深の測定などをはじめ、暦日・星辰・風位・海潮等に関し、或は機械を示しつゝ、或は経験に依りつゝ、航海に関する種々の心得ぐさを記載した」ものであるが（新村出監修『海表叢書』新村出解説）、その「四つのデキリナサン」（「四年ノ日々記ト云義也」という注がある）の説明の中に次のようにある（〈 〉内は引用者注）。

一　マルソと云月の廿一日、廿二日〈日本の二月の中の比〉に、日輪、ヱキヌシアル（Äquinoktial　昼夜平分点）と云中すぢにあり、アリヱスと云羊の宿の初に入。同月の廿三日より、日輪北に向つてゆく。

一　ジウニヨと云月の廿二日、廿三日〈日本の五月の中の比〉には、中すぢより北へ廿三ガラブ（Grão.度）半の処、〈廿三段半也〉リイネヤ〈すぢと云こと〉サヴナ〈かでんと云こと〉テンペラアダ〈中庸と云事〉と云すぢに至る也。カンセルと云蟹の宿也。同月の廿四日より、北から中すぢへ日輪もどる。

一　セテンブロと云月の廿三日〈日本の八月の中の比也〉に、日輪、ヱキヌシナルと云すぢにあり。リイブラと云天秤の宿の始也。同月の廿三日より日輪、ヱキヌシナルと云すぢより南へ向てゆく。

一　テゼンブロと云月の廿三日〈日本の十一月、中の比、冬至のまへ〉には、日輪南のサヴナ、テンベラアダに至る。〈中すぢより南へ廿三半のとこひなり〉カピリカウルニヨと云野牛の角の宿。同月の廿四日より、日輪南より中へもどる。

アリヱス Aaries, カンセル Cancer, リイブラ Libra, カピリカウルニヨ Capriconio は、春分・夏至・秋分・冬至の時に太陽が位置する所にある星座である。このうちアリヱスは「日をとる事」（「ナンバンにトマソラルと云、日をとると云こと、日本にては日をはかると云べきなり」という注がある）の段にも次のように見える（シイノ Signo は宿の意）。

一　日輪生得の廻りは、西より東へ廻ること、マルソ〈ナンバンの三月也〉の廿二日〈日本二月の中より二日前、日夜等分〉アリヱスのシイノと云羊の宿より廻り初て、明年の同月の廿一日には、同宿に廻着、日数三百六十五日六時〈日夜、廿四時に配するの六時也〉に粗至に依て、一年を三百六十五日に定、四年に一日の潤を加ふ。

カンセル（かに座）は『海表叢書』には「螉の宿」とあるが、『日本科学古典全書』（朝日新聞社刊）の「蠏の宿」という翻刻に従うべきであろう。「螉」は『説文』に「螉、蟲在㆓牛馬皮㆒者、从㆑虫翁聲」、『玉篇』に「螉、小蜂」とあって、アブ（虻）を意味するようである。カピリカウルニヨ（やぎ座）は「野牛の角の宿」と説明されているが(3)（『日葡辞書』に「Yagiũ ヤギュゥ（野牛）Nono vxi（野の牛）牡山羊あるいは牝山羊」とある）、密教の曼荼羅では「大魚が口を張り尾をあげる相で鯱《しゃち》に似る」怪魚の形で描かれている。この形は古代バビロニアの標石に既に現れているが、ギリシャ神話では羊と羊飼いの守護神のパーンが怪物に追われて河に飛び込んだ際に、水に漬かった下半身は魚の形になり、上半身は山羊の形になったとされ、その姿が星座になったものである。この形は日本人には理解しがたかったようで、後に見るように蘭学者たちもスコルピユーン（さそり座）と混同しているものが見られる。ちなみに、このカピリカウルニヨをめぐる東西の不可思議な形について石田五郎氏は「密教は十二宮を天部の格で教義体系に組み込んだのであろうが、この姿が密教と西洋占星術の接点を示すような気がしてならない」と言われる(4)。

1―1―2　北島見信『紅毛天地二図贅説』に見える十二宮名

長崎唐通事の盧草拙（1675–1729）の門人であった北島見信の『紅毛天地二図贅説』（元文二―三年〔1737–38〕成）に、現在松浦史料博物館蔵の天球儀（千七百年アステルダム製）に書かれている十二宮名の音訳がなされている（以下引用の文字配列は京都大学附属図書館蔵本のとおりである。原文にある分注は〈　〉で示す。（　）内は引用者の注である）。

対註〈重出如二対註番字右側夏字《カナモジ》一復又叶レ読故以二或曰字一冠二其上一其如二漢字左側夏字一既世人読故敢僭以二
呼訛字一置二其上下一〉

aries　或曰二アリエス一
亜《ア》哩《リ》〈転舌引呼以下哩皆同〉斯《ス》

taurus
他《タ》烏《ウ》児《ル》〈転舌呼以下児皆同〉斯《ス》〈烏と児の左に○符あり〉
呼二タウリォスト訛《ヨコナマリ》一

gemini
羿《ゲ》未《ミ》泥《ニ》

cancer
玵《カ》西《セ》〈稍短呼西字皆同〉児《ル》〈玵と児の左に○符〉
呼二カンケルト訛《ヨコナマリ》一

leo
禮《レ》何《ヲ》

virgo
喜《ヒ》〈稍短呼〉児《ル》我《コ》

libra
利《リ》無《ブ》〈稍短呼〉剌《ラ》〈転舌呼〉

scorbius
斯《ス》歌《コ》児《ル》幣《ピ》烏《ウ》斯《ス》〈烏の左に○符〉

sagittarius
沙《サ》乞《ギ》他《タ》哩《リ》烏《ウ》斯《ス》〈乞と烏の左に○符〉

capricornus
珈《カ》無《フ》〈稍短呼〉哩《リ》果《カ》〈稍短呼〉児《ル》奴《ヌ》斯《ス》〈児と奴の左に○符〉

aquarius
亜《ア》渦《クワ》哩《リ》烏《ウ》斯《ス》〈烏の左に○符〉

pisces
毘《ピ》斯《ス》西《セ》斯《ス》

以上黄道之十二宮像名〈重出対註夏字従二番字連声一故不レ必拘二其法《カナヅカヒ》一。以下皆倣レ之〉

なおこの書の冒頭にある「対註例」には、亜哩斯《アリス》 aries と他烏児斯《タウルス》 taurus が「白羊宮」「金牛宮」と訳されることと、また不空の訳では「羊宮」「牛宮」であることが例示されている。不空（705–774）は密教の梵語経典を漢訳した真言宗付法八祖の一人である。

1―2　イエズス会の教科書から

第二のイエズス会のコレジオ（学林）などで用いられた教科書によると考えられるのは、小林謙貞（1601–83）の『二儀略説』（寛文七年〔1667〕成？）に見られるものである。この書はペドロ・ゴメス（Pedro Gomez 1535–1600）が日本のコレジオの教科書として起草したという『講義要綱』“De Compendium”の第一部「天球論」（De Sphaera）の内容を伝えるものとされる(5)。したがって、この書に見られる星座の漢名などはラテン語で書かれた『講義要綱』を訳す時に当てられたものであろう。星座名は同じ星座に複数の名が見られるものがあり、日本における星座名の歴史を探ろうとするのには貴重な資料である。例えば、

右ノ黄道ヲ十二分ニワリテ、其一ヲ宿ト号シ、十二獣ノ名ヲ付タリ。一宿各三十度ナリ。獣ノ名ヲ付タルコト、十二宿星ノナラベル形、其獣ニ似タルユヘナリ。

羊宿・牛宿・二子宿・蟹宿・獅子宿・小女宿　コノ六宿ハ北ニアリ。

天秤宿・龍宿・射手宿・野牛宿・流水宿・魚宿　コノ六宿ハ南ニアリ。

此等ノ宿ニ随フテ、四節隔テ分レタリ。太陽、白羊・金牛・双兄ヲ通ル間ハ春ナリ。巨蟹・獅子・室女ヲ通ル間ハ夏ナリ。天秤・天蝎・弓馬ヲ通ル間ハ秋ナリ。磨羯・流水・大魚ヲ通ル間ハ冬ナリ。

（第三・諸層宿巡環ノ不同ヲ顕ハス輪線ノ事）

という箇所では「双兄宿」は「二子宿」とも呼ばれ、「室女宿」は「小女宿」とも呼ばれている（本文は岩波日本思

想大系63『近世科学思想　下』による)。別の箇所でも同一の宿が別名で呼ばれているものが多く見られる。それらを整理すると次のようになる。

白羊宿・羊宿
金牛宿・牛宿
双兄宿・兄弟宿・二子宿
巨蟹宿・蟹宿
獅子宿
室女宿・小女宿
天秤宿
天蝎宿・龍宿
弓馬宿・射手宿
磨羯宿・野牛宿
流水宿
大魚宿・魚宿

最上段に並べたものは、後で説明する『坤輿《こんよ》萬國全図』に見えるものである。二段目の名のうち「羊宿」と「牛宿」は『紅毛天地二図贅説』に書かれていた不空の「羊宮」「牛宮」と関係するものかと思われる。

以下個別の星座名について見てみると、「流水」Aquarius は西洋の古星座図では人に横抱きされた瓶から大量の水が流れている形であり、その形によるものであろう。「磨羯」の別名として見える「野牛」は『元和航海書』にも「野牛の角」とあったが(また後に挙げる『紅毛談』にも見える)、ほぼ同じ頃に刊行された松永貞徳『油糟』(寛永二十年〔1643〕刊）に「かしらも鬚もぬれ渡りけり」という前句に「獅子やぎう（野牛）さても書たる油絵に」と付けた句がある。ちなみに新村出博士はこれから『伊曾保物語』の「獅子王、羊、牛、野牛の事」の寓話を想像されているが（「西洋文学翻訳の嚆矢―文禄旧訳の伊曾保物語―」）[6]、あるいは十二宮の「獅子」「野牛」と「流水」とに関係するのではなかろうか。[7] これらは西洋星座図との関わりが考えられる名であるが、「天蝎」の別名として見える「龍」は中国古来の天文思想に基づくもののようである。新城新蔵『こよみと天文』（弘文堂書房 1928 刊 p.181）に次のような説明がある。

> 辰は本来は「民に時の早晩を知らすために観察する標準の星」といふ意味の星であるが、仲夏五月の節を正すための目標となつて居た大火（蠍座の一等星）が、殷の時代を通じて、時節を正すための最も主《お》もなる観測物即ち辰とされて居つたので、遂に辰の名を独占するに至り、辰といへば大火で即ち五月の星であるといふ程になつて居つたために、辰を以て五月の符号としたものである。なほ後に動物を配当するに当り、辰に龍を配当したのは、大火（蠍）の付近の星像が頗る著しき形で、これを龍なる仮想的動物に見立てたがために外ならぬ。

現在の和名との関係からも『二儀略説』に見られる十二宮名は注目されるものがある。「射手宿」「二子宿」「獅子宿」「天秤宿」「魚宿」は「いて座」「ふたご座」「しし座」「てんびん座」「うお座」につながるものであろう。また密教系の「羊宿」「牛宿」も「おひつじ座」「おうし座」に、「巨蟹宿」「天蝎宿」は「かに座」「さそり座」と関係するものとすれば、現在用いられている和名はその萌芽と考えられるものを含め、江戸時代初期に現れていることになる。ちなみに「〇〇宿」が「〇〇座」と呼ばれるようになったのは明治以降のことと思われる（ただし、「星座」という名は『史記』の天官書に既に見える）。

1―3　在華宣教師による漢訳書から

この系統には二種ある。一つは利瑪竇（マテオ・リッチ Matteo Ricci 1552–1610）が『坤輿萬國全図』（万暦三十年〔1602〕成）などに用いているもの、もう一つは『明史』の回回暦法[8]に見えるものである。ただし、後者は直接的には游子六の『天経或問』（康熙十四年〔1675〕序）に拠ると思われるので、以下では『天経或問』の名でこの系統のものを言うことにする。

利瑪竇の『坤輿萬國全図』に見える十二宮名は、

白羊・金牛・双兄・巨蟹・獅子・室女・天秤・天蝎・人馬・磨羯・宝瓶・双魚

であり、游子六の『天経或問』に見える十二宮名は、

今定二周天一為二四象限一。限設二三宮一、宮分二三十度一。
大約白羊戌宮初度、交二壁初度一。金牛酉宮初度、交二婁五度一。陰陽申宮初度、交二昴七度一。巨蟹未宮初度、際二参末井初一。獅子午宮初度、交二井三十度一。双女巳宮初度、交二張七度一。天秤辰宮初度、交二軫初度一。天蝎卯宮初度、際二亢初度一。人馬寅宮初度、交二房三度一。磨羯丑宮初度、交二箕三度一。宝瓶子宮初度、交二牛初度一。双魚亥宮初度、交二危三度一。
（地巻・度属不同）

と見えるもの、すなわち、

白羊・金牛・陰陽・巨蟹・獅子・双女・天秤・天蝎・人馬・磨羯・宝瓶・双魚

である。両者の違いは、Gemini に前者は「双兄」を用い、後者は「陰陽」が用いられていること、また Virgo に前者は「室女」を、後者は「双女」を用いていることである。『天経或問』は方密之の序によると、イタリア人宣教師熊三抜（Sabathin de Ursis）に西洋天文学を教わったとされ、本文には利瑪竇や艾儒略《がいじゅりゃく》（ジュリオ・アレニ Julius Aleni 1582–1649）などの著作から多く引用されている。したがって、游子六は利瑪竇の用いた名称を部分的に変え

たことになる。

前者、利瑪竇の『坤輿萬國全図』などに見られる名称を用いているのは、井口常範の『天文図解』（元禄元年〔1688〕成）である。その巻一の「天地儀」の図の黄道に、

白羊・金牛・双兄・巨蟹・獅子・室女・天秤・天蝎・人馬・磨羯・宝瓶・双魚

と見える。この『天文図解』は日本最初の一般向けの天文学書とされるが、利瑪竇の『両儀玄覧』からの引用もある。利瑪竇の天文学は元禄（1688–1704）以降、宝永（1704–11）、正徳（1711–16）にかけて日本の知識人に広まっていた説であったようである。

後者『天文或問』に見える名称を用いているのは、西川如見・正休親子である（正休は享保十五年〔1730〕に和刻本『天経或問』を出している）。如見は黄道十二宮の西洋からもたらされた星座像を実際に見ていたようで、『天文義論』（正徳二年〔1712〕刊）に「今来紅毛人持渡レル処ノ星図ヲ看ルニ、其星ノ形皆獣類ノ像ニ配シテ、其星ノ様体、唐土ノ名クル形ニハ非ズ（中略）戎蛮紅毛等星宿ヲ以テ獣形ト為ル事ハ、中華ニ於テ三十六禽ヲ定メテ星宿ニ配シテ方角ヲ主ドラシムルニ似タリ」（乾の巻）とある。『両儀集説』（正徳四年〔1714〕序）巻之一「十二宮次」にも同様の文章が見え、「紅毛十二宮名号図解」に各宮の説明が、

宝瓶　アンハアリヨス　ワアトルダラアカル　人水器ヲ捧テ水ヲ溢ス
磨羯　カアペル　ボツコ　野牛ノ形ヲ画ス
人馬　サギタアリヨス　ホウゴメンス　人弓ヲ持テ馬ニ乗
天蝎　シゴルヒヨス　スコルピオン　青キ蜈蚣ノ形
天秤　リフラ　ピンパン　金銀掛ル天ビン
双女　ヒルゴ　ウエイヒ　両女立双ベリ

獅子　レウヲ　レウウ　獅子獣ノ形
巨蟹　カンケル　トロウピスケレウ　赤キ大蟹
陰陽　キミニ　テベーワンギ　双児ノ形
金牛　タウリス　ヲウス　異牛ノ形
白羊　ア、リヤス　シカアペン　白キ羊ノ形
双魚　ピシス　テペーヱヘイン　二魚ノ形

とあり、さらに中国の次名と西洋の黄道十二名の関係が次のように書かれている。

十二宮各有二宮名ト次名一。紅毛等ハ唯用二宮名一ヲ而不レ用二次名一ヲ歟。未レダ知二其号名一ヲ。雖レ然、視ミレバ所二図画一スル則在二鶚首鶚尾等之次禽一何ゾ莫二其次名一乎《ヤ》。蛮語之名各有ル二一宮二名一者ハ、以二紅毛語蛮語之二名一ヲ乎《カ》。又其宮ト次ノ両名乎《カ》。

黄道十二宮と十二次との関係は『明史』の天文志で示されているものであるが、正休の『大略天学名目鈔』（享保十五年〔1730〕刊）にも次のように示されている。

十二宮ヲ一宮各々二ツニ分テ、宮次ノ名ヲ、古人定メ置キヌルコト、最深キ理有《あら》ン。其名左ノ如シ。

子宮　宝瓶　次　玄枵
丑宮　磨羯　次　星紀
寅宮　人馬　次　析木
卯宮　天蝎　次　大火
辰宮　天秤　次　寿星
巳宮　双女　次　鶉尾

午宮　獅子　次　鶉火
未宮　巨蟹　次　鶉首
申宮　陰陽　次　実沈
酉宮　金牛　次　大梁
戌宮　白羊　次　降婁
亥宮　双魚　次　娵訾

1―4　蘭書・蘭人から

第四のオランダ人から直接に、あるいは蘭語で書かれた天文学書によって得られたと考えられる十二宮の知識の例は多く拾うことができる。管見に入った明治以前のもので、十二宮のすべての名が記されているものを年代順に列挙すれば次のようになる。

○青木昆陽『和蘭文字略考』（延享三年〔1746〕成）巻之二「単語帳」

※「磨羯」と「天蝎」の名を誤っているようである。

白羊 arius アリユス　・金牛 taurus タウリユス　・双兄 gemini ゲミニ　・巨蟹 cancer カンセル　・獅子 leo レオ　・室女 virgo ヒルコ　・天秤 libra リブラ　・磨羯《ママ》 scorbius スコルピユス　・人馬 sagittarius サギツタリユス　・天蝎《ママ》 capricornus カプリコルニユス　・宝瓶 aquarius アクワリユス　・双魚 pisces ピシセス

○後藤梨春『紅毛談《おらんだばなし》』（明和二年〔1765〕刊）

○子の方をおらんだにて、あくはありよすといふ、おらんだの正月気にして、日本冬至の終より大寒にいた

る、其形壱人手に瓶壺を挙《あげ》て、水をこぼす形を図す、
○かあべる、是十二月の気にして、日本大雪冬至の節に当れり、其形野牛《やぎう》の形を図せり、
○さぎたありよす、是十一月の気にして、日本の立冬小雪の間に当れり、其形壱人馬上に、弓矢を持たる形を図せり、
○じごるひよす、是十月の気にして、日本秋分寒露に相当る、其形青色の大蚣蝎《むかで》のごとき大虫の図なり、
○りふら、是九月の気にして、日本の白露秋分の終に当れり、其形金銀をかける天秤《てんびん》の形を図画《ぐは》す、
○ひるご、是八月の気にして、日本大暑より処暑までに当れり、其形双《なら》べる女二人を画《ゑがき》たる形なり、
○れを、是七月の気にして、日本の大暑小暑の節なり、其形獅子《しし》の形を画す、
○かんける、是六月の気にして、日本芒種より夏至までに当れり、其形赤きいろの大蟹の形を図せり、
○きみに、是五月の気にして、日本立夏小満の節に当れり、其形双児《ふたご》の形画たるものなり、
○たうりす、是四月の気にして、日本の清明穀雨の節に当れり、其形異形なる牛を画たり、○あ、りやす、是三月の気にして、日本啓蟄より春分の節に当れり、其形白き羊を図画せり
○ぴしす、是二月の気にして、日本の立春雨水の節に相当れり、其形二魚をならべたるを絵図せり、是十二にて、日本の子より亥までの十二支に相当れり、

○三浦梅園『帰山録』（安永七年〔1778〕成）
白羊・金牛・双兄・巨蟹・獅子・列女・天秤・天蝎・人馬・磨蝎・宝瓶・双魚

○前野良沢『和蘭訳筌』（天明五年〔1785〕成）
デ　タワァルフ　十二　テェケン　紀　ハン　之　デン　発語辞　ソヂアカ　道（即黄道ノ十二宮ナリ）
アリウス　白羊　タウルス　金牛　ゲミニ　双女　カンセル　巨蟹　レオ　獅子

ヒルゴ　室女　リブラ　天秤　スコルピオ　天蝎　サギタリウス　人馬
カプリコルヌス　磨羯　アクワリウス　宝瓶　ピスセス　双魚　（第三、四、六の板の図）

○大槻玄沢『畹港漫録』（天明元年―寛政五、六年〔1781-1793,94〕成）

※星座の記号は略す。この書ではラテン語名とオランダ語名が示されている。また、この書においても「磨羯」と「天蝎」の名を誤っているようである。

十二宮　Twarf hemels tekenen

白羊	金牛	陰陽	巨蟹	獅子	処女
Arres	Taurus	Geminj	Cancer	Leo	Virgo
Ram	Stier	Tweeling	Kreeft	Leeuw	Maagd
春分	穀雨	小満	夏至	大暑	処暑

右、在赤道以北者 Den hemels taken Zyn teger noorden

天秤	磨羯《ママ》	人馬	天蝎《ママ》	宝瓶	双魚
Libra	Schorpius	Sagitarius	Capriconius	Aquarius	Pisces
Weegshuur	Shorpion	Schuttin	Steenbok	Waterman	Visscher
秋分	霜降	小雪	冬至	大寒	雨水

右、在赤道以北者　De ander ses Zyn teger Zuiden

○本木良永『新制天地二球用法記』（寛政四年〔1792〕成）

白羊・金牛・双兄・巨蟹・獅子・室女・天秤・天蝎・人馬・磨羯・宝瓶・双魚

太陽は北方の六宮、白羊・金牛・双兄・巨蟹・獅子・室女の宮を通行して、（中略）

南方の六宮、天秤・天蝎・人馬・磨羯・宝瓶・双魚の宮を通行して、太陽は白羊宮の初点Hの符号の所に視るなり。（第四十二章）

○司馬江漢の『天球全図』（寛政八年〔1796〕刊）

※「彼国ノ法ニシテ黄道ノ列星ヲ十二ノ宮ト名ヅケテ、則十二宿ニシテ廿八宿ノ如シ」とあり、図に次の星座名が書きこまれている。

白羊宮・金牛宮・陰陽宮・巨蟹宮・獅子宮・室女宮・天秤宮・天蝎宮・人馬宮・磨羯宮・宝瓶宮・双魚宮

○森島中良『蛮語箋』（寛政十年〔1798〕刊）

※この書においても「磨羯」と「天蝎」の名を誤っているようである。

白羊宮	春分	戌	アリウス
金牛宮	穀雨	酉	タウリュス
双女宮	小満	申	ゲメーニ
巨蟹宮	夏至	未	カンケル
獅子宮	大暑	午	レヲ
室女宮	処暑	巳	ヒルゴ
天秤宮	秋分	辰	リブラ
磨羯《ママ》宮	霜降	卯	スコルピス
人馬宮	小雪	寅	サギッタリウス
天蝎《ママ》宮	冬至	丑	カプリコルニュス
宝瓶宮	大寒	子	アクワリウス

双魚宮　雨水　亥　　ヒスセス

○本田利明『西域物語』（寛政十年〔1798〕刊）

欧羅巴洲諸国皆此頒暦

第一月	三十一日	廿　日	日輪入于宝瓶宮	日本十二月中気入日
第二月	平年二十八日 閏年二十九日	十九日	日輪入于双魚宮	日本　正月中気入日
第三月	三十一日	廿一日	日輪入于白羊宮	日本　二月中気入日
第四月	三十日	廿　日	日輪入于金牛宮	日本　三月中気入日
第五月	三十一日	廿一日	日輪入于陰陽宮	日本　四月中気入日
第六月	三十日	廿一日	日輪入于巨蟹宮	日本　五月中気入日
第七月	三十一日	廿三日	日輪入于獅子宮	日本　六月中気入日
第八月	三十一日	廿三日	日輪入于室女宮	日本　七月中気入日
第九月	三十日	廿三日	日輪入于天秤宮	日本　八月中気入日
第十月	三十一日	廿三日	日輪入于天蝎宮	日本　九月中気入日
第十一月	三十日	廿二日	日輪入于人馬宮	日本　十月中気入日
第十二月	三十一日	廿一日	日輪入于磨羯宮	日本十一月中気入日

○藤林普山の『訳鍵』（文化七年〔1810〕刊）星座の記号は略す。

※この『蘭和辞書』でもラテン語名とオランダ語名が示されている。

白羊　Arruis　Oom《ママ》　戌

金牛　Taurius　Stier　酉

双女　Geminj　Tweeling　申
巨蟹　Canker　Kreeft　未
獅子　Leo　Leeuw　午
室女　Virgo　Maagd　巳
天秤　Libra　Waag　辰
天蝎　Soporpius　Soorpioen　卯
人馬　Sagitarius　Schieter　寅
磨羯　Capricornum　Steenbok　丑
宝瓶　Aquarius　Waterman　子
双魚　Pisces　Visscher　亥

○吉雄南皐『遠西観象図説』（文政六年〔1823〕刊）

※巻上「国字類音」から抜粋（いろは順）。この書ではオランダ語名が示されている。ふりがなは原文のまま。

白羊宮《はくようきゆう》　ラム
人馬《じんば》宮《きゆう》　スキュツテル
宝瓶宮《ほうへいきゆう》　ワーテル、マン
双児宮　テウェー、リンゲン
双魚宮　ヒステル
磨羯宮　ステーン、ボック
天秤宮　ワーゲ

天蝎宮　スコルピユーン
金牛宮　ステール
巨蟹宮　ケレーフト
獅子宮　レーウ
室女宮　マーグド

○佐藤信淵『鎔造化育論』（文政七年〔1824〕成）
白羊・金牛・双兄・巨蟹・獅子・室女・天秤・天羯・人馬・磨羯・宝瓶・双魚

○賀寿麻呂大人（宇田川榕菴）『蘭学重宝記』（天保六年〔1835〕頃成）
Water man　宝瓶
Visser　双魚
Oom　白羊
Stier　金牛
Tweeling　双女
Kreept　巨蟹
Leeuw　獅子
Maagd　室女
Weeg　天秤
Scorpioen　天蝎
Schieter　人馬

Steenbok　　磨羯

○川本幸民『気海観瀾広義』（嘉永四年〔1851〕初冊刊）

太陽ハ二十四時ゴトニ我地球ヲ一周シ一年ニ日道ヲ一巡スト見ユ。故ニ此時節ヲ算セムガ為ニ十二宮ヲ設ケ、三十日ゴトニ一宮ヨリ他宮ニ移ルトシ、毎宮ノ間ヲ分チテ各三十度トナル。太陽一年ニコレヲ一巡ストナス。コレヲ以テ毎日太陽ノ所距各地太陽ノ高低ト四時ノ変アルコトヲ察スベシ。即三月二十一日太陽白羊宮ニアリ。コレヲ春ノ始トシ、四月二十日ニ金牛宮、五月二十一ニ双女宮ニアリ。而シテ六月二十二日〈或ハ二十四日トイフ〉ニ巨蟹宮ニ至ル。コレヲ夏ノ始トシ、七月二十三日ニ獅子宮、八月二十四日ニ室女宮ニアリ。九月二十三日〈或ハ二十二日トイフ〉ニ天秤宮ニ至ル。コレヲ秋ノ始トシ、十月二十四日ニ天蝎宮、十一月二十三日ニ人馬宮ニアリ、十二月二十二日ニ磨羯宮ニ至ル。コレヲ冬ノ始トス。第一月二十日ニ宝瓶宮、二月十九日ニ双魚宮ニアリ。白羊宮ハ赤道ノ中ニアリ、天秤宮ハ其東ニアリ。太陽ヲコヽニ至レバ昼夜其長サヲ同ス。コレヲ昼夜平点ト名ヅク。磨羯宮ト巨蟹宮トハ回帰点ナリ。磨羯ヨリ双女ニ至ルマデ太陽南ヨリ昇ル。故ニ此六宮ヲ昇宮ト名ヅク。以テ他ノ六ノ降宮ト名ヅクル者ニ分カツ。白羊以下六宮ハ赤道ノ北ニアリ。天秤以下ノ六宮ハ其南ニアルナリ。此十二宮ハ曾テ星ノ聚マレル者ヲ標的トシ、諸物ノ名ノ仮用シ、コレヲ弁別シ易カラシメム。猶都下ノ街区ニ諸般ノ名ヲ命ズルガゴトシ。（巻四・天体）

2　蘭学書に見える十二宮漢名と現在の十二宮星座名の源流

前節に列挙した蘭学者の著作に見える十二宮の漢名を表にすると次のようになる（漢名の見えない『紅毛談』は省く）。

	Arr	Tau	Gem	Can	Leo	Vir	Lib	Sco	Sag	Cap	Aqu	Pis
文字 1746	白羊	金牛	双兄	巨蟹	獅子	室女	天秤	磨羯《ママ》	人馬	天蝎《ママ》	宝瓶	双魚
帰山 1778	白羊	金牛	双兄	巨蟹	獅子	列女	天秤	天蠋	人馬	磨蝎	宝瓶	双魚
訳筌 1785	白羊	金牛	双女	巨蟹	獅子	室女	天秤	天蠋	人馬	磨羯	宝瓶	双魚
漫録 1781–	白羊	金牛	陰陽	巨蟹	獅子	処女	天秤	磨羯《ママ》	人馬	天蝎《ママ》	宝瓶	双魚
新制 1792	白羊	金牛	双兄	巨蟹	獅子	室女	天秤	天蝎	人馬	磨羯	宝瓶	双魚
全図 1796	白羊	金牛	陰陽	巨蟹	獅子	室女	天秤	天蝎	人馬	磨羯	宝瓶	双魚
蛮語 1798	白羊	金牛	双女	巨蟹	獅子	室女	天秤	磨羯《ママ》	人馬	天蝎《ママ》	宝瓶	双魚
西域 1798	白羊	金牛	陰陽	巨蟹	獅子	室女	天秤	天蝎	人馬	磨羯	宝瓶	双魚
訳鍵 1810	白羊	金牛	双女	巨蟹	獅子	室女	天秤	天蝎	人馬	磨羯	宝瓶	双魚
観象 1823	白羊	金牛	双兄	巨蟹	獅子	室女	天秤	天蝎	人馬	磨羯	宝瓶	双魚
鎔造 1824	白羊	金牛	双兄	巨蟹	獅子	室女	天秤	天羯	人馬	磨羯	宝瓶	双魚
蘭学 1835	白羊	金牛	双女	巨蟹	獅子	室女	天秤	天蝎	人馬	磨羯	宝瓶	双魚
気海 1851	白羊	金牛	双女	巨蟹	獅子	室女	天秤	天蝎	人馬	磨羯	宝瓶	双魚

蘭学者たちの訳語は中国に漢名があればそれが優先されて用いられたが、星座名の漢名は二種の系統があった。一つは利瑪竇系のもの（白羊・金牛・双兄・巨蟹・獅子・室女・天秤・天蝎・人馬・磨羯・宝瓶・双魚）であり、もう一つは『天経或問』系のもの（白羊・金牛・陰陽・巨蟹・獅子・双女・天秤・天蝎・人馬・磨羯・宝瓶・双魚）であった。この二つの違いはGeminiの「陰陽」と「双兄」、Virgoの「双女」と「室女」にあった。

『天経或問』系の名称と完全に一致するものはなく、利瑪竇系のものと完全に一致するものに本木良永『新制天地二球用法記』と吉雄南皐『遠西観象図説』と佐藤信淵『鎔造化育論』がある。また、蘭学者たちのほとんどがVirgoに「室女」の名を用いていることからすれば、利瑪竇系のものの影響が大きかったと考えられる。ただし、大槻玄沢・司馬江漢・本田利明は「陰陽」を用いることから見れば、彼らは『天経或問』のものをも見ているようである（ただし司馬江漢は『刻白爾天文図解』では「双兄」に変えている）。しかし、何よりも疑問なのは、Geminiに出自不明の「双女」を用いていることである（「双女」は『天経或問』系ではVirgoの名として用いていたものであった）。Geminiはギリシャ神話では男の双子であり、プトレマイオスの占星術でも第三宮は男性であり（中山茂『占星術』紀伊国屋新書1964刊p.69）、西洋の星座にもそのように描かれており、『紅毛談』にも「其形双児《ふたご》の形画たるものなり」とあった。この「双兄」が「双女」になっていることは不詳であるが、『蘭学重宝記』には二人の女が抱き合っている形に描かれており、あるいはそのような形で西洋から伝えられたものがあったのかもしれない。

ところで、現在日本で用いられている和名の星座名の成立については『二儀略説』の頃に既に成立していたのではないかと推測したが、漢名の源流はどこにあるのだろうか。蘭学の訳語と明治以降の訳語との関係を考えると、少なくとも明治時代の名称は蘭学のそれを用いた可能性が高い。そこで、改めて現在の漢名を蘭学資料のうち明治時代にも読まれていた吉雄南皐『遠西観象図説』（【A】）と川本幸民『気海観瀾広義』（【B】）の名称を並べて掲げれば次のとおりである。

現在　白羊・金牛・双児・巨蟹・獅子・処女・天秤・天蝎・人馬・磨羯・宝瓶・双魚
【A】　白羊・金牛・双兄・巨蟹・獅子・室女・天秤・天蝎・人馬・磨羯・宝瓶・双魚
【B】　白羊・金牛・双女・巨蟹・獅子・室女・天秤・天蝎・人馬・磨羯・宝瓶・双魚

「双児」「処女」以外の名称は【A】【B】のいずれも同じであるが、「双児」「処女」とは異なる。これらは何を基としたかは不明である。ただ、「双児」は『紅毛談』に「其形双児《ふたご》の形画たるものなり」とあり、『二儀略説』に見える「二子宿」もその和語を漢語にしたものかと思われたが、それらから考えられる和語を漢語化したのかもしれない。「処女」も同じく『二儀略説』に見える「小女宿」、あるいは密教における「少女宮」（【補説】参照）と関係するのではないかと思われる。

おわりに

先に触れておくべきであったが、「十二宮」という名は密教また儒教で用いられていたものである（注1参照）。蘭学者はそれをTwaalf teekenen van de zodiaakなどの訳として用いている。前野良沢の『和蘭訳筌』に「デ　タワァルフ　十二　テエケン　紀　ハン　之　デン　発語辞　ソヂアカ　道（即黄道ノ十二宮ナリ）」とあり、大槻玄沢『畹港漫録』にTwarf hemels tekenenとあり、『蛮語箋』にも「十二宮　トワルフ、テーケン」と見え、『遠西観象図説』の「国字類音」（巻上）にも「十二宮　トワールフ、テーケネン、ハン、デ、サヂヤク」とあった。また、ゴメスの『講義要綱』に「十二獣ノ名」とあったが、十二宮を獣帯とも言う。これはオランダ語からの直訳のようである。『遠西観象図説』の「国字類音」に「獣帯　ヂーレン、リーム　年圏の別名」とあり（Dierenriem

のdierは動物、獣。riemは動物などをつなぐ革紐の意）、山村才助の『訂正増訳采覧異言』（享和二年〔1802〕成？）の「凡例」に「又呼テ弟尓《ディル》・吉霊孤《キリンゲ》ト云フ和蘭語弟尓《ディル》ハ生類ナリ。吉霊孤《キリンゲ》ハ輪ナリ。コレ黄道十二宮皆生類ノ名アルガ故ナリ」とある。

ところで、『蘭学重宝記』に、

天学家、黄道を十二に分て十二宮と名く。太陽の躔度を定んが為なり。毎宮を生類の形に像れり。又記号を作て其名に代へ書す。これ唯記憶し易きに取るのみ。実に天上に如此ものあるにあらず。然れども其名と命ずる拠なきにあらず。たとへば羊の游牡《さかる》する比、太陽の躔る宮を白羊宮と名け、牛の游牡する比、太陽の躔る宮を金牛宮と名るが如し。太陽宝瓶宮に躔る時を冬至とし、獅子宮に躔る時を夏至とす。

とある。Arruis（白羊宮）、Taurium（金牛宮）の命名の由来をこのように説明している蘭書が当時伝来していたのであろうか（前述のGeminを「双女」としていることが思い合わされる）。Aquarius（水瓶宮）の名も、黄道十二宮発祥の地のメソポタミア地方では太陽がその付近を通過する頃が雨期であったことからその名が付けられたと言われている。蘭学者たちの知識の供給源は想像以上の広さがあるようである。

注

（1）十二の領域（星座）は「宮」とも「宿」とも呼ばれ、また「座」とも呼ばれる。その区別を向井元升の『乾坤弁説』（明暦二年〔1656〕成）は次のように説明する（貞巻・第二十六「星辰之数幷其光相之事」）。

弁説、右南蛮学士の説如レ是、其云、四十八宿とは四十八座なるべし。儒家、暦家に宿と云は、日月運行の道に列たる二十八を宿と云ふ也。此外は皆座と云也。日月運行の道理を十二宿とするは、十二月に応じて云也、是も儒には宿とは不レ云、宮と云也。然れども宮も似たることなるべし。然るに一宮は三十度あり、則一回十二宮也。此十二宮の間に列りたる星二十八座あり、是二十八宿也。二十八座の星は其宿の主人のごとく、日月五星の其所を運行するに往来の客のごとし。

なお二十八宿以外の一般の星座は「天官」「星官」などとも呼ばれた。

（2）ただし、地球の自転軸が二万六千年を周期として移動する歳差のため現在では星座とその領域の対応にズレが生じている。

（3）「野牛の角の宿」は「野牛の宿の角」の誤りではないかと思われる。かつては恒星を指示する時には「乙女の持てる麦の穂」「オリオンの帯」などといった言い方がなされていた。あるいはこの星座の記号が角の形であることからそのように呼ばれていたのだろうか。

（4）石田五郎著『天文屋渡世』（みすず書房 2011 刊）p.25

（5）尾原悟訳著「ペドロ・ゴメス著「天球論」（試訳）」（『キリシタン研究第十輯』吉川弘文館 1965 刊）、広瀬秀雄「小林謙貞と二儀略説」（日本思想大系63『近世科学思想　下』岩波書店刊、解題）など。

（6）『文禄旧訳伊曾保物語』（開成館 1911 刊）付録。『南蛮広記』岩波書店 1925 刊再録。

（7）付け句の作者の長頭丸には北村季吟の『山の井』に見える「ありしだいうす雪きやせけふの雪」の句もあり（「だいうす」は Deus〔神・天主〕）、松永貞徳は『排耶蘇』で知られる慶長十一年〔1606〕の儒学者林道春と改宗禅僧不干ハビアンとの対論の仲介者であった。

（8）『明史』（張廷玉等撰、洪武十六年〔1383〕成）巻三十七「暦志」に「洪武初得㆘於㆓元都㆒（中略）命㆓翰林李翀呉伯宗同回回大師馬沙亦黒等㆒訳㆗其書㆖」とあり、

宮数　白羊初　金牛一　陰陽二　巨蟹三　獅子四　双女五　天秤六　天蝎七　人馬八　磨羯九　宝瓶十　双魚十一

とある。明代以降（1368–）中国の天文学ではこれらの名が用いられており、朝鮮製の天文図でも太祖四年（1395）に造られた石刻星図「天象列次分野之図」を始めとしてこの名が見られるようであるが、日本ではもっぱら密教の世界でのみ用いられていたようで、現存する日本製の天文図には現れない。ちなみに、回回暦（イスラム暦）法およびアラビア天文学を中国に紹介した貝琳（?–1490）の『七政推歩』（明・憲宗成化十三年〔1477〕成）には黄道付近の星座として「双魚・白羊・海獣・金牛・人・陰陽・巨蟹・獅子・双女・天秤・天蝎・人蛇・人馬・磨羯・宝瓶」の十五座が見える（陳久金「貝琳与《七政推歩》」『宁夏社会科学』1991 第一期による）。

【補説】　曼荼羅の十二宮について

西洋占星術は紀元前三千年頃から遅くとも紀元前一千年頃までにバビロニアに発したとされる。バビロニアでは五星（水星・金星・火星・木星・土星）を神の意志を伝える「告知者」と呼ぶとともに、黄道を三十六に区分し、その一区分に一星を配して「助言する神々」とし、三星に一つを「神々の首長」と呼んだ。その十二の首長に黄道十二宮の符号が配され、十二宮に当たる星座も造られたが、その星座のうち、天秤・牡牛・双子・蠍・射手の六座は現在用いられているものと同じであるという（村上忠敬著『天文学史』（山雅房1943刊p.20）。このバビロニアの占星術はイスラム文化圏へ伝わり、イスラム文化圏からヘレニズム文化圏へ、さらにインドへと伝わったとされる。インドでは釈迦（B.C.565–487）の弟子光味・驢唇・文殊などが十二宮を十二神と観じ、十二月に配当して、日月五星（七曜）・二十八宿とともに人類の守護神とした（同右p.31）。これが仏教の伝播に伴って中国へも伝わっていったが、唐の時代にはインドから善無畏・金剛智・不空らの密教僧が中国に渡り、新しい経典を訳出している。その新しい経典の中に不空訳の『文殊師利菩薩及諸仙所説吉凶善悪宿曜経』（略して『宿曜経』）がある。この『宿曜経』は密教と陰陽道が呪術的な思想や方術を通じて結びついた思想を説くものであり、十二宮二十八宿を解説し、星宿と人生、七曜と人生の関係も説かれている。この経典を空海が大同二年（807）に日本に将来した。日本の曼荼羅の中に現れる十二宮はこれに関わるもののようである。京都東寺の伝真言院胎蔵界曼荼羅は空海が帰朝した時に持ち帰った初伝本の正統に属するもので、その様式は「平安朝前期の最末期ころに置かれうるべきもの」と言われるが（高田修「東寺の両界マンダラ」『佛教藝術』47、1961.11）、その外縁「外金剛院」の四方に、後に掲げる『密教辞典』（法藏館1975刊）の図とほぼ同じものが東西南北に三座ずつ描かれている。また、その伝来の経路は不明であるが、奈良法隆寺には仏師鞍作止利の作と伝えられている星曼荼羅がある（村上忠敬著『天文学史』）。中央の内院に阿弥陀如来が坐し、第二層上部に北斗七星、下部に九曜を配し、第三層に十二宮、最外層に二十八宿（二十八星神）が描かれているが（石元泰博『両界曼荼羅　東寺蔵国宝「伝真言院両界曼荼羅」の世界』平凡社2011刊）、その第三層の十二宮の図像も東寺の伝真言院胎蔵界曼荼羅とほぼ同じである。

空海の後、真言密教では常暁や恵運が入唐し、新しい宿曜道の経典や図像・彫像を持ち帰った。北辰（北極星）や七曜（日月五星）をまつるには、本尊として尊星曼荼羅・妙見曼荼羅・北斗曼荼羅などと呼ばれる曼荼羅図が作られるが（村上修一『日本陰陽道史話』第八章「密教と陰陽道」大阪書籍館1987刊）、北斗曼荼羅には円曼荼羅と方曼荼羅とがある。前者の代表的なものは前述の法隆寺のものであるが、後者は大阪府久米田寺に平安朝の仏画として保存されているものが代表的なものとされる（野尻抱影編『星座』恒星社厚生閣1982刊巻頭図版Ⅷ。この星曼荼羅については同書に収められている藪内清「中国・朝鮮・印度の星座」に詳しいが、いつ頃のものかは未詳のようである）。これは中央の頂輪王をめぐって仏眼尊と北斗七星を置き、その外側に九曜、その外側に十二宮二十八宿がとりまく形である。以上の星曼荼羅に描かれている図像はいずれもほぼ同じであるが、いくらかの違いが見えるものもある。また、山口県萩市見島讃岐坊（真言宗）所蔵の方曼荼羅（村上修一前掲書同章）は、「秤宮」は秤だけが描かれ、「弓宮」も弓と矢だけが描かれ、「師子宮」は唐獅子風のものが座り、「少女宮」には二尊が描かれている。

次に佐和隆研編『密教辞典』の「十二宮」の説明と図を掲げる（各尊を一字で表示する梵字「種子」の説明は省く。数字は附図に対応して付けられているものである）。

東方　227 牛密宮（Brsa）：異称：密牛《みつご》宮《ぐう》・金牛《きんぎゅう》宮・牛宮《ごくう》。形像：臥した牡牛。

228 白羊《びゃくよう》宮（Mesa）：異称：羊宮。形像：臥した羊。

229 夫婦宮（Mithuna）：異称：男女《なんにょ》宮・婬宮。形像：菩薩形2尊（一尊は蓮上珠を持つ）。

南方　245 磨羯宮（Makara）：形像：大魚が口を張り尾をあげる相で鯱《しゃち》に似る。

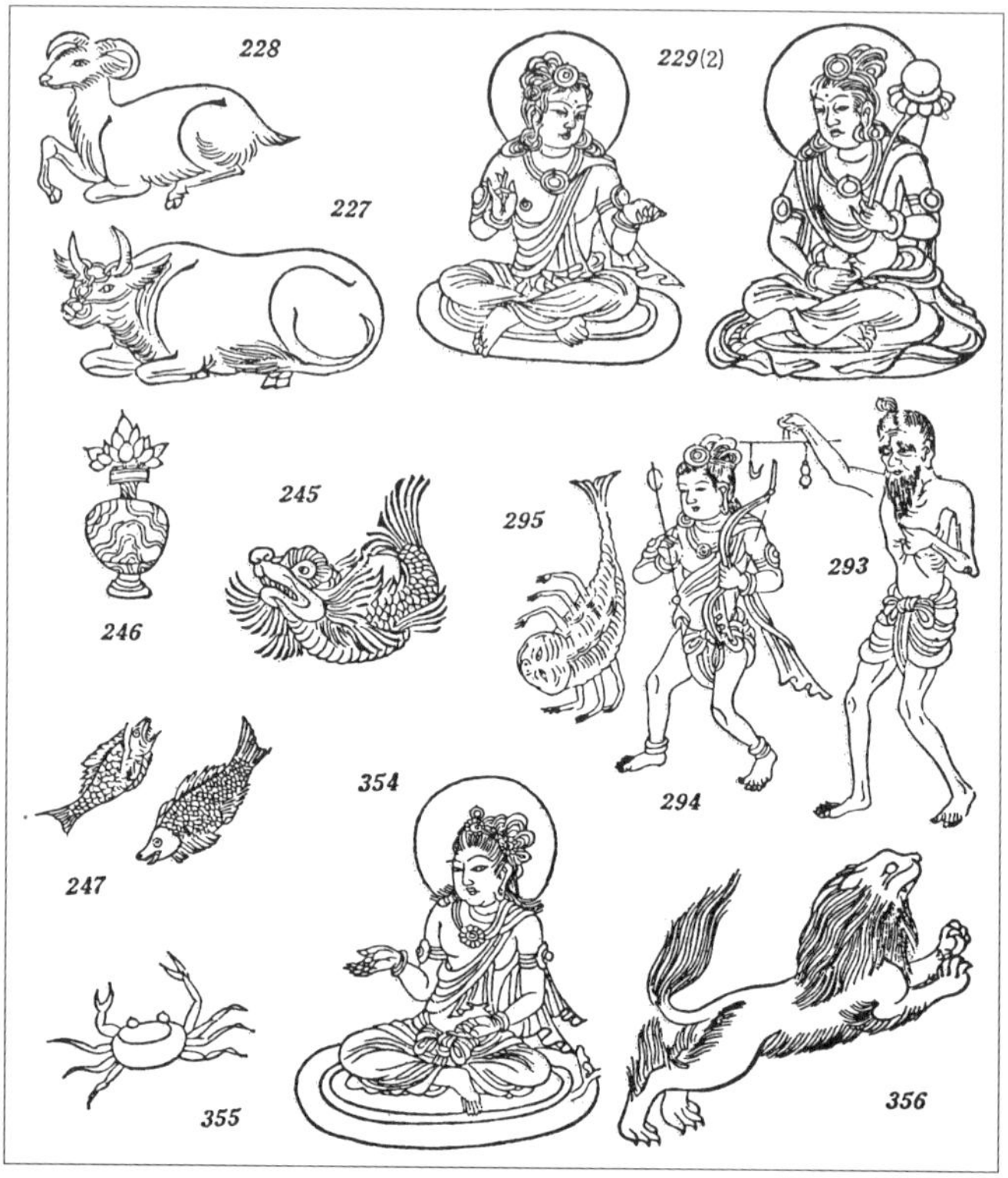

胎蔵界曼荼羅の十二宮図像（佐和隆研編『密教辞典』法藏館より）

246 賢瓶宮（Kumbha）：異称：宝瓶宮・鉼宮。形像：宝瓶に蕾《つぼみ》蓮華3個。

247 双魚宮（Mina）：異称：魚宮・二魚宮。形像：2魚が対向して游泳する相。

西方

293 秤宮（Tula）：異称：秤量宮・天秤宮。形像：仙人風の老人が裸体で歩きながら秤を持つ相。

294 弓宮（Dhanu）：異称：天弓宮・人馬《じんば》宮。形像：弓矢を持って少女の歩行する相。下半身を馬とする旧図もある。

295 蝎虫宮（Vrsecika）：異称：天蝎宮。形像：蝎《さそり》が尾をあげた相。

北方　354 少女宮（Kanya）：異称：双女宮・室女宮。形像：菩薩座像で、右腕は肘を曲げて前に手を仰げ、左拳は上向けて腰に置く。

355 螃蟹宮（Karkataka）：異称：巨蟹宮。形像：巨蟹の相。

356 師子宮（Simha）：形像：白師子が走る相。

『密教辞典』には右の十二宮名とその異称が何時頃にどのように成立したのかについての説明は記されていないが、異称として挙げられている「牛宮」「羊宮」は北島見信の『紅毛天地二図贅説』（元文二―三年〔1737–38〕成）に真言宗付法八祖の一人、不空の訳として見られるものであり、江戸中期に書かれた天野信景の『塩尻』には、

〇十二宮所㆑属云々

按、密家胎曼多羅有㆓宝瓶、磨羯、人馬、天蝎、天秤、双女、獅子、巨蟹、陰陽、金牛、白羊、双魚十二宮㆒。是金《ママ》星者流談命家之名目、而密家私為㆓己之家事㆒。

と見える。ここに書かれている名称は『明史』に見られるものであるが、天野信景はこれを「流談命家」で用いられていたものを借りたものと言う。「流談命家」は不詳であるが、同書の別項に「流談命家之書、大概合㆓星宿㆒配㆓五行㆒語㆓吉凶㆒」とあり、陰陽五行説による占星術と結合した賀茂、阿倍両家の天文暦学のことを言うのではないかと思われる。

七曜日

はじめに

日月と五星を総称して七曜と言う。これを一週七日の名に用いたのが七曜日である。

これまで特に取り上げられて、論じられることはなかったようであるが、江戸時代の蘭学者に、西洋において七曜を日に値《あ》てることを紹介したものがある。管見では次の三つである。

本木良永『星術本原太陽窮理了解新制天地二球用法記』（寛政四年〔1792〕成）
前野良沢『七曜直日考』（寛政四年〔1792〕成）
吉雄南皐『遠西観象図説』（文政六年〔1823〕刊）

1　本木良永『星術本原太陽窮理了解新制天地二球用法記』

本木良永（1735–94）の『新制天地二球用法記』の下巻「和解例言」は、良永が蘭書を翻訳するに当たっての注意書きといった内容のものであるが、その中に西洋の占星術に用いられる七曜について触れている箇所がある。[1]

先ず良永は西洋の「天学」（天文学）には二種あることを説明している。その一つは、日本中国の「命理占候の天学」に相当するもので、天学語（ラテン語）でアストロローシヤ（astrolgia）、オランダ語でスタルレ・ホールセクゲキュンデ[2]と呼ばれるものである。良永はこれらを「星の占」と訳している。

和蘭人天学を論ずるにも亦二儀あり。其の一は天学語の曷数鐸緑羅拭曷《アストロローシヤ》といひ、和蘭語、数蹋耳列《スタルレ》、夫屋耳説《ホールセ》古掘久尹迭《クゲキユンデ》といふなり。此の語、正訳すれば星の占と和語に通ず。是れ和漢に所謂《いわゆ》る命理占候の天学なり。

もう一つは、日本中国の「形気測量の天学」に相当するもので、天学語でアストロノラミヤ（astronomia）、オランダ語でスタルレロープキュンデ（sterrenloopkunde）、またヘヱメルロープキュンデ（hemelloopkunde）と呼ばれるものである。良永は前者を「星　行　術《ほしめぐりのじゆつ》」、後者を「天　行　術《てんのめぐりじゆつ》」と訳している。

又和蘭天学の其の二（は）天学語曷数鐸緑挪密曷《アストロノラミヤ》といひ、和蘭語数蹋耳列羅甫久尹迭《スタルレロープキユンデ》と云ふなり。此の語を正訳すれば星　行　術《ほしめぐりのじゆつ》と和語に通ず。又和蘭一名倏呃脈而羅甫久尹迭《ヘヱメルロープキユンデ》と云ふなり。此の語を正訳すれば天　行　術《てんのめぐりじゆつ》と和語に通す。是れ和漢に所謂《いわゆ》る形気測量の天学なり。此の学周天の度数七曜恒星の出没昇降左旋右旋の論説、日月五星運行の盈縮遅疾の行度、月光の盈虚円鈌、五星の行度・遅速・伏見・進退・留滞・順逆、恒星の歳差、南北の転移、古今暦法朔虚閏月閏日の積算、歳月日時分秒忽の差ひ、並びに里差等の考へ皆之れ形気暦象の天学の測量推歩に因りて考　《ママ》知り主《つかさ》どる処なり。

さて、前者「星の占」では一年三百六十五日に七曜が当てられ、日月火水木金土の順序で七日ごとに句切られる。これを「七曜の日」という。

此の学、人事男女の吉凶禍福貧富、星に因りて占ひ、一歳、和蘭暦面の三百六十五日の日々に七曜を配して、一七日毎に日月火水木金土の順列を以て七曜の日を建て、一歳の日数に合せ、一七日初の第一日を名づけて、和蘭語嵩沓古《ソンダク》といふ此に太陽日と訳す。第二日を和蘭語抹曷尹沓古《マーンダク》といふ此に太陰日と訳す。第三日を和蘭語停及数沓古《デンギスダク》といふ此に火曜日と訳す。第四日を和蘭語胡尹数沓古《ウンスダク》といふ此に水曜日と訳す。第五日を和蘭語動《ドン》迭耳沓古《デルダク》といふ此に木曜日と訳す。第六日を和蘭語孚列逸沓古《フレイダク》といふ此に金曜日と訳す。第七日を和蘭語撒曷《サー》的由耳沓古《テユルダク》といふ此に土曜日と訳す。

さらに一日は二十四時に分けられ、それぞれの時にも七曜が当てられる。これを「七曜の時」という。その順序は日金水月土木火であり、その日の朝の六時の時の曜がその日の名前となる。

此の一昼夜二十四時を七曜の時といひて毎二十四時に七曜を配当す。其の七曜の時廻りの順序は日金水月土木火と順を建てて、太陽日の朝の六時に太陽を当て、其の日を太陽日といひ、太陰日には朝の六時に太陰を当て、火曜日には朝の六時に火星を当て、水曜日には朝の六時に水星を当て、木曜日には朝の六時に木星を当て、金曜日には朝の六時に金星を当て、土曜日には朝の六時に土星を当てて毎日朝の六時より日金水月土木火の順に員《かぞ》へて何曜の時を知り、（下略）

そして、これらの「七曜の日」と「七曜の時」によって「星の占」は行われる。

譬へば一歳何月何日は日月五星の何曜の日と知り、其の何時は何曜の時と考へ、某の日の某の時は何曜の時と知りて其の時に当つて生れし人の賢愚不肖聡慧遅鈍の優劣を考へ、男女の吉凶禍福貧富民病の生死寿夭人相手相を考へ占ふの類皆是れ和蘭に所謂る天学語曷数鐸緑羅拭曷《アストロローシヤ》和蘭語数蹋耳列夫屋耳説古掘久尹迭《スタルレホールセクケキユンデ》といひ、和漢に所謂る命理占候の天学の主《つかさ》どる処なり。

以上が良永の説明であるが、西洋の占星術が日本人によって取り上げられ、説明されたのは、この文章が初めてであろう。これ以前に『乾坤弁説』（明暦二年〔1656〕成）に沢野忠庵（イエズス会管区長クリストファ・フェレイラ）によって、ホロスコープによる占星術（十二宿および七曜の位置とその日に生まれた子供の性質との関係などを述べるもの）が説明されているが（貞巻第二十七「星之事」および第二十八「十二宿の事」）、向井元升は東洋の陰陽五行を知らない西洋の「牽強附会の説」として無視している。

夫《それ》、万物を生ずる、陰陽五行和合する故に、水類にも、火類にも、金類にも、土類にも、各たがひに五行の気あり。蛮学の徒は陰陽五行を知らず、故に七曜の性徳を論ずること、皆牽強附会の説也。余説是にて知るべし。
（星之事）

また、西川如見（1648–1724）は西洋占星術のことを知らなかったようで、『天文義論』（正徳二年〔1712〕刊）に次のようにある。

問。五星唐土ニ於テハ五行ノ精トス。戎蛮等ハ何ノ精トシ、吉凶禍福ヲ立ル如キ事アリヤ。

曰。五星ヲ戎蛮等何ノ精ト立テ、吉凶禍福ヲ説事、其有リ無シハ予未ダ無レ知レ之。曾テ当時《ソノカミ》紅毛人ノ談也トテ或者語リシヲ聞《きき》ヌ。五星衆星トモニ皆天気ノ塊精也。地土ノ精金石ト成ガ如シト云リ。中華ノ説ニモ星ハ気ノ核《サネ》、石ハ土ノ核ニシテ、天ニ星アルハ血ニ如シレ有ガレ石ト云リ。然ラバ紅毛ノ説ニ近シレ之ニ。其吉凶ヲ立ル事ハ未ダレ聞カ。但シ仏教ニ五星廿八宿ノ吉凶ヲ説タリト云ヘバ紅毛蛮等ノ国ニ於テモ、各其水土ニ従テ吉凶禍福ヲ占フコト可シレ有ル。（下略）

2　前野良沢『七曜直日考』

前野良沢（蘭化 1723–1803）の『七曜直日考』(3)の冒頭に、

按ズルニ西暦七曜ヲ以テ日次ニ配シテ毎日ノ名トスル者、支那ニテ干支ヲ以テスルガ如シ。和蘭書勃逸志西人名言語中ニコレヲ考ルニ其原《もと》ハ一小時ニ配スル者ニシテ一日ニ配スル者ニ非ズ。乃其要領ヲ抄シテコレヲ訳シ且浅識ヲ述テ初学ヲシテ彼大略ヲ知ラシム。

時ニ寛政壬子秋九月　　前野憙訳述

とある。すなわち、本著は、本木良永が触れていなかった「七曜の日」の名と順序が「七曜の時」に基づくものであることを「和蘭書勃逸志」によって明らかにしたものである。「和蘭書勃逸志」とは、杉本つとむ氏は近藤正斎の『好書故事八〇』に「学芸全書　十二冊　俗訛言ボイス／孛漏生《フロイス》国ノ学士エグベルト・ボイス撰、和蘭国翻訳刊行引用書目／按ニ凡百工三才医学ニ預ルコトヲ集メ載ス」とあるものなどであろうとされる（早稲田大学蔵資料影印叢書洋学篇『前野蘭化集』解題）。宇田川玄真の訳述書『遠西医方名物考』（宇田川榕菴校補、文政五—八年〔1822–25〕刊）の「引用書目」に「百家工芸諸術韻府書」とある「裴斯《ボイス》」も同書を指すのであろう。

以下『七曜直日考』の全文を掲げるが、説明の便宜のために内容をABCDEFに分ける。

Aでは七日を一週とし、その七日の名に七曜の名を用いたのは、古代エジプトに始まるものであり、その七曜日の順序は「七曜の時」に拠るものであること、またその「七曜の時」における七曜の順序は「各曜ノ遊輪天ノ地ヲ離ル、遠近ニ随フ」ものであることを説明する。(4) Bでは七直日の法（一週七日に七曜を直《あ》てること）がエジプトに起源するという説に対して、ユダヤ教に拠るとする説があることを紹介し、それに対する良沢の考えが添えられている。EはBに見えるモーゼ（人名）に関する補足説明である。Fでは邦暦における月日に洋暦における月日を換算して対応させると、当てられている七曜が同じであることを指摘し、それによって洋暦の月日への換算が容易になることを指摘している。

A徐抜綏思《ジョバツソイス》西人曰、七値日ハ古昔尼入多《（エジプト）》国ノ人ヨリ起ル者ナリト。即毎日七曜ノ名ヲ以テコレニ分属シテ日次ノ称トス。蓋《けだし》謂七曜ハ世界万物ノ政ヲ執ルモノナレバナリ。其法ハ一昼夜ヲ二十四時ニ分テ七曜各次ヲ逐テ毎一時ヲ司ル。凡前夜子ノ正剋ヲ以テ第一時トシ第一ノ星曜ヲコレニ直《あ》テ以テ其日ノ名トス。其序次左ノ如シ。

土曜　木曜　火曜　日曜　金曜　水曜　月曜　ナリ

然《しかして》七直日ノ次ハ日曜ヲ初トス。是其前日ノ土曜ヨリコレヲ伝ルモノナリ。次ニ月曜火曜水曜木曜金曜及ビ土曜コレニ受テ終テ復初ルナリ。

按ルニ七曜時ニ配スル序次ハ各曜ノ遊輪天ノ地ヲ離ル、遠近ニ随フ。乃土星最高ナルヲ以テ第一トスルナリ。七直日ニハ日曜ヲ初トスル者ハ太陽ハ万光ノ本原ナルヲ以テナルベシ。今原書ノ説ヲ以テ土日月ノ三曜ノ直日ヲ挙テ各曜時ヲ司ルノ図ヲ作、以テ初学ニ示ス。コレヲ推テ知ルベシ。

土曜日				日曜日				月曜日			
子正	土	午正	水	子正	日	午正	木	子正	月	午正	金
二時	木	二時	月	二時	金	二時	火	二時	土	二時	水
三―	火	三―	土	三―	水	三―	日	三―	木	三―	月
四―	日	四―	木	四―	月	四―	金	四―	火	四―	土
五―	金	五―	火	五―	土	五―	水	五―	日	五―	木
六―	水	六―	日	六―	木	六―	月	六―	金	六―	火
七―	月	七―	金	七―	火	七―	土	七―	水	七―	日
八―	土	八―	水	八―	日	八―	木	八―	月	八―	金
九―	木	九―	月	九―	金	九―	火	九―	土	九―	水
十―	火	十―	土	十―	水	十―	日	十―	木	十―	月
十一―	日	十一―	木	十一―	月	十一―	金	十一―	火	十一―	土
十二―	金	十二―	火	十二―	土	十二―	水	十二―	日	十二―	木

B 夫《(それ)》七直日ノ法尼入多《(エジプト)》ヨリ起ルト云モノ人《ママ》或ハ謂フ、七直日ハ元来如徳亜《(ユダヤ)》ノ教法ノ奉ズル所ノ者ナリ。尼入多ハ如徳亜ノ教ヲ宗トセザレバ此義甚疑フベシトイヘリ。然レドモ彼ノ法先師謨設思《モウゼス》ノ説ニ凡天下ノ人ハ亜潭《アダム》人

ノ始ヨリ始テ太陽及六曜ノ下ニ生ズル者ナレバ開闢以来今日ニ至ルマデ万国悉クコレヲ奉ズベキ所ノモノナリト云ヘリ。然レバ尼入多ノ人ト云ヘドモ此の理ニ因テコレヲ立タルモノナリト知ベシ。

C按ズルニ直日ノ起原吾邦及支那其由テ来ル所ノ説アルベシ。憙暦術ヲ学バザレバ未コレヲ知ラズ。将ニ識者ニ就テコレヲ詳ニセントス。但病懶多忙意ノ如クナルコト能ハズ。

D又云凡西暦ハ七曜ノ纏度近遠合衡等ヲ記ス。即吾邦七曜暦ト称スル者コレニ類ス。是皆其実測ナリ。本編ノ値日ハ但理ヲ以テコレヲ配当スル者ニシテ皆推測ノ用ニ当ラズ。彼邦往古ヨリコレニ依テ事務祭祀例式ノ与ル所アリ。又星命吉凶等ノ属スル所ノ用アリ。即支那時日ニ干支五行ヲ配シテ事物等ヲ論ズルノ意ト同キナリ。

E又云謨設《モヲゼ》思《ス》ハ如徳亜ノ教徒ノ教法ノ始祖ニシテ其生死年ヲ考ルニ茲《この》歳壬子ニ至テ凡三千二百七十七年即支那殷王ノ七世大戊ノ時ニ当レル人ナリ。

F又云吾邦ノ暦日ト西洋ノ暦日ト年次相当セル者ヲ以テ試ニ其値日ヲ校スルニ各日各曜恰モ相適合ス。思フニコレニ係テ東西ノ暦法ヲ合考セバ最捷径ナルベシ。

以上が前野良沢の『七曜直日考』の全文であるが、Dに「本編ノ値日ハ但理ヲ以テコレヲ配当スル者ニシテ皆推測ノ用ニ当ラズ」とあり、Aに「蓋《けだし》謂七曜ハ世界万物ノ政ヲ執ルモノナレバナリ」とあるように、良沢の「七曜直日」とは「星の占」に用いられる七曜についての説明である。これに対して、Dに言う「吾邦七曜暦ト称スル者」、「七曜ノ纏度近遠合衡等ヲ記ス」ものは、日月五星の位置などを記した純粋な天体の測量表であって、本木良永の言う「形気測量の天学」に関わるものである。『公事根源』に「七曜の御暦をば中務省より奉る。日月火水金土この七曜を注したるよの常の暦也」とあるのは、この「七曜暦」と「よの常の暦」とを混同したものであるが、良沢はその区別を明確にしているのである。ちなみに「七曜暦」は日本でも早く『延喜式』に見られ(5)、以降毎年作成されたが、中世の一時期中断し、後に渋川春海によって復活された。しかし、それも一七七〇年代までには絶えたようである（佐藤正次編著『暦学史大全』駿河台出版 1968刊 p.183）。また、Cで中国日本の暦に見られる七曜直日の由来を知ろうとしているのは西洋のそれとの関係を探ろうとしたのであろうか。もしそうならば陰陽五行説に凝り固まった向井元升とは異なる蘭学者の姿勢として注目される。

Aに「徐抜綏思《ジョバツソイス》」の説として「七値日ハ古昔尼入多国ノ人ヨリ起ル」といった歴史的な研究が紹介されているが、このことについて現在ではどのように考えられているのかは後に紹介することにする。また、Fに「吾邦ノ暦日ト西洋ノ暦日ト年次相当セル者ヲ以テ試ニ其値日ヲ校スルニ各日各曜恰モ相適合ス」とあることは、次に紹介する吉雄南皐月の著に詳しく説明されていることである。

3　吉雄南皐『遠西観象図説』

『遠西観象図説』は我が国最初の西洋天文学の概説書であるが、吉雄南皐が家塾観象堂で行った講義を門人草野養準が筆録したものを基に成立したものである。全三巻。付録に「地動或問」がある。「題言」によると、本書は「西洋究理諸書数部ヲ訳定シ、其要ヲ資《と》ル」ものであるが、特にマルチンF.MartinとマルチネJ.F.Martinetの説に多くを採用しているという。さらに志筑忠雄（中野柳圃 1760–1806）の『暦象新書』からの引用も見られ、広瀬秀雄氏によれば本木良英の『阿蘭陀海鏡書』を利用したところもあるようである(6)。

巻中に「七曜日」の項目がある（引用は岩波日本思想大系による）。先ず日本の販暦に見られる七曜についての説明がある。

皇国ノ暦ニハ、日ヲ干支ニ配スルノミナラズ、七曜ヲ以テ日ニ配シ、毎朔日〈ツイタチ〉ノ本曜〈アタルホシ〉ヲ其月名ノ下ニ記ス。タトヘバ、今年ノ暦ニハ正月ノ下ニ、「土曜値《アタル》二朔日一」トアリ。二月以下ハ略シテ「日よう、火よう」ナド記セリ。皆コレ其朔日ノ本曜ニシテ、正月元日**土曜日**ナレバ、二日**日曜日**、三日**月曜日**、四日**火曜日**、五日**木曜日**、七日**金曜日**ニシテ、八日ハ必ズ朔ノ本曜ニ復ス〈日、月、火、水、木、金、土、コレヲ七曜ノ順序トス。必ズ八ツヲ以テ其本曜ニ復スルナリ〉。此ノ如クナレバ、八日、十五日、二十二日、二十九日ニ本曜ニ復ス〈歌ニ、一と八、十五、二十九ハ七ツの曜の一めぐりなりト云フコトヲ記臆スベシ。コレヲ七曜循環ノ歌ト云フ〉。故ニ当月〈ソノツキ〉小尽〈シヤウ〉ナルトキハ、来月ノ朔ハ当朔本曜〈ヲツイタチノアタリホシ〉ノ次ニ当ル。即チ正月小尽ナル故ニ、二月朔ハ日曜ニ当リ〈土曜ノ次ハ日曜ナリ〉当月大尽〈ダイ〉ナルトキハ、来月ノ朔ハ当朔本曜ノ次ノ次ニ当ル。即チ、二月大尽ナル故ニ、三月朔ハ火曜ニ当レリ〈日曜ノ次ノツギハ火曜ナリ〉。

続けて、この邦暦と洋暦における曜日とが同じことが述べられている（このことについては前野良沢でも言及されていた）。

　西洋ノ暦ハ、日ニ干支ヲ配スルコトナシト雖ドモ、但七曜ヲ配スルコトノミ皇国ノ暦ニ同ジクシテ、且ツ其当日〈アタリ〉モ亦互ニ符合〈キッシリアフ〉セリ。タトヘバ、文政四年二月朔ハ吾邦〈ニホン〉ニテ日曜日ニ当ル。彼国《かのくに》〈オランダ〉ノ暦ニテモ日曜日ニ当レリ。但、其暦法同ジカラザルユヱニ、彼邦ニテハ当日〈コノヒ〉ヲ三月四日トスルナリ。以下ニ載スル所ノ諸法ニ拠ルトキハ、皇国当月当日〈コンゲツコンニチ〉ハ彼邦ノ某月某日〈ナンガワツナンニチ〉ニ当ルト云フヲ知ルコト、毫〈スコシ〉モ差《タガ》フコトナシ。世ニ、冬至後第十一日ヲ彼邦一月元日トシ、夏至後第十日ヲ彼七月一日トシ、吾某《われそれがし》〈ニホンノナニ〉ノ節後第幾日《だいいくばくび》〈ナンニチ〉彼〈オランダ〉ノ何月何日〈ナンガワツナンニチ〉ニ当ルナド、柱《ことじ》ニ膠《にかわ》スルノ説ヲ作ルモノアルハ、吾暦ノ節気ヲ必ズ十五日トシテ、間々十六日ヲ一気トスルコトアルヲ知ラザルノ誤リナリ。

以下、右に言う「以下ニ載スル所ノ諸法」すなわち邦暦における月日を洋暦のそれに変換する方法が詳しく説明されている。

以上が本書で七曜日に関わる内容のすべてである。したがって、良沢の『七曜直日考』が取り上げた七曜暦の成立や七曜の順序など歴史的なことや原理的な説明については触れられていない。また、この七曜による吉凶禍福などの占いに関しても触れることはない。

4　蘭学者の説明に対する補足と考察

今日の視点から、蘭学者たちの文章で触れられていることについて補足し、用いられている訳語などについていくつか考察を加えたい。

4―1　「命理占候の天学」と西洋の「星の占」の関係について

本木良永が指摘していた東洋の「命理占候の天学」と西洋の「星の占」の関係は、現在では二つの説が対立している。一つは中国とバビロニアとそれぞれで独立に成立したものであり、互いに無関係であるとする説であり、もう一つはバビロニアに発したものがインドに伝わり、マニ教徒によってイラン系文化とともに唐代の中国に伝わったとする説である。前者は新城新蔵氏の説（『こよみと天文』弘文堂 1928 刊など）であり、後者は飯島忠夫氏の説（『天文暦法と陰陽五行説』恒星社 1939 刊など）である。有名な論争であり、ここでは贅言しないことにしたい(7)。

4―2　七曜値日の起源について

前野良沢がAで紹介していた「七値日ハ古昔尼入多国ノ人ヨリ起ル」という七曜値日の起源説は今日でも採られている。「七値日」すなわち七曜日を用い始めたのはエジプトであるとも、カルデアであるとも、インドであるとも言われていたが、現在ではおよそ次のように考えられているようである。土屋吉正『暦とキリスト教　増補改訂版』（オリエンス宗教研究所 1987 刊、pp.76–77）の説明を次に引用する。

> （前略）古代ヘブライ暦における七日目を安息日とする七日間の週は、固く守られることによって次第に制度化されていった。ユダヤ人にとって、この制度は律法で支えられ、信仰生活、社会生活のすべてを包含するものであったが、バビロニアから開放され（ＢＣ五三九）、ヘレニズム文化圏に移住し、広く散在するようになった、いわゆるディアスポラ（離散）のユダヤ人によって、地中海諸国にも影響を及ぼすようになった。古代の商業社会においてはユダヤ人はすでに大きな力を持っていたから、そのユダヤ人が絶対に仕事を休む安息日は、広く交易社会から宗教界に至るまで影響を与えずにはおかなかったであろう。
>
> ところで、ユダヤ人によって広まった週の曜日を、日、月、五惑星の名で呼ぶ習慣は、ヘレニズム時代に生まれた。（中略）七日一週の単位が七曜と結びついたのだ。その完全な曜日名を記した最古の記録は紀元前二世紀のものであるという。当時のエジプトで、日、月、五星は占星術の対象となっていた。この時代の観察では、この七つの天体は地球から遠い順にいうと、土、木、日（太陽）、金、水、月であった。そこで、七日間の第一日の第一時に土星を当て、順に配していくと、三順して、第二十四時には火星がくる。それに続けて、第二日の第一時は日（太陽）を当てる。くり返していくと、第三日の第一時は月、続く日の第一時は順に、火、水、木、金、となる。これら各日の第一時に当てられた天体は「リジェント」と呼ばれ、その日を支配するものと考えられた。こうしてエジプトの占星術に基づく七曜日は、土日月火水木金という名称と順序で配列された。[8]

中国から日本へは宿曜経と共に伝わったとされる。[9]具注歴に七曜が記されるようになるのは大同二年（807）以降のこととされ、[10]その現存最古の例は藤原道長の『御堂関白記』長徳四年（998）暦に見られるものであることはよく知られている。江戸時代の販暦にもそれが見られるが、『遠西観象図説』に「皇国ノ暦ニハ、日ヲ干支ニ配スルノミナラズ、七曜ヲ以テ日ニ配シ、毎朔日〈ツイタチ〉ノ本曜〈アタルホシ〉ヲ其月名ノ下ニ記ス」とあったように、朔日についてのみ記されるようになっていたようである(11)。

4―3　曜日の訳語について

蘭学者が訳したオランダ語の曜日名は、本木良永の著で示されていたように、オランダ語の、

嵩沓古《ソンダク》　Zondag
抹曷尹沓古《マーンダク》　Maandag
停及数沓古《デンギスダク》　Dinsdag
胡尹数沓古《ウンスダク》　Woensdag
動迭耳沓古《ドンデルダク》　Donderdag
孚列逸沓古《フレイダク》　Frijdag
撒曷的由耳沓古《サーテユルダク》　Zaterdag

である。吉雄南皐の『遠西観象図説』の「国字類音　観象名目」でも「日曜日　ゾンダグ」「月曜日　マーン、ダグ」「火曜日　ヂングス、ダグ」「水曜日　ウーンス、ダグ」「木曜日　ドンドル、ダグ」「金曜日　フレイ、ダグ」「土曜日　サチュル、ダグ」とある。

　これらを本木良永は、

　　太陽日・太陰日・火曜日・水曜日・木曜日・金曜日・土曜日

と訳し、良沢と南皐は、

日曜日・月曜日・火曜日・水曜日・木曜日・金曜日・土曜日

と訳した。このうち、Zondag（zon〔太陽〕＋dag〔日〕）を「太陽日・日曜日」と訳し、Maandag（maan〔月〕＋dag〔日〕）を「太陰日・月曜日」と訳すのは直訳とも言えるが、Dinsdag, Woensdag, Donderdag, Frijdag, Zaterdagには火、水、木、金、土の意味は含まれない[12]。蘭学者たちは陰陽五行説に基づく曜日名を利用したのである。すなわち、陰陽説では陽の気が凝ったのが火であり、陰の気が凝ったのが水である。また、火の精が日であり、水の精が月である。また、星は日と月とから溢れ出したものであり、天における五行が凝り固まったものである[13]。ただし、良永の「和解例言」に、

一、此の書の和解に七曜の名目、（中略）日月五星の名目は、和蘭人陰陽を弁ぜざれども和漢の名義に随ひ、日月を太陽太陰と訳し、五星の名目は固より和蘭人、木火土金水、の五行を弁ぜずと雖も便利なるを以て、辰星を水星と訳し、太白星を金星と訳し、熒惑星を火星と訳し、歳星を木星と訳し、鎮星を土星と訳するなり。

とあるように、これらは「便利なるを以て」利用されたのであり、向井元升のように五行説を信じているのではない。蘭学者たちは、言うまでもないが、陰陽五行説に対して批判的であった。良沢は五行論を虚言として退けているが（『和蘭管蠡秘言』安永六年〔1777〕成の「戯論五行」）、三浦梅園『帰山録』（安永七年〔1778〕成）にも、

日など数ゆるに七の数を用ゆる事あり。今服薬灸治湯治など七日を以て一周と云事あり。西洋の習俗より来れる事にてあるにや。其七と云は経星の外は唯日月五星也。五星本辰星太白熒惑歳星塡星。素問等に五行を主張してより、辰星は即水、太白は即金、熒惑は即火、歳星は即木、塡星は即土。終に旧名を失して性を五行に求む。五行、本人造。人造を以て天に求む。愈其真を失す。西洋本漢学と相関渉せず。故に甲子も無く五行も無くして天真を見るに損なし。漢学の固習を破るべし。

とある。運気論から訣別した近代西洋天文学を日本に紹介した南皐もまた同様であった。彼らは文字通り「便利な

るを以て」陰陽五行説由来の名称を用いているのであり、今日我々もそれを踏襲しているのである。ちなみに南皐は「太陽日」を「ゾンネ、ダグ」すなわち太陽が地球を一周して元の位置に戻る時間の訳語として用いている。(14)

4―4　七曜の時の順序について

「七曜の時」の七曜の順序は、良沢のAに「按ルニ七曜時ニ配スル序次ハ各曜ノ遊輪天ノ地ヲ離ル、遠近ニ随フ」という説が今日でも採られている。すなわち、プトレマイオスの宇宙観による七曜の順序―地球から近い順に月、辰星（水星）、太白星（金星）、熒惑星（火星）、歳星（木星）、鎮星（土星）―が当てられたものであった。ところが、本木は「其の七曜の時廻りの順序は日金水月土木火と順を建てて、太陽日の朝の六時に太陽を当て」と、それとは異なる説を述べている。これは一日の始まりについての良永の誤解によるのではないかと思われる。

各日の第一時に当てられた天体の名がその日全体の名前ともなるが、一日の始まりは国によってさまざまである。『乾坤弁説』貞巻第十七「日月割之事」の条に、ヨーロッパにおいては、国によって日の出の時（「日輪旦《あし》たに昼夜の際を出る時」）とすることもあり、日没を始まりとすることもあり、子の刻を始めとすることもあると説明し、また、天文学者は午の刻とすることを述べているが、良沢は「子ノ正剋」と説明しているのに対して、本木は日の出としているようである。日本の不等時制で言えば「明け六つ」である。(15)それを「朝の六時」といったのであろう。これもまた、誤解によるものではないかと思われる。

4―5　一週の始まりについて

蘭学者の文章ではすべて一週の始まりを日曜日として紹介している。

「一七日初の第一日を名づけて、和蘭語嵩《ソンダ》沓古《ク》といふ」（良永）

「七直日ノ次ハ日曜ヲ初トス」（良沢）

「日、月、火、水、木、金、土、コレヲ七曜ノ順序トス」（南皐）

ただし、「七曜の日」の順序は「七曜の時」に拠るものであるから、本来、土曜日から始まるものであることを知っていた良沢は、「七直日ニハ日曜ヲ初トスル者ハ太陽ハ万光ノ本原ナルヲ以テナルベシ」と推測している。土屋氏前掲書で「「日曜日」dies solisとは占星術や太陽神崇拝の色合いを強く持っていた」と言われ、「復活したキリストは正義の太陽とみなされている。復活の日はこういう意味で太陽の日と言えたのである」と述べられているが、(16)良沢はこうした知識を何らかの書から得ていたのであろうか。(17)あるいは「ペルシャのゾロアスター教を基本として、キリスト教的要素を加味したグリーシス宗教」（『広辞苑』）であるマニ教では七曜の名をソグド語で唱え、中国の教徒もソグド語を音訳して用いていたようであるが、日曜日mirは「蜜」と書かれ、特別の日であった。それが日本へも伝わり、具注暦に「蜜」（「密」あるいは略字の「ウ」）と書かれていた。その最も新しいものは慶長十年（1605）のものが確認されている。(18)良沢はこの「蜜」の字のことを知っていたのであろうか。

おわりに

明治五年（1872）十一月九日付で同年十二月三日をもって明治六年一月一日とするという布告が出された。その新暦一月一日付で福沢諭吉の『改暦弁』が発行されているが、その執筆理由が『福沢全集緒言』（明治三十年〔1897〕刊）に書かれている。

抑も一国の暦日を変ずるが如きは無上の大事件にして、之を断行するには国民一般に其理由を知らしめて丁寧反覆、新旧両暦の相異なる由縁を説き、双方の得失の在る所を示して心の底より合点せしむ〔る〕こそ大切なれ。(中略) 然るに日本に於ては陰陽暦を一時に変化して凡そ一箇月の劇変を断行しながら、政府の布告文を見れば簡単至極にて其詳なるを知るに由なし、畢竟官辺に其注意なくして且つは筆執る人の乏しきが為なりと推察せざるを得ず。左れば民間の私に之を説明して余所ながら新政府の盛事を助けんものをと思付き、匆々書綴りたるは改暦弁なり。

この福沢の著は短期間に記録的な増刷を重ねた。多くの人々はこの書によって一片の布告のみで断行された新暦の原理を知ることができたのであるが、しかしなおそれは最小限の極めて初歩的なものにすぎなかった。例えば「ウヰークの日の名」の項は次のようなものである。

西洋にては一七日《ひとなぬか》を一ウヰークと名づけ、世間日用の事、大抵一ウヰークにて勘定せり。譬へば日雇賃《ひようちん》にても借家賃《しゃくやちん》にても、其外、物の貸借、約束の日限、皆何れも一ウヰークに付何程とても一七日毎に切《きり》を付ること、我邦《わがくに》にて毎月晦日を限《かぎり》にする如し。其一七日の唱、左の如し。

サンデー　日曜日
マンデー　月曜日
チュウズデー　火曜日
エンスデー　水曜日
サアスデー　木曜日
フライデー　金曜日
サタデー　土曜日

右の如く定て、サンデーは休日にて、商売も勤も何事も休息すること、むかしの我邦の元日の如し。

年、月、日とは違って週は人為的な約束事の単位である。一週七日制はユダヤ教とキリスト教にとって意味を持つものであり、太陽太陰暦によって生活する人々は上旬・中旬・下旬という十進法の単位が生活の単位であった。政府はそうしたことは無視し、国際化のために一週七日制を強行したのであった。そして週の始まりの日曜日は西洋では祝祭日と休日の二面性を持つが、日本では休日の意味しか持たないものとなった。『明六雑誌』三十三号（明治八年三月刊行）に載せる柏原孝章の論説「日曜日之説」に、

維新の後《のち》、一異様の日を出現し来《きた》れり。その名称いまだ一定せず、曇濁といい、損徳といい、また呑泥という。みな西音《せいおん》の転訛にして、日曜日の義なり。それ日曜は七曜の一にして、毎週の首《はじめ》なり。これをもって毎歳必ず五十日あり。この日や、縉紳《しんしん》先生より開化処士、青年書生に至るまで、柳を訪《とぶら》い、花を尋《たずぬ》る期となせり。ゆえに妓楼《ぎろう》、酒店《しゅてん》にありては、古《いにしえ》のいわゆる門日《もんひ》、物日《ものび》に比す。

と指摘されるような、「異様の日」も出現することになったのである。

さらに西洋の暦学について深い知識を得ようとする者には『遠西観象図説』が大いに参考になっていたことは、例えば黒田行元『新暦明解』（明治六年〔1873〕刊）の「七曜暦」の項目は『遠西観象図説』の文をそのまま利用したものであることからも推測できる。[19] しかし、『改暦弁』にも『遠西観象図説』にも一週七日の由来や七曜の順序などの説明はない。明治の人たちが良永や良沢が紹介したような知識を得るようになったのは、明治も終わりのことのようである。石川啄木「葬列」（明治三十九年〔1906〕）に次のような一節がある。

「今日はハア土曜日でごあんすから、先生は皆《みんな》お帰りになりましたでア。」

土曜日？　お、然《さう》であつた。学校教員は誰しも土曜日の来るを指折り数へて待たぬものがない。自分も其教員の一人であり、且つ又、この一週七曜の制は、黄道十二支と共に、五千年の昔、偉大なるアツケデア人の創めたもので、其後希蠟人は此制をアレキサンドリヤから輸入し、羅馬人は西暦紀元の頃に八日一週の旧制を捨てて此制を採用し、ひいて今日の世界に到つたものである、といふ事をさへ、克《よ》く研究して居る癖に、怎《ど》うして

今日は土曜日だといふ事を忘却して居たものであらう、誠に頓馬な話である。

ところで、右に見える半ドン（半分のドンタク Zondag）の制度、土曜日を半日の休みとした理由が本書の筆者には不明である。明治九年三月十二日の太政官通達二十七号の、

従前一、六ノ日休暇ノ処四月ヨリ日曜日ヲ以テ休暇ト被定候条此旨相達候事。但、土曜日ハ正午十二時ヨリ休暇タルベキ事。

によって定められたようであるが、なぜ日曜日の他に土曜日が半日休みとされたのだろうか。あるいは関雪江の『維新御布告往来二編』（明治六年〔1873〕刊）に「皆一六啻《みないちろくたゞ》その中《うち》に軍務《ぐんむ》校《こう》、七曜中《しちようちゅう》の日曜日《にちようび》」とあるが、慶応四年正月二十一日の布告に定められた官吏の「一六の日休暇制」では一と月に六日の休みであったのが、七曜一週制をとった学校では四日の休みとなる。その不足分を土曜日を半日とすることで辻褄を保証したのであろうか。この半ドン制は中国にはない。韓国には存在するが、最近採られるようになったもののようである。

注

（1）該当箇所は日本哲学全書（第八巻）に収められているものだけに見られ、早稲田大学図書館蔵本（早稲田大学蔵資料影印叢書洋学篇『天文暦学書集』所収）には見られない。日本哲学全書の本文は長崎市役所蔵本を内閣文庫蔵の写本と校合したものである。

（2）スタルレ・ホールセクゲキュンデ（原文「数踼耳列《スタルレ》、夫屋耳説古掘久尹迭《ホールセクゲキュンデ》」）は辞典には見えない語であるが、sterrekunde（星学＝天文学）の間に占うの意味の waarzeggen（あるいは voorspellem）を入れ込んだ語ではなかろうか（服部尚巳氏およびノイマン氏のご教授に拠る）。

（3）本文は早稲田大学蔵資料影印叢書洋学篇『前野蘭化集』に収められている。

（4）この七曜の順序はプトレマイオスの宇宙観によるものであるが、この宇宙観は早く在華宣教師の著作によって日本

にも伝わっていた。井口常範の『天文図解』（元禄二年〔1689〕刊）に『両儀玄覧』（マテオ・リッチ著、1603刊）と『月令広義』（明・憑王京著）の「九重天之図」が掲げられており、前者は地球に近い方から「第一　月天」「第二　辰星　水星天」「第三　太白　金星天」「第四　日輪天」「第五　熒惑　火星天」「第六　歳星　木星天」「第七　鎮星　土星天」「第八　列宿　天」「第九　宗動　無星天」となっており、後者では地球に遠い方を第一天としている。また、『乾坤弁説』での沢野忠庵のホロスコープの説明もまたこの順序で説明されている。

（5）『延喜式』巻第十六「陰陽寮」条に、

凡進レ暦者。具注暦二巻〈注略〉納二漆函一安二漆案一。頒暦一百六十六巻。納二漆櫃一著レ台。十一月一日至二延政門外一候〈注略〉。其七曜御暦。正月一日二承明門外一〈注略〉、

凡造レ暦用度。御暦〈二巻具注。一巻七曜〉料（中略）。頒暦一百六十六巻料（下略）、

凡暦本進レ寮。具注御暦八月一日。七曜御暦十二月十一日。頒暦六月廿一日。並為二期限一。

とあり、同・巻第十二「中務省」条に、

凡賀正畢。（中略）其後官人率二陰陽寮一、入レ自二逢春門一、進二七曜御暦一。輔以上一人留奏進。其詞曰。中務省奏。陰陽寮供奉礼留某年七曜暦進良久乎申賜止奏（下略）。

とある。

（6）日本思想大系65『洋学　下』（岩波書店刊、解説 p.468）

（7）渡辺敏夫『日本の暦』（雄山閣1976刊、第四編第三章）。また、藪内清『中国の天文暦法』（平凡社1969刊 pp.178–179）。

（8）早く東宗平『こよみ』（裳華房1909刊 pp.85–87）でも次のように要領よく纏められている。

尚ほ、詳細に説明すると、週日を設けたのは、七個の遊星によつたもので、その名称も、この遊星からとつたといふ説もあれば、月の盈ちたり虧けたりするのが、約七日毎に起るから、それを基にしたのであるといふ説もある。古くバビロニア人は、七日を一週日としてその名称は、太陽、月、火星、水星、木星、金星、土星といつて居つた。猶太人《ユダヤ》は旧約聖書にある如く、神が天、地、人やその他のものを作るのに六日かゝつた、七日目には安息したといふ、天地創造説によつて、毎週の最終日を、一般の安息日と定めて、その安息日を「サバット」と名

づけ、その他の日には、名称を付けないで居たが、後には「アルファベット」の初めから第六番目の文字を以つて呼ぶやうになつた。希蠟《キセリシヤ》人は、八日を一週としたが、後には埃及《エジプト》から、七日を一週とすることが伝はつた。ゼルマン人は、羅馬《ローマ》人と交通するより以前から、七日を一週日としたらしいが、後に、仏蘭西《フランス》人から、羅馬《ローマ》人が使つている一週日の名称を伝へて、それを、ゼルマン語で呼んだらしい。
基督教徒は羅馬《ローマ》から七日を一週間とすることを伝へて、これに「フエリア、プリマ」（第一祭日）、「フエリア、セクンダ」（第二祭日）などといふ名称を付けたが、第一日は、基督が蘇生した日であるから、紀念のために、「ヂエス、ドミニカ」（主の日）といふ名を付けた。これが羅馬《ローマ》人が月曜日と呼ぶ日である。（ヂユス、ソリス）それで、七週日の名称は、基督教が伝播するに伴うて、一般に使はれるやうになつたのである。

また、七曜占星術はエジプト以前に旧バビロニア時代に成立していたことは、荒木俊馬『西洋占星術』（恒星社1963刊 p.78）に次のように説明されている。

太陽と月および五惑星の運動は、太陽神シャマシュと月神シン及び五惑星神が地上の事変や運命を摂理するための活動を表現する、と考えられるに至った。これがB.C3000ごろに始まる約1000年間の旧バビロニア時代に形を整えた占星術の根本理念である。

（9）新城新蔵「現行太陽暦改正の問題」（『天界』1925発行、『こよみと天文』弘文堂書房1928刊所収 p.302）に、

週の日の数へ方は、西洋方面から印度を経て唐時代に支那に伝はり、やがて間もなく平安時代の我国にも伝はつたものであるが、広く民間に行はるゝに至らず、近代に至り西洋文明の伝来と共に再び輸入され、今日に於ては広く一般に行なはれて居るが（下略）

とある。また、注（7）など参照。

（10）太田晶二郎「日本の暦に於ける「蜜」標記の上限」（『日本歴史』398、1981.7）

（11）渡辺敏夫『日本の暦』に「一般の販暦に七曜を註記するに至ったのは、寛文十二年（西暦一六七二年）以来で、毎月朔日にだけ曜日を記し、其の他の日には一々記さなかつた。例えば「朔日値木曜」等と記したものである」とある。ちなみに我が国最後の太陰太陽暦による暦『明治五年壬申頒暦』にも「正月　小　建　壬寅　角宿値月　牛宿金曜値朔日」と見える。

（12）ラテン語の五曜日の名はローマ神話の神の名に由来するが、オランダ語の土曜日以外はチュートン語の神名に置き換えられて曜日名となっている。

ラテン語神名	ラテン語曜日名	チュートン語神名	オランダ語曜日名
Mars　軍神	Dies Martis	Tiu　軍神	Dinsdag
Mercurius　伝令神	Dies SMercurii	Odin　暴風雨の神	Woensdag
Juppiter　最高神	Dies Jovis	Thor　雷神	Donderdag
Venus　美と愛の女神	Dies Veneris	Freya　婚姻の神	Frijdag
Sturnus　農耕神	Dies Saturni		Zaterdag

（13）向井元升『乾坤弁説』（明暦二年〔1656〕成）貞巻・第二十七「星之事」の条に、

月は陰の至精至貴なるもの也。故に天地の陰精を主る。（中略）日は陽の至精至貴なるもの也。故に天地の陽気を主る。（中略）扨日月の性徳は陰陽の至精を以て論ずべきもの也。扨五星の内、辰星は世界の水類を主る故に水星とも名づく。太白星は世界の金類を主る故に金星とも名づく。熒惑星は世界の火類を主る故に火星とも名づく。鎮星は世界の土類を主る故に土星とも名づく。

と見え、西川如見『天文義論』（正徳二年〔1712〕刊）に、

今五星ノ色ヲ視ルニ金星ハ色白ク、水星ハ微白ニ、火星ハ赤ク、木星ハ青ク、土星ハ黄也。五行ノ義トスル事最《ムベ》ナリ。（乾の巻・二〇オ）

と見え、西川正休『大略天学名目鈔』（享保十五年〔1730〕刊）「五星暦名目」にも、

五星ハ五行ノ星ナリ。土ハ塡《ママ》星。木ハ歳星。火ハ熒惑星。金ハ太白星。水ハ辰星。（中略）五星ハ天ノ五行ノ気。五行ハ地ノ五気ノ質。五星ハ即チ天ノ木火土金水。五行ハ即チ地ノ五星也。気質一貫。理気合一ノ義ヲ察スベシ

などと見える。

また、新城新蔵氏によると、五行説は紀元前三六〇年頃、惑星の数が五つであることから他の九行説などより優位

になったという。この頃に五星と五行説が結びついたようである。また、陰陽説が公式化され始めたのは戦国時代初期（紀元前四世紀）、原理として確立したのは前漢（紀元前二―一世紀）であったという。『史記』天管書に「太史公曰、（中略）仰則観二象於天一。俯則法二類於地一。天則有二日月一。地則有二於陰陽一。天有二五星一。地有二五行一」とあり、『漢書』「律歴」に、五星を五歩と呼び、その細目に「木・火・土・金・水」とあり、星の名としては歳星・熒惑・鎮星・太白・辰星とある。「曜」は輝きであり、星を言うが、飯島忠夫氏によると「火星」「木星」などと「星」が付くのは『晋書』天文志からであるという。

(14) 本木良永の『新制天地二球用法記』に「和蘭暦」とあったが、太陽暦は即ちオランダ暦であった。この呼び方は明治になっても用いられたようで、黒田行元『新暦明解』（明治六年〔1873〕刊）に「千八百六十六年和蘭頒暦略表」と見える。各曜日の名は早くから英語も用いられていたようで、石井研堂著『改訂増補明治事物起原』に「元治元年、横浜沖軍艦内に雇はれし者の日記に『毎月三度ドンタク、是は横浜言葉也、英語ソンデエ八日め也』とあり、八日めといひ、毎月三度といふ、正しくはなけれども、当時の記載のままに出す」とある。また、『明六雑誌』の柏原孝章の文章で「曇濁」「損徳」「呑泥」といったオランダ語の Zondag の訛りと思われるものが使われていたことが分かるが、『維新御布告往来』（明治五年〔1872〕刊）には「休暇《きうか》、休日《きうじつ》、日曜日《にちようび》、休業之《きうぎうの》際《さい》」とあり、「日曜日」の左傍訓に「ソンデー」とあり、『同　二編』（明治六年刊）にも「扠《さて》ドンタクは、皆一六啻《みないちろくたゞ》その中《うち》に軍務《ぐんむ》校《こう》、七曜中《しちようちゅう》の日曜日《にちようび》、英語《えいご》に之《これ》をソンデイと優美《ゆうび》に移《うつる》　時津《ときつ》風《かぜ》（下略）」とあり、福沢諭吉の『改暦弁』（明治五年刊）では全ての曜日を英語で示している。

(15) ちなみに『乾坤弁説』の向井元升の弁説に次のようにある。

右南蛮学士の説如レ此、日本、大唐には十二時を一日と云、時は子の時を一日の初とす。昼夜を分けて一日と云時は、寅の時を一日の初とす。寅は昼の初め、子は十二時の初なれば、一日の陽気、子の時より地中に動じて升て、寅の時に至て地上に発上する。誠に一時《ママ》（日？）の初を生発、此の二時に初る也。

(16) 土屋吉正『暦とキリスト教　増補改訂版』（オリエンス宗教研究所 1987 刊 p.84）

(17) 日曜日を始まりとするようになった理由についても土屋吉正（注16）に詳しい。

(18) 具注暦に見える「蜜」の例とそれが日本の暦に記されていることの意義については石田幹之助氏の「日曜に「蜜」

字を標記した具注暦に就いて」（『日本歴史』26、1950.7）、「日曜に「蜜」字を標記した具注暦」（『國學院雑誌』53－2、1952.6）に詳しい。

（19）ただ執筆時点に合わせて語句を変えている。例えば「皇国の暦には日を干支に配するのみならず七曜を以て日に配し、毎朔日の本曜を其月名の下に記すたとへば今年改暦前頒行ありし暦には正月の下に『水曜値朔日』とあり二月以下は略して『木よう、金よう』など記せり」「昨年十二月三日ハ吾暦にて水曜日に当たる」など。「昨年十二月三日」というのは「明治六年一月一日」となった日である。

第二篇　地理学・地学のことば

アジア州とヨーロッパ州
——一州か二州か——

はじめに

山片蟠桃の『夢ノ代』（享和二年〔1802〕序、文政三年〔1820〕刊）に言う、

地理ノコトニヲヒテハ、古へサマザマノ説アリテ、ミナ妄説ナルコト、今ヲ以テ引合《ひきあわ》セミルベシ。鄒衍《すうえん》ガ赤県神州ヨリ、ソノ外経史ニ載ル処、後世ニ合フコト希《まれ》也。漢ノ張騫《ちょうけん》、西域ニ通ジテ見ル処ノ国々ハ、実ニ踏処《ふむところ》也《なり》トイヘドモ亦杜撰《ずさん》多シ。況ヤ山海経ノ如キ、一モ取処《とるところ》ナキヲヤ。其大荒・海外ノ経ハ妄作スルコトモアルベシ。四方山経ノゴトキハ、漢土九州ノ内ニアラズヤ。況ヤ亦中山ニヲヒテヲヤ。ミナ其人物鳥獣ノ異形、コレヲ何トカ云《いは》ン。郭璞《かくはく》ハ晋人也。コノ時ノ人コノ書ヲ見テ、ヨク作リ並ベタリト笑フテ過《すぐ》ベシ。然レバ今ノ源氏・伊勢ノ類ナリ。今浄瑠璃ナル本ヲ見テ、畠山ノ重忠、実ニ阿古屋ヲ琴責ニシ、塩冶判官ノ臣大星由良之助、実ニ高ノ師直ヲ討テ仇《あだ》ヲ復セシト云ガゴトシ。シカルニ後儒、山海経ヲ引キテ、扶桑国・君子国・倭国ノ我ノ風俗ニ異ナリナド、不審ヲ記スガゴトキハ、イカナル見《けん》ナルヤ。実ニ児女ノ浄瑠璃ヲ信ズルガゴトケンカ。

（巻之二・地理第二、第十九項）

これまで伝えられている世界の地理のことは、みな作り話であり、中国の『山海経』など一つも取るところはない。異形の人物や鳥獣などを記しているのなどは何をか言わん。しかるに学者達がその『山海経』を引いて我が国

現在の風俗と異なるなどと不審《おかし》なことを記しているのはどういう見識によるのかと呆《あき》れはてている蟠桃は、西洋諸国の書物に載せる世界の姿こそ信の置けるものとした。西洋のものは実地を踏まなければ記すことはないからである。

夫《それ》西洋ノ諸国、梵天・和・漢ノ文盲ト違ヒ、又杜撰、妄説、詐偽ヲ禁ジ、実地ヲ踏マザレバ書スルコトナシ。ユヱニ此ノ学ヲ以テ正トスベシ。　（同右）

日本に伝えられた西洋の世界地理の本格的な研究は新井白石に始まる。その白石の研究は宝永五年（1708）に屋久島に潜入した宣教師シドッチ（Juan Bapista Sidoti 1668–1715）を訊問したことを契機に始められたものであった。白石が訊問のために持参した世界図は不正確なもので役に立たないものであった。奉行所に保管されていた世界図もまた三十年も前の、寛文十二年（1672）にオランダ商館長が江戸参府の際に幕府に献上していた一六三九年版のヨアン・ブラウ（Joan Blaeu 1599?–1673）の描いたものであり、被訊問者であるシドッチに「七十余年前に作りし所にて、今は、彼国にも得やすからぬ物也。こゝかしこやぶれし事、惜しむべき事也。修補して後に伝へられるべし」と慰められるありさまであった。こうしたことから始まった白石の研究は、やがて『采覧異言』『西洋紀聞』として纏まることになる。

以降、輸入された世界の地図や地理書などにより、世界の姿は正確に知られるようになるが、基本的なことで、特に後期の蘭学者の中に、理解にユレのある語がある。それは「五大州」という語である。例えば利瑪竇（マテオ・リッチ Matteo Ricci 1552–1610）が製作した『坤輿萬國全図』（明・万暦三十年〔1602〕成）に「以二地勢一分二輿地一為二五大州一。曰欧邏巴《エウロツパ》、曰利未亜《リミア》、曰亜細亜《アサイア》、曰南北亜墨利加《アメリカ》、曰墨瓦臘尼加《メガラニカ》」とあり、艾儒略（ジュリオ・アレニ Julius Aleni 1582–1649）の『職方外紀』（明・天啓三年〔1623〕成）の首巻の「五大州総図界度解」にも「五大州」とされている。「大州」を四方を海に囲まれた大陸と理解すれば（『説文』「水中可レ居者曰レ州」）、将来された地図には実態不明のメガラニカ州を除くと四大陸しか認めることはできない。南北アメリカを陸続きで一つとするなら、同じくリビア（アフリカの古称）もアジアと陸続きで二大陸である。何よりも理解できないのは、ヨーロッパとアジアとが二つの「大州」とされていることである。なぜヨーロッパとアジアとは別の「大州」なのか。多くの蘭学者はそのように考え、この問題を不問に付すか、あるいは独断でその数を恣意的なものとし、自分の判断で数を数え直している。しかし、一人だけその疑問を口にし、その答えを求めようとした人物がいた。

1　諸書に記す世界の大州の数

鮎澤信太郎氏は鎖国時代における世界地理学のタイプを三つに分けている（『新井白石の世界地理研究』京成社出版部 1943 刊 pp.66–67）。その第一は「学問的に正しい世界を教へ、人々を世界的に目覚めしめ、世界の中へ置かれた日本を教へるもの」であり、第二は「鎖国的にゆがめられて馴化され、常軌を逸した万国人物図、また平賀源内の『志道軒風流伝』等にみられる如き、怪奇的世界、神話的世界を教へる俗流世界地理の一派」であり、第三は「国学者や仏僧の側にあつたもので、自説を権威づけ、自説を保護しようとするもの」である。

次に明治維新以前の著作に見られる世界の大州の名称と数を列挙するが、ほとんどすべては鮎澤信太郎氏の言う第一のタイプに属するものである。そして、先の世界の「大州」の数に触れ、何らかのことを述べているのも、その第一のタイプの人たちである。

用例は時代順・人物別に挙げる。同一人物でも異なる説を示しているもの、あるいは著作時期によって変化している場合は、a・bとして両方を挙げた。取り上げたのは日本人の手になるものに限ったが、参考に箕作阮甫による訓点本のある禕理哲『地球説略』も掲げた。後の説明の関係で注目すべき箇所に傍線を付す。「大州」「大洲」の表記のゆれは原文のままにしている。「洲」は「州」の俗字である。

1 西川如見

『日本水土考』（元禄十三年〔1700〕成、享保五年〔1720〕刊）

渾地の図を閲するに大瀛海の裏、陸土自ら相絶えて三大界と成れり。第一界は、中帯赤道の北に在りて、径度極めて大なる者を便ち分画して三洲と作《な》す。曰く亜細亜《アサイア》、曰く欧邏巴《エウロツパ》、曰く利未亜《リミア》。第二界は利未亜の西に在りて、赤道の南北に横はる者を亜墨利加《アメリカ》と曰ふ。第三界は赤道の南に在りて広く相連れる者を墨瓦臘尼《メガラニ》と曰ふ。総て是を五大洲と為すなり。萬国各々五大洲の内に在り、亦許多の島嶼は各々その界洲に属す。俗の所謂世界とは異なり。

『四十二国人物図説』（正徳四年〔1714〕序、享保五年〔1720〕刊）

渾地五大洲

亜細亜《アスイア》洲　唐土天竺韃靼等属㆓此大洲㆒

利未亜《リミア》洲　自㆓天竺西方㆒至㆓南方之界㆒

欧羅巴《アフロツパ》洲　在㆓天竺之西北㆒一界

亜墨利加《アメリキヤ》洲　南洲 北洲　在㆓於日本東南㆒一界

墨瓦臘尼加《メガラニキヤ》洲　自㆓赤道㆒至㆓南極㆒之一大界

2 新井白石

『采覧異言』（正徳三年〔1713〕序、享保十年〔1725〕頃定稿?）

a 美、嘗聞㆓西人輿地之説㆒。曰天形渾円。地居㆓其中㆒。海水相附。共為㆓円体㆒。（中略）若夫地既為㆓円体㆒。固無㆓上下方隅㆒。姑従㆓人所㆑居。乃分㆓五大州㆒。以為㆓両界㆒耳。蓋南北極界。又各有㆓大州㆒。而生人已来。足跡未㆑到之所。置而不㆑論。此其大較也。

『西洋紀聞』（正徳五年〔1715〕成、享保九年〔1724〕定稿？　刊行は明治十五年〔1882〕）

a大地、海水と相合て、其形円なる事、球《キウ》《テマリ》のごとくにして、天円の中に居《オ》る。たとへば鶏子の黄なる、青き内にあるがごとし。其地球の周囲九万里にして、上下四旁、皆人ありて居《オ》れり。凡ッ其ノ地をわかちて、五大州となす。一つにヱウロパ、漢に欧邏巴《エウローパ》と訳す（中略）。二つにアフリカ〈漢に利未亜《リウイヤア》と訳せるは、即此。〉三つにアジア〈漢に亜細亜《ヤアスイヤア》と訳するは、即此。〇阿蘭陀鏤板の図に拠るに、以上三大州、共に一圏の内にありて、地上界とす。〉四つにはノヲルト・アメリカ〈番語ノヲルトといふは、此には南《ママ》といふ。漢には南亜墨利加《ナアンヤアメツリキヤ》と訳す。即此。〉五つには、ソイデ・アメリカ〈ソイデといふは、此に北《ママ》といふ。漢に北亜墨利加《ポツヤアメツリキヤ》といふ。〇阿蘭陀鏤板の図によるに、以上二大州、共に一圏の内にありて、地下界とす。〉（中）

b亦按ずるに萬國坤輿図に、欧邏巴、利未亜、亜細亜、南北亜墨利加の外に、墨瓦刺泥加《メツワアラアニイキヤ》の一州を加へて、六大州とす。　（同右）

3北島見信『紅毛天地二図贅説』（元文二—三年〔1737–38〕成）

五大州名〈即、亜細亜・欧羅吧・阿弗利加・南北之亜墨利加〉

4松村元綱

※本木良永の『和蘭地図略説』（明和・安永年間〔1764–81〕成）に引用

輿図之伝尚矣。明万暦中、意太里人利瑪竇航海、抵二中華一。為二万国全図一、言下天下有中五大洲上。邇来華人所レ刻海外地図者、往々而出焉。雖レ然伝レ之愈失二真実一。

5平賀源内

『火浣布略説』（明和二年〔1765〕刊）

凡世界を四ツにわり、ゑろつぱ、あぢや、あふりか、あめりか、といふ。

6杉田玄白

『解体新書』（安永三年〔1774〕刊）

天ノ所レ覆、地ノ所レ載、分レ之為二四大州一、一云二亜斎亜一、二云二欧羅巴一、三云二亜弗利加一、四云二亜墨利加一。

7三浦梅園

a『原價』（安永二年〔1773〕刊）

混地ノ体円ニシテ海水コレニ湛フ。其内大壌二ツアリ。一ツハ北ニ在テ、東西ニ長シ。一ツハ中ニ当ツテ、南北ニ長シ。北ニアル壌ヲ三大洲トス。西ヲ欧邏巴、和人エロツパトモ云。即西洋也。喎蘭地《ヲランド》ナドモ其中ナリ。東ヲ亜細亜、唐日本天竺ナド其内也。東西ノ中間ナルヲ漢人利未亜《リビア》ト云。西洋ノ人ハアフリカト云。中ニ当ル壌ヲ二大洲トス。南ヲ南亜墨利加ト云。北ヲ北亜墨利加トス。又南大海ノ中墨瓦臘泥加ト云地アリ。昔西洋ノ人見ツケテ、コレヲ加ヘテ六大洲ト云シガ、追追尋ネ見シ所、殊ノ外ノ小島トモイヘリ。因テ大洲五トス。

b『帰山録』（安永七年〔1778〕成）

渾地の六大洲と云は亜細亜《アジア》、利未亜《リビア》、欧邏巴《エロッパ》、南亜墨利加《ソイドアメリカ》、北亜墨利加《ノールドアメリカ》、墨瓦臘泥加《メガラニカ》なり。これを地図に考ふるに、島として、海中に布散する多しといへども畢竟大壌は三つなり。先、北壌、中壌、南壌などとも謂べし。

8前野良沢

a『和蘭管蠡秘言』（安永六年〔1777〕成）

六大洲

一ニ曰ク亜細亜《アジア》。二ニ曰ク、欧羅巴《エウロパ》。三ニ曰ク亜弗利加《アフリカ》。四ニ曰ク南亜墨利加《ソイトアメリカ》。五ニ曰ク北亜墨利加《ノウルトアメリカ》。六ニ曰ク墨瓦《メガ》臘泥加《ラニカ》。

b『和蘭訳筌』（天明五年〔1785〕成）

△デ　ヒイル　デェレン大分　デル助辞　ヴェレルド世界〈世界之四大分即四大洲ナリ〉　ヱウロパ欧羅巴　アジヤ亜細亜

アフリカ亜弗利加即利未亜　アメリカ亜墨利加

9林子平

『輿地国名訳』（安永六年〔1777〕刊）

亜細亜《アジア》　欧羅巴《エフロハ》　亜弗利加《アフリカ》　北亜墨利加《キタアメリカ》　南亜墨利加

※ただし「南亜墨利加」の説明の中に「墨瓦臘泥加《メガラニカ》」「墨瓦臘泥加《メガラニカ》海」がある。

10大槻玄沢

a『蘭説弁惑』（天明八年〔1788〕序）

全体此世界と云ふ者を四つに分ち、是れを四大洲といふ。其西に在る一大洲を欧羅巴と云ふ。（中略）唐山は亜細亜といふ一大洲に属し、東へ寄りたる国ゆえ、我国へは海程甚近し。阿蘭陀地方へも地つゞきなれども、阿弗利加欧羅巴の三大洲の諸国を隔てたれば、道程数万里にして容易に至るべからず。（中略）此話意《こころ》を用る人々には弁ずるにも及ばぬ事なれども、唐山《から》も和蘭《おらんだ》も一様に覚えたる愚かなる婦女子の輩に其のあらましを説き示す事なり。是等の世界物語は図を出し置て示さゞれば、茫然として理会《がてん》し難し。故にこゝに万国略図を出して示す。合せて考ふべし。

a・b『環海異聞』（文化四年〔1807〕成）

此天地世界は自ら四大洲に分ちたるもの也。遠西の人、四方に航海して此理を窮めしとぞ。唐山にて明朝の末にいたり、西洋人内地に入りて其図説を示し、人始て知れりと見ゆ。其四大洲とは一に曰「アジア」明人亜細亜又亜斎亜と音訳す。（中略）二に曰「アフリカ」明人亜弗利加又利未亜と音訳す。（中略）三に曰「ヱウロッパ」明人欧邏巴と音訳す。（中略）四に曰「アメリカ」明人亜墨利加と音訳す。此洲、南北二大洲に分る。南北両洲を算ふれば五大洲なり。（首巻「序例附言」）

11宇田川玄随

『西洋医言』（寛政四年〔1792〕成？）

普天之下総分為㆓五大洲㆒。一曰亜細亜《アジア》。二曰歐羅巴《エフロフハ》。三曰亜弗利加《アフリカ》。四曰亜墨利加《アメリカ》。五曰墨瓦蠟泥加《メガラニカ》。

12司馬江漢

『輿地略説』（寛政四年〔1792〕刊）

則《スナハチ》其国土を分《ワカチ》て五大洲《ゴダイシウ》と名《ナツ》け、所謂亜細亜《イハユルアジア》、亜弗利加《アフリカ》、歐羅巴《エフロフハ》、亜墨利加《アメリカ》、墨瓦蠟泥加《メガラニカ》、なり。

『和蘭天説』（寛政七年〔1795〕成、同八年刊）

地球ノ中ノ国土ヲ名ケテ五大洲トス。西洋ノ諸国ヲ欧羅巴《エフロツパ》ト云、支那・日本・天竺・韃而靼ノ地ヲ亜細亜《アジア》ト呼ビ、南ニ出デタル国ヲ亜弗利加《アフリカ》ト云。二百九十年前始メテ見出シタル地ヲ亜墨利加《アメリカ》洲ニシテ、南北ニ国アリ。是ニシテ四大洲ナリシヲ、南極ノ方広大ノ地アリ。墨瓦蠟泥《メガラニ》ト云人始メテ見出ス。故ニ名トス。シカレドモ未開ノ地ナリ。

『地球全図略説』（寛政九年〔1797〕刊）

歐羅巴《エフロフハ》大洲中（下略）

亜細亜《アジア》大洲に（下略）

亜弗利加《アフリカ》大洲ハ（下略）

亜墨利加《アメリカ》大洲ハ（下略）

新墨瓦蠟泥加《メガラニカ》、大南方に有、メカランといへる人初て視出せり、故に名つくといへども未㆑闢、又南「亜墨利《アメリ》加《カ》」の南喙ノウハメガランカ、ト云、未レ審。
新和蘭及新グイネヤ、共にイマダヒラケザルノ地なり。

『和蘭通舶』（文化二年〔1805〕刊）

※ここに収める「五大洲総説」の説明は『地球全図略説』とほぼ同じである。ただ、順序が歐羅巴《エフロフハ》・亜細《アジ》亜《ア》・亜弗利加《アフリカ》（利未亜《リビア》）・亜墨利加《アメリカ》・墨瓦蠟泥加《メガラニカ》となっている。

13桂川甫周

『北槎聞略』（寛政六年〔1794〕成）

坤輿の載人知の及ぶ所総て分て四大部洲となす。所謂亜細亜《アジヤ》、歐羅巴《エウロッパ》、亜弗利加《アフリカ》、亜墨利加《アメリカ》是なり。（凡例）

14橋本直政

『喎蘭新訳地球全図』（寛政八年〔1796〕刊）

五大洲　亜細亜《アジヤ》　歐羅巴《エウロッパ》　亜弗利加《アフリカ》　北亜墨利加《アメリカ》　南亜墨利加《アメリカ》

〇墨瓦蠟泥加《メガラニカ》ヲ合テ六大洲トモ云。

15森島中良

『蛮語箋』（寛政十年〔1798〕刊）

付録の「萬國地名箋」は「亜細亜之部」「欧羅巴之部」「亜弗利加之部又利未亜」「北亜墨利加之部」「南亜墨利加之部」の五部に分けて説明する。

16山村才助

『訂正増訳采覧異言』（享和二年〔1802〕成?）

欧羅巴洲　亜弗利加洲　亜細亜洲　南亜墨利加洲　北亜墨利加洲

17山片蟠桃

『夢ノ代』（享和二年〔1802〕序、文政三年〔1820〕刊）

a西洋人天下ヲ巡リテ、見出ス処ノ大洲三ツ。曰、亜細亜洲、曰、欧羅巴洲、曰、亜弗利加洲。後又二ツ。曰、亜墨利加洲、曰、墨瓦羅爾加洲。是ヲ五大洲ト云ナリ。（中略）後「アメリカ洲」ヲ分テ南北トス。然ルニ「アメリカ」ハ離島ニシテ、限界明ラカナリ。「メカラニカ」ハ北辺バカリニシテ、南方ハ今ニ分ラズ。初三洲ハミナ地ツヾキ也。一トストモ、二トストモ、三トストモ心ノマヽナリ。（地理第二・十六）

b墨瓦羅爾加洲（コノ州ノコトハクハシカラス。ユヘニ略ス。）往古ヨリ地球ノコト未ダシリヤスカラズ。蓋シ往昔「イスハニア」人、西ニ舟ヲ出シテ国ヲミル。コノ人ヲ「アメリカ」ト云ヒシユヘニ、ソノ名ヲ以テ「アメリカ」ト云。又和蘭人南游シテ国ヲ得ル。ソノ人ノ名ヲ用ヒテ「メカラニア」ト名ク。コレソノ因テ来ル処ナリ。「メカラニカ」ヲ見出シ名付ケシ地ハ、即「南アメリカ」ノ南極ニシテ、知加ヲ云。今コノ地ヲ「〔メ〕カラニカ」ト云ナリ。南ノ方ヲツクサズシテ、大地也ト思ヒテ、ツイニ一洲トス。然ルニ大洲トスベキ地ニアラズ。ユヘニ近世「南アメリカ」ニ附ス。」（同右）

18高橋景保

『新訂萬國全図』（文化七年〔1810〕刊）

一、萬國別二四大洲一。原出二洋説一。所謂亜細亜　亜弗利加　欧邏巴　南北亜墨利加是也。旧図於二南極下一寘二墨瓦蠟泥加一洲一。然其実亡二何有一也。今刪落洋附説。

19平山子龍

『海防問答』（文化十三年〔1816〕成）

明ノ萬暦中ニ西洋ノ利瑪竇ト云者明朝ニ来ル。利瑪竇ハ西洋意太里亜ノ人ナリ。其説ニ云ク。天下ニ有二五大

州、第一ヲ亜細亜洲ト云、（下略）

20宇田川榕菴

『菩多尼訶経』（文政五年〔1822〕刊）

爾時、大聖告諸大弟子言。四大洲中。百千萬億。一切衆生。差別二種。

21吉雄南皐

『遠西観象図説』（文政六年〔1823〕刊）

西洋ノ人先ヅ全地面ノ万国ヲ分テ五大州トス。

一ハ亜斉亜《アシヤ》州ト云フ。日本、支那〈カラ〉、朝鮮、琉球、天竺等、皆ナコレニ属ス。

二ハ欧羅巴《エウロパ》州ト云フ。和蘭《おらんだ》、弗郎斯《フランス》、暗乂利亜《イギリス》、波羅泥亜《ポロニヤ》、第那馬爾加《デーネマルカ》、魯斉亜《オロシヤ》、伊太利亜《イタリヤ》等、皆ナコレニ属ス。

三ヲ亜弗利加《アフリカ》州ト云フ。厄日多《エゲプト》、為匿亜《グイネヤ》、福島《カナリヤ》等、皆ナコレニ属ス。

四ヲ北亜墨利加《アメリカ》州ト云フ。臥児蘭士《グルーンランド》、新伊斯巴泥亜《イスパニヤ》等、皆ナコレニ属ス。

五ヲ南亜墨利加州ト云フ。伯西児《ブラジル》、百露《ペール》等、皆ナコレニ属ス。

22平田篤胤

『古道大意　下』（文政七年〔1824〕刊）

大地球ニ有ル国ヲ。五ツニ分テ。第一ヲアジヤト云ヒ。第二ヲエウロッパト云ヒ。第三ヲアフリカトイヒ。第四ヲ北アメリカト云ヒ。第五ヲ南アメリカト云フ。凡テ是ヲ五ツノ大国トイヒ。是ヲ以テ五大州トモ申スデゴザル。御国。モロコシ。韃靼。天竺ナドハ。此第一ノアジヤト号《ナツ》ケタル大国ノ内デ。サスレバ。御国カラ韃靼天竺ナドヲ合セタル程ノ国ガ。マダ四ツ有ウト申スモノデゴザル。其五ツノ大洲ヲ合セタルヨリモ。マダ海ト成テキル処ハ多イカラ。ナントメポーカイニ大キナ物デハ無《ナイ》カナ。

23伊藤圭介

『泰西本草名疏』（文政十二年〔1829〕刊）

四大洲中、一切植物、百千万億、品類夥多。雖レ如二奇詭変幻一、不レ可二究尽一、要スルニ皆不レ能レ出二斯ノ二十四綱之範囲一矣。

24帆足萬里

『窮理通』（天保七年〔1836〕成、安政三年〔1856〕刊）

地球上に二大嶋有り。（中略）二大嶋は其の一を亜細亜、欧羅巴、亜夫利加三洲と為す。其の一を亜墨利加と為し、南北二洲に分つ。

亜細亜、欧羅巴は限界有ること無し。亜細亜は亜夫利加と微路を以て相接す。広さ十五里に過ぎず。所謂陸峡湿由《シウス》私是なり。南北亜墨利加も亦、陸峡把納麻《バナマ》を以て相接す。

25高野長英

『夢物語』（天保九年〔1838〕成）

イギリスと申す国は（中略）航海の術並に水軍、殊の外熟練致し、外国出張所、次第に広大に相成、交易の道を漸くに旺盛に相成、凡五大州ト申、比類なき様に罷成申候

26渡辺崋山

a『外国事情書』（天保十年〔1839〕成）

古ハ一地球《セカイ》ヲ四分　仕《つかまつり》、亜細亜《アジア》、欧邏巴《ヲーロッパ》、亜弗利加《アフリカ》、亜墨利加《アメリカ》ト定　候《さだめ》処、又亜墨利加《アメリカ》ヲ南北ニ分チ、五大洲ト仕、其後《そのご》見出《けんしゅつ》之諸地多ク相成《あいなり》、四方無レ残審明仕候ニ付、近来南北亜墨利加《アメリカ》ヲ一洲ト仕、大平海《タイヘイカイ》諸島ヲ取集

メ、是ヲ烏烏斯答刺利《アウスタラリー》ト称シ、五大洲ト致《いたし》候。右五大洲ノ内、亜細亜《アジア》、欧邏巴《ヨーロッパ》ハ山ト湖ヲ隔テタルノミニテ候得者、一洲ト定メ候テモ可レ然地勢ニ御座候。

b『再稿西洋事情』（天保十年〔1839〕成）

一、地球中大別致、五大洲と相定め候共、其実は欧邏巴・亜細亜は一洲にて、亜弗利加と亜墨利加と三大洲に御座候。外に近来「アウスタラリー」を数へ入候共、これは島地にて、右三洲と並称するにも不レ及候。

27佐久間象山

「ハルマ出版に関する藩主宛上書」（嘉永二年〔1849〕成）

当今の如く、五大州一続きになり候様の事、開闢より未曾有鳥の事と御座候。（中略）期する所は五大州の学術を兼備し、五大州の所レ長を集め、本邦をして永く全世界独立の国とならしむる基礎を世に弘めんと（下略）

「松田豊前充とみられる書翰」（文久二年〔1862〕成）

当今経済有用の学は、和漢の学の上に西洋の諸学科に通じ、五大州を綜括し候大識量を具し候にあらざれば、其の有用の学とは申し難く候。

28新発田収蔵

『新訂坤輿略全図』（嘉永五年〔1852〕刊）

古図南方ニ墨瓦蠟《メガラ》大洲ナル者ヲ置テ坤輿ヲ六大洲ニ分ツ。近世西洋人南規外ヲ航行スル者少シトセズ、新和蘭《ニウホルランド》、新入匿《ニウギイネヤ》ノ外ニ大洲ノ無ヲ発明スルニ至レリ。今新和蘭、新入匿及ビ其他無数ノ諸島ヲ総テ南島嶼洲《アウストラリー》ト名テ五大洲ニ算入ス。

29柳川春三

自作端唄（黒船来航の嘉永六年〔1853〕頃成？）

万国の国づくし、アジヤ、アフリカ、エウロッパ、アメリカにアウスタラリーの外名高き国は唐天ちく、じやがたらせいろん、はるしや、あらびや、だつたんとるこ、おろしやしべりや、ふらんす、どいつ、おらんだ、いぎりす、ぷろいせん、いすばにや、ずゐしや、ぎりしや、ぽるとがる、合衆国にはわしんとん、めきしき、ぺえりう、ぶらじりやにころんびや、シリ、バタコン

30 柳川重信

『改正海外諸島図説』（嘉永七年〔1854〕刊）

渾地五大洲

亜細《アジ》亜《ア》洲　唐土天竺韃靼等属二此大洲一

利未《リビ》亜《ア》洲　自二天竺西方一至二南方之界一

欧羅巴《エフロフハ》洲　在二天竺之西北一界

亜墨利加南洲北洲　在二於日本東南一之大界　或分二両洲一而為二南北一

墨瓦蠟泥加《メカラニカ》　自二赤道一至二南極一之一大界

31 吉田松陰

『清国咸豊乱記』（安政二年〔1855〕成）

寅、五大洲を周遊して諸国勧すべく撫すべきの形勢を初め、風教攻守等迄研究し、大画を立てんと欲せしに、天助けず、人祐《たす》けず、遂に茲に至る。

32 箕作阮甫

a『改正増補蛮語箋』（嘉永元年〔1848〕刊）

附録の「萬國地名箋」には、「亜細亜　欧邏巴　亜弗利加　南北米里堅　豪斯多剌利」とある。

b米国・禕理哲著『地球説略』（訓点本万延元年〔1860〕刊）

地球図上、有レ水有レ地。水多地少。大約地得二一分一、水得二三分一、而地之分別、共有二六大洲一。曰二亜細亜《アジア》一、曰二欧羅巴《ヱウローパ》一、曰二亜非利加一、此三洲地相連属。又有二一洲一。曰二澳大利亜《アウスタリア》一、共為二四洲一、倶在二地球之東半一。曰二北亜《ノルドア》美理駕《メリカ》一、曰二南亜《ソイドア》美理駕《メリカ》一、此二洲倶在二地球之西半一。六大洲之内、最大者亜細亜。次レ之亜非利加、与二北亜美理駕一相同。又次レ之南亜美理駕、又次レ之欧羅巴。其最小者澳大利亜也。

33 新島襄

「元治甲子元年於駿台川勝君之塾書焉」（元治元年〔1864〕成）

一襲弊袍三尺剣　回頭世事思悠々　男児自有蓬桑志　不渉五洲都不休

34 斎藤拙堂（慶応元年〔1865〕年没）

『地學擧要』（刊行年不明）

五大洲　亜細亜、欧邏巴、亜弗利加、亜墨利加、豪斯杜辣利

35 宇田川榕精

『地学初歩和解』（慶応三年〔1867〕刊）

亜細亜　欧羅巴　亜弗利加　南北米利堅　澳大利亜

右に列挙した書物に見える大州の名称と数を表に纏めれば次のとおりである。数のみ記して大州名を記していないものは数のみを記す。◎は南北アメリカを別の州とするもの、△は二つで一つの州とするものである。●はメガラニカ州を示す。アフリカはリビアとも呼ばれているが区別していない。

	ヨーロッパ	アフリカ	アジア	アメリカ	メガラニカ	オーストラリア	
1	○	○	○	○	●		【五大州】
2 a	○	○	○	◎			【五大州】
2 b	○	○	○	◎	●		【六大州】
3	○	○	○	◎			【五大州】
4	○	○	○	○	●		【五大州】
5	○	○	○	○			【四世界】
6	○	○	○	○			【四大州】
7 a	○	○	○	◎			【五大州】
7 b	○	○	○	◎	●		【六大州】
8 a	○	○	○	◎	●		【六大州】
8 b	○	○	○	○			【四大州】
9	○	○	○	◎			【五大州】
10 a	○	○	○	○			【四大州】
10 b	○	○	○	◎			【五大州】
11	○	○	○	○	●		【五大州】
12	○	○	○	○	●		【五大州】
13	○	○	○	○			【四大州】
14 a	○	○	○	◎			【五大州】
14 b	○	○	○	◎	●		【六大州】
15	○	○	○	◎			【五大州】
16	○	○	○	◎			【五大州】

17a	17b	18	19	20	21	22	23	24	25	26a	26b	27	28	29	30	31	32a	32b	33	34	35
○	○	○	○		○	○		○		○	△		○	○	○		○	○		○	○
○	○	○	○		○	○		○		○	○		○	○	○		○	○		○	○
○	○	○	○		○	○		○		○	△		○	○	○		○	○		○	○
◎	◎	○	○		◎	◎		◎		○	○		○	○	○		○	◎		○	○
●		(●)													●						
										○			○	○			○	○		○	○
【六大州】	【五大州】	【四大州】	【五大州】	【四大州】	【五大州】	【五大州】	【四大州】	【五大州】	【五大州】	【五大州】	【三大州】	【五大州】	【五大州】	【五大州】	【五大州】	【五大州】	【五大州】	【六大州】	【五大州】	【五大州】	【五大州】

2　メガラニカ州とオーストラリア州

世界の「大州」の数の問題、とりわけヨーロッパとアジアとを別の大州とすることを蘭学者たちがどのように考えていたかを見る前に、メガラニカ州とオーストラリア州について触れておくことにしたい。

墨瓦蠟泥加《メガラニカ》は現在の南極大陸の位置にあると想像された巨大な大陸であるが、この名はポルトガル人航海家 Magalhgbaes マガリャンス（1480–1521）に因む名であるという。英語読みで Magellan マゼラン、スペイン語読みでは Magallanes マガヤネー又はマガラネーであり、これを漢字表記したのが「墨瓦蠟泥」すなわちメガラニである。利瑪竇《リマトウ》（マテオ・リッチ）の『坤輿《こんよ》萬國全図』には次のように説明されている。

　墨瓦蠟泥加州

南北亜墨利加、並墨瓦蠟泥加、自レ古無レ人レ知レ有二此処一。惟一百年前欧邏人乗レ船至二其海辺之地方一知。然其地広闊而人蛮猾、迄レ今未レ詳二審地内各国人俗一。

　墨瓦蠟泥加

墨瓦蠟泥、係二払郎幾国人姓名一。前六十年始過二此峡一並至二此地一。故欧邏巴士以二其姓名一、名レ峡、名レ海、名レ地。

此南方地人至者少。故未レ審二其人物如何一。

この不確定な大州の存在について、新井白石は、

蓋南北極界。又各有二大州一。而生人已来。足跡未レ到之所。置而不レ論。（『采覧異言』）

亦按ずるに萬國坤輿図に、欧邏巴、利未亜、亜細亜、南北亜墨利加の外に、墨瓦刺泥加《メツワアラアニイキヤ》の一州を加へて、六大州とす。其説に、墨瓦蠟泥係二払郎幾《フランキ》国人姓名一。前六十年始過二此峡一並至二此地一。故欧邏巴士以二其姓名一、名レ峡、

名レ海、名レ地。といふ。其墨瓦蠟といふは、即是マゴラの番音《バンイン》転じ訛《あやま》れるにて、亦訛《あやま》りてヲ、ランド人を以て、払郎機国人となせし也。されど、阿蘭陀鏤板図には、南方一帯の地は、いまだ詳ならずして、其地名をたてしもあらず。（中略）強て其説を作るべからず。（『西洋紀聞』）

と慎重な立場を取っている。司馬江漢、山片蟠桃も同じである。山村才助もまた、『訂正増訳采覧異言』巻一に、

按ニ或ハ墨瓦蠟尼加ヲ加ヘテ五大洲トスル者アリ。利氏艾氏ノ両図説及ビ西方要紀等亦然リ。コレ西洋ノ旧説ナリ。蓋当時未ダ其地ノ大小ヲ詳ニセザル故ナリ。而シテ卑的児鄂阿斯《ピイテルゴオス》ガ航海図説ニ曰ク、墨瓦蠟尼峡ノ南地近時和蘭ノ人此ニ至テ知ル、其地皆海上ノ洲島ニテ大地相連属スル者アラズ。故ニ第五ノ大洲ト称シガタシト云々

と述べている。

墨瓦蠟尼加に代わって、新しく発見されたオーストラリア大陸が「大州」の一つとなるのは言うまでもなく、一七七〇年のクック（Cook 1728–79）の発見によるが、その新知識が我が国に伝わるまでにそれほど時間がかかってはいない。斎藤正謙『鉄研斎輶軒書目』にクック作成の世界地図によって高橋景保がそれまでの世界図を校訂したことが見える。

至二千七百五六十年間一（当二我安永年中一）英吉斯《いぎりす》人哥烏玖《カウク》、親巡二検四大洲一、精二究地理一、更製二新図一。甚為二精詳一。一時号称二地理聖一。文化中、縣官命二星官高橋左衛門景保一訳二地球一、景保乃拠二哥氏之本一、参二攻諸図一、校訂刪補、別製二平面図一、銅二鐫之一以行レ世。於レ是従前諸図尽廃矣。

この地は早く『采覧異言』にアジア州の東南海中の「ホルランリアノウワ　又云ヲランデヤノヲバ」という名で紹介され、『改正増補蛮語箋』の附録「萬國地名箋」にも「豪斯多剌利」と見えていた。しかし、渡辺崋山『再稿西洋事情』に「外に近来「アウスタラリー」を数へ入候共《ども》、これは島地にて、右三洲と並称するにも不レ及候」とあり、

山村才助『訂正増訳采覧異言』には「然レドモ亦惟其海辺ノミニシテ未ダ其内ニ至ラズ。故ニ其詳審ナルコトヲ得ズ。コレニ因テ姑クコレヲ亜細亜ノ部ニ属ス」と説明しているように「大州」とは認めず、アジア州に属する地域として扱われてもいた。その名も一定せず、「新和蘭」（山村才助など）、「南島嶼洲《アウストラリー》」（新発田収蔵）とも呼ばれ、明治になってからも「大洋州」（清原道彦『啓蒙二十三帖』明治初年刊）、「阿西亜尼亜《オセアニア》」（島次三郎『導歌　地学のしおり』明治五年刊）などの名も見られる(1)。

3　五大州説への疑問

さて、世界の「大州」の数の問題であるが、例えば山片蟠桃の『夢ノ代』には、

> 西洋人天下ヲ巡リテ、見出ス処ノ大洲三ツ。曰、亜細亜洲、曰、欧羅巴洲、曰、亜弗利加洲。後又二ツ。曰、亜墨利加洲、曰、墨瓦羅爾加洲。是ヲ五大洲ト云ナリ。（中略）後「アメリカ洲」ヲ分テ南北トス。然ルニ「アメリカ」ハ離島ニシテ、限界明ラカナリ。「メカラニカ」ハ北辺バカリニシテ、南方ハ今ニ分ラズ。初三洲ハミナ地ツヾキ也。一トストモ、二トストモ、三トストモ心ノマヽナリ。

とあり、渡辺崋山の『再稿西洋事情』にも、

> 地球中大別致、五大洲と相定め候共、其実は欧邏巴・亜細亜は一洲にて、亜弗利加と亜墨利加と三大洲に御座候。

とある。彼らは「五大州」とは言うが、実際は陸続きのものがあり、その数は数え方によって異なるものであるとしているのである。彼らは西洋の地理書が「五大州」としていることの意味について特にそれ以上深く考えることはなかった。

言うまでもなく在華宣教師たちが用いた「大州」は、西川如見の『日本水土考』にあるように、三大陸（三大界・三大壌）の中に分画されたものであり、その「大州」の中に各国々が属しているものである。「五大州＝五大陸」ではない。このことの明確な認識が彼らにはないか、あるいはその区別が漠然としているのである。

三浦梅園はその区別を理解したうえで、『帰山録』に次のように問いかけている。

渾地の六大洲と云は亜細亜《アジア》、利未亜《リビア》、欧邏巴《エロッパ》、南《ソイド》亜墨利加《アメリカ》、北《ノールド》亜墨利加、墨瓦臘泥加《メガラニカ》なり。これを地図に考ふるに、島として、海中に布散する多しといへども畢竟大壌は三つなり。先、北壌、中壌、南壌などとも謂べし。亜墨利加の如きは彼細腰蜂の如く中絶なんとして僅につづきたれば南北に分てるもさもあるべし。利未亜の一洲も地中海深く入こみてこれより分てるも然もあるべし。亜細亜、欧羅巴は何ゆへ其界を分ちたるか。（中略）前よりしばしば人に問ひ、此度も舌人に問へども其故を知る人なし。

蜂の腰のように細い部分で連続している南北アメリカ州が二つに分かれることもあるであろう。また、ヨーロッパ州と陸続きであるアフリカ州も地中海が入り込んでいるので、これも同様に考えることも許される。しかし、なぜヨーロッパ州とアジア州は別になるのか。梅園はこの疑問を「前よりしばしば人に問ひ、此度も舌人に問」うたけれども「其故を知る人なし」という状態であった。

本書の筆者もその理由を明確に説明したものを未だ読むことができないが、おそらく次節に述べるような理由であろうと思う。

4　ヨーロッパ大州とアジア大州との区別

中世ヨーロッパで最も一般的な形式の世界図は聖なる地エルサレムを中心とする円形地図である。この地図によれば世界は円環状に取り巻いた海の中の大陸であり、上にアジア、左にヨーロッパ、右にアフリカが描かれ、世界はこの三つからなっている。また、ヴィンセント・ヴァーカ・アメリカ議会図書館著、川成洋・太田直也訳『地図の世界』（東洋書林 2009 刊 p.23）によると、「ハノーバーのハインリッヒ・ブンティヒが一五八一年に著した聖書による聖地を記した旅行記、『イティネラリウム・サクラエ・スクリプトゥラエ』に載せられている想像的な地図（中略）は、キリスト教徒の啓蒙のために作られた」ものであるが、そこには「クローバーの葉の形を用いた、ベン図の様式に似ているもの」が描かれており、「それぞれの葉は旧世界の三大陸―ヨーロッパ、アジア、アフリカ―を表わし、キリスト教の三位一体を示している（新参者のアメリカは地図の南東の隅に描かれている）」と言う。世界はキリスト教の教理によって捉えられていたのである。明の時代に中国に渡った宣教師たちも、こうした世界観によって、新しい世界を捉えていることは利瑪竇の『坤輿《こんよ》萬國全図』に、

此欧羅巴州有㆓三十余国㆒。皆用㆓前王政㆒。一切異端不㆑従而独崇㆓奉天主帝聖教㆒。

と書かれていることで理解できる。また、

若欧邏巴者、南至㆓地中海㆒、北至㆓臥蘭的亜及氷海㆒、東至㆓大乃河・墨何的湖・大海㆒、西至㆓大西洋㆒。

といったヨーロッパと他の大州との境の設定は中世以来の三大陸の区別を踏襲したものであろう。「大乃河《ダイナス》」はドン河、「墨何的湖《メカテス》」はアゾフ海、「大海」は黒海西部のマルマラ海である。また、利瑪竇はアジアとアフリカのそれぞれの境界を次のように説明しているが、傍線を引いたように「聖地」が意識されていることは注意される。

若利未亜者、南至㆓大浪山㆒、北至㆓地中海㆒、東至㆓西紅海仙労冷祖島㆒、西至㆓河摺亜諾滄㆒、即此州只以㆓聖地乃下微路㆒与㆓亜細亜㆒相聯、其余全為㆓四海㆒所㆑囲。

若亜細亜者、南至㆓蘇門答臘呂宋等島㆒、北至㆓新曾白臘及北海㆒、東至㆓日本島大明海㆒、西至㆓大乃河墨何的湖大海㆒、西紅海小西洋。

すなわち、ヨーロッパは天主の聖教を奉じる国々であり、そのことで他の「大州」と区別されるのである。長崎通詞たちはそのことを知っていたかもしれない。しかし、梅園の『帰山録』に、

国家耶蘇の乱に懲りて舌人といへども猶西洋の書を読むことを許さず。況や其他をや。故に西洋の学の書一切に之を禁ず。其禁目、

天主　耶蘇　西洋　欧邏巴　利瑪竇　利太西〈太一作レ泰〉　利山人　陽瑪若　游芸〈字子六〉　景教　彛学　夷　西学

とあるように、寛永七年（1630）に出された禁書令で、天主などについて書かれている西洋書を読むことは「舌人」（通訳）でも禁止されていた。したがって、長崎通詞たちはヨーロッパ州とアジア州とを区別する理由を知っていたとしても、それについて語ることは控えていたと思われる。しかしなお、長崎通詞たちもキリスト教とイスラム教などの対立の深刻さについての知識はなかったものと思われる。

ヨーロッパとアジアとを分ける理由が、以上のようなことであるとすれば、梅園の問いは次のような理由から注目される。それぞれの国の知識や技術の背後にはそれらを生み、それらを発達させた固有の文化がある。それは新しい知識や技術だけを吸収することに熱心であった蘭学者たちの姿勢からは見えてこないものである。山片蟠桃や渡辺崋山のように自然地理学的に世界地図を見るだけでは気づかれないであろう。そうした中で梅園が疑問をいだき、人にも問いかけた行為は注目されるのである。キリスト教的世界観との関わりに気付かなかったとしても、このことにこだわれば、在華宣教師たちが用いた訳語「大州」が単なる自然地理における大陸を意味するのではなく、そこに住む人々の習俗文化の違いを含んでいるのではないかといった推測に至ることも可能だったのではないか。(2)

5　佐久間象山の「五世界」

佐久間象山の『省諐録《せいけんろく》』（安政元年〔1854〕成）に「余年二十以後、乃知ㇾ匹夫有ㇾ繫二一国一。三十以後、乃知ㇾ有ㇾ繫二天下一。四十以後、乃知ㇾ有ㇾ繫二五世界一」（余、年二十以後、乃ち匹夫の一国に繫がることあるを知る。三十以後、乃ち天下に繫がることあるを知る。四十以後、乃ち五世界に繫がることあるを知る）という詩があるが、この「五世界」というのは「五大州」と同じ意味で用いられているようである。(3)「世界」が「大州」の意味で用いられているとすれば、彼の「世界」は、現在の地球上の全ての国々を含んだ「世界」ではなく、「国」（藩）から「天下」（日本）へ拡大されたものの次に来るものである。とすれば、その「五世界」すべてを包括する「世界」という語は象山にはなかったのであろうか。その地球規模の世界を意味する「世界」という語が初めて日本語に現れるのはイエズス会から出版された文献の中である。『羅葡日辞典』“Dictionarium Latino-Lusitanicum ac Iapontcum”（文禄四年〔1595〕天草刊）に「Ecclesia」（ラテン語）の訳に「Ixxecaini fanyei xitaru Chritãono cotouo yŭ.」（一世界に繁栄したるクリスチャンのことを言う）とあり、「Consographus」の訳に「Xecaino zzuo caqi manabu fito.」（世界の図を書き学ぶ人）などと見える。蘭学者の文章に現れたのは、大槻玄沢の『蘭説弁惑』（天明八年〔1788〕序）に「全体此世界と云ふ者を四つに分ち、是を四大洲といふ」とあり、司馬江漢の『和蘭天説』（寛政八年〔1796〕刊）に「遠西《ヲランダ》ノ人、世界万国《セカイバンコク》ニ商舶ヲ通ジ、到ザルノ邦鮮《スクナ》シ」と見え、同『西洋画談』（寛政十一年〔1799〕刊）に「西洋は唐・日本より西にある国土をさして云也。世界《カイ》を径度《サシワタシ》にして量るときは、三千里程もあるべし。海路を渡りては一万余程あり。其遐き国土を欧羅巴と名け、世界の一大洲にて、日本の如き邦、数千あり」とあるのが早い例と思われる。

注

（1）「五大州」の一つとしてオーストラリア州が一般に認められるのには長い年月が必要であった。明治以降、昭和初期までの主な辞書において「五大州」にはオーストラリア州は入っていない。例えば、『辞林』（明治四十四年〔1911〕刊）には「地球上の五つの大陸、即ち、「アジア」・「アフリカ」・「ヨーロッパ」及南北「アメリカ」の称」とあり、『言海』には「五大州」は見えず、『大言海』（1933刊）でも「亜細亜　欧羅巴　阿非利加　北亜米利加　南亜米利加ノ五ツノ大洲」とある。ようやく「五大州」の一つに数えられるようになるのは、管見では『大日本国語辞典』（昭和十四年〔1939〕修訂版）に次のようにあるのが最初である。「地球上の五つの大陸、即ち、亜細亜・阿非利加・欧羅巴・亜米利加・濠斯太剌利亜の称。又、濠斯太剌利亜を除きて亜米利加を南北に分ちてもいふ」。

（2）ヨーロッパ州とアジア州を一つと捉えた「ユーラシア大陸」という語が現れるのは『帰山録』から一世紀半以上経ってからのことのようである。研究社の『英語語源辞典』では「欧亜混血の」という意味のEuracianの初例を一八四四年とし、「ユーラシア〔欧亜〕の」の意味の初例を一八六八年とするが、ユーラシア大陸を意味するEuraciaについては記載がない。日本の辞書類では『広辞苑』の初版（1960）に「ユーラシア」という語が「ヨーロッパとアジアの総称。亜欧州」と説明されているのが最初ではないかと思われる。第二版（1969）以降は「ヨーロッパとアジアの総称。亜欧州。―大陸」なっているが、この「ユーラシア大陸」という語の出現は、「五大州」の説明にも影響を与えたようである。初版には「五大州」は「地球上の五つの大陸、即ち、『アジア』・『アフリカ』・『ヨーロッパ』及南北『アメリカ』の称」と説明されているが、第四版（2001）からは「地球上の五つの大陸、即ち」という部分が省かれている。

（3）現在では「五大州」も「五大陸」も全世界を意味する語として使われてはいないようである。敢えて言えばオリンピックマークの五輪にその痕跡が認められるぐらいであろうか。五輪のマークは「五大州・五大陸」からなる世界のシンボルとされる（「オリンピック憲章」の第一章第三項の3に「The Olympic symbol represents the union of the five continents and the meeting of athletes from throughout the world at the Olympic Games.」とある）。この五輪のマークが制定されたのは大正三年（1914）のことである。

【本章で使用したテキスト】（番号は本文中に列挙した用例の番号である）

1 西川如見　『日本水土考』（岩波文庫）
　　　　　　『四十二国人物図説』（重山文庫蔵本）
2 新井白石　『采覧異言』（『新井白石全集』国書刊行会編）
　　　　　　『西洋紀聞』（東洋文庫）
3 北島見信　『紅毛天地二図贅説』（京都大学附属図書館蔵本デジタル映像）
4 松村元綱　『和蘭地図略説』
5 平賀源内　『火浣布略説』（日本随筆大成〈第二期16〉）
6 杉田玄白　『解体新書』（出版科学研究所による復刻版）
7 三浦梅園　『原價』（日本教育思想大系『三浦梅園』）
　　　　　　『帰山録』（同右）
8 前野良沢　『和蘭管蠡秘言』（日本思想大系64『洋学　上』岩波書店刊）
　　　　　　『和蘭訳筌』（同右）
9 林　子平　『輿地国名訳』（『新編林子平全集』第一書房刊）
10 大槻玄沢　『蘭説弁惑』（雄山閣「雑誌古典研究」別冊）
　　　　　　『環海異聞』（重山文庫蔵本）
11 宇田川玄随　『西洋医言』（早稲田大学図書館蔵本デジタル映像）
12 司馬江漢　『輿地略説』（『司馬江漢全集』八坂書房刊）
　　　　　　『和蘭天説』（日本思想大系64『洋学　上』岩波書店刊）
　　　　　　『地球全図略説』（『司馬江漢全集』八坂書房刊）
　　　　　　『和蘭通舶』（日本思想大系64『洋学　上』岩波書店刊）
13 桂川甫周　『北槎聞略』（岩波文庫）
14 橋本直政　『喝蘭新訳地球全図』（重山文庫所蔵）

15森島中良『蛮語箋』（洋学資料文庫・晧星社）
16山村才助『訂正増訳采覧異言』（蘭学資料叢書・青史社刊）
17山片蟠桃『夢ノ代』（日本思想大系43『富永仲基・山片蟠桃』岩波書店刊）
18高橋景保『新訂萬國全図』
19平山子龍『海防問答』
20宇田川榕菴『菩多尼訶経』（矢部一郎『植学啓原＝宇田川榕菴　復刻と訳・注』講談社刊）
21吉雄南皐『遠西観象図説』（日本思想大系65『洋学　下』岩波書店刊）
22平田篤胤『古道大意』（『平田篤胤全集』一致堂書店刊）
23伊藤圭介『泰西本草名疏』（井上書店による復刻版）
24帆足萬里『窮理通』（日本科学古典全書）
25高野長英『夢物語』（『高野長英全集』同刊行会）
26渡辺崋山『外国事情書』（日本思想大系55『渡辺崋山・高野長英・佐久間象山・横井小楠・橋本左内』岩波書店刊）
『再稿西洋事情』（同右）
27佐久間象山「ハルマ出版に関する藩主宛上書」（日本思想大系55、岩波書店刊）
「松田豊前充とみられる書翰」
28新発田収蔵『新訂坤輿略全図』
29柳川春三　自作端唄（東洋文庫・今泉みね述『名ごりの夢』「黒船さわぎ」）
30柳川重信『改正海外諸島図説』
31吉田松陰『清国咸豊乱記』（『吉田松陰全集』岩波書店刊）
32箕作阮甫『地球説略』（重山文庫蔵本）
『改正増補蛮語箋』（港の人出版）
33新島　襄「元治甲子元年於駿台川勝君之塾書焉」（『新島襄全集』同朋社出版）
34斎藤拙堂『地学擧要』

35宇田川榕精　『地学初歩和解』（津山洋学資料館蔵本）

尚、拠ったテキストを記していないものについては、鮎澤信太郎氏の以下の書から引用したものである。

『鎖国時代の世界地理学』（日大堂書店 1933 刊）
『東洋地理思想史研究』（日本大学第三普通部 1940 刊）
『日本文化史上における利瑪竇の世界地図』（日本大学新聞社 1941 刊）
『近世日本の世界地理学』（文化選書、東光協会出版部 1948 刊）
『地理学史の研究』（愛日書院 1948 刊）

「経・緯」
――タテ・ヨコと方向――

はじめに

立体において垂直方向をタテと言い、水平方向をヨコと言う。平面においては前後方向をタテと言い、左右方向をヨコと言う。前後方向は視線に沿った方向であるが、進行方向をタテと言い、それに直角に交わる方向をヨコと言うのもこれに準じて言うのであろう。いずれの場合も先ずタテ方向が定められ、次にヨコ方向が定められる。したがって、タテ方向に高さや長さが測られると、それに対するヨコ方向が幅として測られることになる。

ところで、南北また東西方向に線の引かれた世界図は西洋に始まり、東洋にもたらされたものであるが、南北と東西のいずれの方向をタテとし、ヨコとするかは東洋と西洋とでは異なる。中国や日本では一般に南北をタテと捉え、東西をヨコと捉えるが、西洋においては東西をタテとし、南北をヨコと捉えられているようである。

1　経・緯――東洋のタテ・ヨコと方向――

「経」「緯」の原義はタテ糸・ヨコ糸である。織機台に上がると手前から前方に長く張られている糸が「経」であり、織り手はそのタテ糸の間に横から糸を挿入して布を織っていく。そのヨコから差し込む糸が「緯」である。したがって、布の長さは「経」の長さであり、布の幅は「緯」の長さである。中国ではこれらの語を方向にも用い、南北の方向を「経」とし、東西の方向を「緯」とした。

南北為レ経、東西為レ緯。（『周髀算経』下「正二督経緯一」注）

南北之道謂二之経一、東西之道謂二之緯一。（『周礼』天官「体国経野」賈公彦疏）

凡地東西為レ緯、南北為レ経。（『大戴礼』易本命）

したがって、世界地図において南北方向に引かれている線は経線と呼ばれ、東西方向に引かれている線は緯線と呼ばれる。

中国において南北を「経」とし、東西を「緯」とした理由には諸説ある。荻生徂徠（『訳文筌蹄』巻四）に「中華ノ地東西短ク南北長キユヘ南北ヲタテトスルナリ」とあるのは国土の形と関係させて説くものであり、金沢庄三郎（「東西南北」『国語の研究』同文館 1910 刊）は「北、乖也。二人相背」（『説文』）などと見える「北」の語義を民族移動と関係させて、中国人は北を背にし南に向かって移動したことによるとする。さらに山田孝雄（『萬葉集講義』巻1・五二の注）は太陽の南中を基とするとする。本書の筆者は、中国においては世界は天の北極を中心に捉えられていたことと関係するのではないかと考えている。『晋書』（天文志上「天体」）に「天地各中高外下。北極之下為二天地之中一。其地最高」とあるように、中国では北極の下が世界の中心であり、その北極の高さはその土地によって異なるが、その方向は一定である。そのタテ糸のように定まった南北方向を経とし、ヨコ糸のように定位のない東西を緯としたものと思われるのである。

2　longitude・latitude――西洋のタテ・ヨコと方角――

英語では世界図で東西方向に引かれている線、またその方向に測られる距離差を longitude と言う。この語は longi（long の連結形）に -tude（ラテン語系形容詞・過去分詞について性質・状態を表わす抽象名詞を造る）が付いたものとされる。また、南北方向に測られる距離差を latitude と言う。「latus＋tude」と分析されるが、latus は wide（幅）の意である。長さと幅を原義とするこれらの語が地理学の語となったのは、横長の長方形に描かれた地図の長さと幅とを示すのに用いられたことによると言われる(1)。すなわち世界を一つの図面に収めるために東西方向を長く描いた世界図の長辺の方向を longitude と言い、短辺の（赤道から）南北方向への幅を latitude と言う(2)。

東西方向を世界の長さと考えるのは、司馬江漢の『和蘭通舶』（文化二年〔1805〕刊）に「西洋ノ舶、西ヨリ東ニ駕ス。故ニ東西ヲ以テ経トシ」（凡例）とあるが、大航海時代以降、ヨーロッパの船舶は東へ東へと進路を取ってきたことと関係するようである。一四八八年のバルトロメロウ・ディアスによる喜望峰の発見に続き、一四九八年にバスコ・ダ・ガマにより、インド航路が開かれたことによって、世界は東へ東へと広がっていったのである(3)。しかし、それ以前においても、ヨーロッパの人々は東の方向を遥かな地の果てと考えていたようである。中世キリスト教の世界観においては東方は遥かなる目的の地であり、聖なる方位であった。中世ヨーロッパで最も一般的な形式の世界図は、ＴＯ図（Terranrum Orbis）と呼ばれる聖地エルサレムを中心とする円形世界図であるが、この図には地中海を包む形で左にヨーロッパ、右にアフリカが描かれ、上にはアジアが描かれている。また、マッハ・ムンディ（Mappa mundi）と呼ばれている世界図の代表として知られているヘレフォード図では、アジアのさらに上部に『創世記』に「主なる神は東の方、エデンに一つの園を設け」とあるパラダイスの島が描かれている(4)。エデンの園は日の出の地オリエントOrientの向こうにある世界であった。中世の教会建築もこの聖方位観にしたがっており、大聖堂の多くは東西方向に長辺をとって、その東端に内陣と祭壇を設け、東の祭壇、さらにはその向こうにあると考えられた楽園に向かって祈ると言う。[5] 地図の方位を合わせることをorient（動詞）、またはorientation（名詞）というのは、このことと関係するようである。[6] ちなみにコロンブスが西へと航路をとったのは、地球の大きさを誤って、その方がアジア（コロンブスの所謂インディアス）に近いと考えたからである。第三次航海で発見したトリニダー島を彼は地上の楽園エデンの園と確信していた。

3　和蘭通詞の気づきと大槻玄沢の「経線・緯線」

タテあるいはヨコと捉える方向が西洋では東洋（中国・日本）と異なることを最初に話題にしたのは長崎の和蘭通詞のようである。本木良永の『新制天地二球用法記』（寛政四年〔1792〕成）に、

　和蘭人経緯の度分を分つは東西を経《たて》として東西を経度と云ひ、南北を緯《よこ》として南北を緯度といふなり。

（和解例言・第三十六項）

とあり、[7] 平沢元愷『瓊浦《けいほ》偶筆』（安永三年〔1774〕成）に、

　欧羅巴於二四大州一最小。経自二八度一至二六十五度一。緯自二三十六度一至二七十一度一。西洋法、東西為レ経、南北為レ緯。

とあるのは、本文に「余問…。君紀曰…」という形で度々登場する松村君紀から得た知識であろう。

彼らはオランダ語（あるいはラテン語）を学ぶことによって、この事実に気づいたものと思われる。『新制天地二球用法記』に「赤道若干ノ隔リヲ以テ、地球上ノ大輪ヲ弓形ニ測リ、和蘭語歩列呃得《ブレーテ》ト云フ。此ニ緯度ト訳ス」[8] とあり、『厚生新編』雑集第二十巻（天保九年〔1838〕宇田川榕菴訳）の「経度」の項に、レングテ（Lengte）が「経

度」と訳され、吉雄南皐の『遠西観象図説』（文政六年〔1823〕刊）の「国字類音　観象名目」に「経度」は原語（オランダ語）の「レングテ、デス、ウェーレルツ」（Lengte des Wereld　すなわち世界の長さ）の訳であり、「緯度」は「ブレードス、デス、ウェーレルツ」（Breedte des Wereld　すなわち世界の幅）の訳であることが記されている。Lengte の原義は「長さ」であるからタテ（経）に当たり、Breedte の原義は「幅」であるからヨコ（緯）に当たる。[9] 良永が「和蘭人経緯の度分を分つは東西を経《たて》として（中略）南北を緯《よこ》として」と言ったのは、そうした理解によるものと思われる。

この理解を徹底させて、大槻玄沢は「経線」という語を東西線に、「緯線」という語を南北線に用いたようである。玄沢の『家蔵西刻地球全図記』（寛政元年〔1789〕成）には、当時彼が知り得た世界図の作り方とその特徴が説明されているが、次にそのように判断される部分を引用する。[10] 便宜的に段落に区切り、番号を付す（本論に特に関わるところに傍線を付す）。

①夫《それ》、製二地球図一、其法不レ一。或用二測量之法一焉。或用二地理之法一焉。

②本造二極円玻瓈球一。其製空腹。以象二地円一。経緯各分二三百六十度一。安二黄赤両道・二至二極規一。拠二方位一。而図二国土一。当二赤道九十度及二百七十度一。相対穿二小孔一。先以二白紙一。掩二其半円一。於二一方小孔一、窺レ之。則見二其半球一。此直割平円図之所二由起一也。

又、有下横截為二両円図一者上。一以二南極一為レ心。一以二北極一為レ心。子午及南北緯線。皆為二直線一。二至二極規及東西経線、皆為レ圏。赤道居二其周圍一。而分二其南北一。配二置国土一。此製。用二地理平円図之法一也。

③用二測量之法一。於二極円木球一。故、二至二極規・黄赤両道・子午経緯《ママ》、皆成レ圏。是不レ失二其真一。惟用二地理之法一。不レ免二易レ円為レ平及圏為レ線。（中略）

④又、有下両極与赤道之間如二赤道一分レ度分二地球距等一小圏者上、謂二之経度之線一。赤道南北各二十三度有二一小圏一、

是為㆓二至規㆒。其距中間五十七度在㆑北者、曰㆓北道㆒。即巨蟹宮之分也。太陽至㆓是宮㆒為㆓夏至㆒。在㆑南者、曰㆓南道㆒。即磨羯宮之分也。太陽至㆓是宮㆒為㆓冬至㆒。太陽一歳、一至㆓北道㆒、再経㆓赤道㆒而至㆓南道㆒。其往復不㆑出㆓此圏之外㆒。而一歳過㆓赤道㆒者、凡両度也。距㆓両極㆒各二十三度半、有㆓一小圏㆒。在㆑北為㆓上規㆒、在㆑南為㆓下規㆒。合曰㆓二極規㆒。是圏内之地、以㆓半年㆒為㆑昼、以㆓半年㆒為㆑夜。

⑤又、以㆓南北緯度㆒、測㆓天下之寛㆒。起㆓測於赤道㆒、北行三百里、則北極出地亦十度。南行亦然。又以㆓東西経度㆒、測㆓天下之長㆒。先定㆓一処㆒、為㆓初度㆒。数至㆓三百六十度㆒。再接㆓初度線㆒。（下略）

本章に関わることについて、各段の内容を若干の説明を加えながら要約すれば次のようになろう。

①地球図を製作する方法に「測量の法」と「地理の法」とがある。

②「地理の法」には「直割平円図の法」と「地理平円図の法」によるものがあるが、「直割平円図の法」は透明の地球儀を作り、その表面に世界図を描き、赤道の九十度および二百七十度の点に明けた小さい孔から中から向こう側の地表を覗いた形を見るという原理で描かれたものである。また、「地理平円図の法」は地球を赤道に沿って二つに切ったもので、一つは北極を中心とし、一つは南極を中心として描かれる。この図では子午線および南北緯線は両極から放射状に引かれた直線となり、二至二極規（冬至線・夏至線、また南北の夜国界線）、東西経線は円となり、赤道は囲の円となる。

③「測量の法」は木製の地球儀において用いられるもので、二至二極規・黄道・赤道・子午経緯《ママ》は圏（圏線）となり、真の形を失わない。これに対して地理の法は円は平となり、圏円は線（圏線）とならざるをえない。

④北極南極と赤道の間にあって赤道のように度を分かつ小円を「経度の線」と言う。赤道の南北二十三度にある小円を「二至規」と言い、太陽はこの間を往復し、赤道を一年に二回通過する。両極から各二十三度半離れたところにある小圏を「上規」「下規」と言い、この圏内にある地は半年は昼であり、半年は夜である。

⑤南北緯度によって天下の広さを測る。赤道から始め、北に三百里行くと北極が十度の高さの地である。南に行った場合も同様である。東西経度によって天下の長さを測る。先ず或場所を定めて初度とし、三百六十度で初度線に接する。

さて、④また⑤の説明から、玄沢は「緯度」は南北の距離を測るものであり、「経度」は東西の距離を測るものであるとしていることが分かる。また、②から「緯線」を南北に引かれた線とし、「経線」を東西に引かれた線としていることが分かる。③の「子午経緯」の「緯」は「線」の誤りであろうと思われるが、この文からも同様のことが言えるであろう。つまり、玄沢は緯度を測る線を「緯線」とし、経度を測る線を「経線」としているのである。これはオランダ語のレングテ（Lengte）とブレーテ（Breedte）の意味用法に従って、東西方向をタテとして「経」を用い、南北方向をヨコとして「緯」を用いたものと思われる。[11]

4　在華宣教師の漢訳語「経線・緯線」「経度・緯度」

明の時代に中国に渡り、西洋の地球説や世界地理の知識を初めて中国に伝えたイエズス会の宣教師たちは、東西線・東西差あるいは南北線・南北差をどのように漢訳したのだろうか。

利《リ》瑪《マ》竇《トウ》が製作した『坤輿萬國全図』（明・万暦三十年〔1602〕成）は、アピアヌス図法による全世界を一図面に表した楕円形の世界図であり（織田武雄『地理の歴史—世界篇』講談社現代新書 1974 刊 p.210）、中央の子午線の長さは赤道の長さの半分で描かれている。その六幅に描かれた世界図の第一幅に、[12]

用㆓緯線㆒以著㆓各極出地幾何㆒。

用㆓経線㆒以定㆓両所相離幾何辰㆒也。

とあって、東西に引かれた線は「緯線」と訳され、南北に引かれた線は「経線」と訳されている。すなわち天の北極の高さでその地の緯度を測り、同じ緯度の地を結んだのが緯線であり、また、東西の地の差は同じ天体が南中する時間（辰）の差で測り、同一の時間の地を結んだのが経線である。また、同じ第一幅に、

　東西緯線、数二天下之長一。自二昼夜平線一、為レ中而起、上数至二北極一、下数至二南極一。
　南北経線、数二天下之寛一。自二福島一起、為二一十度一、至二三百六十度一、復相接焉。

とあるが、「東西緯線、数二天下之長一」「南北経線、数二天下之寛一」という句は、吉雄南皐が「経度」「緯度」と訳した Lengte des Wereld また Breedte des Wereld に相当する西洋語（イタリア語あるいはラテン語）に対応するものと考えられる。さらに、第二幅には緯度に当たるものを「南北直度」と言い、経度に当たるものを「東西横度」と言っている箇所が見える。

　南北直度、則毎レ度為二地二百五十里一矣。若東西横度、則惟赤道下一度為レ合二此算一、其余漸レ南漸レ北遠而漸狭。則横度有レ不レ及二二百五十里一者焉。別有二減レ分減レ秒算法一、附二刻于左一、蓋知二分秒之広狭一而里数可レ推也。
（総論横度里分）

「直」とは地軸の方向を言い、「横」はそれに直角に交わる方向を言うものと思われる。すなわち利瑪竇は西洋におけるタテ（即ち東西方向）をヨコ（即ち南北方向）に変換しているのである。[13] 当時ヨーロッパで製作された世界地図はヨーロッパを中心としているが、利瑪竇が製作したものは中国を中央近くに置いている。これは中華思想に配慮したためであろうと言われるが、このタテヨコの変換も同様の配慮からであろう。

「緯度」という語は二例見られる。一つは正午における太陽の位置から観測地の赤道からの距離を測る方法について述べた「太陽出入赤道緯度」という項目名中に見えるものであり、もう一例は、

　南北半球之図与二大図一異レ式、而同一理。小図之圏線、即大図之直線。所三以分二赤道南北・昼夜長短之各緯度一

者也。小図之直線、即大図之圏線。所三以分二自レ東至レ西之経線一者也。（赤道北半球之図）

と見えるものである。この文章に見える「大図」とは全世界を一図面に表した楕円形の地図のことであり、「小図」は大槻玄沢の言う「地理平円図の法」で描かれた、北極また南極を中心として描かれたものである。したがって、小図の圏線と大図の直線とは同じく東西に走る緯線のことであり、「緯度」はその線によって測られる南北差である。

『坤輿萬國全図』には「経度」という語は見られない。その理由を春山行夫氏（「近代用語の系統2」『言語生活』181、1966.9）は「『緯度』だけが『度』で、経度というのはない。太陽の位置や昼夜の長さや気候に関係がふかいのは、緯度だけのためであろうと言い、荒川清秀氏は、[14]「（南北）直度」に対して「（東西）横度」とあり、「緯線」と並んで「経線」が出てくることからすれば、「経度」は「潜在的に存在していた、と考えてよいのではないか」と推測している。あるいは「赤道北半球之図」の文章の構成から考えると「経線」とあるのは「経度」の誤りかとも思われるが、少なくとも荒川氏のように推測して良いのではないかと思う。

『坤輿萬國全図』の解説のための世界地誌として書かれた、艾儒略の『職方外紀』には「経度」という語は見える。ただし、利瑪竇の「東西横度」に対応する「経度」ではなく、「南北直度」に対応するものである。

人居二赤道之下一者平二望南北二極一。離レ南往レ北毎二二百五十里一、則北極出レ地一度、南極入レ地一度。行二二万二千五百里一、則見三北極正当二人頂一、出レ地九十度、而南極入レ地九十度、正対二人足一矣。従レ南亦然。此南北経度也。至二東西一緯度、則天体転環無レ定、不レ可レ拠二七政一。量レ之随レ方可レ作二初度一。（巻首・五大州総図界度解）

と見られる。

すなわち艾儒略の「経度」は東西差ではなく、北極の地平からの高度差、すなわち南北差を言うものである。そして「緯度」は東西差を言うものである。このことは次の説明からも確認できる。

厄勒祭亜在欧邏巴極南地、分四道。経度三十四至四十三。緯度四十四至五十五。（巻二・厄勒祭亜）

欧邏巴西海延北一帯、至氷海。海島極大者、曰諳厄利亜、曰意而蘭大。其外小島不下千百。意而蘭大経度五十三至五十八。（中略）諳厄利亜経度五十至六十。緯度三度半至十三。（巻二・西北海諸島）

先ず、右の文章における「経度」について検討するが、厄勒祭亜（ギリシャ）の三十四から四十三度、意而蘭大（アイルランド）の五十三から五十八度、諳厄利亜（イングランド）の五十から六十度とあるのは、現在の緯度の数値とほぼ同じである。山村才助の『訂正増訳采覧異言』にも「艾氏図説ニ曰、諳厄利亜経度五十至六十。緯度三度半至十三」と艾儒略の文章を引用しているが、諳厄利亜の都竜動《ロンドン》については「和蘭所刻ノ海国経緯度数ノ譜」を引用し、「度数譜曰此都北極出地五十一度三十一分東西天度一十六度二十七分」と説明している。「北極出地」とは緯度のことである。「緯度三度半至十三」の国の中に緯度「五十一度三十一分」の都が存在するはずもないが、才助はこの矛盾について何も言っていない。とすれば、艾儒略の「経度」が緯度を意味することは改めて指摘するまでもなく、当時知られていたことなのであろう。

次に「緯度」について検討すると、厄勒祭亜の四十四から五十五度とあるそれは現在の経度に近い数字である（ただし、艾儒略の「緯度」はアフリカ大陸の西にある「福島」を通る子午線を初度線とするものである）。しかし、諳厄利亜の「緯度」が三度半から十三度という数字については不審である。数字の誤りがあるものと思われる。『職方外紀』の巻頭に載せる地図では諳厄利亜は経度十二、三度から二十五度に描かれている。[15]

艾儒略の「経度」「緯度」の用い方は、「至東西緯度、則天体転環無定、不可拠七政」とあったが、天文学における「経」「緯」の用い方に拠ったものと思われる。西川正休の『大略天学名目鈔』（享保十五年〔1730〕刊）に、

経緯ニ二ツアリ。南北ヲ緯トシ、東西ヲ経トスルハ、七曜ハ黄道ノ緯行ヲナス。故ニ緯星トス。二十八宿幷ニ

恒星ハ、東西ニ経行運旋スル故ニ経星恒星ト云リ。是ハ東西ニ旋ル恒星ヲ経トシ、南北ニ旋ル日月五星ヲ緯トスル也。又天地ノ南北ヲ経トシ、東西ヲ緯トスル有リ。是ハ南北ノ不動ヲ経糸トシ、東西ノ昼夜左旋スルヲ緯糸ニ譬フ。
（実経緯視経緯）

とある後者の用い方である。(16)

いずれにせよ、利瑪竇も艾儒略も漢語「経」「緯」の中国における用法に従い、「経」を南北方向に用い、「緯」を東西方向に用いているが、その用い方には違いがあるのである。ちなみに同じ在華宣教師の南懐仁（Ferdinand Verberist）は利瑪竇の用法を用いている（『坤輿図説』清・康熙十二年〔1673〕刊など）。

5　吉雄南皐の『遠西観象図説』の「経度・緯度」の説明

西洋由来の世界図は在華西洋宣教師たちによる漢訳書などによって、早く日本にも伝えられていた。しかし、長崎の和蘭通詞のように西洋と東洋とでタテ・ヨコと方角の関係が異なることが問題にならなかったのは、原語を知ることもなく、漢訳の天文書や地理書によって西洋の知識を吸収するのに急だったためであろう。特に利瑪竇の文章の影響は大きかったようであり、例えば馬場信武『初学天文指南』（宝永三年〔1706〕刊）の、

円球平圏線ヲナス。東西ノ二海ヲ合連シ形《アラハ》シテ一方ヲナス。十度一方毎ニ線ヲナス。東西ノ緯線天下ノ長キヲ数フ。昼夜平線ヨリ中トシテ起《オコ》シ、上ニ数ヘテ北極ニ至リ、下ニ数ヘテ南極ニ至ル。南北ノ経線天下ノ寛《ヒロミ》ヲ数フ。福島《フクトウ》ヨリ起テ一十度トス。三百六十度ニ至テ復相接《マジハ》ル。
（巻一・山海輿地論）

などとあるのは利瑪竇の文章の引き写しである。また、新井白石の『采覧異言』（正徳三年〔1713〕序）に、

美（白石）挙二示明儒所レ刻萬國坤輿平面半球図一、以問二其節説一。西人笑而対曰、（中略）並以二南北極一為レ経、

以㆓赤道㆒為㆑緯。

とあり、渋川佑賢（1828–57）の『天経或問國字解』（嘉永六年〔1853〕序）も李之藻（1571–1630）を引用しながら「経度」「緯度」の用い方については利瑪竇の用い方に従っている。

李之藻曰、天体並ニ地球ノ緯度ヲ測ルハ、両極ノ心ヨリ笠ニヒゴヲ絡フ如ク、極ヲ距ル漸ク遠キニ循テ、次第ニ大ナル円線九十個重テ、其円線ヲ算ヘ第一ヲ極ヲ距ル一度トシ、第二ヲ極ヲ距ル二度トシ、遂テ此ノ如ク算ルヲ南北ノ緯度トス。（中略）両極ヲ正中トシテ、瓜ノ竪ニ筋有ル如ク、赤道ニ向テ円線十二個ヲ引キ出シ、天ノ周囲ヲ分テ十二宮トス。各一宮ノ内ニ両極ヨリ数十ノ細線ヲ引キ出シ、其間皆名ケテ東西ノ経度トス。（巻二・南北極）

蘭学の訳述語の制定において少なからぬ影響力を持っていたと思われる玄沢の「経度・緯度」「経線・緯線」の用い方が他に影響を及ぼさなかったのは、既にこうした歴史があったからだと思われる。(17)

しかし、今日の意味用法での「経度」「緯度」の語が定着したのは、吉雄南皐の『遠西観象図説』（文政六年〔1823〕刊）の出版によるものと思われる。この書は初学の者にも分かりやすいように西洋天文学の初歩から説き起こしている。例えば、

一度　円周〈マルノメグリ〉ヲ三百六十分スルノ一ヲ**一度**ト云フ。球円〈タマノゴトキ〉ノモノニアリテハ、経《タテ》ニ分《わく》ルヲ**経度**ト云ヒ、緯《ヨコ》ニ分ルヲ**緯度**ト云フ。万物各具〈モノモロニソナハル〉之度アリテ、長短一定〈ナガササダマリ〉スルコトヲ得ザルナリ。（巻上・題言）

地球之経緯　東西ヲ経〈タテ〉トナシ、南北ヲ緯〈ヨコ〉トス。（同右）

図中、南北ニ線ヲ引クハ、以テ経度ヲ識リ、東西ニ線ヲ引クハ、以テ緯度ヲ識ル。図ノ周囲ニ、中線ヨリ両極ニ向ヒテ数量字ヲ記スハ、中線ヲ距《さ》ルノ緯度数ナリ。（巻上・天象図・第七図の説明）

地球已《すで》ニ自転ヲ為スニ至リテハ、独楽子《コマ》ノ心《しん》アルガ如ク枢軸ナキコト能ハズ。コレヲ**中線軸**ト云フ。其両端、コレヲ**中線極**〈略シテ両極トモ云フ。漢名、赤道軸〉ト云フ。以テ南北ヲ分ツ。其北ナルヲ北極ト云ヒ、南ナルヲ**南極**ト云フ。南北ノ中間ニ於テ、東西ニ圏ヲ造リ、コレヲ**中線**〈漢名、赤道〉ト云ヒ、中線以南ヲ**南緯**ト云ヒ、以北ヲ**北緯**ト云フ。（巻中・地球）

といった説明などがそれである。

利瑪竇の「経度」「緯度」は北極の高度や太陽の南中時間の違いからの説明が主になっていた。すなわち、先に引用したように、

用二緯線一以著二各極出地幾何一。

用二経線一以定二両所相離幾何辰一也。

とあり、また、

用二緯線一以著二各極出地一幾何。蓋地離二昼夜平線一度数与極出地度相等。但在二南方一則著二南極出地之数一、在二北方一則著二北極出地之数也。

用二経線一以定二両処相離幾何辰一也。蓋日輪一日作二一週一則毎辰行二三十度一。而両処相違三十度並謂二差一辰一。

などとも見える。また、井口常範の『天文図解』（元禄二年〔1689〕刊）に、

地ヲ計ルニ尺間町里ト云、天者《は》象ニシテ取ルコト不レ能故ニ度ト云テ分里ヲ不レ云。仮令《たとえ》バ盤ニ縦横ノ理《メ》ヲ定ムガ如シ。其理《メ》分里ヲ不レ云。天ノ度如レ此シ。（巻一・周天度図）

とあり、西川如見の『天文義論』（正徳二年〔1717〕刊）に、

問。近来ノ説ニ渾地ノ里数ヲ定メ、三百六十度ニ分チ極テ、天度ニ合スル事、唐土ニ於テ不レ識処。蛮国ヨリ始テ伝タルニ非ズヤ。

とあるように、「度」は本来天文学の用語であって、天体の位置や動きを示す単位であった。それが北極の高度はその土地の緯度に他ならず、太陽の南中時刻の差はその土地の経度に他ならないことから、地上の位置を示すことにも用いられるようになったものである。利瑪竇の説明もそうした説明の仕方によっているのであり、西洋の新知識をいち早く取り入れた日本の天文学書や地理書においても同様の説明の仕方が一般に行われていた。先に馬場信武、渋川佑賢の例を引いたが、西川如見の『増補華夷通商考』（宝永五年〔1708〕刊）もまた、

　この国（中略）北極星〈きたのひとつぼし〉地を出る事三十二度の地なり。

などと見え、山村才助の『訂正増訳采覧異言』（享和二年〔1802〕成?）にも「日本江都ノ如キ北極出地三十六度東西天度一百五十六度零七分ト云ノ類ナリ」（凡例）とあり、緯度は「北極出地〇度」「南極出地〇度」、経度は「東西天度〇度」とも記されていた。しかし、こうした天文観測的方法による説明より、地球球体説に基づいた『遠西観象図説』の幾何学的な「経度・緯度」の説明は斬新で理解しやすかったものと思われる。

おわりに

　緯度は緯線と地心とを連ねる線が赤道面となす角度であり、経度は経線が他の経線と地球の中心においてなす角度であるとする説明によると、longitude が東西線を意味し、その線上の二地点間の東西差をも意味することは理解しやすく、便利でもある。玄沢もそのように考えて「経度・経線」「緯度・緯線」を用いたのであろうか。それに対して、現在我々が用いている用語では、「経線・緯線」の「経・緯」が指す方向と「経度・緯度」の「経・緯」が指す方向とは異なっている。そのことが「経度」「緯度」がそれぞれ東西と南北の距離差を示すものであれば、「経線」「緯線」もそれぞれ東西と南北に引かれた線であるといった誤解を生じさせているようである[18]。こうした分

かりにくさを避けるためには、玄沢のように、あるいは艾儒略のように「経度」を南北を測る目盛りとし、「緯度」を東西を測る目盛りとして用いても良かったのではないかと筆者は考えてしまうのであるが、今日ではそのようには用いられていない。したがって、「経度」という語の初出を艾儒略の『職方外紀』に見える例とするのは誤りである。(19)

注

(1) 研究社『英語語源辞典』Latitude の項。

(2) 渋川春海（安井算哲）の『春海先生実記』〈享保六年〔1721〕春水子誌〉に、
以㆓欧羅巴利瑪竇所㆑著之坤輿萬國横図㆒〈乃画屛六幅〉縮㆓画一円球㆒。縦横象㆓天度及里方㆒。号曰㆓地球㆒。是亦便㆔于学㆓地理㆒。且制㆓我国之地図㆒合㆓天度㆒而定㆓方位㆒。別為㆓深秘之一図㆒〈前代所㆑未㆓曾有㆒之画而本朝第一之至宝也〉。
と「坤輿横図」と呼ばれているのはそのためであろう〈右の引用は鮎沢信太郎『日本文化史上における利瑪竇の世界地図』日本大学新聞社 1941 刊 p.26 から〉。
ちなみに、日本において独立した形で印刷出版された現存最古の世界地図である『萬國総図』〈正保二年〔1645〕長崎刊〉や石川流宣の「萬國総界図」〈貞享五年〔1688〕刊〉などは東を上にして描かれているが、これは当時の刊行物と同じく縦長の様式で製作されたためであろうとされる〈京都大学大学院文学研究科地理学教室・京都大学総合博物館編『地図出版の四百年　京都・日本・世界』ナカニシヤ出版 2007 刊〉。また、山村才助の『訂正増訳采覧異言』〈享和二年〔1802〕成？〉に、
増訳万国航海記ニ曰伊斯把你亜《イスパニア》ハ其国欧羅巴《エウロッパ》洲ノ極西ニアリ此ヲ以テ諸ノ地理志皆此国ヲ以テ首ニ置ク。〈按ズルニ熱阿瓦刺非《ゼヲガラヒ》ノ説ニ欧羅巴《エウロッパ》一洲ハ婦人床ニ椅ルノ形ニ似タリ。西ヲ上トシ東ヲ下トス。故ニ波尓杜瓦尓《ポルトガル》ヲ頂トシ伊斯把你亜《イスパニア》ヲ面トナスノ語アリ〉
〈巻三「イスパニア」の条〉

とあり、ヨーロッパ図は西を上とし、東を下とする形であったようである。

（3）『拾芥抄』（慶長年間〔1596–1615〕刊）所載の行基図は、山城国から東西に通じる街道が二本線で書き入れられ、国々の名が東を上にして読み取れるように書かれている。これも進行方向を基とする考え方であろう。

（4）織田武雄『古地図の世界』（講談社 1981 刊）

（5）応地利明『「世界地図」の誕生』（日本経済新聞出版社 2007 刊）pp.71–73

（6）H・ロビンソン他著・永井信夫訳『地図学の基礎』（帝国書房 1984 刊）p.19。ヴィンセント・ヴァーガ、アメリカ議会図書館著・川成洋他訳『地図の歴史』（東洋書林 2009 刊）にも「『オリエント』という言葉は元来『東を向くようにすること』という意味である」（p.25）とあるが、研究社の『英語語源辞典』には「位置・方向を決定する」の意味の初出を一八四二年とする。

（7）本文は『日本哲学全書』（第一書房 1936 刊）の翻刻による。この本文の底本は長崎市役所所蔵本を原本とする写しである。早稲田大学図書館蔵本にはこの箇所はない。

（8）本文は早稲田大学図書館蔵本による（巻三の第一百七十一章）。『日本哲学全書』の翻刻にはこの箇所はない。

（9）現代の辞典（講談社『オランダ語辞典』）には、Breedte また Lengte はそれぞれ「1幅、（布などの）横幅、布幅。2緯度」、「1長さ、縦。2高さ、身長。3（時間の）長さ、期間。4経度」とある。

（10）『磐水存響』（大正元年〔1912〕大槻茂雄編輯兼発行、思文閣出版 1991 復刻版刊）からその部分を引用する。

（11）『日本書紀』成務天皇五年九月の条に「以㆓東西㆒為㆓日縦㆒、南北為㆓日横㆒」とあり、かつては日本でも同様にタテ・ヨコと方角との関係を考えていたようであるが、以降そのように記したものは見られず、玄沢がそうした我が国古来の考え方に基づいて「経《たて》」を東西に、「緯《よこ》」を南北に用いたものとは考えにくい。

（12）本文は京都大学電子図書館デジタル画像および鮎澤信太郎著の翻刻（『日本文化史上における利瑪竇の世界地図』「附録」日本大学新聞社 1941 刊）による。

（13）この指摘は既に荒川清秀『近代日中学術用語の形成と伝播　地理学用語を中心に』（白帝社 1997 刊）に見られる。ちなみに現代中国語では長方形の長い方を「長」、短い方を「寛」であらわす（中国からの留学生李増先氏の教授による。荒川氏も右の書で輿水優氏の報告を紹介されている）。

（14）注（13）の著。

（15）藪内清「明清時代の科学技術史」（藪内清・吉田光邦編『明清時代の科学技術史』京都大学人文科学研究所 1970 刊 p.13）に、同じ「福島」と言いながら、依拠した原図に相違があって、利瑪竇はカナリヤ諸島を、艾儒略はアゾレス諸島を基点としたのではないかとも言われているが、このこととも関係はなさそうである。

（16）宗・張君房撰『雲笈七籤』に「徘㆓徊玉輦㆒、逍㆓遥紫清㆒、転㆓輪八節㆒、緯㆓度天経㆒」とある「緯度」もヨコ（すなわち東西）に渡るの意である。

（17）『訂正増訳采覧異言』に玄沢所蔵の西刻地球全図について述べた文章がある。

昌永按ニ平面半球亦コレ西刻地図中多クコレアリ。万国航海図説及ビ千七百五十九年（日本宝暦九年）ニ仏郎察《フランス》所刻ノ万国海図ハ並ニ其首ニ平面ノ万国図アリテ且方形ヲナス。又磐水先生所蔵ノ和蘭鏤版ノ地図ハ上ニ所㆑謂ノ南北極ヲ経トシ、赤道ヲ緯トナスノ二大図ヲナシテ、其隅ニ半球二種四図ヲ小刻ス。則知ル、明人所刻ノ者亦拠ナクシテ偽作スル者ニ非ザルコトヲ。（総序）

また、「今其諸図ヲ下ニ模写ス」とあって、その模写図の上に、

地球略全図　此二図ハ乃上ニ所㆑言ノ南北極ヲ為㆑シ経ト、赤道ヲ為㆑ス緯ト者ナリ。今西刻ノ諸図皆多クコレヲ用ユ。

とある。山村才助もまた玄沢の用語を踏襲せず、南北を経とし、東西を緯としているのである。

（18）小林謙貞（1601–83）の『二儀略説』（寛文七年〔1667〕成？）に、

愚謂《おもえらく》、列宿層ノ軸、回線（回帰線のこと）ニアリト云コト、未聞《いまだきか》ザルナリ。堯典ヲ考ルニ、列宿東行ノ義アリ。然レドモ、ソノ右行ハ赤道ヲ右行スルトモ、黄道ヲ右行スルトモナシ。案ズルニ、モシ黄道ヲ左右スルニ於テハ、諸星ノ南北ノ経度、時代ニ依テカハルベシ。四十七度ホド南北スベシ。然ラバ、北辰モ随フテ二十三度半ホド北極ヲ遠ノクベシ。然ルニ、古今ソノ例ナキコトハ、列宿ノ右行ハ赤道ヲ右行スル也。然ラバ、今列宿ノ軸ハ回線ニアリト云ハ、東西ニ歳差スル軸ヲカリニ云ナルベシ。（撮要・「酉・申・未宿ノ三層ノ事」）

又、日月ノ会ニ、真正会・見成会ノ二会アリ。真正会トハ、地心ヨリ星心ヲ通シ二線ヲ渡シテ緯度〈白羊ヨリ遠ザカルヲ云ナリ〉・経度〈赤道ヨリ遠《とおざ》カルヲ云〉共ニ一処ニ至リ、又右ニイヘル真正処ニアタリテ会スルヲ、真正処ノ会触ト云ナリ。（撮要・「日食ノ事」）

とあり、井口常範の『天文図解』（元禄二年〔1689〕刊）に、

黄白道ノ交ハ月道ト日道ノ衢《チマタ》ニシテ日月道ヲ合シ南北ノ経度ヲ同フス。朔ハ日月東西ノ緯度ヲ同フス。日月経緯ノ度ヲ合シテ重スル則ハ、日ハ上ニシテ月ハ下ナリ。（中略）望ハ日月相向フ度也。日月経緯ノ度ヲ合シ、相向フ則ハ地形ハ日ノ明ヲ遮テ其明月体不レ及。（中略）此レ月ト日ト経緯ノ度ヲ合シテ相向フノ謂ナリ。（中略）是ニ当テ日月道ヲ合シ、南北ノ経〈右傍訓ケイ・左傍訓タテ〉度ヲ同フスルノ日ナリ。東西ノ緯〈右傍訓イ・左傍訓ヌキ〉度ヲ同フスル日ハ朔ヨリ朔ニ距ル日積ンデ（下略）　（巻三・交蝕1ウ―2ウ。図は8丁にある）

と見え、平沢元愷の『瓊浦《けいほ》偶筆』（安永三年〔1774〕成）に、

君紀曰、田泥復、福島中一島。而蛮人多起二緯度於此一。

と見えるのは、経度と緯度とが間違われた早い例である。明治以降でも、ヘボンの『和英語林集成』（三版、明治十九年〔1886〕刊）に、「Keido　ケイド　経度　n. Longitude」「Ido　イド　緯度　n. Latitude」とありながら、「Kei ケイヰ　経緯　（*tate yoko*）」の説明では、

The lines which run lengthwise and across: warp and woof: latitude and longitude; clasical and unclasical.

とあって、latitude と longitude の順序が逆になっており、山田美妙の『新編漢語辞林』（明治三十七年〔1904〕刊）の「緯線」の説明にも、

チキウノ両極ヲチキウノ表面ニソツテツラ子テミル想像ノ線。英語、Latitude ノ対訳トシテ緯度トモモチヰル。

とあり、「緯度」の説明には「天文学デタテニマウケタル度」とある。

（19）ちなみに『遠西観象図説』に「北緯」「南緯」が「コレヲ中線〈漢名、赤道〉ト云ヒ、中線以南ヲ南緯ト云ヒ、以北ヲ北緯ト云フ」（巻中「地球」）と定義されていたが、「北緯」「南緯」は個別の度数をいう「北緯○度」「南緯○度」という言い方から成立したものと考えられる。『新制天地二球用法記』には「北緯度」「南緯度」といった言い方が多く見られる中に一例だけ「北緯」が見える。

本初子午線と東経三百六十度

はじめに

地球上における東西の絶対位置を定める本初子午線のことが日本で始めて現れるのは、馬場信武『初学天文指南』（宝永三年〔1706〕刊）に、

福島《フクトウ》ヨリ起テ一十度トス。三百六十度ニ至テ復相接《マジハ》ル。（巻一・山海輿地論）

とあるもののようである。この『初学天文指南』以前の池田好運の『元和航海書』（元和四年〔1618〕成）には緯度の測量法については詳しく書かれているが、東西方向については二地点間の実距離が述べられているだけであり、経度のことも本初子午線のことも触れられていない。渋川春海の『天文瓊統』（元禄十一年〔1698〕成）にも、

地の南北は、天の北極・南極の下すなはち南北なり。東西のごときは、定位なし。ただ人の居る処よりして、位を定むるのみ。（巻一・天地総論）

とあるだけであり、西川如見の『日本水土考』（元禄十三年〔1700〕成）でも日本の「径度」を「東西は凡そ十二度、南北は三度或は二度〈一度は凡そ四十里〉」あるいは「その東極より西極に至りて、その径度、十二に相互つて」などとあって、「径度」には言及されているが、本初子午線のことには触れられていない。

1　福島と東経三百六十度

『初学天文指南』に「福島」とあるのは、アフリカの西北にあるカナリア諸島のことであるが、この諸島はギリシャ時代にはインスラエ・フォルトゥナタ（幸福諸島）と呼ばれていたようである。西川如見の『増補華夷通商考』（宝永五年〔1708〕刊）では次のように説明されている。

総州利未亜《リミア》の西北の海中に在り。其地何《いづれ》も肥饒也。但《ただし》此島《しま》絶て雨ふる事なし。吹来《ふききた》る風に霧の如くなる潤湿の気有《あつ》て万物を養ふ。都《すべ》て草木暢茂し易く、五穀野に蒔て耕作を労せずと云へども能成熟《よくしやうじゆく》す。葡萄酒多し。又白糖甚多し。総て是を福島《ふくとう》と号す。其七島の中の一島地皆鉄にして清水なし。（下略）（巻之五・外夷増附録）

この島を世界の基点とするのはプトロマイオスの世界図（二世紀）に始まるようであるが、インスラエ・フォルトゥナタを「福島」と漢訳(1)したのは、おそらく在華宣教師であった利瑪竇《リマトウ》であろう。『坤輿萬國全図』（明・万暦三十年〔1602〕成）に、

南北経線、数㆓天下之寛㆒。自㆓福島㆒起、為㆓一十度㆒、至㆓三百六十度㆒、復相接焉。

と見える。先の『初学天文指南』の文は、この利瑪竇の文章を利用したものであろう。

蘭学においても、この「福島」を通る子午線が本初子午線として専ら説明されている。例えば、平沢元愷『瓊浦《けいほ》偶筆』（安永三年〔1774〕成）に、

君紀曰、田泥復、福島中一島。而蛮人多起㆓緯《ママ》度於此㆒。

と見え（引用者注—「田泥復」はテネリファ島のこと）、三浦梅園の『帰山録』（安永七年〔1778〕成）に、

松村和蘭航海記に曰、亜夫利加洲の地方より七十里程西に当りてカナーリセヱラントと云島あり。総て八島あ

り。此島金銀その他の産物其豊饒の地なるが故に、一名をゴロツキーエイラントと云。漢に其義を訳して福島と云。此八島の一テネリフハアと云島に、ヒーゴと云へる世界第一の高山あり。此方度数の学者天下地図をつくり、東西の経度を定むるに、此山を以て始とすと云。

と見える。この「松村和蘭航海記」からの文章は森島中良の『紅毛雑話』（天明七年〔1787〕刊）にも引かれている。その『和蘭航海記』の著者松村君紀（元綱）は長崎の和蘭通詞であるが、漢学にも通じていた。「福島」の訳語は利瑪竇の書から得たものと思われる。

ただ、「福島」の訳語を用いていないものも見える。司馬江漢の『和蘭通船』（文化二年〔1805〕刊）に、

赤道ヲ以南北ノ初度トス。東西ハ「テンネリップ島」「ヒゴ山」ヲ以テ初度トス。

とあり、本田利明（1744–1821）の『経済放言』（成立年不詳）に、

其国処を検査せんと欲せば、経度と緯度とを用て、其国処の所在を検査すべし。其検査はピコ山と赤道とを用てするなり。ピコの所在は亜夫利加の西海にテネリバといふ島ありて、此島の内にピコといふ高山あり。世界第一の高山なれば、天学家天下の地図を製作するに、ピコを用て東方赤道経度の初点と定め、緯度は赤道以南の緯度、以北の緯度をいふなり。縁て経度はテネリバの子午線より東方へ算し、緯度は赤道より以南へ算し、以北へ算して、其国其処を知る可《べき》は、地図の検査の定法なり。（賛説小引（2））

とある。ピコ山もカナリア諸島の一つテネリバ島にある火山であるが、テネリバ島を「福島」とすることもある。『坤輿萬國全図』（また『初学天文指南』）にあったように、この「福島」を通る子午線を本初子午線として、地球は東にのみ三百六十度が測られていた。これは『坤輿萬國全図』に、

用㆓経線㆒以定㆓両処相離幾何辰㆒也。蓋《けだし》日輪一日作㆓一週㆒。則毎辰行㆓三十度㆒。故視㆓女直㆒離㆓福島㆒一百四十度、而緬甸離㆓一百一十度㆒。則明㆓女直于緬甸差一辰㆒。而凡女直為㆓卯辰㆒緬方為㆓寅辰㆒也。其余倣㆑是焉。

とあり、艾儒略の『職方外紀』（明・天啓三年〔1623〕刊）に、

古来地理家倶従二西洋最西処一為二初度一。即以下過二福島一子午規上為レ始。彷二天度一自レ西而東。

とあるように、天体の動きによって経度が定められたからである。天球の経度は天の赤道と黄道とが交わる春分点から東へ三百六十度まで数えられるが、地球では「福島」がその基点とされてきたのである。蘭学の世界観でも同様であり、山村才助の『訂正増訳采覧異言』（享和二年〔1802〕成？）に記されている各国主要都市の経緯度は「和蘭所刻ノ海国経緯度数ノ譜」によるものであるが、例えば北アメリカのメキシコは「度数ノ譜ニ云、此都北極出地十九度五十分東西天度二百七十四度五十二分」とある。[3]

2　世界経度と国内経度

ところが、後世になると精確な天体観測をする必要から天文学者は自分の観測地を本初子午線とし、あるいはそれぞれの国の中華思想から自国内に本初子午線を設けることが行われるようになった。本木良永の『新制天地二球用法記』（寛政四年〔1792〕成）の第百四十一章の「第十二の註釈」に既にそのことが書かれているが（早稲田大学図書館本・巻二）、『厚生新編』の雑集第二十巻「経度」の項（天保九年〔1838〕宇田川榕菴訳）により詳しく説明されているので、それを引用する。

経度は地理家にて地球上某の国郡其初度とする処より東若クは西に距る度なり。所謂ル初度は地体元円球なるを以て何れを首とし何れを初とすべき定処あるにあらず。故に地の経度を測るに就て初とする処、古今諸家の説異同あり。概するに皆人々随意に定むる者なり。古代の地球図並に輿地図にては「カルホ島「フロリス島を以て初度とするもの多し。和蘭人は加那里亜《カナリア》諸島の内鋏涅律哈《テネリッハ》島にある碧哥《ビーコ》といふ高山を初度とし、仏蘭西人

は鋏島《ヘルロ》を初度とす。此島は鋏涅律哈島より一度五十分西方に在る島なり。諳厄利亜人は初度を取るに定りたる地なく或は龍動《ろんどん》より取り或は「ヱンゲランドスヱンド」地名より取る等なり。故に其地図を繙閲する時に紛惑の憂あり。

この本文の翻訳文の後には榕菴が加えた「補説」があるが、それにも具体例が追加して紹介されている。

又新近の諸家は各々自ラ測量するところを初度とす。鄭古《テーコ》人名は翻刺爾蒲爾觚《ウラニーブルグ》を初とし、蘭斯白爾健《ランスベルケン》人名は則蘭土《セーランド》の古乎斯《クーウス》を初とし、諳厄利亜人は龍動、仏蘭西人は把理斯《パレイス》の観象台を以てし、雪際亜人は胡布撒羅《ウナサラ》を以てす。

すなわち「鄭古《テーコ》」（ティコ・ブラーエ Tycho Brahe 1546–1601）は「翻刺爾蒲爾觚《ウラニーブルグ》」（デンマークとスウェーデンの間に在る小島フブェン島に建てた天文台。天の城の意）を本初子午線として観測し、「蘭斯白爾健《ランスベルケン》」（未詳）はデンマークの「則蘭土《セーランド》」（コペンハーゲンの西にあるセーラン島）の「古乎斯《クーウス》」を本初子午線とした。また、「諳厄利亜人」（イングランド人）は「龍動」（ロンドン）を、「仏蘭西人」（フランス人）は「把理斯《パレイス》」（パリ）の天文台を、「雪際亜人」（スウェーデン人）は「胡布撒羅《ウナサラ》」（ストックホルムの北西にあるウルサラか）を通る子午線を基準子午線としたのである。フブェン島に建てた天文台のことは『訂正増訳采覧異言』（巻二、上）にも紹介されている。

北島見信の『紅毛天地二図贅説』（元文二―三年〔1737–38〕成）は、北は蝦夷韃靼、西は朝鮮、南は琉球、台湾、呂宋、爪哇等の南島を包括する一大版図「和児知斯《ホルチス》、爺瑪多《ヤマト》 Fortis Jamart」なるものを主張しているが（「西洋建置大洲外新僭置一大洲説」）、この書でも「福島」を経度の始点としている。日本では国内に本初子午線を設ける必要が生じるような天体観測は行われていず、鎖国という状態では他国の都市についての精確な経度を知る必要もなかったからであろう。しかし、十九世紀の蘭学者はこうしたことが行われていることを知識としては知っていたのである。

また、右の方法の応用であるが、自国内に設けられた本初子午線を基準に各地間の距離を説明することも行われ

るようにもなった。例えば褘理哲の『地球説略』（1856刊）に、

亦列有二数線一、名曰二経線一。欲レ量二算経線一、当下以二各国京城一為上レ主。如下在二京城之東一者上、為二東経線一、在二京城之西一者上、為二西経線一。

とあり、「ロシアを北京から五十三度から九十四度西に偏っている」（「経線自二中華北京偏西五十三度一起、至二九十四度一止」）と説明しているような例である。佐田介石の『槌地球説略』（文久二年〔1862〕刊）も出されているので、蘭学者（洋学者）たちもこうしたことを知っていたはずである。明治に入ってからの例であるが、西周『百学連環』（明治三年〔1870〕頃成〔永見本〕）には、

此経度を測るに日本は日本、漢土は漢土等の如く、其国を以て0度とし、何国へは西へ何度に当るを知るなり。

とある。

しかし、蘭学者たちは書物によってこのようなことを知り得ていたとしても、実際には世界全図においては国際的に通用する本初子午線からの経度を用い、国内地図においては自国の主要都市を本初子午線とした経度を用いるといった二重の運用が行われていたことは知らなかった違いない。明治四年に欧米十二箇国の視察に出かけた岩倉使節団の旅を記録した久米邦武の『特命全権大使米欧回覧実記』には、アメリカ合衆国においては、世界全図においてはグリニッジ天文台を基点とする経度が用いられ、アメリカ国内の地図ではワシントンを基とする経度が用いられており、著者である久米邦武は煩わしいと記している。

経度ヲ記スルニ、東京ヲ零度トナスハ、固リ体裁ニ於テ正トス、然トモ米国ニテ世界ノ精図ヲ購ヒ、携帯セシ図中ニ、自国ノ分ハ、往々華盛頓《ワシントン》ノ経度ニ改メ、一般ニハ英ノ緑　威《グリーンニッチ》度ニヨリ、互ニ雑出シテ、実ニ粉冗ヲ覚ヘタリ、因テ顧《おも》フニ、本邦ニ世界輿図《よず》ノ印鐫《いんせん》甚ダ乏シク、精細ノ図ハ、英米ノ版行ヲ検セザルヲ得ス、此時ニアタリ、必ス粉冗アランコトヲ慮《おもんぱか》リ、筆記検閲ト共ニ便宜ヲ酌量シ、最初米英ノ例ヲツヾケテ、各国ミナ

緑威ノ経度ニ従ヘリ、　（例言）

具体的には、例えばサンフランシスコについて、久米邦武の本文には、

桑方斯西哥港《サンフランシスコ》ハ、北緯三十七度四十七分三十五秒、英国ノ緑威《クリンウィッチ》ヨリ西経百二十三度六分十五秒ノ処ニ位セル、半島ノ岬ニシテ、　（十二月六日条）

とあるが、第三巻巻頭に載せる合衆国で購入した地図を転写したと思われる「合衆国図桑方斯西哥港近郡之図」には「華城西四五度」の線が書かれている。これは国内用のものであろう。

3　ハリソンのクロノメーター

ところで、前節に引用した『厚生新編』の「経度」の説明の後に次のような内容の記事が翻訳されている（要約して紹介する）。

経度は月食と諸曜（太陽と月と惑星）の光影、恒星が赤道を経過する影を二箇所で測量して定めていた。航海士たちは日夜間断なく経度を測量し、それを船を発した地点の度数と較べて、経過した場所や滞留した地点からの度数を得ていた。しかし、暴風雨などによって精密に測ることできず、方角を失い、漂流することが多々あった。そこで、一七一四年に大ブリタニア政庁は、海上で経度一度を測る術を持つ者に賞金を与え、三分の二度を測るものにはより多くの賞金を、半度を測る術ある者にはさらに高額の賞金を賜うという官命を出した。そこで経度を測る器械の開発がさまざまに進められたが、もっとも有効な器具は時辰儀（時計）であることが分かった。ヨハン・ハル《ママ》リソンという諳厄利亜《イギリス》の木匠が龍動府《ロンドン》に来て時辰儀《トケイシ》工となり、一七二六年に垂球時辰儀というものを工夫して造ったが、その垂球時辰儀の運動は天体観測によって得られるものと異なることなく、

船の盪漾にも変動せず、海上で使用に十分に耐えて、毎月僅かに一秒しか違わないものであった。彼はさらに改良を続け、一七六一年に造ったものを用いて、息子にハルツマート（地名）からジャマイカ島（北アメリカ洲）まで往復させたが、暴風雨にあっても、一分五十四秒の差しか生じなかった。彼はさらに精密なものを造り、それを用いて今度は龍動《ロンドン》からバルバドス島（北アメリカ洲にある島）の間を五ヶ月で往復したが、一分の差もなかった。この後、時辰儀はいよいよ改良されて、遂に大ブリタニア国から西インドの港口まで一挙に航走できるまでになった。

西川如見の『両儀集説』に「海洋ヲ渡ルノ船師皆星宿ヲ測量シテ其方角地度ヲ察ス」とあるように、かつては用の東西を問わず、航海者は天体を観測することによって方角と経緯度を測っていた。ただ、緯度は地平線からの北極星の高度でそれを知ることができるが、経度は測ることは容易ではない。出発した土地の時間を正確に刻み続ける時計があれば、その時計が正午を指した時の太陽の角度を測定して現在の船の位置が分かるが、当時用いられていた時計は振り子時計であり、荒れる海の上では誤差が生じ使い物にはならなかった。(4) それを克服したのが、ジョン・ハリソン（Johan Harrison 1693–1776）の製作した「垂球時辰儀」（クロノメーター）であった。(5) こうしたことも、蘭学者には蘭書を通して知られていたのである。

以上、蘭学者たちは、西川如見や馬場信武の時代とは格段に発達した地球の経度やその測定法に関わる知識を蘭書によって吸収していたのである。

4　グリニッジ子午線と「東経・西経」

ところで、ハリソンのクロノメーターはキャプテン・クック（James Cook 1728–79）の船にもダーウィン（Charles R. Darwin 1809–82）の乗ったビーグル号にも搭載されていたと言うが、イギリスが海洋大国となったのもこのクロノメーターが寄与しているようである。七つの海のどこでも正確に時刻を測ることができる時計ができると、正確に時刻の基準を定める子午線が求められることになる。ロンドン郊外のグリニッジに王立天文台が立てられたのは一六七五年のことであるが、一八五一年にその第七代台長ビドル・エアリーはこの地点の平均太陽時をグリニッジ平均時に定めた。このグリニッジ子午線が今日の世界の経度の基準（本初子午線）となるのである。

グリニッジ子午線が経度の基準として正式に決定されたのは一八八四年にワシントンで開かれた世界子午線会議でのことであるが、日本ではそれより早くこのグリニッジ子午線を経度の基準として使用していた。万延元年（1860）にアメリカ合衆国との条約を締結するために太平洋を渡った時の玉虫左太夫の『航米日録』に次のように見える。(6)

今夕六ツ時午線《ごせん》を過ぐ。午線とは東西経分際の処を指す。故に午線を起す事無《ママ》（引用者注―毎か）処同じからず。今、此午線は英国龍動府《ロンドン》を基として起したる処なり。　（万延元年二月二日）

「東西経分際の処を指す」ところの「午線」とは東経が西経に代わる線を言う。『航米日録』では「地球午線」とも呼ばれている。この『航米日録』には「東経」「西経」の語も見られる。

○北緯三十六度三十分五十五抄、○東経百七十三度三十三分三抄　（二月朔日）

○北緯三十七度五十五分三十三秒、○西経百七十七度五十分四十五秒　（二月三日）

右の例は東経から西経に代わる例であるが、玉虫左太夫を載せた船は南蛮紅毛の貿易船が日本に来た時に通ったアフリカ南端を廻る航路で帰国しており、その時の西経から東経に代わる前後の日のことも次のように見える。赤道直下の気温について興味深い報告も記されているので、その部分も次に引用する。

十二日。午後風強く、満帆風を受け、舟歩近日に比すれば頗る速なり。夜冷気を催す。我国八月頃の時候なり。

夜半冷気にて屡眠を醒すに至る。（中略）〇北緯一度十五秒、〇西経一度十七分。（六月十二日）

十三日（中略）又東南に向ふ。（中略）午後赤道直下を過ぐ。時候反て冷にして、単衣にては堪ゆる能はず。此辺太陽直下を去ること二十度前後にあり、尚如レ此、我国人赤道直下は勿論、太陽直下といへども渇死すると云ひしが、今其地を踏むに、赤道直下は勿論、太陽直下といへども、寒暖計百度（引用者注─華氏）に及ばず。豈に渇死するに至んや。百聞は一見に若かずとは此の謂なり。夜冷気衣を用ゆると至る。（中略）〇北緯零度十七分三十秒、〇東経一度十五分。（六月十三日）

久米邦武の『特命全権大使米欧回覧実記』も同じく、この経度のことが記されており、「東経」「西経」の語も用いられている。明治四年十一月の日記に次のようにある（岩波文庫本による）。

是朝ヨリ太平洋ノ航路ニ掛ル、此日正午ニ北緯三十三度三十八分、東経〈是ハ英ノ緑威《グリーンニッチ》ノ天文台ヨリ数ヘ起セルモノ〉百四十二度三十八分。横浜ヨリ進行二百十〇海里ト、客座ニ張出シテ衆客ニ示ス。洋中ヲ渡ルニハ、終日何ノナカメモナク、只汽輪ノ音ヲ聞キテ、船ノ進ムヲ知ノミナレバ、毎日ニ張出ス経緯度、及ビ船ノ進ミヲ見テ、時計ノ差《たが》ヒヲナスコト、道中ニテ旅館ニ着キタルヨリモ楽シ。此ニ航海ノ日記ハ、他ノ其煩冗ヲ省キテ、一ノ表トナス。左ノ如シ。

十三日　雨霽風強シ　北緯三三度三八　東経一四二度三八　進二一〇海里

（中略）

又二十一日　風雨稍起ル　三〇度二〇　一七九度三〇　二三三

二十二日　快晴風ナシ　二九度五八　西経一七六度〇七　二一八

日本においてグリニッジ子午線を基準とする「東経・西経」が用いられるようになったのは、右に述べたように万延元年（1860）以降のことであるが、「東経・西経」という語はそれ以前から、自国内に基準経度を設け、それを基準に各地間の距離を説明する場合にも存在していたであろう。褘理哲の『地球説略』に「東経線・西経線」と見える。

5　日付変更線

一五二二年にマゼランのビクトリア号が世界一周を果たし、アフリカの西海岸のヴェルデ岬諸島に着いた日は、航海日記では七月九日であったが、島民からその日が七月十日であることを聞いた彼らは、最初は自分たちの記録の誤りを疑い、やがて世界を一周した実感にひたったという話は有名である。それから約三百五十年後に書かれた玉虫左太夫の『航米日録』にも同様に「今廿八日、予日録の順次を閲するに、廿九日に当り一日差あり。（中略）始ての航海其所以を知らず、唯日を逐ひて事を記し、今帰後国暦に合せ其差あるを知る」（巻七）と見える。そして、「予固より暦学に暗し。今次航海同行中一人、頗る之を知者あり。今其人に就き是の説を得」として、一日増減の理由が次のように記されている。

是地球一周の間、東方二《ママ》（引用者注—片仮名のニの誤植であろう）日に向ひ駛《はせ》るを以て、自《おのづら》ら是差あり。今其所以を述ぶ。地球一周三百六十度、一度は六十ミニート〈一時なり〉となる。而して地球の昼夜左方に一転す。船舶亦左方二《ママ》（同上）日に向て駛る。されば経度一度に付、四ミニウトの剰余を生ず。之に三百六十度を乗ずれば千四百四十となる。即ち彼の二十四時也。是に於て両日を兼て一日となして、時の剰余に加ふ。又右方二《ママ》（同上）日に背て駛る時は、彼の二十四時減少す。是に於て一日を割て両日となして、時の減少を補ふ。今次地球と共に左方に向ひ駛る。是を以て一日の剰余生ず。地球午線を過る時、其日増減するを定法とす。故に彼は英国龍動府《ロンドン》に基き午線を定め、小太平洋東経百八十度の処にて増減す。予国に基く時は、龍動府西経四十三

度の処是午線也。予此処にて増減すべきなれど、始ての航海其所以を知らず（下略）、

この文章がおそらく日本で最初に日付変更について書かれた文章であろう。

かつては『経済放言』に「経度はテネリバの子午線より東方へ算し、（中略）其国其処を知る可《べき》は、地図の検査の定法なり」とあった。日本に居て世界の地理を知るのには、この「定法」があれば十分であったのである。しかし、実際に世界に船出することになると新しい定法があることを知った。『航米日録』にあった地球を一周したときに一日を調整する「定法」がそれである。玉虫左太夫は前に引いたように「午線」を「東西経分際の処を指す。故に午線を起す事無処《ママ》同じからず」（万延元年一月二日の条）と説明していたが、「予国に基く時は、龍動府西経四十三度の処是午線也」とし、日本を走る東経百三十七度線から百八十度違う場所をその調整場所とした。ある意味で「和児知斯《ホルチス》、爺禡多《ヤマト》 Fortis Jamart」なるものを主張した北島見信もしなかったことを彼はしているのである。(7)

そしてさらに『特命全権大使米欧回覧実記』に見える、経度百八十度を超えたときに一日を調製するという日付変更線に関わる「定リ」を日本人は知ることになる。

地球上ヲ東ニ廻レバ遂ニ一日ヲアマスモノナル故ニ、航海暦法ニ、経度百八十度ノ交ヲ過ルトキ、一日ヲ増スコト定リナリ。太平洋中ニ、英ノ緑威ヨリ百八十度の交アリ、即前表ノ廿一日ニ此ヲ過キタルヲ以テ、廿一日ヲタ、ミテ、航海暦ニ合ス。（第一巻）

おわりに

敢えてグリニッジを本初子午線とすること、それを基とする「東経・西経」のことに触れたのは、蘭学者たちの世界地理観の歴史的位置を明らかにしたかったからである。かつては地の南北の定位は天の北極・南極によって得

られていたが、東西については定位とするものは東洋にはなかった。西洋から伝わった福島を通る経線を定位とし、地球規模の世界地理観を積極的に日本に紹介したのは蘭学であったと言える。しかし、実際に世界に乗りだし、世界を一周した者は、蘭学が教えた福島から三百六十度東へ測られる世界ではなく、グリニッジから東西へ百八十度と測る世界に直面することになった。東経三百六十度から東経百八十度・西経百八十度への変化は蘭学から洋学への転換を象徴するとも言えるようである。(8)

注

（1）宇田川榕菴編『博物語彙』（成立年不詳。早稲田大学図書館蔵。デジタル画像による）に「Canaria　福島」とある。

（2）宇田川榕菴注（1）の書に「teneripa　福島」と見える。

（3）司馬江漢の『輿地全図』（寛政四年〔1792〕以前成）に、

地球ハ半《ナカバ》ヲ赤道ト名ク。上ヲ北極軸トシ、下ヲ南極軸トス。経緯《ケイヰ》トモニ三百六十ニ割テ、其一距ヲ一度ト云。南北ニ極軸アリテ、東西ニ際ナシ。故ニ亜弗利加《アフリカ》大洲ノ西亜大蠟《アタラ》海中福島アリ。蘭語フリユクト・エイランドト呼。此島ヲ東西ノ初度トス。南北ハ赤道ヲ以テ初度トス。（地球楕円図）

とある「此島ヲ東西ノ初度トス」とある「東西」は「南北」のタテに対するヨコ方向を意味するものである。『訂正増訳采覧異言』に見えた「東西天度」も同様である。

（4）渡辺敏夫『天文暦学史上における間重富とその一家』（山口書店 1943 刊）第四篇第一章「垂揺球儀」によると、『霊台儀象志』に見える振り子時計（「垂揺球儀」）は「細線の一端に重錘を垂らして動かし振動数によって時間を測定するもので、その振動を継続させるについては何等器械的装置も用いず、その振動が減少すると手でそれを増大させるか、それと同様な垂球を予備的にあらかじめ設けておいても一つの垂球が弱まれば直ちに次のものを発動させて、振動を継続させるもの」であったという。また同書によると、寛政暦（寛政十年〔1798〕施行）を造った間重富や高橋至時はこれに改良を加えて天文観測を行っていたようであり、同じ頃に麻田妥彰はそれとは異なる「垂揺球儀」を創製したという記録（「寛政暦書儀象誌」）があるという。しかし、これはヨーロッパ製の儀模造とする説もあるようである。ちなみに、小川友忠著『西洋時辰儀定刻活測』（天保九年〔1838〕刊）の跋に「西洋時辰儀亦其類也。彼則以レ此量二日之行度一而過二於溟渤之中一不レ迷。是器伝二于本朝一已久矣」（溟渤は大海原）とあるのは、単に西洋時計の効用を述べたものと思われる。

（5）ハリソンの「垂球時辰儀」のことについては、デーヴァ・ソベル著『経度への挑戦』（藤井留美訳・角川文庫。初出は翔泳社 1997 刊）に詳しい。

（6）本文は『文明源流叢書』巻三による。

（7）東経百三十七度は現在では名古屋近くを走る子午線である。ここに日本を始発とする子午線を定めた理由はいまだ考え得ない。東経百三十五度を通る子午線を日本標準時を定める子午線としたのは明治二十一年（1888）一月一日からである。

（8）日本標準時を定める子午線を東経百三十五度に定める勅令は明治十九年七月十二日に出されているが、その勅令に「経度ハ本初子午線ヨリ起算シ東西各百八十度ニ至リ東経ヲ正トシ西経ヲ負トス」とある。

「化石」の変質

1　牧野富太郎の「化石」川本幸民造語説

西洋では、時間と永遠、生と死、進化と石化の間をつなぐ境の象徴として、化石はしばしば葬式の贈物として用いられたそうであるが、[1] 古生物学では「化石」は「過去（地質時代）の生物の遺骸または生物が残した痕跡」と定義される（日本古生物学会編『古生物学事典』1991刊）。このように定義される「化石」の語源について考えたもので最も早いものは、牧野富太郎「植物学訳語の二、三」（『植物記』1943刊所収）であろう。牧野の説を摘要すると次のようになる。

①Fossilは「殭《きょう》石」と訳されたことがある。英国の地質学者ライエルの書の漢訳『地学浅釈』の中に初めて見え、中国人の造語と考えられる。「殭」は死んだ後もなお朽腐せず遺存するという意味である（『玉篇』「死不朽也」）。

②「化石」の語は文久二年（1862）発行の『英和対訳袖珍辞書』にも慶応二年（1866）発行のその改正増補版にも見えないが、明治二年（1869）発行の『改正増補和訳英辞典』には「Fossil　掘出シタル」「Fossiliferous　化石ノアル」「Fossilization　化石スルコト」「Fossilize　化石スル」「Fossilogy　化石ノ論又学」とある。さらに嘉永四年（1851）に開版された、和蘭書の川本幸民訳『気海観瀾広義』に「動植ノ化石アルヲ見ザレバナ

リ」「有機体ノ化石ヲ含ム。貝。蠣殻等ノ化石モ亦コレアリ」「石炭亦コレニ属ス。蓋シ木ノ化石ナリ」の句がある。

③したがって、地質学用語としての「化石」はFossiel（Fossilの和蘭語《おらんだ》）の訳語として川本幸民が案出したものと思われる。

①に見えるライエルの書（"Elements of Geology"）の漢訳『地学浅釈』は清・同治十二年（1873）に出版されたものである。②に見える『改正増補和訳英辞典』の「掘出シタル」の意味のFossilは早く『厚生新編』にも見られる。その第三十巻（大槻玄沢・宇田川玄真訳校）に「デンテス　ホツシレス　ヱレバンチス」の項があり、その項名のデンテスの横に「歯」、またホツシレスの横に「発掘」と傍記され、「又　ヱビユル　ホツシレ、発掘象牙の義なり　又　湯に凝るに湯ホツシレ　発掘一角の義なり」とあり、また、続稿巻十四（訳校者同じ）の「発掘象牙及一角」の項に「羅甸　デンテス　ホツシレス（下略）」とあって、同じ傍記がある（ちなみに、後の項目には「按に此物漢土古来称する所の龍骨といふものなるべし」と訳校者の考えが記されている。この化石を龍骨とする説については後に触れる）。また②において、牧野が「化石」の語の創出者と目する川本幸民（1810–71）の『気海観瀾広義』（全五冊）は嘉永四年—安政五年（1851–58）刊である。この書はオランダ人ボイスの著を原書とし、それ以外の著書も参考にして編訳した理科入門書である。その第二冊目の「凡例」に言う、

原書ハ文政十一年和蘭人ボイス氏著ス所ノ「アルゲメーネ・ナチユールキユンヂフ・スコールブーク」格物綜凡ト題セル者ニシテ、初学ニ理科ノ大意ヲ知ラセムガ為ニスル所ナリ。故ニ時刻・度量等、唯其大概ヲ示ス。今コレヲ抄訳スルニ方《あた》リテ、傍ラ天保二年同氏ノ著セル「ホルクスナチユールキユンデ」農民究理書園丁問答及ビ「イスホルヂング」氏著スル所ノ医科必読格物書等ヲ合ハセテコレヲ摘シ、且ツリツトロウ氏ノ説ヲ交ヘ、以テ其闕ヲ補フ。（下略）

この書に現れる「化石」をその前後の文とともに次に引用するが、確かに現在言うところの化石の例である。用例はすべて第一冊目の巻三の「三有」（動物・植物・山物）の説明の中に見える。

> 山物中水銀・土油ヲ除ケバ、皆硬固体ナリ。然ルニ此硬固ナル物、亦始ハ流体ナリシコト疑ナシ。夫レ地球ノ半径ヲ六千分シテ、其一分ヲ地皮トス。「ロッツ」石ノアル所是ナリ。蓋シ「ロッツ」石ハ其始メ地球創成ノ時ハ流体ニシテ、諸物溶化シ流ルヽ者ノ中ニ含ミタル山物ノ漸徐ニ沈降シテ成レル者ナリ。故ニ地上ノ諸石土金属モ其初メハ溶流セシ物ナルガ、其漸ク沈降スルトキニ当タリテ、舎密機性ヲ以テ、諸般ノ土石、同類相聚マリ、互ニ連繋シテ山鏈及ビ地脈ヲ生ジ、以テ地皮ヲナスナルベシ。（中略）地球創成ノ時、最初ニ沈殿シタル者ハ、「ロッツ」山ニシテ、晩成山ノ礎トナル。「ロッツ」山ニ次テ生ズル者ハ、脈山ニシテ、重畳スルコト鱗状ノ如ク、而シテ其段厚シ。其後大地ノ変動ニ由リテ其段錯乱ス。此段ハ原始山ニ接シ、其中襞裂アリ。異種ノ石類、其際ニ満チ、諸地類［金銀鉛錫鉄等ヲ混ズル者］亦コヽニアリ。故ニ金類ヲ掘ルノ坑ヲ造ル。此山、動植未生ノ前ニ成レルヲ知ル者ハ、動植ノ化石アルヲ見ザレバナリ。〇筏山ハ平扁ニシテ高低アルコト波濤ノ如シ。其質類ヲ異ニスル者、互ニ重畳ス。其表面ニ「ケレイ」及ビ園土ヲ被フ。其石ハ砂、「レイ」、「マルネル」類ナリ。其脈山ト異ナル者ハ、方今未ダ詳ナラザル有機体ノ化石ヲ含ム。貝、蠣殻等ノ化石モ亦コレアリ。（中略）〇可燃物ハ熱ニ遇ヒテ炎ヲ発シ、燃焼スル者ナリ。四種アリ。一ハ硫黄。二ハ土脂。コヽニ数品アリ。中ニ就テ琥珀ハ一種ノ酸アリ。原《もと》樹脂ヨリ成ル。故ニ砕片中、細虫ノ翅足全ク具スル者アリ。好事家コレヲ磨シテ、顕微鏡ニ照シ愛玩ス。石炭亦コレニ属ス。蓋シ木ノ化石ナリ。

ちなみに、『気海観瀾広義』とほぼ同時期にドイツのイスホルヂングの理科書を原本とした廣瀬元恭の『理学提要』（嘉永七年〔1854〕）が刊行されているが、この書にも次のようにある（原漢文）。

> 此の山、往古、地球の変化に遇ひ、寒き者暖となり、高き者卑となる。故に土中常に当今曾て無き所の物品を

見る。（中略）又、入爾瑪泥亜《ゲルマニア》の北地及び牙爾白《アルペン》山上等に、多く海産の草木及び介属の化石を存す。是れ古今、高卑、処を異にするなり。乃ち知る、桑田碧海の語の誣ひざることを。（巻之三・土）

したがって『地学浅釈』が出版された明治十二年（1879）以降においては、「殭石」と「化石」とが併用されていたことになる。実際に明治三年刊の西周『百学連環』には「化石」が用いられ、明治九年発行の柴田承桂著『百科全書地質学』では「殭石」と「化石」が、明治十二年文部省発行の『労氏地質学』では「殭石《フヲシル》」が、明治十七年刊の小藤文次郎『金石学一名鉱物学』では「殭石」と「化石」が使われているといった具合である。矢島美智子『化石の記憶―古生物学の歴史をさかのぼる―』（東京大学出版会2008刊）の調査によると、「化石」に落ち着くのは明治二十年代以降のことである。歌代勤・清水大吉郎・高橋正夫『地学の語源をさぐる』（東京書籍1978刊）には「化石」は「実際の地質家・鉱山家の間で用いられ、明治初期から普及した」とある。ただ、地質学者であった小藤文次郎博士の「明治十五六年頃でしょうか。私はよく化石、いやFossilのことは正しくは、殭《きょう》石といわなければいかん―殭石を採りに行きました」という言葉を上村登が紹介しているが（『牧野富太郎伝』六月社1955刊p.77）、Fossilの訳語としては「殭石」を正しいとする意識が当時はあったようである。「化石」の語が嫌われた理由は次節以降に述べるところにあったものと思われる。

2　幸民以前の蘭書に見える「化石」

牧野は「化石」を川本幸民の造語と考えたが、幸民の『気海観瀾広義』の例より早いものが帆足萬里（1778-1852）の『窮理通』（天保七年〔1836〕成、安政三年〔1856〕刊）に見られる（原漢文）。

地上の山、分ちて四等とす。即ち初生山、第二山、第三山、火山なり。四山、分子の組織各異なり。（中略）

皮休刺石灰質、連山は（中略）核子有り。階級法を以て畳成す。初生諸山と異なる無し。但初生山階級は、漸く上れば漸く薄し。白瑪瑙様の核子、其の中を貫きて突起するを見る。是の山階級重畳するが如きは、紙牌、机上に閣する状に似たり。其の核子は古石灰岩、頗る貝介を雑へ、白色或は灰白色なり。最下階級は黯黄軟石、多く化石を雑《まじ》ふ。　（巻之二・地球上）

石灰石の焼きて石灰と為す可《べ》き者、及び麻爾墨爾石は多く第三蕩流山中にあり。懐旧法を成して、第一山に倚著す。暑さ数拇より一尋に至る。是の級に次ぐ者は、動鉱・石炭・山塩、及び諸化石なり。是の物を精験するに、蓋し開闢の時、海水汎濫中に生ずる者に非ず。但、階級法に由りて、下沈して凝結するのみ。第二軟中諸山にも、亦此の物在り。多くは上層に在り。次に諸種の石を以てす。　（巻之三・地球下）

これらは沙石等が凝固して岩石状となったものを言っているのかもしれないが、「尋常の柔軟聚沙石は山岳形を成す。其の中に上古の草木禽獣の土石に化する者を雑ふ」（巻之三・地球下）とあることを見れば、生物の化石について言ったものと考えられる(2)。

さらに遡って、『厚生新編』にも次のようにある。

○アンモンス・ホールン〈石名　羅甸「エルニーユ、アンモニス」按に「アンモンス」未詳「ホールン」ハ螺なり〉

「アンモンス・ホールン」ハ土中より掘出す一種の石なり。大小種々あり。但其状ハ皆羊角の如く又蝸牛殻《くはぎうかく》《マイノツブリ》のごとく螺旋《らせん》す。今時の物産家《ほんぞうか》是を真の「ゼースラク」〈按に海蝸の義。再考すべし〉の化石なりといふ。意太里亜《いたりあ》国の人ハ化石蛇の名を命せり。此者多くハ諸国粘土《ねばつち》の内にあり。然れども時としてハ「ヱイセル・ステイン」〈按に鉄名の義。再考すべし〉を生する近傍に於ても見る事あり〈按に石螺の一種にて所謂月の糞．日のふん．といふものなるべし。月ハ白く日ハ黒し。形羊角の如く螺旋紋《らせんもん》あり。透明にして水晶のごと

し〉〈漢名未詳伊豫方言カガミ石。阿波方言マテガラといふ〉　（第三巻・金石土部巻之一）

○ワルステーニンゲン化石の条に記載す。就て参考すべし。　（雑集第五十一巻・山坑物）

前者の例は馬場貞由が訳した文中に見えるものである。貞由は文化十三年（1816）にこの翻訳の仕事から離れており、この例は川本幸民の『気海観瀾広義』より約四十年前のものと考えられるが、ほぼ同じ時代に書かれた司馬江漢の『天地理譚』（文化十三年〔1816〕成）にも、

化石

○相州箱根神代杉、今ニ土中ヨリ出ル者多シ。数千年土中ニ埋レタル木、土気ノ為ニ淡墨色トナリ《ママ》。亦、東奥出羽ノ国悉ク化石多シ。（下略）

という例がある。さらに遡って、森島中良の『蛮語箋』（寛政十年〔1798〕刊）にも「化石　フルステーン」と見える（講談社の『オランダ語辞典』には versteend〈「石化した」「化石化した」の意の形容詞〉と Fossiel〈「石化した」「化石化した」「化石」「時代後れる人」の意〉を載せる）。

3　本草学等に見える「化石」

前節で見た蘭学関係の文章に見られるものは『古生物学事典』で定義されるところの「化石」と考えて良いものであろう。しかし、『厚生新編』に「今時の物産家《ほんぞうか》是を真の「ゼースラク」〈按に海蝸の義。再考すべし〉の化石なりといふ」とあり、「化石」という文字列は本草学者・物産学者の文章でも用いられていたものである。例えば小野蘭山の『本草綱目啓蒙』（享和三年―文化三年〔1803-1806〕刊）に、

石蟹　カニイシ（一名）乳石集要本草

蟹土中ニ入テ土ト共ニ化シテ石トナル者ナリ。（中略）〔集解〕石蝦　ヱビイシ　日州ノ　向山ヨリ出ル蝦魁《イセエビ》ノ化石ト云者ナリ。又石魚ハ、香魚《アイ》ノ化石、壱岐ノ勝本ニアリ。鯽魚《フナ》ノ化石ハ、豊後粟野ノ金山ニアリ。比目魚《カレイ》ノ化石ハ、予州茗荷ケ嶽ニアリ。鰻鱺《ウナギ》ノ化石ハ、長州鍋村ノ山中ニアリ。石魚一名魚龍石　雲林石譜ニ見エタリ。　（巻六・石類下）

とあり、さらにその少し前に刊行された木内石亭著『雲根志』の前編（安永二年〔1773〕刊）の「巻之三」また第三編（享和元年〔1801〕成）の「巻之三」にも、「変化類」として多数の「〇〇化石」が挙げられている。例えば次のような例である。

蟻化石《ありのくはせき》　九　人あり。予に語て云、摂州有馬愛護山に蟻の化石《けせき》あり。みづからゆきて拾ひ得たりとて蟻の石に化したるを三つもち来りて予に見せける。首尾足等全くして真に蟻也。実は石にして大さ三分ばかりあり。俗に山蟻といふものにて重くかたき事鉄のごとし。（前編）

貝化石《かいのくはせき》　七　貝石和産多し。形状光彩硬軟悉く前編に記す。今又其後求め得たる産所を茲に附録す。（中略）上総国白里村に異体あり。硬くして円なる石を破砕けば、石中に白色にて蛤の紋ありて、全く貝なり。（第三編）

さらにその少し前の明和三年（1766）の物産展覧会の出品目録「明和三年丙戌四月望東山会目」の中にも「胡桃化石　尾州師崎」「コクタン化石」「エノキ化石　河内」「櫧化石　武州」と見える。(3)

さらにその少し前の宝暦十三年（1763）七月に刊行された平賀源内の『物類品隲《ぶつるいひんしつ》』にも「化石」は現れる。この書は宝暦七年に行われた本邦最初の物産展覧会から同十二年に行われた第五回の会までに出品されたものの中から数百種を選んで解説したものであるが、その「巻之二」に次のようにある。

△化石　古人曰ク。石ハ者気ノ之核ナリ也。按ズルニ諸物其ノ気凝ル時ハ皆石ニ化ス。石蟹・松石ノ類既ニ本條ニ出ヅ。其ノ余化石此ニ附ス。

○蛤蚌ノ類、石ニ化スルアリ。○伊勢榊原村貝石山産、下品。○遠江産、中品。○土佐産、上品。方言クハズノ貝ト云。○信濃水内産、中品。以上五種皆文蛤ノ化石ナリ。○近江産、上品。シラカヒ化石ナリ。○下野鹽谷湯壺折谷産、下品。○伊豆産、下品。以上二種海扇《ホタテカヒ》化石ナリ。○信濃産、下品。牡蠣殻化石ナリ。○参河産、上品。蠣黄《カキノニク》化石ナリ。其ノ形生物ト異ナルコトナシ。壬午客品中、尾張津島氷室氏具レ之ヲ。○螺類化石アリ。○尾張産、上品。○信濃産、中品。以上二種、螺名未ダレ詳ナラ。○肥後葦北郡イカブチ山産、上品。○遠江産、上品。以上二種、田螺化石ナリ。○紀伊畑島産、上品。カミナノ類ニテ大ナリ。○樟化石　○河内交野郡国分寺村産、上品。○杉化石　○讃岐産、上品。

管見ではこの源内の用いたものが日本人の文章に見られる「化石」の最も早い例である。

漢籍では方以智の『物理小識』（明・崇禎十六年〔1643〕成）「金石類」の見出しに「化石」とあるが、本文には「土圧最寒、蟹入不レ能レ動、久之間、則成レ石矣」「昔避乱之民、為二寒気一所レ凝、漸化為レ石」などとあり、「石と化すこと」という意味で用いられたもののようである。従って「有松化石」とあるのも「松、石と化すこと有り」と訓むべきものと思われる。同様な例は鄭元祐の「次二韻劉憲副春日湖上有レ感詩一詩」の「鶴老離レ巣、松化レ石。鸞孤照レ水、竹穿レ沙」など漢籍には多く見られる。源内の『物類品隲』以前の我が国の本草書に見られる「化石」も同様であり、例えば寺島良安の『和漢三才図会』（正徳三年〔1713〕刊）に、

石蟹　本綱石蟹生二南海一、是尋常蟹爾年月深久水沫相著因化成レ石、毎レ遇二海潮一、即瓢出。（中略）蟹入則不レ能二運動一片時成レ石矣。（巻六十一・雑石類）

とあり、貝原益軒の『大和本草』（宝永六年〔1709〕刊）にも、

松石　本草綱目不灰木ノ附録ニアリ。松久ク化シテ石トナル也。瑯琊代酔四十巻松化シテ為レ石ヲ記ス。白孔

六帖ニモ見エタリ。日本ニモ多シ。又、諸木ノ石トナルアリ。筑前州名島ト云処ノ海浜ニ神功皇后ノ御船ノホハシラ石ニナリタルアリ。越前敦賀及佐渡ニブナノ木石アリ。樟石アリ。皆是木ノ変ジテ石トナル也。近江ニ土ノ石トナレル川アリ。（巻之三）

石蟹　三才図会曰石蟹生㆓南海㆒、今嶺南近㆑海州郡皆有㆑之。体質石也。而都与㆑蟹相似。或云、是海蟹多年水沫相著化而為㆑石。今按ニ本邦海浜軟石ノ内往々有㆑之。旧石碑ノカケタル中ヨリ出ル事アリ。其石ハ初砂土ノカタマレルニテ蟹ノ其内ニアリシガ共ニ化シテ石ニナリタルナルベシ。蟹細沙ノ中ニアリテ不㆑能㆑出シテ石トナル。時珍亦如㆑此イヘリ。（同右）

とある。

4　木内石亭と平賀源内の化石観

前節で見たように名詞用法の「化石」、すなわち石化した物を意味する「化石」は中国では確例がなく、日本で造られた語と考えて良いように思われるが、その「化石」は陰陽五行説の「気」によって石化したと捉えられたものである[4]。ただ、弄石家として知られている木内石亭は実物に即して判断し、合理的な考え方をすることがあるので、右のように言い切れるかどうか検証が必要であろう[5]。石亭は例えば、舎利を仏身から出たもの、あるいは空中より降ったものとする説を否定し（『舎利弁』寛政四年〔1792〕序）、曲玉・鏃石・車輪石・石刀・手斧石などを「天工にあらず、人工にあらず、実に神工のいちじるきもの」と言い（『神代石之図』序、『雲根志』後編巻之四および第三編「鐫刻類」[6]。）司馬江漢が天から降ってきた隕石のようなものと考えた「雷斧」[7]を「上古使用の物にてあるものと見えたり」（『雲根志』第三編「異志都々伊」十二）と見抜き、『化石の四説』（寛政四年〔1792〕口述）では「怪石とともに木化石の四説あり。一説は千年の枯木化すといふ。一説は雷火の撃せられてなるといふ。一説は地中より気の立つにあたりて化すといふ。一説は海水につかりて化すといふ。皆不㆓虚言㆒乎」と言っている人物である。したがって、萌芽的なものであれ、西洋科学的な捉え方が見られるのではないかと期待されるからである。しかし、『雲根志』には、

鶏化石《けいくわせき》　一　筑前の国香椎浜に鶏石あり。土俗伝へいふ。むかし此浜へ何処ともなく鶏来りて稼穡をあらせしをもて、近郷の百姓あまたあつまりて彼鶏を狩（り）て殺さんとあらそへり。時に雲水の僧来りて罪をゆるし、鶏をわれにあたへよと乞どもゆるさずして終に殺せり。其時、旅僧和歌あり。「いにしへも鶏の玉のむためしあり罪をばなどかわれにあたへぬ」。死たる鶏たちまちに石と化せり、と。（前編巻之三）

蝦蟇石《がまいし》　四　（中略）信濃国松本の人予に語て云、木曾御嶽に凝水石《ぎやうすいせき》を産する山あり。其石中に虫あり。ほり出せばすなはち石なり、と。此人蛙石《かはづいし》を持り。一ッは出たり。一ッは石中にあり。かたくおもくして石なり。其かたち蛙に異なる事なし。四足全くして石中に残れる物も外よりあざやかに蛙の形見ゆ、と。是凝水石につつまれ、共に其の気《き》を受得《うけえ》て石と化せしもの成べし。（下略）　（同右）

など、傍線を付したような説明が満ちている。次のような説明においても同様に化石を捉えていたものと思われる。

石蟹《せきがい》　八　石蟹漢産多し。薬用に備ふ。（中略）万物造化論に云、土中を深く掘る事有て蟹の石に化したるを得たり、と。即、本草の石蟹なり。　（同右）

海老化石　卅五　（中略）万物造化論に土中を堀て海老の化石を得たる事あり。桂海虞衡誌及び本草の石蟹なり。　（同右）

以上のような文章から判断すると、石亭もまた西洋の科学的な窮理精神とは無関係であったと考えざるをえない。そのことを明確に指摘しているものに『神代石之図』の鈴木一保の跋文がある。その跋文の全文を次に掲げる。既

に斎藤忠氏（前掲書 p.192）が「当時の弄石家の考え方や、石亭の立場をよく知ることができる」ものとして注目されているものである。

或問曰、博物窮理の学は古人のかたんずる所、玉石難弁紅紫乱朱、今日郷平の化に浴し玉石を弄ぶの徒多し。是海内の異産異品を集め、薬石真偽可否を糺す。其よる所宜《むべ》也。然るに神代石と称するものであるが見るに、おほくは土中より穿出せる物にして、其異形なる其用をしらず。其の用なき時は実に無用の頑物なり。何を以てか是を貴重するや。国史・野志其石をいふことを聞ず。是るを木内家が好事の癖にしてしらざるを恥て、みだりにこれを設く。名実相そむけり。其説をきかん。

答曰、道のおなじからざる、相ためにははからずといへり。嗜好もまたおのおの異なり。当時玉石を翫ぶの徒、天下にみてり。是の盟主たる者、是《これ》湖東石亭翁なり。もとより本草物産の徒にもあらず。博く海内珍奇の石品を一集して、方物造化の妙法を掌の上に弄ぶ。其楽《たのしみ》ははかりしるべからす。誰か甚だ佳境に至る事を得ん。且《かつ》異形人工の石を神代石と名付るは、能く其物を弁じ、名付る所意の外に出て、名実相叶《かのう》といはん。いかにともなれば、子がいふごとく、其物ありてその用をしらざるは時は無用の頑物たり。これを頑物といふて其用をしらざるは、今の代の人ごゝろを以てこれをいふなり。かけまくもかしこき神のみわざよ、くさぐさの事、皇朝のいにしへなり。今の人ごころを以て押しはかりいふべからざること多し。此石も神代のいにしへ玉祖《たまのおや》命のつくり給ひしものなるべし。神のみわざの正しく、今の世に残て世に顕るるは、大平の御世のめでたきを愛で給ひたる神の御心なるべしと、神代石とやすらかに名付しは、翁の心の能く皇朝のいにしへをしれりといふべし。かの□意を以て其理を窮んといふは、さかしらのひが心なり。これをすててこそ、其楽はしるべけれ。

子よくこれをおもへ。

石亭は「気」の思想に代えて「神のみわざ」をもって「化石」を理解しているのである。

源内もまた長崎に二度も遊学して蘭書・蘭器などを求め、江戸参府のために本石町の長崎屋に滞在したオランダ商館長に親しく交わって、外国の物産について質問し、見聞を広めた人物である。かのヱレキテル（摩擦起電器）を修理・復元し、火浣布・寒暖計を製作して人を驚かせたことは有名である。しかし、その源内もまた先に引用したように『物類品隲』で「石ハ者気ノ之核ナリ也。按ズルニ諸物其ノ気凝ル時ハ皆石ニ化ス」という古人の説を疑っていないのである。

『蘭学事始』にある次のような記事もまたよく知られているが、彼の考え方における蘭学の実測窮理の精神と東洋思想との関係を知るのに好適の例と言える。

> またある日、カンランス一つの棋子の如き形のスランガステーンといふ物を出し示せり。源内これを見てその用を問ひ帰り、翌日別に新たに一箇の物を作り出して持ち行き、カンランスに見せたり。カンランスこれを見て、これは前日見せ示しものと同品なりといへり。源内曰く、示さるゝところの品は貴国の物産か、また外国にて求め給へるものかと問ふに、これは印度《インド》の地方則意蘭《セイロン》といふところにて求め来れりと答ふ。源内また問うて曰く、その国にては如何なるところに産するものといへば、カンランス曰く、その国にて伝ふるところは、この物大蛇頭中より出づる石なりといへり。源内聞きて、それは左様にあるまじ、これは龍骨にて作りし物なるべしといふ。カンランス聞きていふ、天地の間に龍といふものはなき物なり、如何にして、その骨にて作るべしやといへり。こゝに於て、源内已が故郷なる讃州小豆島より出せる大なる龍歯につゞきたる龍骨を出し示して、これ即ち龍骨なり、本草綱目といへる漢土の書に、蛇は皮を換へ、龍は骨を換ふと説けり。今われ示すところのスランガステーンはこの龍骨にて作れる物なりといへり。

カンランスの「天地の間に龍といふものはなき物なり、如何にして、その骨にて作るべしや」という問いに対して、源内は『本草綱目』に龍は骨を換えると書かれていることを疑うことなく反論する。この話は源内の長崎遊学以前のことであるが、遊学後の著『物類品隲』（巻之四「鱗部」）の「龍角」の説明にも同様の説明があり、さらに次の説明が続いている。

按ズルニ紅毛語スランガハ蛇ヲ云。ステインハ石ヲ云。龍角ハ龍頭ニ在リテ形石ノゴトシ。故ニスランガステイント云。紅毛人語脈転語多シテ可ㇾ解不ㇾ可ㇾ解モノ間《まま》有ㇾ之。或ハ直ニ蛇石ト訳シテ、蛇頭中ニ在モノニシテ石首魚頭中石魷ノゴトシト謂ハ非ナリ。

すなわち紅毛語（オランダ語）のスランガステイン（アンモナイトのことであるとされる）は直訳すれば蛇石であるが、それは「転語」したものであり、本来は龍なのであると言い張るのである。(8)

源内の『物類品隲』が刊行されたのは『解体新書』が出来る十年前のことである。蘭学の草創期にその実測窮理の精神を十分に吸収できなかったのは奇才源内であっても無理のないことだったのかもしれない。少なくとも化石については源内は本草家であった。

5　西洋地質学における「化石」

ところで、石亭の『雲根志』前編が刊行された頃に、日本産の化石を実見した西洋人にツュンベルク（Carl Peter Thunberg, 1743-1828）がいる。彼は安永四年（1775）から翌年まで日本に滞在した人物であるが、その『日本紀行』第九章「日本の鉱物」に次のようにある（山田珠樹訳註、駿南社 1928 刊による）。

なほ人々はいろいろな鉱石及び化石を私のところに持って来た。その主なものだけを挙げておく。（中略）箱根山から出る植木其他の化石。【phytolithas Iytophyita　日本語でコノハイシ konkhaisi と云ふ】

その約五十年後の文政九年（1826）に来日したシーボルトも日本産の化石を見ている。彼の『江戸参府紀行』文政九年三月四日（旧一月二十六日）に次のように書かれている（斎藤信訳、平凡社東洋文庫 1967 刊による）。

相変わらず向い風。われわれは朝の時間を経度の測定と方位の測量に利用することとし、九時過ぎ屋代島の東南端にある牛の首崎に上陸する。風化した花崗岩片麻岩や崩れ落ちた花崗岩の堆積でおおわれた海岸で、化石となった象の臼歯の、よく原型をとどめたものを発見した。この歯が比較的近い時代に波で打ち寄せられたのか、それともこの内海の成因にあずかる地殻の大変動期に、ここに堆積した洪積期の地塊の中にあったのかどうか、断定は下さないでおきたい。ともかくこの地方とくに播磨灘にある小豆島ではしばしば化石した骨、疑いもなくマンモス象の骨が発見されるということである。四国の北端の地方にある讃岐国でも、象の化石の頭蓋が発見された。最近門人高良斎がこれと同じようなものをはじめて大阪で見たが、人々はそれを伝説的な龍の頭だといっていた。高良斎が自分の前に出された写生図の中から、すぐに認めたこのマンモスの頭蓋は、一間（一・八一八二メートル）以上の長さであった。—この臼歯はわれわれが後日、日本で発見した彼の歯の一部といっしょにライデンの博物館にある。

シーボルトがこのように地質学的知見から化石を観察していた時、我が国の人々は源内や石亭の頃と変わることなく「伝説的な龍の頭」として好奇の目で見物していたのである。

我が国において、「気」が凝り固まったのが石であるという考え方が克服されるのは、本格的に西洋自然科学の一分野としての地質学を受け入れるまで待たなければならなかったようである。その意味で、現在の「化石」は外国語の訳として成立した和製の漢語であろうという牧野の考えは正しいと言えよう。森島中良の『蛮語箋』（寛政十年〔1798〕刊）には「化石　フルステーン」（versteend）とあったが、『厚生新編』には Fossiel の訳語としての「化石」が初出していた。この書は幕府の天文方の和蘭書籍和解御用（安政三年〔1856〕から蕃書調所と改称）で翻訳されたものであるが、『気海観瀾広義』の訳述者の川本幸民もまた、文政三年（1820）にこの翻訳局の教授手伝として任命された人物である。その時に教授職に任じられたのは箕作阮甫《みつくりげんぽ》（1799–1863）であったが、この箕作阮甫にも『地質辨證』（文久元年〔1861〕訳成）また『地殻図説』（執筆時期不明）といった地質学の訳述書があり、『地殻図説』には「化石」の語が使われているようである。(9) 両著ともに筆者は未見であるが、呉秀三『箕作阮甫』（大日本図書 1914 刊）に次のように説明されている。

「地質辨證」　自筆。平仮名交文。八十三葉。三巻。　一冊　箕作俊夫蔵

此三巻は一ノ上、一ノ下、三ノ上と題してあるから、中の二の巻が欠けて居るので惜しいことである。一ノ上は表に『文久元年辛酉七月課業箕作阮甫』とあり、下の一は表に『文久元年辛酉十月課業箕作阮甫上』とありて、三ノ上は表に『文久二年壬戌課業箕作阮甫上』とある。地質学の総論でゼオロギー Geology、ゼオグノシー Geognosie、第一大地流動ノ時期 Vuur-vloeibaar periode、第二火鼓鋳ノ時期 Pyrophylacien、第三火煙山ノ時期 Vulkanisch P.、第四史伝ノ時期等のことが述べてある。

「地殻図説」　自筆本。平仮名交文。三十五葉。　一冊　箕作俊夫蔵

初に『箕作阮甫虔儒繙』とあり、数多の張紙校正がある。小引、地殻生成、地殻の成分、化石、沈殿及生物ヲ銜メル岩石、最初層、第二層、第三層等の記載がある。

おそらく「化石」は蕃書調所の翻訳方において蘭語 Fossiel また versteend の訳語として用いられていたものと思われる。すなわち現在の意味の「化石」は蘭学によって成立したと言えそうである。

次の文章は江漢の『天地理譚』からのものであるが、「化石」という語はないものの、蘭学書による化石の理解がなされている。

○石炭ハ筑前ニ多ク、山ノ根ヨリ出ツ。其中燃ヱザル者アリ。木ノ化シテ石トナリタル者、木紋アリテ木ノ如シ。…此者世界開闢以前ノ者ニシテ、其始国土アリテ、後蒼田変シテ海トナリ、頂ハ山ノ根トナリ、樹木土中ニ埋、

数万年ヲ歴テ、木、石ト化シ、石炭トナル也。亦云、山頂ニ貝石アリ。海ヲ去ルコト十里、廿里。是亦、開闢ノ者ニシテ、山頂ハ開闢以前瀉渚《フカタ》ナリ。（石炭貝石）

○蟹ノ石トナルハ、貝ノ石トナル如シ。蟹ノ肉、土トナリ、数千年ヲ経テ石トナル。甲ノ石トナルニ非ズ。魚、石トナル。魚、土砂ニ挿レテ、其土砂砂石トナル。統テ泥土数万年ヲ積ミ、岩トナリ、亦堅剛ノ石トナル。（蟹石トナル）

こうして蘭学の世界で生まれ変わった「化石」は、明治の近代文化の啓蒙書に引き継がれ、一般の人々に陰陽思想から脱し、自然科学認識を涵養させるための語彙の一つとして浸透していくことになる。例えば福沢諭吉『西洋事情外・二』に

旅行し山に登るの機会を得ざれば地球の土性を目撃するに縁なし。故に博物館に行き化石の類を見て平生研究せし書中の説に参考する。

とあり、明治十二年刊『小学読本博物学階梯』（中川重麗注解）に、

化石ハ植物及ビ動物ノ変ジテ石トナリシ者ニシテ地質家ハ精シク地層ノ秩序ヲ検シ化石ノ所在ヲ推シ以テ太古ヨリ地球ノ数回ノ変革アリ確徴トセリ。

とある。

しかし、第1節で紹介した小藤文次郎博士がFossilの訳に「化石」を採らなかったのは、陰陽五行説の意味あいがこの頃にも、なお感じ取られていたものと思われる。

注

（1）　歌代勤・清水大吉郎・高橋正夫『地学の語源をさぐる』（東京書籍　1978刊）。

（2）日本科学古典全書の訓読では巻之二「地球上」にもう一例、垤條児《テベル》、垤薄由爾綿《テホウルメン》は法忽列私《ハホレス》石炭抗に在りて、多く草木摧敗する者雑ふるを見る。又一梃木の化石、及び諸金属を夾む者有り。但草木化して石炭になるが如きは、未だ其の故を究むること能はざるなり。と見えるが、万延元年〔1860〕刊の西崦精舎蔵板訓点本では傍線部は「見ル下一挺木ノ化スルヲ中石若クハ帯二諸金質ヲ一物ニ上」（一梃の木、石若くは諸金質を帯ぶる物に化するを見る）とあり、参考に掲げるにとどめる。

（3）この会は当時三十八歳であった小野蘭山が会主となって開かれたものと推測されており、小野蘭山の自筆の出品目録が現存する（白井光太郎「蘭山先生と同時の博物家に就て」（『植物学雑誌』26-306、1912.6。『本草学論攷第一冊』春陽堂 1933 刊所収）。

（4）ただし、土に埋もれた生物が化石化していく理由は現代の古生物学においても難しい問題のようであるが、西洋においても十七世紀までは化石の本質もさまざまに考えられていたようで、あるいは大地に神秘的な形成力があるとする説、あるいは生物の種子が土中で生長したものとする説、あるいは自然の「冗談」の産物とする説まである（矢島氏前掲書、井尻正二『化石』岩波新書）。我が国においても、木内石亭の『化石の四説』（寛政四年〔1792〕口述）に「怪石とともに木化石の四説あり。一説は千年の枯木化すといふ。一説は雷火の撃せられてなるといふ。一説は地中より気の立つにあたりて化すといふ。一説は海水につかりて化すといふ」とある。また、帆足萬里の『窮理通』には次のような説明がある。管見では他に見られない考え方であるが、萬里独自の考え方であろうか。

○豊の玖珠郡の山中に一小渓有り。冬月、水涸れ、岸下に小石を拾得す。其の形、略々魚に似たり。酢器中に置き、数日、析けて両片を成す、合符状の如し。皆魚骨有り、白色にして、形、酷だ真に逼る。是れ当に魚となるべき者、適《たまたま》石と化するなり。北方の象牙も、当に獣となるべき者、其の寒帯に在れば獣骨となるを以て、略々金石に類す。其の半ば地中に埋まるを以て、初め地中に生ずるを知るなり。獣は人に先んじて生じ、及び地球に一種の閃動有る、皆信ずるに足らず。蘭人、備後の鞆浦に於て象骨を得るは、則ち本邦亦是の物有るなり。

（巻之二・地球上）

○凡そ動植の生、其の形各異なるは、其の原質、他質と合して、多少の異有るに由りて生ずるなり。土質の山坑中に就きて得る者も、亦然り。蓋し、土は須らく、一種の原質有りて、他質と合して、以て其の形を成すべきなり。

（巻之三・地球下）

（5）斎藤忠『木内石亭』（吉川弘文館人物叢書 1967 刊）p.237

（6）ちなみにこの曲玉（勾玉）の記録は伊藤圭介がシーボルトに提出したレポート「勾玉考」に利用されたことは有名であり、後の日本考古学の先駆となったことも周知のところである。

（7）『和蘭天説』（寛政七年〔1795〕成、翌年刊）に次のように見える。

日輪中ノ黒点流星ノ類ニシテ、地ニ近キ天ノ中部ニアリ。地気ノ土砂ヲ天気燥火ノタメニ凝結デ星ノゴトシ。小ナル者ハ光リヲ不レ為、漸滅ス。或ハ堕者アリ。〈土人コレヲ翫物トナサズ。人把トキハ必ズ病ヲウルト云、故ニ祠ニ納入テ神宝トス〉

ただし、司馬江漢も晩年の著『天地理譚』（文化十三年〔1816〕成）では石亭と同様の説に変わっている。

（8）スランガステインの事は源内以外も注目した者があり、「先君子在テ長崎官舎之時、設問、紅毛通事所答也。小倉善就子因」とある『紅毛訳問答』（寛延三年〔1750〕刊）に「スランガステインの事、蛇の頭中に有之候。紅毛本国の産物にて候。主治蛇毒を解す」とあり、後藤梨春の『紅毛談』（明和二年〔1765〕刊）にも次のように見える。

○すらんがすてん　蕃人のいはく、此もの蛇のかしらに生る石なりといふ、其形碁石のごとく、其色白きもあり黒きもあり、また黒白相間もあり、按るに、しぜんの形ともみえず、大きなる石をわり、此形に摺りたるものと見えたり、よく腫物の膿を吸ふ、其吸たる石を水中へいるれば、また其膿をこと〴〵く吐出せるを取あげ、干て幾度も用ゐ、近比和方にも、四国より出る龍角を、このなりにこしらへ用るに、すらんがすてんに効能相かわらずといへり、蛇頭の石といへるも、龍角よりもこしらへ成すは、蕃人の聞伝の誤にてもあるや、或人曰、潮漉石にても、此ものを作るといへり、

また、木内石亭は源内と違って、スランガステイン龍骨説に慎重である。『龍骨之弁』（寛政六年〔1794〕成）に次のように言う。

本草綱目に説くところ、龍骨形状産所諸説ありて考に究極なし。皇朝物産家先達の説もまた然り。先年東都平賀氏龍骨弁を著す。ある人これを斥て非龍骨弁を作る。予、龍骨の記は龍骨、非龍骨を争うにあらず。六十年来見聞する国々より穿出せる産所形状時日を人の需に応じて記すのみなり。究極は後の君子に譲るのみ。

また、文化元年（1804）に琵琶湖西岸の堅田丘陵から発見された「龍骨」の図がある（皆川淇園書・上田耕夫筆）。現在ではトウヨウゾウの化石と言われているものであるが、復元された形がいかに当時の考え方に左右されるかを示す例としても注目される。

（9） 箕作阮甫の蘭著の翻訳また著作は医学・万有学・地理・歴史・兵学・工芸・言語・風俗など広範な分野に亘っているが、呉秀三『箕作阮甫』は地質学鉱物学に関する翻訳について、「我邦に於ける此類の翻訳の先鞭であつて、西洋科学東漸の歴史では其開巻を飾るべき瓔珞であると思ふ。（中略）明治以前は固より明治の初め頃には、鉱物学では『金石識別』といふ（六冊十二巻）米人乃那の著述を清人華蘅芳が筆述したもの、又地質学では『地学浅釈』と云ふ（三十八巻八冊）英人雷俠児 Lyell の著述を同じ華蘅芳が筆述したものがあつた丈である。阮甫の著述は訳字などの具合を見ると、是等を見てから作つたものでないと思はれる。（和田維四郎君話）」と述べている（p.183）。この文に出てくる『地学浅釈』は本章第1節において Fossie を「殭石」と訳している中国の書の例として牧野富太郎が言及した書である。

【付記】 本章では化石についてのみ扱ったが、蘭学者の西洋金石学全般に対する知見については拙稿「前野蘭化訳述『金石品目』について」（『同志社女子大学学術研究年報』65、2014.12）参照。

第三篇　物理学・化学のことば

青地林宗による時間語彙の創出

はじめに

おそらくそれらを区別する観念が確立していなかったからだと思われるが、「とき」や「時刻」という語のように、日本語では時の一点を表わす語が時間の幅をも表わしていた。それらを区別し、異なる語を用いるようになったのは、西洋の時間と出会ったことが契機となったものと思われる。このことについては既に松井利彦氏(1)に詳細な調査と考察があるが、松井氏の調査対象には青地林宗の『気海観瀾』(文政八年〔1825〕成、十年頃刊)が含まれていない。この書は西洋の物理学を我が国に最初に紹介したものであり、西洋の時間に関する語彙や表現の翻訳に最初に取り組んだものである。「〇分時」「〇秒時」や「〇分時間」「〇秒時間」といった言い方はこの書に初出するのであり、西洋の時間に関わる訳述語を考えようとする時には外すことのできない史料である。本章ではこの『気海観瀾』とその著者に注目し、現在我々が用いている時間語彙の成立について考えてみたい。

1　西洋時間との出会い

西洋の時間が日本で最初に記されたのは、ポルトガル人ゴンザロ Gonzalo に航海術を学んだ池田好運の『元和航海書』（元和四年〔1618〕成、寛永七年〔1630〕頃加筆）であろうと思われる(2)。

一、日輪生得の廻りは、西より東へ廻ること、マルソ〈ナンバンの三月也〉の廿二日〈日本二月の中より二日前、日夜等分〉アリヱスのシイノと云羊の宿より廻り初て、明年の同月廿一日には、同宿に廻着、日数三百六十五日六時〈日夜廿四時に配するの六時也〉に粗至るに依て、一年を三百六十五日に定、四年に一日の閏を加ふ。中古の天文学者つもりはかるに、日輪本所廻着こと、日数三百六十五日五時四十四分に決定す〈日夜を廿四時にするの一時を六十分に分つ〉。因レ之右に所《の》レ加閏日は、廿三時拾六分を〈四十四分不足〉一昼夜にはぶく故に、日輪は四十四分先にすゝむ。（中略）今一つの故実は、御出世より千六百廿七年には〈注略〉七時五十七分〈ナンバン〉をくるべし。又同千六百卅七年〈丁丑〉の比は〈注略〉十時五分〈ナンバン〉日輪西より東へ廻り進む也。然れば十時には南北へ日輪の、よりのき定りたる日々記の内、ミヌウト〈ガラブ一つを六十にわけたる一つのミヌウトなり〉八ツ、九ツ、十ヲの間かたよるべし。

（日をとる事）

次いで見られるのは、イエズス会の宣教師ゴメス（Pedro Gomez 1535–1600）がコレジオの教科書としてラテン語で書いた『講義要綱』"De Compendium" の第一部「天球論」（De Sphaera）の日本語訳（文禄四年〔1595〕成。現存しない）からキリシタンに直接関係する内容を削除したものとされる小林謙貞（1601–83）の『二儀略説』（寛文七年〔1667〕成？）に(3)、

太陽・太陰ノ徳ヲ云ニ、一ニハ年・月・日・時ヲ分チ知《しる》ナリ。サレバ、日ヲ割《わり》テハ時《じ》トシ、時ヲ割テハ刻《こく》トシ、刻ヲワリテハ分《ふん》トシ、日ヲ重《かさ》ネテハ月トシ、月ヲカサネテハ年トシ、年ヲ重テハ代ト名ヅク。万国共ニソノ法多シトイヘドモ、先天文博士ノ定ル理ヲキハムベキ也。又一日一夜ヲ二十四時ニワリテ分トス。一時ヲ四ツニワリテ四分時《しぶんじ》ト号ス。是凡一刻ナリ。一昼夜九十六刻ナリ。又一時ヲ六十ニワリテ分トス。然《しかれ》バ一刻ハ十五分、一時ハ六十分ナリ。

（上・第四・日ト月ト年ト差別ノ事）

などと見えるものである（「四分時《しぶんじ》」はquatro（葡語）、quater（英語）のことである）。小林謙貞は天文学家林吉衛門の門弟であり、オランダ流の測量術の始祖とされる。

さらに降ると、長崎の和蘭通詞また江戸の蘭学者の文章に、西洋と日本の時刻制の違いに触れるものが多く見られる。以下、列挙すれば、

本木良永の『新制天地二球用法記』（寛政四年〔1792〕成）に、

一、日本暦算は一昼夜を百刻とし分を分つと雖も、和蘭に一《ママ》昼夜を百刻の算に建てざるなり。仮如《たと》へば、和蘭人某の星の天の一周行をいふ時は、幾く日幾く時何分何秒何忽といふなり。

一、和蘭人一昼夜を二十四時とし、日本は一昼夜を十二時とす、故に日本の一時《ひととき》は和蘭の二時《ふたとき》に当り、和蘭の一時《ひととき》は日本の半時なり。

などと見え、志筑忠雄の『暦象新書』（寛政十年〔1798〕成）に、

書中記る所の度分及時分の数、皆欧羅巴《ヱウラッパ》の流に仍れり。彼がいはゆる一度は全圏三百六十分の一にして我いはゆる一度は三百六十五度四分度の一なる者に比すれば、稍《やや》大なり。又一昼夜を二十四時とし、六十分時の一を分とし、六十分分の一を秒とし、六十分秒の一を忽とす[4]。度の分秒も亦《また》之と一也。但し時の十五分を一刻とし、四刻を一少時とす。　（上編・凡例）

などと見え、司馬江漢の『天地理譚』（文化十三年〔1816〕成）に、

西洋吾地球五星ヲ六惑星ト名ク。恒天ノ衆星其高遠不可知。西洋ノ人五星ノ一周ヲ算ス。水星ハ八十七日二十三時十六分也。金星ハ二百二十四日十六時四十九分二十秒。火星ハ六百八十六日二十三時二十七分二十秒。（中略）右ハ一昼夜二十四時、一時六十分、一分六十秒。西洋人ノ天術、六数ヲ以ス。吾日本支那十百ヲ以テ数トス。各日輪ヲ中心トシテ環《メグル》ノ日時分秒也。　（五星ノ世界）

と見え、吉雄南皐の『遠西観象図説』（文政六年〔1823〕刊）に、

> **一時《じ》**　一日ヲ二十四分スルノ一ヲ、一時《じ》ト云フ。○凡ソ、時《じ》ヲ云フモノ、二般ノ別アリ。冬夏ニ従ヒテ、昼夜ノ時ヲ長短〈ノベチヾメ〉セシムルモノ、コレヲ**不等時**《ふとうじ》ト云フ。皇国ノ俗間用フルモノ、如キ、コレナリ。又、周歳《しゅうさい》〈ネンチウ〉昼夜ヲ平分〈ワリナラシ〉シテ、時ニ長短ナカラシムルモノ、コレヲ**平等時**《へいとうじ》ト云フ。皇国暦面、日・月食、及ビ二十四気ノ時刻ヲ云フ者ノ如キ、コレナリ。本編ノ時法ハ、即チ平等時ニシテ、其一時《じ》ハ皇国ノ半時《はんとき》ニ当レリ。　（巻上・題言）

などと見える。

やがて、両者の違いを記さず、もっぱら西洋の時制のみを用いる文章が現れるようになる。青地林宗の『気海観瀾』（文政八年〔1825〕成、十年頃刊）の「凡例」に、

> 時刻の数は平等の時を用ゆ。理に於て会し易し。即ち昼夜二十四時、一時六十分、一分六十秒、是なり。予の述ぶる所、理科・医科・地学の諸編、倶に此の例に由る。

とあり、宇田川榕菴・杉田立卿などの『海上砲術全書』（天保十四年〔1843〕「凡例」成、安政元年〔1854〕刊）の「凡例」に、

> 書中尺度秤量時限等、本朝ノ度量ニ改メ難キ者多シ。故ニ並ニ原度ヲ用フ。是ヲ本朝度量ニ比シテ其概略ヲ挙グ。（中略）
>
> 一分時　小時六十分ノ一
>
> 一秒時　分時六十分ノ一

とあるのがそれである。

2　時間と角度

ところで、前に引用した『暦象新書』に「度の分秒も亦《また》之と一也」とあったが、西洋においては角度も時間と同じように細分され、細分された単位にも「分」「秒」が用いられる。西洋の時間は太陽の日周運動によって測られるものだからである。すなわち、一日は太陽の南中から次の南中までを言うが、地球の一周を三百六十度とし、一日を二十四時間とすると、太陽の十五度の移動は一時間となる。さらに細かい時間は一度を細かく分けて測定すれば定めることができる。すなわち、一度を六十に分け六十分とし、一時間を六十に分けて六十分とし、さらに角度の一分を六十に分けて六十秒とし、時間の一分を六十に分けて六十秒とした。

この西洋の角度の単位を時間の単位と同じく「分」「秒」と翻訳したのは、おそらく明の時代に中国に入った西洋宣教師・利瑪竇《リマトウ》（マテオ・リッチ）であろう。『坤輿萬國全図』（明・万暦三十年〔1602〕成）に「右法以二六十分一為二一度一、六十秒為二一分一」（総論横度里分）と見える。[5] 日本人の文章では小林謙貞の『二儀略説』に見える例が最初のようである。

先《まず》地心ヨリ一輪線ヲ回ラスニ於テハ、同ジ長サノ円相トナリ、即《すなわち》至円ナレハ、天象ナリ。コノ輪線ヲ三百六十分ニ割テ、是ヲ度《ど》ト名ツケ、一度ヲ六十ニ割テ分《ふん》ト名ツク。三百六十度ニ割ル事ハ、其寸尺遠近ヲ論ズヘキ為ナリ。（上・第三・諸層宿巡環ノ不同ヲ顕ハス輪線ノ事）

この書以前に成立した『元和航海書』には「ミヌウト〈ガラブ一つを六十にわけたる一つのミヌウトなり〉」とあり、また「ガラフのつもり」（経緯度の計算法の意味）の項に「ガラブ一ツを六十分にわり、一ツをミニウトと云。此ミニウト一ツは、廿五町壹反一萬四尺五寸あり」とあって（ガラブ Grão〔葡語〕は度の意味）、「分」「秒」の訳語は用いられていない。

『二儀略説』以降では、本木良永の『新制天地二球用法記』に、

一、本朝天学の天度・暦算は、天度は渾天の一円周三百六十五度四分度の一を以て算元とし、暦算は三百六十五日二十四刻二十五分を算元とす。和蘭は然らず。和蘭は天度・暦算・地度共に三百六十度に極め、四分度の一を立てず。（和解例言）

一、和蘭人天学・地理・暦算・行船の術にいふ天地の度は、渾天の円周を三百六十度とす。半円百八十度四象限九十度の算なり。一分は一度を六十分して一分といひ、一秒は一を六十分して一秒といひ、一忽は一秒を六十分して一忽といふなり。一忽より以下の小数に至りては、一忽を一百分して何忽何十何分といふなり。（同右）

とあり、前述のように志筑忠雄の『暦象新書』に、

書中記る所の度分及時分の数、皆欧羅巴《エウラッパ》の流に仍れり。彼がいはゆる一度は全圏三百六十分の一にして我いはゆる一度は三百六十五度四分度の一なる者に比すれば、稍《やや》大なり。

とある。

3　「〇分時」「〇秒時」の成立

西洋の時間は天体の位置を観測する角度と不可分のものであり、時間の単位と角度の単位とが同一であることは必然的なことであった。しかし、日本においては、一日は百刻あるいは九十六刻に分け、一刻は六分されて、その刻と分を用いて時間は細分化されるものであり、時間の単位は角度の単位とは無関係である。したがって、角度と

時間の単位とが同じ語である西洋の文章を直訳することは混乱が生じる原因となる。確かに「時—分—秒」「度—分—秒」という系列の中で現れる場合や、時分なのか度分なのかが明示されている文章においては、直訳された「分」「秒」が時間と角度のいずれの単位なのかは迷うことはないであろう。例えば、『暦象新書』（上編巻之下）の「六曜一周」に、

水星　八十七日二十三時十五分五十三秒
火星、六百八十六日二十三時二十七分二十秒

などとあるのは時間の単位であり、「諸星短半径」に、

水星　三十四分二十秒
火星　二十八分二十秒

などとあるのは角度の単位であることは理解できる。しかし、文脈が読み取りがたい場合には、吉雄南皐『遠西観象図説』に、

凡ソ、時或ハ度ニ就テ、分・秒・微ト云フモノアリ。皆《み》ナ本数六十分之一ヲ**分**ト云ヒ、分ヲ六十分スルノ一ヲ**秒**ト云、秒ヲ六十分スルノ一ヲ**微**ト云フ。但、毎章前後ヲ照ラシテ、時ト度トヲ混ズルコトナカレ。

（巻上・題言）

とあるように、その区別に迷うことになる。

そこで採られるようになったのが、現在、角度を「○分角」「○秒角」というように、時間に「○分時」「○秒時」と「時」を下接する方法であったと思われる。[6] この言い方が初めて見られるのは、青地林宗の『気海観瀾』においてである（前掲『二儀略説』に「四分時《しぶんじ》」、また『暦象新書』に「六十分時」とあったのは、四つ、また六十に分けた「時」の意である）。『気海観瀾』には例えば次のように現れる（原漢文）。

試みに活物を排気鐘（引用者注—真空製造器のこと）の下に置き、其の気を攘去せば、乃ち狗・猫・鼠・雀の如きは、大抵一分時にして斃れ、蠅・虻・蜂・螽は二分時にして死す。一週時を経て再び気を得て蘇る。（排気）
遥か放熕を見れば、既に其の火を見て、而して礮鳴を聞く。聞見遅速の間ある、音の速力、光の速に及ばざるを知る可し。音の速力は概して一秒時毎に千尺余と為す。（音）

新しい語や表現はそれまでに存在する語では表わし得ないものを言い表わすために採られるものであるが、日本のものと異なる西洋時間に対して何らかの訳語を設ける必要に直面するのは、物理学に関して書かれた蘭書を翻訳する場合であろう。西洋の物理学を我が国に最初に紹介したのは『気海観瀾』である。このことは高野長英の『医原枢要』（天保三年〔1832〕刊）に、

近者西舶医書ヲ輸スコト昔日ニ倍セリ。故ニ医ノ事ヲ検索スルニ十ノ七八ハ備レリ。然リト雖ドモ格物究理ノ学ニ於テハ彼国ト雖ドモ精確詳明ニ至ルコト僅カニ四五十年ノ間ニシテ其書往往載セテ東方ニ齎ラシ来レドモ歳月未ダ久シカラズ。其事珍奇ニシテ其理幽遠ナレバ読ム者多シト雖ドモ未ダ訳定ノ書アラズ。（中略）青地翁蓋シ此ニ嗟歎スルコトアリテ西洋理学書中ノ要領ヲ鈔出シ、気海観瀾ヲ著ス。是ニ於テ気海中ノ性質作用等始メテ分明ニシテ千載ノ大疑渙然トシテ氷釈シ無稽ノ恠論漸クニ除去ス。東方今ヲ以テ造化ノ秘奥ヲ発スルノ秋トス。（題言の二）

と見えることでも確認できる。同書の「題言」に「此書中諸物の称名一ニ観瀾ニ従フ」とあり、本文中に、

凡ソ物両箇相撃ツトキハ必ズ激シテ声音ヲ発セザル者ナシ。（中略）声音ハ元形象無シ。故ニ之ヲ伝フルニ大気ヲ以テス。其状石ヲ水中ニ投ズレバ円波輪漪重畳トシテ以テ其動ヲ周囲ニ伝ルガ如シ。気ノ厚薄風ノ順逆ニ従テ其遅速強弱アリト雖ドモ概シテ一秒時毎ニ其行ク事千有余尺トス。（巻二）

と現れる「一秒時」も青地林宗の用語を用いたものと思われる。

『気海観瀾』以降の「〇分時」「〇秒時」の早い用例は、『厚生新編』第四十五巻（大槻玄幹訳・宇田川玄真校、文政十一年―天保二年〔1828–31〕以前の稿と推定される）に見える、

月輪升《のぼ》ること日々に遅きハ即チ子午線ニ来ること暫時遅きを云ふなり。其遅差日々一様ならずと雖、平均を以て算する時は凡四十八秒時の遅差を得るなり。　（月輪）

などの例であり、以降、宇田川榕菴の『遠西医方名物考補遺』（天保四―五年〔1833–34〕刊）に、

半時ヲ六十ニ分ケタル一分ヲ一密《ミ》扭篤《ニウト》ト云。一密扭篤ヲ六十ニ分ケタル一分ヲ一秒時トス。

同『舎密開宗』（天保八年〔1837〕初冊刊）に、

炭末ヲ摻テ八分時、烈火ニ爍シ火ヨリ出セバ精美ノ私知彪母一銭ヲ得。　（巻十四）

盌ノ半身ヲ熱湯ニ浸シ的列並帝那ヲ加へ烊シ四分時ノ後湯ヨリ出シ、　（巻十八）

また前掲の杉田立卿・宇田川榕菴などの『海上砲術全書』（天保十四年〔1843〕成、安政元年〔1854〕刊）に「一分時」「一秒時」などと見える。[7]

ところで、文政五年（1822）から幕府天文方の和蘭書籍和解御用（蕃書調所）で行われていた西洋家庭百科事典、所謂ショメール（『厚生新編』）の翻訳がシーボルト事件で中断された時、青地林宗は宇田川玄真、大槻玄幹、杉田立卿、宇田川榕菴と連署で、それまでの翻訳経過の報告書を幕府に提出しているが、右に掲げた「〇分時」「〇秒時」の早い用例は、これらの人物の文章に見られるものである。このことは「〇分時」「〇秒時」という言い方が和蘭書籍和解御用に関わる人びとの間から広がっていったことを示しているように思われる。

「〇分時」「〇秒時」は音読されたもののようである。廣瀬元恭の『理学提要』（嘉永五年〔1852〕成、同七年〔1854〕刊）の用例に次のように音合符が付されている例が確認できる（平安時習堂蔵版による。原漢文）。破線部については後に触れる。

真空中此の抗抵の力無し。故に物の地に落つる、高より低に至る其の速力定度有り。初め一秒時間〈本邦半時割りて六十分と為すを、一密扭篤（ミニユト）と曰ふ。密扭篤（ミニユト）割りて六十分と為すを、一秒時と曰ふ。（下略）〉に落つる一十五尺。第二秒時に四十五尺を増す。第三秒時に七十五尺を増す。第四秒時に一百零五尺を増す。第五秒時に一百三十五尺を増す時は、則ち初秒時一十五尺、第二、六十尺、第三、百三十五尺、第四、二百四十尺、第五、三百七十五尺。一秒時毎に一三五七九等の奇数を増す時は、則ち其の極高の者も亦之を以て測知す可し。（巻一・大気）

4　「〇分時間」「〇秒時間」の成立

ところで、右に掲げた「〇分時」「〇秒時」は、すべて時間の長さを意味するものであるが、同じく時間の長さを言う時に、さらに「間」が付け加えられた例も見られる。この例もまた青地林宗の『気海観瀾』に初出する（原漢文）。

物の地に落つる、その高きより低きに至るに準じて遅速の度あり。降ること愈《いよいよ》地に近づきて、落勢愈《いよいよ》速し。譬へば初め一秒時間に落つること一十五尺、第二秒に四十五尺、第三秒に七十五尺、第四秒に一百零五尺、乃ち初秒落つること一十五尺、第二に六十尺、第三に百三十五尺、第四に二百四十尺と為る。其の降、地に近づきて速力倍加すること此の如し。（引力）

造水の法は、玻瓈の薄管、長さ六七寸、径三分ばかりを取り、其の半に水を充たす。別に玻瓈の漏斗を取り、忽弗曼《ホフマン》液〈注略〉を注ぎ、水管上に点滴す。その液の管外に沿流するを要す。是の如くすること二三分時間、管中の水氷と為り、預《あらかじ》め撓曲せる銅線を管中に挿む。（氷）

続いて宇田川榕菴『舎密開宗』（天保八年〔1837〕初冊刊）に、

（精製加里と生安質と硫黄華を和して粉末にし）此末ニ沸騰五十倍ヲ注ギ八分時間手ヲ駐メズ攪ゼ煮、少時攪動ヲ歇メ、熱ニ乗シテ無膠紙ヲ襯キタル布ニテ濾シ冷セバ漉澄中ニ赤粉ヲ沈降ス。（巻十四）

などとあり、緒方洪庵の『扶氏経験遺訓』（天保十三年〔1842〕「凡例」成、安政三年―文久二年〔1856–62〕刊）に、

患者ヲシテ四分時間右側ニ臥サシタル

とあり、箕作省吾の『坤輿図識補』（弘化四年〔1847〕刊）に、

地球一秒時間ニ、本輪ヲ東ニ向テ運転スルコト殆ト三里半余ノ速キニナルベシ。

などと見える。このことも「〇分時間」「〇秒時間」という言い方が和蘭書籍和解御用で翻訳に携わっていた者から広まっていったことが推測させる。

これらの「〇分時間」「〇秒時間」は「〇分時《ジ》の間《あいだ》」「〇秒時《ジ》の間《あいだ》」という形に容易に言い換えられるものであることは、例えば先の『舎密開宗』に、

羅徳斯古耳々百分ニ枯蓮砂、木炭末、各五十分ヲ和シ、油ヲ以テ泥塊トシ、裏面ニ炭末泥ヲ墁リタル甘堝ニテ半時或四分時ノ間、物度業五独氏ノ百羅墨多爾〈注略〉百六十六度ノ鴻炉ニ爍セバ（下略）（巻十五）

とも見えることからも知られるが、音読されて、「〇分時《ジ》間《カン》」「〇秒時《ジ》間《カン》」と言われていたことは、前掲の廣瀬元恭の『理学提要』に見える音合符が付けられた「一-秒-時-間」によって確かである。

5　「〇時間」の成立

六十分を表わす時間の単位である「〇時《ジ》」は「〇分」「〇秒」と違って角度と間違われることはない。したがっ

て「○分時」「○秒時」のように「○時時」の形を取る必要はない。しかし、「○時」は時の一点を意味することも、時間の長さを意味することもある。そこで、長さを意味する場合には当初「○時の間《あいだ》」という言い方が採られたものと思われる。『厚生新編』第三十六巻（大槻玄沢・宇田川玄真訳校、文政五―九年〔1822–26〕頃成？）に次のように見える。

海水波濤二十四時余〈按に西洋地方は平分の小時を用ふ。即チ東方の昼夜十二時なり。以下之に倣ふべし〉の間に消長す。是を潮汐退満と謂ふ。（中略）

媽港《マカヲ》〈地名〉の海は九時の間満ち、唯三時の間のみ干潮なり。瓦龍涅《ガロンネ》河口は七時の間盈潮にして、五時の間夕退潮あり。亜弗利加洲の設搦瓦爾《セネガル》河口にて四時の間、盈潮し、八時の間、退潮あり。其他概ね斯のごとし。支那の東京は月輪、赤道を過するの後、数日のみ唯、二十四時間に一回の干潮あるのみなり。（潮汐消長）

右の文章には「二十四時間」と書かれた例が一例見られるが、テキストに用いた静岡県立図書館蔵本（恒和出版刊）では「時」の字の後で行変えが行われており、あるいは「の」の脱かと思われる。『厚生新編』には他に「○時間」の例はない(8)、また、宇田川榕菴の『植学啓原』（天保五年〔1834〕刊）にも「時間」の字並びは、

蓋《シ》植物之噏《フ》二津液《ヲ》一其量固《ヨリ》不レ少。大略十二時間《ノ》所《ノ》レ噏者、其重等《サシ》二于全身之重《サニ》一。（巻一・三際）

の一例が見られるだけであるが、この例でも「ノ」の読みが加えられている（天保四年仲春新鐫、菩薩楼蔵版）。「○時間《じかん》」という言い方は、この「○時の間《あいだ》」が「○分時間《じかん》」「○秒時間《じかん》」という言い方に倣って成立したものと推測される。その早い例は管見では『舎密開宗』（天保八年〔1837〕初冊刊）に、

舎密局方云硫黄銅細末適宜ヲ稀キ諳摸尼亜水ニ少宛加ヘ毎次振蕩シテ溶解セザルニ至リ其美碧色ノ液ヲ漉シ其液量三分一〈注略〉ノ亜爾箇児ヲ加フレバ深碧晶ヲ結ブ〈注略〉此ヲ尚《なお》十二時間静定シテ上清ヲ傾ケ（下略）

（巻十三・第二百十章）

塩酸曹達二三弖ヲ投ジテ仍チ煮ルコト一時間、火ヨリ下シ静定スレバ（下略）

（巻十八・第二百八十章）

などと見えるものであるが、この書には、「十二時ノ間」「十二時」などの言い方も多く用いられている。この後は箕作省吾『坤輿図識』（弘化二年〔1845〕刊）に、

海中夥シク魚ヲ産ス。或ハ網シテ三時間ニ、大小魚六万尾ヲ漁スルコトアリ。

（巻一・亜細亜志附録）

と見え、川本幸民『気海観瀾広義』（嘉永四年〔1851〕初冊刊）に、

余曾《かつ》テ学寮ニアリシトキ、鐘楼近キニ在リ。夜中睡覚ム。鐘声三時〈半丑牌〉ヲ報ズ。（中略）又思フ、鐘ヲ聞クモ亦トモニ夢ナラムト。急ニ起テ時儀ヲ取リ、窓前ノ月光ニ照シテコレヲ見ルニ、果シテ僅ニ一時〈半子牌〉ヲ過グ。故ニ前ニ鐘声ヲ聞クノ夢ナルコトヲ知ル。然レドモ亦辰鍼《トケイノハリ》或ハ不動ノ差アラムコトヲ恐レ、尚一時間〈洋時。以下皆コレニ从ヘ〉寝ネズシテ待ツ。期ニ至リ鐘声ヲ聞キ果シテ皆夢ナルコトヲ悟ル。

（巻一・費西加要義）

と見える。

この「○時間《じかん》」という形が、後に成立する「○分間《ふんかん》」「○秒間《びょうかん》」という言い方に影響を与えたものと思われ、また今日の「○時間○分○秒」という言い方にもつながるものと思われる。

6　「時間」の成立（松井氏案）

前節に見た「○時間」は本来「○時＋間」の語構成からなるもので、「○＋時間」ではないと考えられた。したがって、名詞用法の「時間」は「○時間」から成立したものではないと考えられる。名詞用法の「時間」は漢籍に見えるが、それは「ひまなとき」という意味であり（『漢書』曹参伝「時間自従二其所一諫レ参。〔注〕師古曰、間、空隙

也」）、今日我々が用いている、英語の hour や time、ドイツ語の Stunde や Zeit に相当するものではない。では、この名詞用法の「時間」はどのようにして成立したのであろうか。

松井利彦氏は、かつては次のように考えられていた。同氏の「近代日本語における「時」の獲得―新漢語「時間」と「期間」の成立をめぐって」（『或問』9、近代東西言語文化接触研究会 2005.5）に次のようにある。

分単位の時長は、例文37（引用者注―宇田川榕菴『舎密開宗』の例をいう）の「八分時間」を例にとると、「八分」→「八分＋時」→「八分時＋間」の過程を経て成立したと考えられる。また、秒単位ならば、例文44（引用者注―箕作省吾『坤輿図識補』の例をいう）の「一秒時間」の場合、「一秒」→「一秒＋時」→「一秒時＋間」である。ところが、「八分時間」や「一秒時間」という形ができあがると、意味上からも、形態的にも容易に「八分＋時間」「一秒＋時間」と受け取られ、「八分」「一秒」と「時間」が分離しやすくなって、「時間」は「時の長さ」と理解されたと推定される。一方、「二時間」や「三時間」も、「数字＋漢字」あるいは「数＋普通名詞」のように、異質な言語要素の結合体であることは気づかれやすい。そこで、「時間」が分離しやすかった。そのために、単位語から分化した名詞が多義語として使われたのではないかと推定される。

しかし、後に松井氏はこの考えを撤回され、「時間」は「時刻」という語に取って代わったものであって、「〇時間」「〇分時間」「〇秒時間」の形で現れる「時間」はその転換に影響を与えたものにすぎないとされた。同氏の「幕末における時長表現語―「時刻」、そして「時限」から「時間」へ―」（『近代語研究』14、2008.10）によると、それは次のような理由による。

『海上砲術全書』（天保十四年〔1843〕成、安政元年〔1854〕刊）で「時間」が現れるのは巻十五の次の例からである。

筒ハ恰モ燃ヘ尽ス程ニナスベシ。但シ其長短ヲ定ムルハ。甚タ容易ナリトス。其故ハ燃ル時限モ亦定マレバ。

> 擲放表中載ル所各距離ノ弾飛ノ時間ヲ照シテ。尋常比例ノ法（中略）ヲ以テ要スル所ノ長サヲ筭スルコトヲ得レバナリ。
> 此焼夷弾数時ヲ経テ。薬能ク堅硬ナルハ。其燃ル時間ノ分数左ノ如シ。

この巻以降では「時間」は四例見えるが、それ以前の巻では、同じく時間の長さを表わす語に「時限」の語が用いられている。このことから松井氏は、

> 時長語を表す専用の漢語がまだ造語されていなかった時期に、蘭学では先ず時順語の「時刻」が使用された。しかし、「時刻」が時順と時点とを表すのは混乱の元である。そこで、さらに、時長語が模索され、その結果、「時限」が使われ、次に、「時間」が造語された。

とされたのである。

本章の筆者も松井氏と同様に、「〇時間」「〇分時間」「〇秒時間」という文字列に現れる「時間」とは無関係に、任意の長さの時間を表わす「時間」は造語されたのであろうと考える。また、時の一点を表わす語が和語の「かぎり」や漢語の「程」が到達点を表わし、さらにその到達点に至るまでの長さを表わすように（『字彙』「程、駅程、道里也」、『広韻』「程、期也、限也」）、「時刻」「時限」という語がその時の一点までのことを表わすのもそのとおりである。しかし、仮に時間の長さを表わす「時間」が「時刻」また「時限」に代わるものとして成立したものだとすると、その「時間」という語がどのように成立したのかが、改めて問われることになろう。松井氏は「『時限』の『限』を『間』と入れ替えて『時間』が造られ」たと考えられているようであるが、本章では次節のように考える。

7 「時間」の成立（私案）

任意の時間の幅を意味する「時間」の初出例は、管見では松井氏が取り上げられた『海上砲術全書』の例より前の、帆足萬里の『窮理通』（天保七年〔1836〕成、安政三年〔1856〕刊。原漢文）に、

西人、光線速力を論ず。大気中に在りて測る所、光線、大気を暎し、大気伝はりて人目に至る。固に時間を費す。大気の外虚無、空中何ぞ時間を費さん。蓋し気益々厚ければ、時を費すこと益々多く、気益々薄ければ、時を費すこと益々少し。小の極は無に同じ。（巻一・大界第二）

などとあり、緒方洪庵の『扶氏経験遺訓』（天保十三年〔1842〕「凡例」成）にも例えば次のように見られる。

但シ初服後、二時ヲ経テ第二服ヲ与フルヲ良トス。而シテ効ナケレバ復タ之ヲ与ヘテ泄瀉減退スルニ至リ證ニ随テ後服ヲ止メ、或ハ時間ヲ遠ケテ仍チ之ヲ与フ。（巻二十五）

これに続く用例は、松井氏（前掲論文）が挙げられている『海上砲術全書』や『坤輿図識補』（弘化四年〔1847〕刊）などに見えるものである。

しかし、この意味の「時間」は萬里あるいは洪庵による創出ではなく、さらに遡るものと思われる。蘭学者たちが新たな訳述語を用いる場合の慎重さは、本書の序篇「翻訳の文体と漢語の術語」で紹介したように、今日とは比較にならないものがある。自ら創出した語である場合はその旨を文章中に記してその当否を問い、先人の造語である場合はその旨を記すのが普通である。したがって、特にそうした注記のない萬里や洪庵の例は、既に成立し、広く用いられていたものを利用したものと思われる。

この意味の「時間」が現れる以前には、和語では「とき」という語が用いられていた。しかし、「とき」という

語は時の一点を意味することも、一定の時間の幅を意味することもある。その幅も自在に伸縮し、ある場合は短時間を、ある場合は長時間を指す。「そのとき」と指定された「とき」は、ある瞬間を指すことも、ある時代全体を指すこともある。したがって、時刻と時間を区別する必要のある場合には、どちらの意味であるのかを説明しつつ「とき」の語を用いるか、一方の意味に別の語を用いるか、あるいは両方を別の語に替えるか、いずれかの方法を採らざるを得なくなる。こうした問題に最初に直面したのは、前述のように西洋の物理学書を翻訳する時であったろう。

例えば、川本幸民の『気海観瀾広義』（嘉永四年〔1851〕初冊刊）には「とき」の語が用いられて次のように時間が説明されている。

物必有レ動。動必有レ変。已有レ動有レ変。則必有レ時有レ間也。動有二遅速一。時有二長短一。間有二広狭一。由レ此以知二動之強弱一。

（中略）凡動アレバ必間ト時トアリ。譬ヘバ球ヲ投ゼムニハ、其動ヲナスベキ間ナカルベカラズ。否《しから》ザレハ球進ムコトヲ得ズシテ動ナラズ。已ニ動アレバ必ズ其始終アリ。其中ヲ時トイフ。○間トハ物ノ空隙ヲイフ。譬ヘバ室ノ間トハ四壁内、席上、頂格（引用者注—天井のこと）下ノ空所ヲイフ。（中略）○時トハ事ノ発止スル終始ノ間ヲイフ。猶一時ト次時トノ間ニ分秒連続シ来ルガ如シ。

（巻五・動）

流れる時間を「分秒連続シ来ルガ如シ」と説明しているのは、「やう〳〵時刻《こく》もうつりければ」（室町時代成立『俵藤太物語』）などとあるような捉え方を利用したものと思われるが、そうした時間の流れの捉え方にそって、幸民は事の始まりの「時」（時点）と終わりの「時」（時点）とを設定し、その二つの「時」の「間」と説明したのである。そして、この『気海観瀾広義』の中に一箇所だけ「時間」の語が見られる。

両物相抵リ而シテ後翻飛スル、其時間ニ長短アリ。コレニ因テ見ル、者ヲ速力トイフ。

（巻六・物体衝突）

この「時間」は「一時ト次時トノ間」という幸民自身の説明からおのずと成立したものかも知れない。しかし、前述のように幸民の『気海観瀾広義』より以前に「時間」は存在していた。おそらく幸民はこの箇所では既に存在していたその「時間」を用いたものと思われる。とすれば、「時間」という語を創出した人物は誰なのかという前の問いが再び問われることになるが、それは最初に西洋物理学を紹介した青地林宗ではなかったろうか。志筑忠雄の『暦象新書』（寛政十年〔1798〕成）にも、例えば次のように、不定の時間の幅について言及されているが、「時刻」が用いられている。

今二体同輪を旋る。其時刻不動なる時は、其遠心力は、各其速力羃に応ず、（中略）但し、一周の時刻大なる者は、速力小なり、一周時刻小なる者は、速力大なり。
（中編上巻・旋輪第二段　第四図解）

したがって、この「時間」が成立したのは寛政十年以降のことであろう。青地林宗は天保二年〔1831〕十一月に訳語を検討する同士会を結成している。その「規約」に言う。

此会以二翻訳一為レ事。斯業要二細心審訂一、若有三疑二似難釈之義一、会上相議、必得二合当一、無レ恨而止。若杜撰妄誕、則衆共攻勿レ赦。凡所二反訳一、雖二其文許多一、一々備レ之。其精覈切実、可二師法一者。経二衆士詳論一一定、乃著二訳者校者名字一、繕写為二一本一。凡所二訳述一、薬名術語先輩所レ撰者尽用レ之。其可レ議者、会上論レ之、従二其所一レ宜。其新出者、待二一定之論一、通レ社用レ之。

彼の正確な訳語を求める情熱はこの「規約」からも十分に窺えるが、『気海観瀾』に「〇分時」「〇秒時」また「〇分時間」「〇秒時間」という言い方が初出するのは偶然ではないであろう。『気海観瀾』には「時間」の語は見えないが、『気海観瀾』は凡例に「曩《さき》に予《よ》遠西理科の書を渉猟し、格物綜凡若干編を訳述し、帳中に蔵す。童蒙我に求めて、其の気性を説く数十章を抄し、訂正し漫に気海観瀾の字を題して、剞劂に費資し、以て同行に施さんとす。然れども是れ僅かに理科中の一斑のみ。実に残闕を如何せん。若し其の梗概を観んと欲せば、載せて綜凡に在り。校讎業を竣るを挨ちて、嗣出を謀らんとす」（原漢文）と書かれているように、「遠西理科の書を渉猟」し訳述していた『格物綜凡』若干編（現存していない）の中から「気性を説く数十章」だけを抄出して出版されたものである。幸民の『気海観瀾広義』は『気海観瀾』に載せられなかった部分を含めて訳述したものである。したがって、あるいは「時間」という造語も公刊されなかった林宗の訳文には用いられていたのではなかろうか。あるいはまた、林宗が主宰した同士会の「規約」に会で討議され採用されたものは会において用いるとあるが、そうした訳語の一つが紛れ込んだのが、幸民の『気海観瀾広義』の「時間」ではなかったろうか。ちなみに幸民の妻は林宗の娘である。

『気海観瀾広義』後に刊行された物理学訳述書には、この「時間」は多く現れてくる。廣瀬元恭の『理学提要』（嘉永七年〔1854〕刊。原漢文）にも、

凡そ動の大小は、時-間の遅-速と、虚-地を塡-充するの大-小とに応ず。何となれば、同-時-間を以て虚-地に塡充するの大なる者は其の動大いに、小なる者の其の動小なり。〈恭按するに、其の動、一-時を以て一-圏を周する者の動大いに、周すること能はざる者の動小なり。其の動く者は、虚-地を塡-充すと為し、其の動の間を時-間と為す。〉其の虚-地を塡-充するの向ふ所を以て其の動の向ふ所の曲-直を定む可し。〈向ふ所は、動の行く所の線-路、直有り、曲有り、其の動に従つて同じからず。〉其の時-間を以て、其の動の遅-速を定む可し。又此の二の者を以て、動の大-小を定む可し。（首巻・総論）

など多くの例を拾うことができるが、『理学提要』の例には右に示したとおり音合符が付されており（平安時習堂蔵版）、音読語であったことが分かる。

『理学提要』と『気海観瀾広義』は共に版を重ねて読まれたものであり、『気海観瀾広義』は明治五年（1872）に文部省が小学教科書として公示した「理学輪講」のテキストの一つでもあった。明治以降に「時間」が広く用いら

れるようになったのは、この二書の影響が大きいものと思われる。

明治以降になり、この意味の「時間」が定着すると、かつて川本幸民が「時トハ事ノ発止スル終始ノ間ヲイフ。猶一時ト次時トノ間ニ分秒連続シ来ルガ如シ」と説明していたことは、次のように説明されることになった。

片山淳吉『物理階梯』（明治五年〔1872〕刊）

動ヲ知ルニ三箇ノ目アリ、一ハ速力、二ハ時間、三ハ距離ニシテ、動ニ緩急アリ、時間ニ長短アリ、距離ニ遠近アリ、以テ其動ノ強弱ヲ定ム、即チ距離トハ物体ノ処ヲ変シテ、進行スル場処ヲ曰ヒ、時間トハ其進行中経ル所ノ時刻ヲ曰ヒ、速力トハ其遅速ヲ曰フ。

（巻之上　第四課・動静及速力）

瓜生寅『窮理暗誦本』（明治七年〔1874〕刊）

動を悟《さと》るに三目《もく》あり。一は速力《そくりよく》、二は時間《じかん》。三は名《なづ》けて距離といふ。動《うごき》に遅《おそき》速《はやき》あり。時間《じかん》に長《ながき》短《みぢかき》あり。距《きよ》離《り》には遠《とほき》近《ちかき》あり。これに由《より》て物動《ぶつどう》の、その強《きやう》弱《じやく》を定《さだ》むべし。距離《きより》とは物の動きたる、場所の遠《とほき》を指《さし》ていひ、時間は物の進《すすみ》行《ゆ》く、時刻《じこく》の間《あひだ》。速《そく》力は、動《うごき》の遅速《はやさ》のことと知れ。物の動くにその距離の、愈《いよいよ》遠《とほ》くて、その時間愈《いよいよ》短《みぢか》きその時は、速力いよいよ大《おほい》なり。

（物の動静）

おわりに

「時間」という語は現在およそ四つの意味用法で用いられている。一つは「ある時点と他の時点との間」、すなわち任意の長さを意味する「時間」である。「時間が遅くなった」といった経過時間の多少をいうものもこれに含める。二つは「三時間二十分三十秒」などと用いられる単位としての時間、すなわち一分の六十倍、一秒の三六〇〇倍の長さの時間を意味するものである。三つは「集合時間は九時三十分です」などと用いられる「時の一点」すなわち時刻の意味である。四つは「時間は止まることはない」のように用いられる過去から未来へ（あるいは未来から過去へ）と流れていく時間を意味するものである。一つめと二つめの「時間」は江戸時代の蘭学の世界で造られたものと考えられた。三つめと四つめの「時間」は明治時代以降にできたものではないかと思われる。前者（三つめ）の初出は、管見では明治五年成『物理階梯』に見える「二物同一ノ時間ニ同一ノ処ヲ領取スルコトナキ」（巻上・四ウ）であり、後者（四つめ）はその初出は確かめ得ないが、「時間」が「空間」とともに世界の基本的枠組みを形作る概念として成立したものではないかと思われる。

注

（1）松井氏の「時間」に関わる御論は多いが、このことについて詳しく調査されているのは本文中に引用したものの他に次のものもある。
「新漢語『時間』の成立と《時》の表示法」（『近代語研究』13、2006.2）

（2）本文の引用は『復刻　日本科学古典全書7』（朝日新聞社刊）による。『海表叢書巻三』（更生閣発行）所載のものも参照した。

（3）尾原悟編著『キリシタン文学双書　イエズス会日本コレジヨの講義要綱Ⅰ』（『キリシタン研究第34輯』教文館1997刊）による。日本思想大系63『近世科学思想　下』（岩波書店1971刊）をも参照した。

（4）「秒」を十分した「忽」の代わりに「微」が用いられることもある。賀寿麻呂大人（宇田川榕菴）の『蘭学重宝記』に「天学家年／三百六十五日五時四十八分五十七秒三十九微」、『厚生新編』第四十六巻「マート」（度量の名）の項に「輪内を三百六十五度とし一度を六十分と為し一分を六十秒とし一秒を六十微とする」など。訳がいまだ定まっていなかったことを表わすものとして注目しておきたい。

（5）『元和航海書』に「微能度《ミヌウト》〈ミヌウトトハ分量ト云心〉」とあり、minuto（葡語）には「細かく刻まれた」「細切れの」といった意味があり、これによってminutoはhora（「時」葡語）を分かつ単位名となったもののようである。

その訳語として用いられた「分」もまた「時」を細かく分けたものの意味で用いられたものであろう。本木良永の『和蘭地球図説』（安永元年〔1772〕成）に「日曜二十四時ニ全地球ノ円周ヲ照シ給ヒ、三百六十五日五時四十九ミニユッテンヲ歴テ〈ミニユッテン此ニ分ト訳ス、一時六十分之一ヲ云〉又初メ旋行ノ初点ニ至ル」（巻一・地球幷ニ地図諸圏ノ事）と見え、蘭語 minuut, -en を「分」と訳したのは、本木良永のようである。

また、橋本万平『日本の時刻制度　増補版』（塙書房 1966 刊）に「歩と書いている場合もあるから「ぶ」と呼んだものであろう」（p.130）とあるのを参考にすれば、日本では西洋時間の「分」はフンと呼ばれ、日本時間の「分」はブと区別されていたものと思われる。

また、segundo（葡語）、seconde（蘭語）は「次の、二次の」の意味から「分」の次の時間の単位を意味するようになったものであろうが、「秒」がその訳語に宛てられたのは、「秒」の「すくない」という意味によるものと思われる。

（6）「〇分時」という言い方の成立は別の考え方もできる。『二儀略説』に「一時ヲ四ツニワリテ四分時ト号ス」とある「四分時」、あるいは向井玄升の『乾坤弁説』に「其日月五星運行の年月日数は、（中略）日月の行道斜倚す、三百六十五度四分度の一を、三百六十五日四分日の一に行くといへども」とある「〇分度」「〇分日」などが一つ上の単位（時・度・日）を〇つに分けたものを示すことにヒントを得て、「時」を六十に分けたうちの〇つという意味で成立したとする考え方である。しかし、「〇秒時」についてはこの考え方では説明できない。

（7）『舎密開宗』には「四分密扭多」（巻四・16オ）と書かれた例も見える。「分」と「密扭多」が重複しているが、「密扭多」は「分」が西洋時間の minuut であることを示すものであろう。なお榕菴の『諸国温泉試説』（文政十二年〔1829〕成）に「先年、友人青地林宗、石川氏と共に熱海に浴す。帰後、余に彼地泉口に凝れる一種の鹵石を贈る」とある。林宗と榕菴は友人であり、学者仲間であった。

（8）松井氏（「幕末における時長表現語―「時刻」、そして「時限」から「時間」へ―」『近代語研究』14、2008.10）は『厚生新編』の第十四巻にも「二時間」とあると言われているが、確認できない。

「ヱレキテル」から「電気」へ

1　ヱレキテルから「電気」へ

現在「電気」と訳されるヱレキテイリセイリテイ（ヱレキテルセヱリテイト、略してヱレキテルなどとも）という語が始めて日本の文献に現れるのは、身体の中から火を取り出して病を治す医療器具の名としてであった。[1] この器具が始めて日本に渡って来たのは宝暦元年（1751）とも宝暦末年から明和の初め頃（一七六〇年代の初め）とも言われるが、ヱレキテイリセイリテイはその器具の製作者の名から来たものと考えられていた。後藤梨春の『紅毛談《おらんだばなし》』（明和二年〔1765〕刊）に「此道具を工夫して、成就したるときの人の名を、今は此の道具の名とす」とあり、堀口多猶の『野礼機的爾《ヱレキテル》全書』（文化十一年〔1814〕序）にも、

　按るに欧羅巴洲「ホロニヤ」国の内「トホールン」と云所ニ聖人「ヱレキテイリセイリテイ」と云人始て此器を造り得したるよしなれば、此人の名を我国にて誤りて伝へて「ヱレキテル」と呼と見へたり。

と見える。やがてヱレキテイリセイリテイに関する以下のような正しい理解が得られるようになる。曰く、ヱレクトリシテイトは琥《こ》珀《はく》の持つ力という意味のラテン語である。[2] また、ヱレキテルはヱレキテルテイトの略であり、オランダ語ではヒユフ・ステイン・カラクト（vuuresteen kragt　火・石・性力）と言う。また曰く、琥珀はラテン語の別名でヱレクトリュムと言い、ギリシャ語ではヱレクトロンと言う。[3] さらに曰く、琥珀の持つ力を発見したのは

ギリシャのタレスという人物であり、琥珀が他のものと比べて最も強い吸引力を持つところから名づけられたものである、等々。

○本《もと》、「ゑれきてるていと」といふ語の転ぜるなり。和蘭国語にては、「ひゆふる火すていん石からくと性力」といふ。人の体より火を取るといふわけには非ず。触る、もの何にても火出づるなり、是は金石のすれ合ひ、火を生ずるの理にして、燧《ひうちがね》金火打石と同じ。故に火石性力の名あり。（大槻玄沢『蘭説弁惑』天明八年〔1788〕序）

○「ボイス」が曰く、羅甸《ラテン》語「ヱレクトリシテイト」〈鄭曰、和俗略して「ヱレキテル」と云ふ。是なり〉は琥珀の性力と謂ふ義なり。故に和蘭に魄力と訳す。窮理学必要の器なり。是れ一種の物の性にして之を撫摩して其性を発す。又一種の温熱の度あり。其度に到れば威力を得るなり。得れば乃ち距離《はな》しある所の物を吸引し弾払することを為す。而して是を数回するときは炎を発し水を起し火を射するに至る。

（橋本宗吉『ヱレキテル訳説』文化八年〔1811〕以前成）

○琥珀羅甸の別名「ヱレクトリュム」といふ〈本説に西洋言辞の祖国厄勒西亜《ギリーキス》にて琥珀を「ヱレクトロン」と名づくと。故に器の名をこれに原《もと》づき命せしと知らる〉即、此原名より由って出る所の「ヱレクトリュム」又「ヱレキチィリシテ」なり。

（『厚生新編』第二十七巻「越列吉低力的乙多」の項、文政十年〔1827〕年頃大槻玄沢・宇田川玄真訳校）

○越歴《エレキ》ノ名ハギリシャ国語ノ「エレキトロン琥珀ノ名」ヨリ出ヅ。距《ル》レ今《ヲ》二千五百年前、「ミレッテ」名地ノ「タレス」氏、始メテ琥珀ニ引衝スル性アルヲ発明シ、ソノ後諸体ヲ擦シテコレヲ験スルニ、琥珀ノ力、最尤ナルガ故ニ、此名ヲ使用セシ者ナリ。

（川本幸民『気海観瀾広義』嘉永四年〔1851〕初冊刊）

こうして名の本義とその現象の本質が明らかになったヱレクトリシテイトが、その後どのような名で呼ばれてきたかを年表の形で示すと次のようになる。

△印は古田東朔「幕末・明治初期の訳語」（『国語学』53、1963.6）に、＊印は斎藤静『日本語に及ぼしたオランダ語の影響』（東北学院大学 1967 刊）に、○印は高野繁男「でんき（電気）」（『講座日本語の語彙』11『語誌Ⅲ』明治書院 1983 刊）に、●印は八耳俊文「漢訳西学書『博物通書』と「電気」の定着」（『青山学院短期大学紀要』46、1986.3）に、◎は杉本つとむ『江戸の翻訳家たち』（早稲田大学出版部 1995 刊）に既に紹介されているものであり、その他の用例は本稿の筆者が新たに加えたものである。ただし、煩雑を厭って本稿の本文に触れているもので省いたものもある。括弧【 】内は在華西洋人宣教師の著作であるが、参考として掲げた。

1765（明和2）	『紅毛談』（後藤梨春）	ゑれきてりせいりてい	＊
1776（安永5）	平賀家所蔵文書（平賀源内）	ヱレキテル	
1787（天明7）	『紅毛雑話』（森島中良）	ヱレキテル・野礼幾的爾《ゑれきてる》	＊
1788（天明8）	『蘭説弁惑』（大槻玄沢）	野礼幾天爾	＊
1795（寛政7）	『東遊記』（橘南谿）	ヱレキテイル	
1796（寛政8）	『和蘭天説』（司馬江漢）	ヱレキテル	
1798（寛政10）	『蛮語箋』（森島中良）	elcter　越機《ヱレキ》	＊
1810（文化7）	『訳鍵』（藤林普山）	ヱレキテル elextricer	○
1811（文化8）	『阿蘭陀始制ヱレキテル究理原』（橋本宗吉）	ヱレキテル・魄力	
1813（文化10）	『奴凧』（大田南畝）	ヱレキテルセイト	
1814（文化11）	『野礼機的爾全書』（堀口多獅）	野列吉的児《ヱレキテル》	
1815（文化12）	『蘭学事始』（杉田玄白）	ヱレキテル	

1819（文政2）	『厚生新編』	野列吉的児《ヱレキテル》・越列吉低力的乙多《ヱレキテイリテイト》・琥珀本力	○
1825（文政8）	『気海観瀾』（青地林宗）	越列吉的爾《ヱレキテル》・越歴	△
1829（文政12）頃	『縦堂詩稿』序（箕作阮甫）	越利吉参児《ヱリキテル》	
1832（天保3）	『医原枢要』（高野長英）	越列吉的爾《ヱレキテル》	
1835（天保6）頃	『蘭学重宝記』（宇田川榕菴）	ヱレキテル	
1837（天保8）	『舎密開宗』（宇田川榕菴）	越列機《ヱレキ》	*
1849（嘉永2）	『病学通論』（緒方洪庵）	越列機《ヱレキ》	
1851	【『博物通書』（米・瑪高温）】	電気	●
1851（嘉永4）	『気海観瀾広義』（川本幸民）	越列吉的爾帝多《ヱレキテルテイト》・越歴《ヱレキ》（電気）	△
1854	【『地理全志』（米・慕維廉）】	琥珀気・電気	
1854（嘉永7）	『長崎日記』（川路聖謨）	ヱレキテル	●
1854（嘉永7）	『西使日記』（古賀謹一郎）	電機・電気	●
1854（嘉永7）	『西征紀行』（箕作玩甫）	電気	●
1854（嘉永7）	『理学提要』（廣瀬元恭）	越列幾的里失帝多	△
1856（安政3）	『窮理通』（帆足萬里）	虎魄力	△
1856（安政3）	『地震預防説』（宇田川興斎）	越列幾的児気	●
1856（安政3）	『地震預防説』序（大槻盤渓）	電気	●
1857（安政4）	『颶風新話』（伊藤慎蔵）	越列機《ヱレキ》	○

1857（安政4）	『内服同功』（山田貞順）	越歴的児	
1859（安政6）	『遠西奇器述』（川本幸民）	電気	
1862（文久2）	『英和対訳袖珍辞書』（堀達之助）	electric Electricity　電気	○
1862–5（文久2—元治2）	『民間格致問答』（大庭雪斎）	越列幾的爾《ヱレキテル》・越列機《ヱレキ》	△
1864（元治1）	『仏語明要』（村上英俊）	électricite　越力	＊
1864	【『博物新編』（英・合信）】	電気	△
1866–1869	【『英華字典』ロブシャイド】	Electricity　電気	
1866（慶応2）	『改正増補英和対訳袖珍辞書』（堀越亀之助）	electricity　電気	○
1867（慶応3）	『和英語林集成』（J.C.Hepburn）	ELECTRICITY, Yeleckiter : denki	○
1867（慶応3）	『化学入門』	電気	
1868	【『格物入門』（米・丁韙良）】	琥珀気・電気	△
1868（明治1）	『天変地異』（小幡篤次郎）	越歴《ヱレキ》	○
1869（明治2）	『舎密局開講之説』	越列機《ヱレキ》	○
1869（明治2）	『理化新説』	電気	＊
1871（明治4）	『電気論』（中神保訳）	電気	○
1871（明治4）	『仏和辞典』（好樹堂訳）	electricité　電気	
1871（明治4）	『西国立志編』（中村正直）	電気	○

1872（明治5）	『訓蒙窮理問答』（後藤達三）	電気（右訓でんき・左訓いなびかり）	○
1872（明治5）	『啓蒙智恵乃環』（瓜生於兎子）	電気《でんき》	
1872（明治5）	『索和袖珍辞書』（小田条次郎他）	Elekitricetȧt　電気	
1872（明治5）	『和訳独逸辞典』（司馬凌海他）	Elekitricetȧt　電気	○
1872（明治5）	『物理階梯』（片山淳吉）	越歴・電気	
1872（明治5）	『捷径窮理十二月帖』（内田晋斎）	越歴気《えれき》	
1873（明治6）	『窮理童子教』（青木東江）	電気	
1873（明治6）	『独和辞典』（松田為常他）	Elekitricetat　電気《デンキ》	○
1873（明治6）	『附音挿図英和字彙』（柴田昌吉他）	electricity　電気《デンキ》	○
1873（明治6）	『防雷鍼略説』（明石博高）	電機	○
1873（明治6）	「洋字ヲ以テ国語ヲ書スルノ論」（西周）	電気	○
1873（明治6）	『越歴新編』（明石朝幹他）	越歴	
1874（明治7）	『窮理暗誦本』（瓜生寅）	電気	
1874（明治7）	『ものわりのはしご』（しみづうさぶろう）	えれきとる	
1874（明治7）	『小学化学書』（文部省・ロスコウ著・中川盛二郎訳）	電気	
1874（明治7）	「化学改革の大略」（清水卯三郎）	電気	
1876（明治9）	『改正増補物理階梯』（片山淳吉）	電気	

1876（明治9）	「電気流動論《エレクトロディナミック》」（開成学校仏語物理学科過程第二年物理学教科名）	電気	
1880（明治13）	『英華学芸詞林』	Electricity　電気	◎
1880（明治13）	『改正増補士氏物理小学』（小林六郎）	電気	
1880（明治13）	『小学読本　博物学階梯』（能勢栄）	電気	
1881（明治14）	『哲学字彙』	Electricity　電気	
1882（明治15）	『小学博物金石学』（島田庸一）	電気	
1884（明治17）	『必携字集』	電気《デンキ》キノナ	
1886（明治19）	『言海』（大槻文彦）	電気《でんき》・エレキテル	○
1887（明治20）	『高橋漢英対照いろは辞典』（高橋五郎）	えれき・電気・いなびがりのき　Electricity でんき・電気・えれきてる　Electricity	◎
1887（明治20）	『電気学講義』（英・チンダル著、今外三郎訳）	電気	
1888（明治21）	"Vocabulary of Physical Yerms n the Four Language, English,Japanese ; French and German"	Electricity. Ereki.'（denki）、越歴（電気）	◎
1893（明治26）	『日本大辞書』（山田美妙）	電気　英語 Electricity ノ対訳＝ヱレキ	＊
1904（明治37）	『新編漢語辞林』	電気《デンキ》エレキ	

右の表に見るように、当初はヱレキテルなどの音訳語が用いられ、やがて「魄力」「琥珀本力」「虎魄力」「電気」「電機」などの直訳語あるいは意訳語も現れるようになる。その後、「越歴」と「電気」の併用時代が続き、やがて

「電気」に落ち着くようになるのであるが、本章では「魄力」「虎魄力」「琥珀気」また「電気」という訳語に注目して、この自然現象が東洋ではどのように理解されてきたかを考えたい。

2　「魄力」という訳語

蘭学が起こる以前から琥珀にものを引き付ける力があることは日本でも知られていた。松永貞徳の『鷹筑波』（寛永十五年〔1638〕板）に、

花ぞ散る吸へや琥珀の玉椿

塵を取る露や琥珀の玉箒

とあり、松江重頼の『毛吹草』（正保二年〔1645〕頃刊）にも、

塵の世に降るや琥珀の玉霰

の句が見え、付合《つけあい》に「塵―琥珀」があげられている。また、『命理天学弁』（著者不明、寛政元年〔1789〕刊）に「月ト水トハ磁石ノ針ヲ吸、琥珀ノ塵ヲ吸ガ如シ」と見え、小野蘭山の『本草綱目啓蒙』（享和三年〔1803〕初冊刊）に「慈石鉄ヲ吸、琥珀芥ヲ拾フハ古ヨリ云伝ルコトナレドモ」（巻十三・琥珀）と見える。ただし、『厚生新編』第三十七巻（文政十年〔1827〕年頃、大槻玄沢・宇田川玄真訳校）の「越列吉低力的乙多《ヱレキテイリテイト》」の項に「蓋、漢説に琥珀以二手心一摩シ熱スレバ拾レ芥。又光瑩之体可レ拾レ芥。尚有二粘性一。又以レ布拭ヒ熱スレバ吸二得芥子一云々。吸と拾と同意」とあり、これは中国から得た知識であるかもしれない。中国では宋・李石撰『続博物誌』に「本草経曰、虎口肖風生、龍吟雲起、磁石引鍼、琥珀拾芥、（中略）其気夾之相関感也」（巻九）とあるように、早くからそのことは知られ、陰陽の気でその力は説明されていた。(4) 日本においてもエレキの力を陰陽思想で説明することは、既に大槻玄沢の『蘭説

弁惑』（天明八年〔1788〕序）に「天地の気相摩して電光等の現る丶の理を示したる道具なりとぞ」（ゑれきてる）などと見えるが、本格的にその論を展開したのは橋本宗吉であった。宗吉の電気に関する著作には『ヱレキテル訳説』（文化八年〔1811〕以前成）とそれを増補した『阿蘭陀始制ヱレキテル究理原』（文化八年成。以下『究理原』と略称する）とがある。[5]『究理原』という書名は「天地の大なるより罌粟毫末の小さきに至る迄」あるいは「風雨・雷電・地震・流星等」の現象の起きる理をヱレキテルによって究めることを意味するものであるが、『究理原』の「附言」に次のように言う（上松寅三氏の校勘本文による）。

夫《それ》「ヱレキテル」は天地の大なるより罌粟毫末の小さきに至る迄其理を諭し、風雨・雷電・地震・流星等を目のあたりに顕はし、掌中に試みらる丶事にて、咫尺の間に一小天地を縮めば、礼楽・仁義・道学の羽翼ともなるべしと、陰陽升降の理、易の活動を諭す秘訣を附録一巻に委しく著し、童蒙困学の悶を吐くべき階梯とす。此書を見て易の活動を象に見て究理せば、朝暉初て戸牖を穿て億兆の宿眠一時に覚るに等しからん歟《か》。

また、本文でも、

夫、太極は無極にして唯一理のみ。既陰陽升降して水火剛柔を分別し風雨震雷施行す。故に万物資生象形を以て運行して不休。然を是以令古水火を恐る、と雖、気土を懼れず。（中略）粤《ここ》に泰西欧羅巴の「ヱレキテル」たるや賢愚皆偏に翫弄の器とのみ思へり。全「ヱレキテル」は爾《しか》あらず。天澤火雷風水山地の理を発明する階梯のみならず、病を癒す奇効ある事（中略）其外黴毒に用ひ眼を療すなどあり、大活物の器にて翫弄一偏の死物器ならず。夫「ヱレキテル」は別の仔細なし。唯硝子を磨《すり》ぬくめて其気を起す計《ばかり》なり。

（ヱレキテルの道理を論す図説）

とあり、雷鳴や電光、また流星や五星の運行などをヱレキテルの気で説明した各論が展開されている。

堀口多桝の『野礼機的爾全書』（文化十一年〔1814〕序）もまた、ヱレキ陰陽説を明確に主張する書である。堀口

は、

「ヱレキテル」の大意は、陽と陽と摺合して気を生じ、陰気を退け、陽気を専らにして活動するの理を示したる器と知るべき也。（中略）誠に陰陽を究理し、生化を自然に暁《さと》すの妙器にして、万巧精妙、奇之又奇なるもの也。

とヱレキテルを説明し、例えば摩擦電気について、

車を廻し向の盤上に気うつりたるとき、傍より指にてもかねにても、少しくあてゝて見よ。バッチといふて火をはっす。是誠は火にあらず。故に物をやかず。則ち陽気の発る也。陽気のみちみちている所へ地上の陰気ある人少しくあたる故に、其の気に感じてハッチと気の発る也。

と説明し、電光について、

「ヱレキテル」両陽相磨して陽気を発すると云も此理にして此ときに当て天の陽気と地の陽気相磨して雷気をなし、電光をなす也。故に夏天に雷ありて冬天に雷なきを以て知べし。適冬春のころ雷のあるは天の陽か地の陽（気）一方す、みすぎて、又両陽相すりて雷を発する也。

と説明している。

日本におけるヱレキテル陰陽説は以上のとおりであるが、これに関連して注目されるのは宗吉の考え出した「魄力」という訳語である。

「ボイス」が曰く、羅甸語「ヱレクトリシテイト」〈鄭（引用者注―宗吉の名）曰、和俗略して「ヱレキテル」と云ふ。是なり〉は琥珀の性力と謂ふ義なり。故に和蘭に魄力と訳す。（『ヱレキテル訳説』前掲）

「ヱレキテル」をば蘭書にては「ヱレキトリシテイト」又「ブランド、ステンガラクト」と云ことなり。是によりて我輩「ヱレキテル」を魄力車と喚び、「ヱレキテル」の気を魄力と呼ぶ。

（『究理原』巻上・天気器《エレキテル》制造并名義の弁）

ラテン語ヱレクトリシテイトは琥珀の性力という意味であった。オランダ語ではこれをブランドステンガラクト(brandsteenkracht) と言う。火 (brand)・石 (steen)・力 (kracht) と分析できる語であり、大槻玄沢は「火石性力」（『蘭説弁惑』）あるいは「燧石本力」（『厚生新編』）と直訳していた。これを宗吉は「魄力」と訳しているのである。

「琥珀」は「虎魄」などとも書かれる。(6) したがって、「魄力」は「虎《こ》魄《はく》力」（帆足萬里の『窮理通』）の上略とも思われるが、おそらくそうではなく、宗吉は「魄」の字に気の思想を込めたものと思われる。『究理原』（上巻の末尾）に次のようにある。

鄭按ずるにヱレキテルを訳すれば、琥珀のごと（く）なり。漢人琥珀と号すること、則枯魄の音を仮れりと見ゆ。既に薄荷の厳酷たる性を見て酷《はなはだ》薄荷虐なるを以て、薄荷と音を仮りて号しことなど、漢人も往古は究理せざるにはあらず。

すなわち、漢語「琥珀」は「枯魄」の宛字ではないかと疑っているのである。「枯魄」の意味は諸橋『大漢和辞典』には「生気のないたましい」とあり、『蜀志』「郤正伝」の「朝今㆓栄潤㆒夕為㆓枯魄㆒」の例を掲げる。魂もまた気（神気）である。また、『淮南子』には「地気為㆑魄」とあるが、『究理原』には「天地の間の魄力」（巻上・電を顕す図）また「天地の魄力」（巻下・はま焼鉢の水より火を出す図）などと見え、宗吉は地気だけでなく、天気をも合わせた「天地の気」の意味で「魄」の語を用いているようである。董仲抒の『春秋繁露』に「天地之気。合而為㆑一。分為㆓陰陽㆒。」とあり、地気と天気とは本来一つであり、分かれて陰気と陽気となると説明されており、この考え方によったものと思われる。

ところで、『ヱレキテル訳説』で、

魄力起り仏狼斎《フラスコ》に集るべし。

など「魄力」の語で説明されているものが、『究理原』では、

右の真鍮玉の所をばヱレキテルの鉄衡にあて、気を十分にくりこみ、片手にて人に渡すべし。（フラスコの水にて人をびつくりさする図説）

のように、「気」に言い換えて説明しているところがある。この使い分けは、電光や火柱や雨などの自然現象を説明する場合に「魄力」を用い、それ以外では「気」を用いるということのようである。すなわち、『究理原』における「魄力」は、

○いなびかりは天地の間の魄力なること、今眼前の態にて究理すべし。（電を顕す図）

○是を以て、世に火柱と云ふものは天地の魄力なる事を知るべし。（連綿火《だんだらび》の図説）

○是以知るべし、雨は天地の魄力に因ることを。（フラスコの内へ雨気を呼図説）

○暗夜に海上に火の顕るるも、皆空中の魄力なると推して知るべし。凡諸国の七ナ不思議は何れも魄力有無の感動より外なることなきか。（はま焼鉢の水より火を出す図）

○天地の間に魄力おこりては、此器の如く気を動揺す。初夏寒き時は地中の鬱火、残寒と相輾り、魄力おこす故、霹靂す。これを地震と云。（ヱレキの気自然と鐸を鳴らす術並地震の弁）

などと用いられ、「気」は例えば次のように用いられている。

○風玉は水二合ばかり入べき硝子の陶なり。口に軸を設たり。其軸を「ヱレキテル」の鉄衡に当て五六十度廻し気のこもりたらん時、手に乗せ一方の掌を軸の上にもてゆけば、ひやひやとして風を吹き出すなり。（風玉を試る図）

○なき玉は風玉には少し大なる壜より声を出すなり。これも軸あり。風玉の如く気をこめ、手にのせて耳に近づ

くれば、じりじりとむしのなく如く鳴くなり。（喞鳴子《なきたま》をこゝろむる図）

○へだての板を穿ち、針金にて裏表の縁をつゞけ、角「フラスコ」に気を十分くりこみ、さそひ金を伝ひ金にあつれば、火を出す。（襖障子ごしに百人嚇《をびへ》を試むる図）

○右のしんちう玉の所をば「ヱレキテル」の鉄衡にあて、気を十分にくりこみ、（中略）ふらすこを「ヱレキテル」の左のしんちうの筒にそへて、鉄さほより鎖を以てしかちう玉に縁をとり気を十分にくりこみ、くらがりにしてさそひ金を伝ひ金にあつれば、「フラスコ」のはだへいなびかりをあらはすなり。其火の色実に虚空のいなびかりにことなることなし。（フラスコの水にて人をびつくりさする図説）

○百人嚇を鉄衡に添へて気を十分にくりこみ、勿論暗中にして、例の如く誘金を縁金に当れば即ち八間の鏈に連綿に火を現するなり。（連綿火の図説）

3　「電気」という訳語

一七五二年六月に行われたフランクリン（Benjamin Franklin 1706–1790）の凧の実験よって、雷電が琥珀力と同じであることが証明されたことは周知のところである。青地林宗の『気海観瀾』（文政八年〔1825〕成）の「凡例」に、

雷は雲中の越列吉的爾質の作用に起るものなり。（中略）近世越列吉的爾質に由りて雷電の理を諦《つまびらか》にし、或は其の導子の法に倣ひて避電線を製し、之を寺塔船檣に設けて、預め其の不虞を防ぐ（下略）（雷電）

とあるのが、日本でそれを最初に紹介したものと思われるが、ここでは「電気」の語は用いられていない。「電気」という語は瑪高温（Daniel Jerome Macgowan 1814–93）の『博物通書』（清・咸豊元年〔1851〕刊）に初出するとされる（八耳俊文「漢訳西学書『博物通書』と「電気」の定着」『青山学院短期大学紀要』46、1986.3）。しかし、

坪井信良の序文によると嘉永三年（1850）に稿が成っていた川本幸民の『気海観瀾広義』の第四冊目の巻十一の冒頭には、

越歴的里失帝多《エレキテリシテイト》〈従来越歴的児ト称スル者ナリ。今此篇略シテ、越歴トナシ、其元素（ヱレキテリーケ・カラクト）ヲ越素トナシ、其機力（ヱレキテリーケ・ストク）ヲ越力トナス。支那人近日電気ト訳ス。然レドモ越歴的児ノ名ハ我邦ニ行ハル、コト已ニ久シ。故ニ今通称ニ従フ〉

と見える。したがって、幸民は『博物通書』が出版されるより早く、中国で「電気」の語が用いられていたことを知っていたことになる（八耳氏は『気海観瀾広義』の第四冊目が刊行された安政四年〔1857〕にこの文章は加えられたものとするが今は不詳とするしかない）。

いずれにせよ、「電気」という語は中国において造られた語のようであり、『地理全志』（清・咸豊四年〔1854〕刊）に「西士名号㆓琥珀気即電気㆒」とあり、『格物入門』（清・同治七年〔1868〕刊）に「始而西国名㆓電気㆒為㆓琥珀気㆒、継而知㆑為㆓電気㆒、仍以㆑此名㆑之」とあるように、フランクリンの実験によって琥珀の物を引きつける力が雷電現象と同じものであることが知られたために新たに必要とされた新語のようである。ちなみに琥珀力を原義とするelectricityが「電気」の意味で使われ始めるのも一七五五年に出されたフランクリンの著からであるという（『英語語源辞典』研究社1997刊）。

『博物通書』以後、中国では「電気」の語は『地理全志』、合信（B. Hobson 1816–73）の『博物新編』（清・同治三年〔1864〕刊）、丁韙良（W.A.P.Martin 1827–1916）の『格物入門』と現れるが、[7]『博物新編』は日本でも翻刻され、大森秀三の訳解（序は慶応四年〔1868〕、完結は明治三年〔1870〕）も出されている。『格物入門』もまた明治二年に本山漸吉の訓点本が出来、さらにその翌年には柳河春蔭の和解が出されている。これらの書が「電気」の語を日本においても定着させるのに力があったようである。

ところで、問題にしたいのは、なぜ新しく造られた語が「雷気」ではなく、「電気」なのかということである（司馬江漢『和蘭天説』には天気と地気によって生ずる「雷気」の説明が見える）。八耳氏は、瑪高温の『博物通書』第一章の「引言」の初めに見える「雷電之気、磅礴乎宇宙万物、一気流通」という文の「雷電之気」を略したのが「電気」であるとし、「雷気」ではないのは「電気実験には放電現象として火花の発生がしばしば伴うので、「電気」のほうが適語となる」と言われている（「「電気」のはじまり」『学術の動向』12-5、日本学術協力財団、2007.5）。すなわち、電は光であり、雷は音である。『説文段注』に「電、雲今易激燿也〈孔仲遠引河図云、陰陽相薄《せまる》為レ靁、陰激レ陽為レ電、電是靁光〉」とあり、『博物新編』にも「大地ノ体ニ気アリテ電トイフ。（中略）天空ニアル電ノ如キ、一ヲ電陰気トナシ、一ハ電陽気ヲ具ス。二ノ雲相近ツキ勢必ズ伝ヘ引キ、轟撃《トドロキウチ》テ声ヲ発ス。火ヲ見テ呼テ電トナシ、声ヲ聞テ呼テ雷トナス」（大森秀三の訳解による）とある。

しかしなお問題にしたいのは、なぜ「気」なのかということである。(8) これは次のような理由からであろう。「電気」は「電陰気」と「電陽気」と呼ばれるものを合わせて言ったもので、雷電現象を陰陽の「気」の働きによると考えたことによるものと思われる。言うまでもなく「気」は中国における重要な思想である陰陽五行説の概念のひとつであった。「電機」という語が『博物通書』に見えるが（「機」は活動あるいは働きといった意。『淮南子』原道訓「内有三以通二于天機一。〔注〕機、発也」）、この語が定着しなかったのは「気」の思想が含まれなかったことによるのであろう。

日本においても「気充満すれば、自《オ》ら電をあらわすなり」（『究理原』「フラスコ電を発する説」）と言い、「いなびかりは天地の間の魄力なること」（同「電を顕す図」）、「雷はすなわち天地の間の魄力なればなり」（同「ヱレキテルの火の力にて蛙鼠雀等を気絶させる図説」）といった宗吉の文があるように、雷電は気の働きと考えられていた。『ヱレキテル訳説』には、余恒に窮理天文を講ず。其説に曰く（中略）、又曰く、風雨電雷は天に憑るの説は謬れり。是れ太陽地に近居せるの時、悍熱至熾にして、地気の蒸発するものも亦盛んなり。此気地火を含蘊して、高く上空に在り。当に乾湿融会せんと欲するの期にして、其慈潤、乃ち雨を作るの際、地火之より先に降るなり。此に於て相繫がりて、電光を為し雷声を為すと。

とし、雷電を「気」であると知ることが「窮理天文」であるとする。こうした捉え方は大槻玄沢の『蘭説弁惑』や橋本宗吉の『究理原』、堀口多狆の『野礼機的爾全書』など蘭学書でも繰り返し述べられていた。(9) したがって、日本でも「電機」の語が古賀謹一郎『西使日記』（嘉永七年〔1854〕頃）にも現れ、明石博高『防雷鍼略説』（明治六年〔1873〕）にも「雷電は電機〈越歴力のこと近頃支那人之を電機と訳せり〉の機能にして、気中轟々響鳴するを雷と謂ひ、火焔閃光を放つは即電也」と用いられたことがあったが、中国と同様に定着しなかった。

アメリカ人宣教師の瑪高温の『博物通書』の「雷電之気、磅礴乎宇宙万物、一気流通」という説明も、新しい電気の概念が受け入れられやすいように東洋の自然思想と矛盾しない形で説明しようとする宣教師としての配慮であったに違いない。それはアメリカ人宣教師丁韙良の『格物入門』に、

答、萬物中具二有微妙之気一、運行不レ已、往返神速、此電気也。
問、何以謂二之電気一。
答、此気隠二伏於萬物之中一、其尤顕者、則為二雷電一。（巻四・電学・上巻・論乾電）

とあり、イギリス人宣教師合信の『博物新編』に、

大地之体、有レ気曰レ電。雑二賦於流形之内一、無二物不レ有。無二時不レ然。与二生気一絶不レ同レ類。聚動則為レ電為レ火。静隠則散蔵二於密一、其本原之質、内具二陰陽二性一。〈陰陽者非二牝牡雌雄之義一〉得二造化中庸之道一、不レ偏不

㆑倚、無㆓過不及㆒、若㆓器物之中㆒、一為㆓孤陰㆒、一為㆓独陽㆒、則陰者必合㆓於陽者㆒、陽者必合㆓於陰者㆒、務必彼此会合、一気調和。如㆓天空二雲㆒、一為㆓電陰気㆒、一具㆓電陽気㆒。二雲相近、勢必陰陽電引、轟撃発㆑声、見㆑火呼為㆑電、聞㆑声呼㆑雷、此乃電気陰陽不和之拠也。

（巻一・電気論）

とあるのにも言えることであろう。

「電気」という語が明治期の日本に抵抗なく受け入れられたのも、当時の日本においても陰陽五行説がいまだ衰えていなかったからであろう。それは当時の日本の究理啓蒙書の説明によく現れている。例えば、内田晋斎『捷径窮理十二月帖』（明治五年〔1872〕）に、

前略、雷之理合は至て六ケ敷、中々一朝一夕に申上兼候へ共、今其大概ヲ可㆓申上㆒候。元是雷は越歴気《えれき》の働きより起るものに候。此気に陰陽之二種あり。凡天地間の万物多少此気を持たざるはなし。爰に陰の越歴気を起したる雲と、陽の越歴気を起したる雲と有㆑之候時、陰陽の二気互ニ相合して、其平均を得ん事を欲し、烈しく空中ヲ飛行致し既に相合するとき、その撃動によりて光を発す。これを電《いなづま》と申候。偖《さて》其越歴気《えれき》空中を飛行する時、その通路全く真空に相成間、これを埋めむため直に空気流動を越し、ごろごろ嚮《ひびき》を発す。これ即ち雷に御座候。

とあり（「越歴気」の「気」は単なる宛字ではあるまい）、瓜生寅『窮理暗誦本』（明治七年〔1874〕）「電気とは」の項に、

天地の間の万物に具る一種の気類にて、動けば火となり電となり、静り潜めば顕れず。その質陰陽二つあり、陰陽互に和合して、過不過なければ静なり。一旦陰陽分るれば、陰はかならず陽に合ひ、陽は陰に相合て、務て調和をなさんとす。空に二片の雲ありて、一は陰に一は陽。具ふるところ異なりて、その雲互に近づけば、陰陽自然に引合て、耳に轟く声をなす。火花はすなはち電光《いなびかり》。

とあり、青木東江『窮理童子教』（明治六年〔1873〕）にも、

電気《でんき》にて。起りし熱の源は。地と気と感じて発光し。空にて起れば電《いなびかり》。其進撃は最も早く。一瞬間に数万里。之を機械に製作し。伝信線の基となす。

【頭書】電気熱と称するは、陰の気と陽の気と相感じ、光を発し、熱を起す雷鳴は即ち此電気なり。此の電気の進行は、最も早きものにて、一瞬の間に数万里を走るものなり。機械を以て此電気を起し、之を糸銅に通じ、数千里先の人と音信を通ず。之を「テレガラフ」といふ。

とある。また、『必携字集』（明治十七年〔1884〕刊）にも「電気《デンキ》キノナ」とある。

ところで、十八世紀の後半の西洋においては、琥珀を毛皮で摩擦した時に琥珀と毛皮とが引き合う現象などをどのように考えるかということから電気に関して二つの考え方が提唱されていた。一つは、電気には琥珀に発生する「樹脂電気」と毛皮に発生する「ガラス電気」の二種類があるというデュフェイの説である。もう一つは、一種類の実体が流体のように物から物へと流れていき、流れ出してその実体が失われた状態をマイナス電気、流れ込んで過剰になった状態をプラス電気とするフランクリンの説である。これらの説は早く『究理原』に、

其の性二種とす。曰く硝子魄力、曰く樠《やに》室魄力なり。硝子魄力は硝子器に応ず。樠室魄力は琥珀、脂樠蠟、膠樠等の質に応ず。

と見え、川本幸民の『気海観瀾広義』（嘉永四年〔1851〕初冊刊）にも、

○玻璃若ハ琥珀ヲ擦スルトキハ始メ越素ヲ我ガ体ヨリ引キ、次ニ地及ビ几ヨリ引キテ、以テ玻璃及ビ琥珀中ニ充実ス。故ニ几等ハ不足シ、玻璃琥珀ハ有余スルヲ以テ、其間ニ軽体アレバ、玻璃ニ飛上シテコレヲ取リ、已ニ取リ了レバ、復コレヲ几ニ輸シ、上下相伝ヘテ、終ニ過不足ナキニ至ル。○玻璃ノ如レ是有余ナル状態、及

ビ他ノ多クコレヲ含ミタル物ヲ、増越素〈ポシチーフ・オフ・ステルリフ・ゲヱレキテルセールド〉ト名ヅケ、不足ナル者ヲ減越素〈ネガチーフ・オフ・オントケンネンデ・ゲヱレキテリセールド〉ト名ヅク。

（巻十一・越歴的里帝多）

と見え、『物理階梯』（明治五年〔1872〕刊）の第三十一課「越歴論」にも、

玻璃ヲ摩擦シテ発スルモノヲ玻璃質越歴ト云ヒ、又積極《ポジチブ》ノ発歴ト名ク〈積極トハ積ンデ其定量ニ過ルモノニシテ増越歴ノ義ナリ〉又封蠟ヲ摩擦シテ発スルモノヲ樹脂質越歴ト云ヒ、又消極《ニガチブ》ノ発歴ト名ク〈消極トハ減ジテ其定量不足スルモノニテ減越歴ノ義ナリ〉

とみえる。注目したいのは、後者の説において「増・減」「積極《ポジチブ》・消極《ニガチブ》」などと呼ばれていたプラス・マイナスの性質が「陰・陽」で表わされることがあることである。普通学講習会『小学理科問答』（明治三十九年〔1906〕）に「陽電気」を「積極電気ともいふ」、「陽電気」を「消極電気ともいふ」とある。

電極の名称もまた同様である。賀寿麻呂大人（宇田川榕菴）の『蘭学重宝記』（天保六年〔1835〕頃成）の「理科反対に用る記号」に、

「－」舎密家にては酸素とし、「ヱレキテル」にては消極〔子ガチーフ〕とし、験温器にては零点下の諸度とす。

「＋」舎密家の水素。「ヱレキテル」の積極〔ボスチーフ〕。験温器零点上の諸度とす。

とあり、川本幸民の『化学新書』（文久元年〔1861〕成）には「増極」「減極」とあったものが[10]、明治元年（1868）の小幡篤次郎の『天変地異』では「陽の越歴・陰の越歴」とあり、明治七年の清水卯三郎『ものわりのはしご』でも「をのきはみ　陽、積極、えれきのつみたてるところ」「めのきはみ　陰、消極、えれきのきえへらすところ」また「陰（極）」「陽（極）」とあり、同年発行の『明六雑誌』二十二号に載せる清水卯三郎の「化学改革の大略」にも「孤陰（ネガテブ）」「独陽（ポジチブ）」とある。これらは在華宣教師の訳語の影響を受けたもののようで、合信の

『博物新編』（1864刊）に「陰・陽」「孤陰《ネガチーブ》・独陽《ポジチーブ》」とあり、丁韙良の『格物入門』（1868刊）に「問、何為二一極一。答、二気之所レ聚是也。蓋二気名分二陰陽一、陽気聚二陽極一、陰気聚二陰極一」とあり、ロブシャイドの『英華字典』（1866–69）にも「Anode 陽極」「Cathode 陰極」「negative and positive 陰陽」とある。

ところで、第1節で掲げた表に見るように、日本では『窮理通』（安政三年〔1856〕刊）以降は「ヱレキ」と「電気」の語が用いられるようになるが、「電気」が優勢になっていく時期はおよそ明治九年あたりであった。

日本人が編述した初期の物理学書の一つに片山淳吉編述『物理階梯』（明治五年〔1872〕刊）があるが、その題言に、

訳字ハ総テ博物新編、格物入門、気海観瀾等先哲撰用ノモノニ従フト雖ドモ、或ハ其創見ニ係リ、訳例ニ乏シキガ如キ、若シ原語ヲ存シ註釈ヲ加フルトキハ、幼童ノ為メ亦誦読ニ便ナラザルヲ覚ユ。因テ姑ク之ヲ塡スルニ原語ト相類似スル字ヲ以テシ其欠ヲ補フ。

とあり、第三十一課の名は「越歴論」であり、第三十二課の名は「越歴ヲ発生セシムル方法」である。これは「電気」という語が未だ「其創見ニ係リ、訳例ニ乏シキ」例であったということであろうか。そうであれば、『気海観瀾広義』が「越歴的児ノ名ハ我邦ニ行ハル、コト已ニ久シ。故ニ今通称ニ従フ」という立場と同じであったと言える。和語で化学を説明した『ものわりのはしご』（明治七年）にも「えれきとる」が用いられている。しかし、『物理階梯』には「電気」も使用されており、第三十三課の名は「越歴ノ作用論及ビ富蘭克林氏風鳶ヲ放テ電気ヲ引キシ話」であり、その本文中には「其地ニ高樹若クハ高塔アレバ電気必ズ先ヅ之ヲ撃ツ故ニ雷鳴中人塔辺或ハ樹下ニ近ヅクヲ戒ムルモノ之レガ為メニシテ蓋シ樹下人体トハ共ニ導体ナルニ因リ輙ク電気ヲ導ク恐レアルガ故ナリ」とある。そして、『物理階梯』が明治九年に改正増補された時には「越歴論」という題名は「電気論」に変わっている。したがって、この辺りで「電気」が広く用いられるようになったものと思われるのである。明治二十二年

（1889）に出された大槻文彦の『言海』では、

> エレキテル（名）〔Electol.〕電気ニ同ジ。
> でんき（名）電気‖ 万物相摩シテ熱又光ヲ発スル気、常ニ硝子ヲ摩リテ生ズ。天ノ雷電ハ、即チ、空気ノ相摩シテ起コルナリ。エレキテル。

とあり、「電気」を主とし、エレキテルを従とする説明である。金沢庄三郎の『辞林』（明治四十四年版）でも同様に「エレキテル」は「オランダ語 Electrtciteit の訳。【理】電気」とのみあるが、「電気」は「雷電の現象を説明せんために仮定せられたるもの、其の本質は未知なり」から始まる百科事典的な説明がなされている。

おわりに

電気の概念を受け容れる時に陰陽五行説が果たした役割については既に指摘されていたことである。近年では東徹氏がそれを次のように分かりやすくまとめられている（『エレキテルの魅力—理科教育と科学史—』裳華房 2007 刊）。

> 橋本曇斎をはじめ、わが国の人々は、「気をくりこむ」という言葉にも示されるように、さしあたって静電気現象を陰陽説における「気」のイメージを駆使しながら理解しようとしました。その結果、自らの自然認識の基礎である陰陽五行説に矛盾しないものとして、電気現象をとらえたのです。
> 次の段階では（中略）、自然現象のいくつかは電気のはたらきによるものであると考えたのです。電気の立場はずっと強いものとなります。陰陽五行説に基づいて生じると考えられる自然現象は、電気によると考えても差し支えないのです。その電気は陰陽五行説の「気」によって説明されるものなのですから、結局、「気」という広い概念の部分集合が電気であり、それによって一部の自然現象を説明することができるのです。自分

たちがこれまで有していた自然観となんら矛盾はしません。すべての自然現象は「気」のはたらきとする伝統的な自然観が、西洋からもたらされた静電気に関する理論によって補強されるという構図が立ち現れてくるのです。

浅野裕一氏もまた次のように言われている（「中国における「気」の概念」『日本語学』15-7、1996.7）。

幕末から明治にかけて、西洋近代化学が導入されるに伴い、気体・電気・磁気などと、気を用いた術語が大量に考案された。これもやはり、近代国家の形成といった切迫した事情がもたらした、例外的現象と考えるべきであろう。しかも江戸期における宋学的宇宙論の蓄積が、それを可能にしたのである。

現在の中国では「電気」の語は用いられず、「电（電）」の一字が用いられている。電気は気ではないという理由からだという。現在、電気は一方の物質の原子からマイナスの電気を帯びた電子がはぎとられ、それが他方に移ることによって起こったものと説明されているものであり、確かに、もはや気の思想が出る幕はないように思われる。しかし、気の思想とは全く無関係の語を新たに創出することなく、「電」の語を用いたことは中国においてはまったく気の思想を排除することが困難だったからであろう。気の思想は西洋科学の知識を取り込む広さがある。かつて、厳復（1853–1921）は元素を「気」と言い（『名学浅説』）、章炳麟（1869–1936）はアトム atkm を「気」で説明し、孫文（1866–1925）は、光の伝播を媒介する物質エーテル（Äther）を「伝光気」と訳した[11]。西洋における electricity（原義、琥珀力）という語もまた、実体が既に変化しているのにもかかわらず依然として古い語形を残していることは同じであるが、「电」もまた気との関係が化石的に生きているのである

注

（1）『厚生新編』雑集「越列吉低力的乙多《エレキテリテイト》」（大槻玄沢・宇田川玄真訳校、文政十年〔1827〕稿）に次のようにある。

本邦に此器舶来せしは宝暦の末、明和の初にやと知らる。明和の初年、平賀国倫（平賀源内）長崎に至り和蘭訳司西善三郎といふ者久しく所蔵せし諸機の欠損せし物ありしを購り得て都下に帰り其損欠を補足して用に供せんと工夫を凝しぬれど容易に其機会《ぐあひ》を暁り得ず。又久しく蔵め置しが一とせ西賓参向の春就て是を質すに其製造の理を弁へたる人なし。時に随従の老訳生庄三は機知ある性の者にて暫く是を弄して遂に其製法を暁会し、乃チ国倫に伝ふ。国倫こゝに於て始て自得し再修成就して人にも示す如くニなり、本邦に於て我一家秘蔵の奇器なりと傲具とは為したりき〈後藤黎《ママ》春明和二年乙酉の著書に始て此器の略図説を出せり。文政丙戌より六十年前なり〉。実に我邦にて此物の名顕れし権輿なるべし。国倫亡ヵりし後は人々これを擬製し安永の末の頃よりは東西両部に模造する者多く出来て頓て観場《みせもの》に出ることにも至れり。

後藤梨春の『紅毛談』（明和二年〔1765〕刊）には次のようにある。

ゑれきてりせいりてい、是は諸痛のある病人の痛所より火をとる器なり、（中略）横二尺計、幅八九寸、高さ一尺五六寸、内に車二つあり、箱の上に筒ありて、其中より針銅を出す、其はりがねを痛所ある病人にもたせ、療治する人は車をまわす、しばらく車をまわせば、病人のもちたる針銅へ、響動する事有、其ときに療治の人、痛所を指の先にてつけば、忽ち火出るとなり、我友に髭髯斎といへる人、此療治を長崎にてうけたりと云。

また、平賀源内の『放屁論後編』（安政六年〔1777〕刊）に、

身の程しらぬ大呆《タハケ》と己《ウヌ》も知ては居るそふなれど、蓼食ふ虫も好々と、生れ付たる不物好、わる塊りにかたまつて、縁の下の力持、むだ骨だらけの其中に、ゑれきてるせゑりていと、いへる人の体より火を出し、病を治する器《ウツハ》を作り出せり。

とある。

（2）琥珀などの示す引力をギリシャ語「琥珀《エレクトロン》」から採ってエレクトリック・フォース（電気力）と呼んだのはイギリス人ウイリアム・ギルバート Willam Gilbert（1544–1603）であると言われる（笠覚暁「地球が巨大磁石であることを証明し、『電気』という語を創ったギルバート」『新電気』62–2、2008.2）。

（3）『英語語源辞典』（研究社 1997刊）には、electric の語源は、ギリシャ語の ēlektron（amber 琥珀の意）から借入したラテン語 ēlectrum の派生語である ēlectrícus（produced from amber の意）によるという。また、ギリシャ語

の elektror の原義は日光の意味であり、elektron（amber 琥珀の意）はこれから派生したものかという。

（4）「気」は広義では陰陽五行の総称であり、狭義では陰陽のみを指す（平凡社『哲学事典』）。これらの用例に近い時代に日本で書かれた西川正休『大略天学名目鈔』（享保十五年〔1730〕刊）の「四気八気之弁」に次のような文章がある。

四気ハ即五行ノ気。天地ノ間ニ行ハル、モノ也。故ニ天ハ地上地下、五行ノ気ニ非ズト云コトナシ。天ニハ気ヲ生ジ、地ニハ質ト成テ、其気中間ニ行ハル。天気ト地質ト一貫ニシテ相離ル、コトナシ。五気ハ寒暑乾湿風、即春夏秋冬土用ノ四時五気ニシテ温熱涼旺気行ハレズト云コトナク、地トシテ此ノ四時八気アラザル処ナシ。

また中国の例では例えば合信『博物新編』巻一「地気論」（物質物性論）に、

世人以㆓可㆑見者㆒為㆑物、以㆓不㆑能見者㆒為㆑気、孰知㆓気即為㆑物、物即為㆑気。

とある。

（5）これらの書はボイス（Egbert Buys ?–1769）の "New en Volkomen Woordenboek van Konsten en Weetenschappen" の、「ELECTRICITEIT Of BNDSTEENEKRACHT」の章を訳述したものとされるが、宗吉が「魄力」の語を電気の意味に用いていることは、例えば、『ヱレキテル訳説』の、

「ワッツヲン」先生の窮理する所、魄力は諸般の有魄力の物より発するのみには非ず。採試検査勉強忙急の際周匝《すぐり》の気よりも之を発すと謂へり。

という箇所は原文からの現代語訳では次のようになっていることからも確かめられる（『日本科学古典全書』に載せる三枝博音氏の訳による）。

ワトソン氏の見解に依れば、電気は実験に用ひられる有電体から産み出されるものでもなければ、又周囲の空気から産み出されるものでもない。

（6）李時珍の『本草綱目』に次のようにある。「時珍曰、虎死則精魄入㆑地為㆑石。此物状似㆑之。故謂㆓之虎魄㆒。俗従㆑土以㆓其類㆒玉也」（巻三十七・琥珀）。ちなみに堀口の『野礼機的爾全書』より以前に書かれた木内石亭の『雲根志』（安永八年〔1779〕刊）は次のように科学的な目で琥珀を捉えていた。

漢名なり。和名なし。上品のものを金珀といふ。次を銀珀。蠟色なるを蠟珀。黒色の物を毀黒珀といふ。すべて

是琥珀なり。石中に諸虫を含みたる物あり。蟻蜂多し。蛙等の大虫のもの稀なり。日本諸山に産す。加賀国大聖寺名谷山・奥州南部・常陸国或は飛騨国井上等に出す。相伝ふ、松脂先年を歴て茯苓となる、茯苓千歳の後再化して琥珀となると、誤れり。松脂は琥珀と成べし。茯苓は別種の物なり。薫陸琥珀の苗なるべし。塵を吸ふを上品とするは非也。吸はざるものに最上あり。加賀の産よく塵を吸ふあり。（後編巻之一）

（7）ロブシャイド（W.Lobscheid）の『英華字典』（清・同治五―八年〔1866–69〕刊）にも「Electricity 電気／電気之理、電気之道、電学」とある。

（8）「気」と「電気」との関わりについては新井菜穂子氏「『電気』の受容について」（『漢字文化圏近代言語文化交流研究』国際シンポジウム予稿集、2009.3）に考察がある。新井氏の論文は「電気」という漢語にはどのような意味が込められていたのかというテーマだけでなく、中国で造語された漢語「電気」が中国では根付かず日本では今も用いられているのはなぜかというテーマまでも扱われている。

（9）ただし、江戸時代の蘭学者がすべて同様にヱレキテルを捉えていたわけではない。廣瀬元恭の『理学提要』（嘉永七年〔1854〕刊）初編の巻二に次のような説明がある（首巻の「後編目次」に「越列幾的里失帝多」があるが、この後編は書かれていないようである）

大気の中に許多の見象有り。（中略）雷鳴、電光も亦水素と越素とに原づく。何となれば水素瓦斯と酸素と抱合して必ず爆声を発す。且つ越気の作用を以て衝撃して光焔を発し、震動を起すなり。譬へば、盛夏の候、山陸、河海、皆極熱の温に逢へば、多く水蒸気と酸素瓦斯とを含むの蒸気を升騰し、密雲となり、遽かに湊合凝聚し、平均飽和を得るに暇あらず、彼此激迫し、先づ雷電を発す。融浹飽和し平均を得るに及んで、則ち驟雨と成る。冬日は蒸気、夏日の多きに如かず。故に升騰徐く緩く、漸次に交和融浹し、平均を得て、雨を成す。故に冬日は夏日に比すれば、雷電、急雨自ら稀なり。

また、宗吉の蘭学の師である大槻玄沢は宗吉の『究理原』の「附言」を引用して「其理なきにしもあらざるべし」（『厚生新編』「越列吉低力的乙多《エレキテリテイト》」の項）と言っているが、基本的には廣瀬元恭と同じ考え方に立っていたと判断される。

（10）逓信総合博物館所蔵の平賀源内製作の「ゑれきてる」の上蓋の片側に「Venus. ♀」、反対側に「Mars. ♂」と書かれているそうである。この文字と記号について『郵政研究所月報』（2002.4）に「Venus. ♀と Mars. ♂は静電気の陰と陽を意味する文字と記号として何の問題もないようである」とあるが、源内はどのような言葉でこれらを呼んでいたのだろうか。

（11）　池上正治『気で読む中国思想』（講談社現代新書 1995 刊）

七色の虹のはじまり

はじめに

虹の色の数は言語によって異なる。それは一つの色の範疇が言語によって異なるからである、というのは言語学の常識である。[1]例えば丸山圭三郎『ソシュールの思想』（岩波書店 1981 刊、pp.118–9）に次のように説明されている。

> 我々にとって、太陽光線のスペクトルや虹の色が、紫、藍、青、緑、黄、橙、赤の七色から構成されているという事実ほど、客観的で普遍的な物理的現実に基づいたものはないように思われる。ところが、英語ではこの同じスペクトルを purple, blue, green, yellow, orange, red, の六色に区切るし、ローデシアの一言語であるショナ（Shona）語では cips^{w}uka, citema, cicena の三色、ウバンギの一言語であるサンゴ（Sango）語では vuko と bengwbwa の二色、リベリアの一言語であるバッサ（Bassa）語でも、hui と ziza の二色にしか区切らないという事実は何を物語っているのであろうか。言語はまさに、それが話されている社会にのみ共通な、経験の固有な概念化・構造化であって、各言語は一つの世界像であり、それを通して連続の現実を非連続化するプリズムであり、独自のゲシュタルトなのである。

ところで、現在の日本の中学高校の理科の教科書では虹の色は藍色を除いた六色とすることが多いようである。板倉聖宣『虹は七色か六色か　真理と教育の問題を考える』（仮説社 2003 刊）によると、それはアメリカ合衆国の教科書の影響によるもののようである。アメリカでもかつては虹は七色と教えられていたが、一九四一年に刊行されたパーカーの教科書『雲と雨と雪』"Bertha Morrs Parker : Clouds, rain, and snow" に、

もし虹の絵を描くことになったら、六色が必要です。それは〈violet, blue, green, yellow, orange, red〉です。それは（中略）プリズムを通して見たときの色と同じです。

と書かれ、さらに、

あなたは〈虹には七色ある〉と聞いたことがあるかもしれません。ときには、indigo が虹の色の一つとしてあげられることがあります。indigo というのは、赤みがかった青です。あなたが特に〈青と藍の両方の名を挙げたい〉というのでなければ、両方の名を挙げる必要はありません。

と書かれて以降、indigo を除いた六色と教えられるようになったのだという。

板倉氏は「私は、日本で〈虹は七色〉と教わったとき、自分では六色にしか見えないので困りました。私のような子どもは〈虹は七色〉と教わると、学校教育に不信感をもつか、自分の感覚に自信を失ってしまいます。B・M・パーカー先生は、そういう悲劇をなくすために、こんな授業を考案したのです」と言われ、かつて虹を七色としていたアメリカ人が六色と言い始めたのは、虹は六色というのが真実だからである、と言われている。

しかし、虹の色は七色でも六色でもなく、赤から紫までのグラデーションであるというのが真実である。それを承知したうえで言語学が問題にしたのは、虹は紫、藍、青、緑、黄、橙、赤の七色だと教えられた者には blue と violet との間に indigo という一つの色を認めることができることであり、例えば赤と橙や緑と青のように我々には別の色として区別されているものが、言語によっては一つの範疇の色として区別されないのはなぜかということである。

虹を七色と言い始めたのはニュートンであった。プリズムを通してできる光の色を観察することは、遠くローマ

のストア派の哲人セネカにまで遡るようであるが、ニュートンもまた「三角プリズムを入手し、プリズムによる色の発生という、よく知られた現象を観察した。はじめはその鮮やかな強い色彩を眺めて楽しんでいた」のであった。その彼が虹は七色と言い始めたのは、王立協会哲学会報に投稿した「光と色についての新理論」（1671）においてである。そこには「オリジナルな基本色は赤・黄・緑・青および菫であり、それに橙、藍があり、さらにその中間に無限の変化がある」とある。オリジナルな基本色というのは英語に色の基本語として存在するものであるが、それ以外に彼は violet（purple）と blue との間、また yellow と red との間に、それぞれ indigo と orange という色を設定したのである。その新しい色の名は当時輸入されていた染料の名であり、また果物の名であったという。以上は島尾永康『ニュートン』（岩波新書 1979 刊）から得た知識であるが、では、なぜニュートンはその二色を敢えて設けたのか。

　金子隆芳『色彩の科学』（岩波新書 1988 刊）によると、一六七五年十二月七日付の王立教会事務局のオルデンバーグ宛の書簡でニュートンは、blue と green の境界はスペクトルの色全体のちょうどまんなかにあり、blue と indigo の境界は violet（purple）の方から三分の一にあって、そうした七色のバンドの幅はドリア旋法と対応すると報告していると言う。ドリア旋法とは当時の教会で行われていた音の配列であり、そのオクターブは次のように五つの全音階と二つの半音階からなる。

D	EF	G	A	BC	D
れ	みふぁ	そ	ら	しど	れ

　ニュートンはこのオクターブの半音階に対応するように二色を加えたのであった。

　ニュートンの研究は光と色に関するもの以外にも微積分法や重力法則など多岐にわたるが、彼が求めたのは数学的な統一原理であったとされる。そして「当時、音楽は数学・幾何学や天文学と並んで権威ある学科目」であり、

「自然現象における音楽的調和はそのまま数学的調和」であった。したがって、ニュートンが光のスペクトルを音楽のオクターブと対応させたのは「十七世紀的思考」であったと言えるが（以上、金子氏の前掲著による）、彼が色と音は感覚中枢において生じる運動の感覚でしかないという共通の性質を持っていると認識していたことも両者が結びつけられた理由の一つであったにちがいない。ニュートンの『光学』に言う（島尾永康訳、岩波文庫 1983 刊 p.126）、

赤く見える、または対象をそのように見えさせる均質光と射線を、私は赤色にするもの、または赤を生じるものとよぶ。対象を黄、緑、青および菫に見えさせるものを、私は黄を生じるもの、青を生じるもの、緑を生じるもの、菫を生じるものとよぶ。その他についても同様である。また私が光や射線に色がある、または色を付与されているというとき、それは哲学的にまた厳密にいっているのではなくて、大まかに、普通の人々がこれらすべての実験をみていただくであろうような概念に従って言ってるのであると理解されたい。なぜなら、厳密に言えば射線には色はついていないからである。それらの中には、あれこれの色の感覚を惹きおこすある能力と性向があるだけである。なぜなら、音は、鐘、または楽器の弦、または他の音響を出す物体の中では、震動以外の何物でもなく、また空気中ではその対象から伝播されたその運動以外の何物でもなく、そして感覚中枢の中では、それは音という形態でのその運動の感覚であるからである。同様に色は、対象の中では、あれこれの種類の射線を他の射線よりも豊富に反射する性向以外の何物でもなく、射線の中では、それらはあれこれの運動を感覚中枢に伝える性向以外の何物でもなく、そして感覚中枢ではそれらは色という形態でのこれらの運動の感覚である。

ところで、光のスペクトルを音楽のオクターブと対応させた、光は七色からなるとするヨーロッパの「十七世紀的思考」と無関係である日本になぜこの説が受け入れられ、定着したのであろう。その西洋の説を取り入れる前の

日本では虹はどのように捉えられており、そしてそれはどのように新しい西洋の説に取って代わられたのであろう。これらの問題についても既にいくつかの先行研究がある。特に管見では板倉聖宣氏の「人びとは虹をどう考えてきたか―中国・日本・西洋での虹の研究史略―」(『たのしい授業』仮説社 2001 刊)が詳しい。以下ではこの研究を主として参考にしつつ、日本(また中国)における虹そのものの理解の仕方とその色の数の変遷を見ていくが、結論を先に言えばおよそ次のようになる。

明確な資料のない民間の素朴な捉え方はさておき、古代においては虹は陰陽二種の「気」の作用により生じ、五行の火と水の色を基本とする中国陰陽五行説によって捉えられていた。そうした考えが広く行われていた時においても中国には「虹霓《コウゲイ》は但是れ雨中の日影なり」(『博聞録』)という極めて科学的な説が現れ、それは我が国にも紹介されたことがあったが、継承されることはなかった。虹は太陽光線の屈折であるという考え方は、十七世紀前後にキリシタン宣教師によって一部の日本人に教えられていたようであるが、一般には前野良沢『和蘭管蠡秘言』(安永六年〔1777〕成)あたりから知られるようになる。また、その色の数を七色とするのは、我が国最初の物理学書である青地林宗の訳述書『気海観瀾』(文政十年〔1827〕頃刊)からである(現在の教科書に七色の虹は明治時代の教科書から始まったと書かれているものがあるが誤りである)。

すなわち、日本における虹の色の数は中国古代の自然哲学のそれから西洋の自然科学のそれへと変化したのである。したがって、現在科学教育において行われ始めているという虹を六色とすることも、外国の考え方を無条件に取り入れようとするこれまでの歴史の繰り返しにすぎないように見える。

以下、第1節では陰陽五行説以前における虹の捉え方を紹介し、第2節では陰陽五行説における捉え方を、第3節では南蛮学系の天文学における捉え方を紹介する。第4節と第5節では西洋の物理学の知識が陰陽五行説による考え方に入り込んでいく過渡的状態について述べ、第6節ではニュートン以降の新しい西洋の学問が受け入れられていった経緯について述べる。

なお、用例の引用はそれぞれの思想や考え方が典型的に現れる用例を優先して示す。したがって用例の書かれた時期と思想や考え方の新旧とが一致しない場合もある。また、特に虹の色に言及せずにプリズムを通してできたスペクトルの色について述べているものも用例としてあげることとする。

1　陰陽五行説以前の虹

二十四節気七十二候の成立は古く、紀元前四七五年から前二二一年の間に成立したとされる『逸周書』の「時制」に既に見られるが、その清明三月の節に「虹始見」（虹始めて現わる）という候があり、小雪十月の節に「虹蔵不見」（虹蔵《かく》れて見えず）という候がある。「虹始見」は太陽暦の四月十五日頃にあたり、「虹蔵不見」は十一月二十二日頃にあたるが、これらの候名は「蟄蟲《ちっちゅう》始振」（蟄《かく》れたる虫始めて振う）「蟄虫咸俯」（蟄虫咸《ことごと》く俯す）、「蚯蚓出」（蚯蚓《みみず》出づ）「蚯蚓結」（蚯蚓結ぶ）などと同様に動物の動静に注目したものである。『説文解字』（一〇〇年頃成立）に「虹、螮蝀也。状似レ虫。从レ虫工声」（段注「虫、各本作レ蟲、今正、虫者它也。虫者它也。虹似レ它。故字从レ虫」）とあり、『漢書』（八二年頃成立）燕刺王伝に「天雨虹下。属二宮中一、飲二井水一、水泉竭」、『異苑』に「晋陵薛願、有レ虹飲二其釜一、噏響便竭」、沈活（1031–1095）の『夢渓筆談』（1088刊。東洋文庫所収）に「世間では、虹は能く渓間に入って水を飲む、と伝えている」などとも見え、虹は「虫」（蛇）と考えられていた。次のような記述はこの考え方が日本にも伝わっていたことを示す（用例は中央気象台・海洋気象台編『日本の気象史料2』による）。

夜、白虹見二東北一。首尾着レ地。（『三代実録』貞観十二年〔870〕六月十日条）

虹降二東宮一。其尾竟レ天。虹入二内蔵寮一。（同右・仁和三年〔887〕七月六日条）

また、『和漢三才図会』（正徳三年〔1713〕刊）に、明の餾積（1368–1644）の『霏雪録』にある白虹の正体は蝦蟇の吐く息であったのを見たという話が紹介されているが、そのような捉え方も伝わっていたようである。

こうした説は陰陽五行説が盛んな時代においても西洋の科学的説明が入った後においても信じられていたようであり、中国清朝末に西洋の知識を紹介した合信『博物新編』（1864刊）に次のような文章がある。

虹霓○虹霓者、乃空中之雨気、映二照日光一而成。形分二七彩一、即日光之本色也。朝西而暮東、常与レ日相対照。有下現二一道一者上、有下現二両道一者上、三道四道亦間有レ之。或以為二龍形一而分二雌雄一、或以為三神物能吸二飲食一。此皆滑稽之言、君子勿レ道。

しかし、前述のように中国においては早く沈活の『夢渓筆談』に「虹は雨中の日の影である。日が照らせばこれあり」という孫思恭（1015–1076）の説が見られ、日本でも『塵袋』に次のように紹介されている（更に『塵添壒囊抄』に組み込まれる）。『塵袋』の成立は不明であるが、黒川春村（1799–1866）は内部徴証から文永弘安の頃（十三世紀後半）の成立であろうと言う（日本古典全集『塵袋』所載「塵袋前かき」）。

虹と云ふは何れの所レ変ぞ。蟾蜍《ひきがえる》の息か

虹は日輪のめぐりの半より上が雨雲に映じて見ゆる也。博聞録に虹霓《コウゲイ》は但是れ雨中の日影なりと云ふ。虹はおにじ、霓はめにじと云ふことあれども、いき物にあらねば、実の雌雄《メヲ》もあるべからず。されども虫篇をしたがへて、動《ウゴキ》物に思ひならはせるゆへに字対にも動物に用ふ。実義には背けり。雲のうすき所には虹もうすくみゆ。又影うつろひて、別にうすき虹の見ゆることもあり。是れ等をわきて、めにじおにじと云ふか。日西にあれば、虹は東にあり。かげのうつりむかひて見ゆ。そらの日の勢を見れば、わづかなる日輪とおもへども、影《カゲ》にうつす時はをびただしき也。五十一由旬の輪の形をうつせば、かほど大なりともあやしむべきにあらず。日本記《ママ》には虹をばぬじとよめり。それを今はにじと云ひならはせり。和語《わぎょ》の古今におなじからざる事これにかぎらざるか。又、鎮星散じて為《ナル》レ虹と云へることもあり。おぼつかなき事也。

こうした科学的な捉え方はあまりに時代に先んじすぎていたようであり、次節に見る陰陽五行説流行の陰に隠れ、世に埋もれてしまったようである。

2　陰陽五行説の虹（二色と五色また単色の虹）

では、陰陽五行説では虹はどのように理解されていたのだろうか。

東洋思想の根本を成す易の成立は旧説によると伏羲が八卦を画し、文王が六十四掛にし、文王と周公が掛爻の辞（彖辞と爻辞）を作り、孔子が十翼を作ったと言われている。現在こうした説はそのままの形では信じられていないが、それでもかなり古くからあったようである（高田真治「易の思想」岩波講座『東洋思想』所収）。周知のとおり、易の思想の中枢観念は陰と陽であり、万物が生成し変化するのは、相反する性質をもつ陰陽二種の気の作用によるとされる。虹もまたこの二気によって生じるものとされる。前漢の『淮南子』説山訓に「天二気則成レ虹」とあり、漢の『釈名』に「虹、陽気之動。虹、攻也。純陽攻二陰気一也」、『春秋』元命苞に「虹霓者、陰陽之精也」とある。先に挙げた七十二候に現れる虹もまた、陰陽暦学家賀茂在方の『暦林問答集』（応永二十一年〔1414〕成）ではこの陰陽五行説によって捉え直されている。

虹始見。虹者爾雅釈天文、郭氏曰、雄曰レ虹、雌曰レ蜺、又雄明盛、雌闇微也。是陰陽交会之気、純陰純陽則虹不レ見、若雲薄漏レ日、日照雨滴則虹生矣。

虹蔵不見。此亦無レ文、今按、虹者陰陽交替之時見、故陰陽等則虹出也、今純陰之時、虹蔵不レ見乎。

（釈二十四気七十二候）

また、中国古来の五行思想では万物組成の「元気」（元素）は木・火・土・金・水の五つであり、これらは天地の間に循環流行して停息しないとする（すなわち、木は火を生み、火は燃えて土に還り、土には種々の金属が含まれ、その中をくぐって水が生まれ、その水が木を育てる）。五元気はそれぞれ青・赤・黄・白・黒の色を持つとされ、これによって虹の色も説明されることになる。例えば清の游子六（遊芸）撰（1616–1712）の『天経或問』（清・康熙十四年〔1675〕序）に次のようにあるのはその原理的説明と言える。

虹係二雨際一。雲在二一辺一。日在二一辺一。日光為レ雲斜対抵住。日気下垂。吸二動地下之熱気一。則地之熱気旋湧而起。〈虹起之処或値レ井、値レ源酒之地。則其気随湧而起、人謂二之虹一。能吸レ水吸レ酒也。〉以接二空中雨際之雲一。雲之薄処。為三日光所二映射一。後面郤有二黒雲濃重者一。日光透不レ去。〈此雲即微薄之雨也〉所二以成一レ虹。特無二顔色一以二日力微一耳。映レ日之色。以為二紅緑一也。緑者水之気也。紅者火之気也。是虹為二水火之交虚斜相映一也。故虹朝西而暮東。中天日光盛時則無レ虹矣。試于二日在一レ東。使二一人西辺噴一レ水、人従二中間一看二其水珠一。皆成二紅緑之象一。紅之体穹然。外黄中緑裏紅。随二雲之辺幅一。外薄中厚下愈厚故也。対レ日成レ虹而他所覆有二一虹一者、又虹所二自射一也。（虹）

右の文章は日本の寺島良庵の『和漢三才図会』（正徳三年〔1713〕刊）にも引かれているが、虹の色は水の色の緑と火の色の紅の二色を基とするのである。これが実際に見える色を説明する場合には、次の西川如見『両儀集説』（正徳四年〔1714〕序）の説明のようになるのであろう。

虹の色、外に黄色ある者は土の色にて、日輪大地を照らすの色、黄金の光色に似たり。その次緑なるは、水気発生の色なり。水色の深きときは紺碧なり。紺碧に土色の黄を合するときは緑色となる。そのつぎ紫色なるは、水と火の色なり。紺色と紅赤を合わせて紫となる。裏の赤紅なるは、専ら日火の色なり。これみな水・火・土の精気鬱積の発するところ、湿熱の薫気なり。

ところで、陰陽五行説による虹は現在言うところの虹とは異なるものも含まれる。『吾妻鏡』に、

陰。卯剋。西方見二五色虹一。上一重黄。次五尺余隔赤色。次青。次紅梅也。其中間又赤色。甚広厚兮。其色映二天地一。小時銷。則雨降。　（建保六年〔1218〕六月十一日条）

とあるが、この虹は帯状の雲の色の変化を広く言ったもののようである。また、次のように太陽を繞る虹があるが、これも現在の虹ではないようである。(2)

有レ虹　繞レ日。　（『続日本紀』宝亀三年〔772〕六月十六日条）

有レ虹　貫レ日。　（『日本紀略』弘仁十年〔819〕三月一日条）

さらには、白色の「虹」も虹ではない。

白虹　竟レ天。　（『続日本紀』宝亀六年〔775〕五月十四日条）

是日　東方白虹見。　（『続日本後紀』承和三年〔836〕七月五日条）

これらはすべて五元気の色の反映と捉えられたものであろうが、こうした虹の色を見て、天地の変異、災障、人事の吉凶を説明する天文占いが行われたことも周知のところである。(3) 渋川春海『天文瓊統』（元禄十一年〔1698〕成）の巻一「天文総論　幷日月占」は黄鼎編『管窺輯要』（清・永暦七年〔1653〕刊）の「天文占」の引き写しと言われるものであるが、その中に次のような説明がある（原漢文。日本思想大系本の訓読文による）、

○白虹、下にありて日を貫くは、君を刺すのことあり。青虹、日を貫くは、病気至り、国小悪なり。黄虹貫くは、二子争ひ、衆と共に禍ひを起こし、天子を淩《しの》ぐ。黒雲、日を貫くは、客敗れ、将死す。黒虹、日を貫くは、臣に五逆あり、ともに通ずる者昧くして、通ぜざる者は憂ふるなり。

「赤虹」「黄虹」は火（日）の色であり、「青虹」は水（雨）の色である。「白虹」は雨粒の小さすぎる時に太陽の光が充分ではなく、白く明るくなったものであり、「黒虹」はその逆ということになろう。

3　南蛮天文学の虹（三色の虹）

陰陽五行説による虹の捉え方は、渋川春海や西川如見の著を紹介したように江戸時代にも有力であった。それとは全く異なる西洋の考え方が日本で紹介されたのは、ペドロ・ゴメス（Pedro Gomez 1535–1600）著『天球論』“De Sphaera”が最初であったようである。これはイエズス会が経営した神学校《コレジオ》で用いられた教科書『要綱』“Compendinm”として書かれたものの第一部であると言われる（一五九三年ラテン語原文完成。一五九五年日本語訳完成、ただし現存せず）。この『天球論』の虹は太陽光線の反射によってできるものであった（尾原悟氏の訳〔『キリシタン研究第10輯』吉川弘文館 1965 刊〕による）。

> 虹は露を含んだ雲への太陽光線の反射から起り、朝、西の方に、夕方、東の方に見える。あるとき（稀ではあるが）満月の光線の反射からも起ることがある。虹には三つのおもな色が表われる。すなわち紫と緑と紅である。このように種々の色が現われることについて、ある人は光線の屈折に原因し、つまり、この光線が長く伸びれば伸びるほど微弱になり、もっと黒に近づく色の外見を生じる。あるときは三つの色として見えることもある。
>
> （第二部第三章三節・暈と虹）

『乾坤弁説』（明暦二年〔1656〕成）は転びバテレンであるフェレイラ（日本名・沢野忠庵）の本説と向井元升の弁説とからなるが、フェレイラによる本説はゴメスが拠ったところと同じものに発していると考えられており、虹の色もまたゴメスと同じく青（緑）・紫・赤の三色である（本文は『文明源流叢書』による）。

> 夫《そ》れ虹は黒雲と白雲との中間に現ずる物也。されば湿気空中に弥綸する時、湿気微温の気寒風に奪却せられて、潤湿気微少極て細雨と成て降する時、其降湿の所に日輪の映光、下の方より黒雲の湿中に当て、白雲に移らふ

て、以て虹と成て青・紫・赤の三色顕はす物也。雖レ然三色共に正色に非ず。日輪の耀光、青・紫・赤の三色顕はす物也。虹は日中に有ること稀也。早晨か夕晩か、二時共に日輪両対の処に現ずる也。故に晨は西方に現し、晩には東方に現ず。若北方に現ずる時は、必ず日中に現ずる也。是日輪両対の所に現ずる故也。故に虹を見るものは、其虹と日輪との中間にある者也。其故は右の如く、日輪の光耀雲に当て環当するを以て、青・紫・赤の色を現ずる物也。然れば虹の青色成ることは、日輪の光耀が両温（イ雨湿）の湿中に当りて、白雲に移らふて以て、水の色を顕す故也。紫色成るは日輪の光耀が雨湿の細雨の正中に当る故也。其故は日輪の色光は、黄金の色に見へて赤色也。赤色に濁湿の色相雑るが故に紫也。赤色成る事は日輪の光耀土に当て、下部の風大を動升す。其日影が雨湿より内に在て、地大より見ること近《ちかき》が故に、本光の赤色を現ずる物也。（下略）

（亨巻・第二十四・中部の風中に生ずる物の事）

これに対する日本人向井元升の弁説は陰陽五行説に基づいているが、西洋の説も一部認められているように見える。

右南蛮学士の説如レ是。其説詳也と雖も、少の誤りなきに非ず。今更に論レ之。陰陽の升降は、万物化成する天道の政事也。陽気升《のぼ》らざれば陰気も上に不レ達。故に地中の至清の陰気は、陽気の升る時に随て共に升ると雖も、其体本陰成る故に、其質本より重し。故に升の陰気の清中の濁気は、重くして地面を離る、事、纔《わずか》数仞にして降て露と成る。（中略）虹は雨湿の水の月（日カ）に映て形象あるもの也。蛮学の説もよし。（中略）右天地の間に、陰陽五行の気、升降浮沈往来循環する事、是天地の政也。天道大徳の化也。是に依て万物の生成あり。霞、霧、霜、雨、虹蜺、氷凍、流火、流星等は、皆彼気の時に随て現ずる物なり。南蛮学家の説稍《やや》正しからずと雖も、其理は甚だ不レ遠、学者詳にすべし。（下略）

（同右）

4　陰陽五行説と南蛮天文学の折衷説

先の『天経或問』に「試于二日在一レ東。使二一人西辺噴一レ水、人従二中間一看二其水珠一」とあったが、この頃から「虹」の意味するものが現在のものに限定されてきたようである。

ところで、虹が太陽の光と雨粒によって生じるものであるということが分かれば、同様の条件を満たして人工的に虹を作ることができる。西川如見の『両儀集説』（正徳四年〔1714〕序）に、

偶《たま》々数児ありて、簷《ひさし》の下に遊べり。一小童の曰く、「吾いま虹を作つて戯れん」と云て、立て水を含み来て、晩日の斜影に向かて噴て、側よりこれを観て、相喜翫《きがん》す。小児すら、この理を覚す。

とあるように、口に含んだ水を吹き、その水滴を太陽の光に当てて虹を発生させる遊びを紹介するものも多い。その早いものは中川三柳『飛鳥川』（承応元年〔1652〕刊）に「虹霓は、日の色の雨気にうつれる影なり。水を含みて、日にそむいて吹けば、日の色うつりて虹の生ずるこれなり」とあるもののようだが（板倉聖宣氏前掲著）、この他にも児島正長の『秉燭或問珍』（宝永七年〔1710〕刊）に「朝日に向かって水を吹けば、その色紅緑をなす」とあり、司馬江漢の『天地理譚』（文化十三年〔1816〕成）に「人ヲシテ、日輪西ニアラハ、東ニ向テ水ヲ噴コト霧ノ如シ。日光之ヲ映射シテ虹ノカタチトナル。青（藍）ハ天気ノ色、黄ハ紅ノ薄キ色也」（虹ノ理）とあり、大石千引の『野乃舎随筆』（文政三年〔1820〕序）に「隆豊は、ただ今、その虹を造りて見せ申すべしとて、うつわ物に水を入れ、口に含みて霧のごとく吐き出しけるに、折ふし申の刻ばかりにて、空は晴れたり。その吐き出せる霧に日の影うつりて、紅青の色あり」などと見られる。

このように人工的に作られた虹の色は紅と緑（あるいは青）の二色と説明されるが、これはおそらく五行説によ

る火と水の色であろう。ただ、司馬江漢が後には五色と説明しているのが注目される。

虹ハ微薄ノ雨ニ日光ノ映射《エイシヤ》シテ五彩ヲナス。朝西ニ雨時ハ虹ヲナス。晩ハ東ニアリ。試ニ人ヲシテ日西ニアラバ東ニ向テ水ヲ噴シムレバ、即チ虹ノ象ヲナス。黄色・紅色・緑色・紫色・青色ナリ。（『和蘭天説』寛政八年〔1796〕刊）

［第三十図］水ヲ噴テ虹《ニジ》ノ象《カタ》チヲ見《ミ》ル。日光映《エイ》ジテ五彩《サイ》（イツ、ノイロドリ）ヲナス。

虹《ニジ》ハ微薄ノ雨ニ日輪映射《エイシヤ》シテ五彩ヲナス。朝《アシタ》ニハ西ニ雨《アメフ》ル時、虹ヲナス。晩《クレ》ニハ東ニ雨フル時、虹ヲナス。図ヲ見テ其證《シヤウ》ヲ知ルベシ。日輪西ニアル時、東ニ向テ水ヲ噴バ則チ虹ノ象《カタチ》ヲナス。（『刻白爾天文図解』文化五年〔1808〕刊）

これは先に見た西川如見『両儀集説』の説明のように五行説に基づき、実際に見える色に即しての説明とも思われるが、(4)その五色を「黄色・紅色・緑色・紫色・青色」とするのは、後に見る前野良沢『和蘭管蠡《かんれい》秘言』に見えるものと同じであり、西洋の物理学の知識によっているものと思われる。また、小林謙貞の『二儀略説』（寛文七年〔1667〕成？）の、

虹ノ質ハ露ヲ含ミタル雲ナリ。此虹ハ常ニ朝日カタ日カニ向フテ立モノ也。（下略）

凡此虹ニハ三様ノ色ヲアラハス也。一番ハ赤ク、二番ハ枇杷色、三番ハ青ク黄ニ見ユルモノナリ。是理ハ、右ノ露ヲフクミタル雲ノ厚キトウスキトノ加減ニ依テ（下略）（下巻・虹ノ事）

はゴメスの『天球論』からキリシタンに直接関係する文句を削除したものとされているが、同じ三色であっても、その色を赤・枇杷色・青ク黄（青と黄色の間の色の意味、すなわち緑色のことであろうか）としているのは五行説の「緑紅」二色説が関係しているのかもしれない。もしそうだとすれば、これは司馬江漢とは逆に新しい西洋の知識を旧来の知識に引きつけようとしたものとして注目される。

以上は陰陽五行説と西洋の知識とが混交している虹の色の説明である。

5　プリズムを通した光の色の数（五色あるいは六色の虹）

プリズムが日本に知られたのは早く、林羅山『排耶蘇』（慶長十一年〔1606〕成）に、

> 形の水晶の如くにして三角あるものを見る。目を掩ひて物を見れば五彩をなす。けだし稜あるを以ての故に彩をなすなり。（原漢文）

とある「形の水晶の如くにして三角あるもの」はプリズムであろう。林羅山がこれによって見たのは五行の「五彩」である。それから約二百年後に書かれた蘭学者志筑忠雄『暦象新書』（寛政十二年〔1800〕成）にも五色と説明している。

> 問ふ、光明亦体ありや。（中略）是故に上面に於ては、光明を反照して、各体上面の分子の形に随て、反光の濃淡錯綜殊々にして、以て各自の色を呈し〈呈色のこと、三斜鏡の屈見にて、五色を現ずるを見て知べし。〉（下略）

> 雲色、本然湯沸ノ気ノ如シ。其聚ルコト薄キモノハ、其色モ亦淡シ。聚ルモノ厚キトキハ、其色亦濃《コマヤカ》ナリ。日光コレヲ融《とおる》モノハ白シ。畳《たたま》リ積テ日光ニ隔《へだて》アルモノハ、漸クニ黒暗ナリ。其五采〈イロドリ〉ヲナス者ハ、日ノ出没ノ前後ニアルモノ、地平ノ下ヨリ日光コレヲ射ルトキハ、其影斜ナリ。コレヲ地上ヨリ見ルトキハ、則種々ノ光采ヲナスナリ。虹《こう》〈ニジ〉暈《うん》〈ヒノカサ〉ノ彩〈イロドリ〉ヲ現スモノ、亦此理ニ同ジ。（中編・附録・光明有体）

このようにプリズムを通してできる色を五つとするのは彼もまた五行説を克服していなかったためと思われる。

前野良沢の『和蘭管蠡秘言』（安永六年〔1777〕成）では六色とし、五行の五色を虚談としている。

凡《すべて》斜ニシテ透明ナルモノニ、光ヲ射ル者ヲ直ニ見ルトキハ、必ズ諸彩ヲ現ス。是本然ナリ。試ニ彩鏡《ゴシキメガネ》ノ面ノ厚薄アリテ、斜ナルヲ以テ知ルベシ。其色亦固有ノ序次アリテ、厳然トシテ曽テ錯乱《そむきみだ》ル、コトナシ。左ニコレヲ図ス。

黄　黄紅　赤　紫　青　緑　復《ル》二黄色《ニ》一、如二環《ノ》無《キガ》レ端。本然《ニシテ》而不レ以《テセ》二人為《ヲ》一。

右窺《ヒ》二虹暈《ヲ》一試《ミテ》二采鏡《ニ》一而記《ス》レ之《ヲ》。

（引用者注―この枠内に右の六色が着色されている）

予按ルニ、右ノ六色ノ本ヲ窮レバ、黄・赤・青ノ三ナリ。黄・赤ハ同ジク日輪ニ出ヅ。日体赤ク日光黄ナリ。青ハ空色ナリ。空又本然ノ色ナシ。然レバ色ハ日体ヨリ来ルモノナリ。又曰、白ハ色ヲ受ルモノ、黒ハ色ヲ受ケザルモノナリ。白ハ色ノ始ナリ（暁天ニテシルベシ）。黒ハ色ノ終ナリ（深夜ヲシルベシ）。白ハ无色ナリ。故ニ諸采ヲ変ズルコトナシ。黒ハ色ヲ無（ニ）ス。諸采ヲ没ス。然レバ則（チ）色ノ正（シ）ク純ナルモノハ黄・赤・青ノ三ナルノミ。（雲采）

（支那、五色ヲ以テ四方・中央ノ正色トナスハ非ナリ。或五行五臓ニ配ス、皆虚談ナリ）。

「右窺《ヒ》二虹暈《ヲ》一試《ミテ》二采鏡《ニ》一而記《ス》レ之《ヲ》」とあるが、この「黄―紅黄（橙）―赤―青―緑―黄」という色とその順序が何に拠るのか不明である。しかし、良沢は五行説によらず、自らの目によって虹の色を見ようとしているようである。

良沢が「六色ノ本ヲ窮レバ、黄・赤・青ノ三ナリ」と言っていることに関連して一言しておきたいことがある。

前述のように、連続する色の変化をいくつかの色に分節する時、一つの範疇とする色はそれぞれの言語によって異なるものであることは言語学の常識であるが、分節されたそれらの色は同列等価値に扱われるものではない。例えば堀口多狆『野礼機的爾全書』（文化十一年〔1814〕序）の説明によれば、次のように説明される。

惣《すべ》テ陰陽ヲ色ニ象《かた》ドリテハ黒白トシ、黒ヲ陰トシ白ヲ陽トス。或ハ赤白トシ、赤ヲ陽トシ白ヲ陰トス。西洋ノ理ハコレト異也。陰陽ヲ色ニ象ルトキハ青黄トシテ、青ヲ陽ノ色トシ黄ヲ陰トス。其故イカニト云ニ、天ハ陽ニシテ其色青シ、地ハ陰ニシテ其色黄ナリ。其証ハ、草木ハ天地ノ気ヲ請《うけ》テ生スルモノ也。天ノ青キト地ノ黄色ノ色ヲウケテ生ルナレバ、其色モヘギ色トナル。試ニ青ト黄トノ色ヲ合テ見ヨ。モヘギ色ニナルニテ目前ニシレル也。扨《さて》秋ニ至レバ、天ノ陽気ハサル故ニ、木草青ミヲヌカルガ故ニ、地ノ黄色ノミ残ル。故ニ秋ノ草木落葉ノ比ニ至レバ其葉黄色ナリ。扨《さて》又緑ノ下マタ日影ノアタラヌ処ニ草ナドノ生ズルヲ見ヨ。天ノ陽気ヲウケヌ故ニ其色白ク黄イロ也。此モノ日ノアタル処エ出セバ、陽気ヲウケルガ故ニ自然ト青ミヲ生ズルモノ也。

すなわち、黒と白、あるいは赤と白とは中国における陰陽を現わす色である。西洋においては青と黄とが陰陽を象る色であり、その他の色は天の陽気の青色と地の陰気の黄色によって草木の萌黄《もえぎ》色が生じるように、二次的な色である。

十九世紀後半に中国に渡ったアメリカ人宣教師丁韙良もまた、そういった違いについて言及している。次の『格物入門』の一文は「光にはいくつの色があるのか」（「光有㆓幾色㆒」）という問いに答えたものである。

西国分㆓紅朱黄緑藍青紫七色㆒。中国分㆓青黄赤白黒五色㆒。然西国七色、大端不㆑過㆓紅黄藍三色㆒而已、其余皆二色相合而生㆑之也。至㆓中国之五色㆒、白為㆓白光之本色㆒、無光則黒、除㆓白黒二色㆒、亦三色也。惟中国以㆑青為㆓本色㆒、西国以㆑藍為㆓本色㆒耳。　（第三巻火学・下章論光）

すなわち、光の色は西洋では紅・朱・黄・緑・藍・青・紫の七色に分けられ、中国では青・黄・赤・白・黒の五色に分けられる。ヨーロッパの七色は大まかに言えば紅・黄・藍の三色であって、その他の色はそれらの混合によってできる。中国の五色も白は光の元の色であり、黒は光の無い状態であり、したがって青・黄・赤の三色が基の色である。さらにそれぞれの三色の中では西洋では藍が、中国では青が本色であるというのである。良沢が「六色ノ本ヲ窮レバ、黄・赤・青ノ三ナリ」と言っているのはこれと関連するものと思われる。

6　ニュートン説による七色の虹

虹は七色であるという説を始めて日本に紹介したのは青地林宗訳述の『気海観瀾』である。以下、虹の色を七色と説明するものを古い順に掲げる。Aにおいて破線を施した箇所は後の説明で触れるものである。

A青地林宗『気海観瀾』（文政十年〔1827〕頃刊。原漢文）

色は光線の撓折に原づきて起る所なり。光線、暗体に射して我が眼に映ずれば、則ち直ちに諸色を現ず。凡そ体に光線を受けて尽く之を反射するものを白と為す。光線、体に入りて一分は融解し、一分は反射し、多少撓折するものは、起すに諸色を以てす。又光線、体に入りて全く融解し、以て反射すること無きものを黒と為す。故に黒は色無きなり。試みに三稜玻瓈を取り、以て光線を受け、諸色を紙上に現じ、以て其の撓折反射の多寡数《かず》あるの理を審にす可べし。第九図の如し。其の法、小孔を暗室の牖《まど》に穿ち、此より光線を玻瓈に通し、此よりして七色を紙上に映す。即ち〔一〕赤、〔二〕深黄、〔三〕淡黄、〔四〕緑、〔五〕石青、〔六〕紫、〔七〕紺、是なり。其の光線の撓折最も少きものを赤と為し、撓折最も多きものを紺と為す。其の間の色は、皆其の撓折の多寡に従つて各色を為す。七色は物の原色、白は其の本を為し、以て七色を和す。或は七色光線の角度と音律の七調とを以て比較し、色と音の同一理なるを考證すと云ふ。色の物に於ける、諸《これ》を其の体に属せずして光線の作用に由ると為す。然れば則ち光質の精微なる、猶《なお》彼の赤・黄・緑・紫等の諸質を雑沓する者か。是れ実に然らず。光は固より単純質たり。然れども其の動の遅速と其の体の粗密とに従つて、差等無きことを得ず。諸色の区別あるは、則ち亦宜《うべ》ならずや。黒は其の光を呑みて、全く反射せず。是を以て黒衣は煖を為す。白は尽く其の光を反射す。是を以て冬日の雪は融《と》け難し。然れば雪を取りて盆に盛り、一は掩《おお》ふに黒色を以てし、一は掩ふに白色を以てし、諸《これ》を日暉に当つれば、則ち白を掩ふの雪は未だ融けざるに、黒を掩ふの雪は先づ早く融く。是れ黒色の温を導くの由なり。緑は青黄相交はるの色たり。眼に映する特に緩和、人に愛せらる。夏日の光線の反射、殊に畏る可しと雖も、緑色野に満つれば則ち眼《め》好んで之を看る。冬日は此に反し、晷影地《ち》に斜にして、草黄雪白と雖も亦眼を害せず。造物の妙化、斯に意無しとせず。　（色）

虹は浮気の中の美観を為す。古言に天弓と名づく。太陽と雨足と正しく相対し、光線雨滴に反射撓折し、猶《なお》三稜玻瓈の諸色を現はすがごとし。太陽、地平上に高ければ、則ち其の弢短く、低ければ則ち其の弢長く、或は光線再び反射して双虹を現はす。但外虹は其の色幽微にして、第十二図の如し。或は月光に之を見ることあり。〈漢人の所謂月華〉理は太陽の光線と同じ。或は海上の風、波濤を吹き、水球飛騰し、太陽と相映じ、一時に数小虹を見る。又或は太陽の光線、草葉上の露滴に反射して、小虹を起すことあり。沸泉噴水のごときも亦虹色を見はす。　（虹）

B 宇田川榕菴『植学啓原』（天保五年〔1834〕刊。原漢文）

色の物に於ける、皆光素の作用に属す。其の作用を受けて色を作す者、之を色分と謂ふ。〈(5)理科は三瓣体の玻瓈を以て日光を受け、之を暗室の紙上に映す。乃ち橙黄・黄・緑・青・紫・菫花色の七色を見る。此を色母と為す。色毎の和合は百様にして、以て万種の色を生ず。〉　（巻三・色分）

C 川本幸民『気海観瀾広義』（嘉永四年〔1851〕刊）

光線、発光体ヨリ出デテ、暗体上ニ来リ、反射シテ眼中ニ入ル。其光尽《ことごと》ク反射スレバ、白色トナリ、其一分、体内ニ溶解スレバ、他ノ色ヲ生ズ。其光線ノ溶解スルト、反射屈折スルトヲ験セムニハ、暗室ノ一方ニ一孔ヲ穿チテ、一束ノ光線ヲ通シ、コ、ニ三稜玻瓈ヲ嵌スルコト、第七図ノ如クスレバ、相対スル白壁上ニ彩図ヲ印ス。其一紅、其二橙黄、其三黄、其四緑、其五浅青〈一本唯青トイフ〉、其六濃青〈一本紫又暗青トイフ〉、其七紺〈一本唯紫トイフ〉色ヲ列ス。（中略）

虹霓モ亦日光雨滴ヲ照ラシテ、反射スル象ニシテ、雨滴日光ヲ折ルコト、ナホ三稜玻瓈ニ於ケルガゴトク反射シテ弓形ヲナス。故ニ雨弓《レーゲンボーグ》ト名ヅク。（巻十四・光）

D 帆足萬里『窮理通』（天保七年〔1836〕成、安政三年〔1856〕刊）

日光、白板上に落つれば、但白色円規を成すのみ。若し三角硝子を過ぐれば、屈折して白板上に落ちて、側円形を成し、且つ諸色を見はす。其の次互に相継ぐ、赤・赭・黄・緑・青・紫・濃紫、是れ其の頭色の弁識す可き者、其の余は他所に在り。（巻五・引力）

虹は、日光の屈折、及び反射に出りて生ず。両点は斜日と共に相対す。人其の間に在りて之れを望めば虹を成すなり。

人常に二虹相重なるを見る。其の内に在る者は、初虹と名づく。其の色、鮮なり。最内は濃紫色、藍色之れに次ぎ、青・緑・黄・赭・紅色又之れに次ぐ。其の外に在る者は、其の序之れに反し、其の色、淡なり。三角硝子も亦能く之れを為すなり。

月虹は多く望の前後に在りて之れを見る。其の色淡白にして光彩無し。設へば光彩有る者も、亦是の理なり。虹弧円心は常に日と相対す。故に日低ければ、則ち虹益々隆起す。日地平に在れば、則ち虹弧円心も亦地平に在り。此の時、人半規状を見るなり。（巻八・発気）

これらの蘭学者の訳述書等には、陰陽五行説において五色である理由が説明されていたような、なぜ七色なのかという説明が見られない。例外はAの青地林宗『気海観瀾』に「或は七色光線の角度と音律の七調とを以て比較し、色と音の同一理なるを考證すと云ふ」とあるだけである。これが直接ニュートンの著作からではないことは、青地が「緑は青黄相交はるの色たり」と説明していることからも窺える（ニュートンの光の混合説では緑は原色である）。矢島祐利氏は『気海観瀾』はボイスJohannes Buijesの『アルゲメーネ・ナチュールキュンチフ・スコールブーク』"Natuurkundig Schoorbook uitgegeven door de Maatschappij Tot Nut vau't Algemeen"（初版一八〇二年）の抄訳と言われているが（「本邦に於ける窮理学の成立」『科学史研究』7、1943.11）、この書はニュートン以後、再び光の混合と絵の具の混合とを区別しなくなった十八世紀以降のものである（ニュートンの『光学』が刊行されたのは一七〇四年）。

7　翻訳の問題

前節で取り上げた訳述書などが蘭語の七つの色の名をどのような日本語に当てているかを一覧表にして示せば次のようになる。

A	B	C			D
赤	紅（囲み）	紅			赤（紅）
深黄	橙黄	橙黄			赭
淡黄	黄	黄			黄
緑	緑	緑			緑
石青	青	浅青	青		青
紫	紫	濃青	紫	暗青	紫
紺	菫花色	紺	紫		濃紫

ほぼ同じ色名が用いられているが、indigo と violet については現在と逆になっているものが多いことは注目される。さらに明治以降のもので管見に入ったものを同様に示すと次のようになるが、indigo と violet に加えて更に green との間でも混乱が生じているようである。

E 西周『百学連環』（明治三～四年講）

red 赤　orenge 黄褐・カバイロ　yellow 黄　blue 緑　green 翠　indigo 青　violet 紫

F 師範学校『小学読本』（明治初期刊）

赤色　樺色　黄色　緑色　淡青　紺色　紫色

G 片山淳吉『物理階梯』（明治五年刊）

正紅　橙黄　黄　正緑　正藍　老藍　青蓮

H 山涯『窮理往来』（明治六年刊）

紅《くれない》　橙黄《だいだいき》　正黄《ほんき》　緑《よもぎ》　藍《あい》　老藍《こいあい》　青蓮《むらさき》

I 瓜生寅『窮理暗誦本』（明治七年刊）

紅《べに》　橙黄《だいだい》　黄《き》　緑《みどり》　藍《あい》　紺《こん》　藤《ふじ》

訳語が訳者によって異なることは中国においても同様である。合信（B.Hobson 1816–73）『博物新編』（1864 刊）には、

光之為㆑用、凡照㆓瑩滑潔白之物㆒、勢必返照光之為㆑色、其数有㆑七、合則為㆑白、分則（為）㆑紅為㆓橙黄㆒為㆓正黄㆒為㆑緑為㆑藍為㆓老藍㆒為㆓青蓮㆒。若将㆓一大房㆒四囲封密、独留㆓一小孔㆒、以㆓一三面玻璃条㆒塞㆑之、則光射透㆓玻璃㆒入㆓房中之壁㆒、光分㆓七色㆒、其下正紅色、其上橙黄光、再上正黄光、再上正緑光、再上正藍光、再上老藍光、至上青藍光、

とあって（Hの説明はこれによったものと思われる）、丁韙良（W.A.P.Martin 1827–1916）『格物入門』（1868刊）には、

西国分二紅朱黄緑藍青紫七色一。

とある。

同一人においても同様のことが見られる。Eの西周の『百学連環』は西の講義を筆録した永見裕本（『西周全集第一巻』日本評論社1935刊所収）によって掲げたが、覚書（西周自筆ノート、同上）では「red 赤 orenge 黄褐（赤黄） yellow 黄 green 緑 blue 翠 indigo 青 violet 紫（赤青）」とある。ただし、永見筆録本では blue と green の順序を誤った可能性もある。しかし、西周の著作に見える右のような事実は実際の色とそれに対する訳語との関係について考える時、示唆的である。永見裕本において西が blue に緑を充てたのは日本語のアオが緑の色も指し、翠を green に充てたのは翠が緑と同じくミドリと訓まれるからであろう。しかし、覚書においては green に緑が充てられており、blue には藍色より薄く浅葱色より濃い「縹《はなだ》色」を指すと思われる翠が充てられている。つまり、西は green, blue, indigo が意味する色をどの語で宛てるか確定できなかったのではないかと思われる[6]。色のように心理的感覚的なものである場合、具体的にそれをどの語で表現するのかは迷うところである。例えば「赤」という語でイメージする色は厳密に言えば個々人によって異なっているであろう。

注

（1）このことを早く話題にしたのは、日高敏隆「虹は何色か」（『現代思想』1978.5）、村上陽一郎『新しい科学論』（講談社ブルーバックス1979刊）、桜井邦朋『〈考え方〉の風土』（講談社現代新書1979刊）、鈴木孝夫『日本語と外国語』（岩波新書1990刊）などである。

（2）「暈」（カサ・ボカシ）と「虹」は区別されている。例えば次のような例がある。

（3）『続日本紀』養老五年二月十六日条「日暈二如白虹一　貫レ暈　南北有レ珥」

『日本紀略』天長元年二月七日条「巳時　日無レ色　環暈傍小有レ光　宛似レ虹　薄雲承レ之東西延蔓　亦如二引穀一」

『令義解』巻一・職員令・陰陽寮の条に、

陰陽寮　頭一人。掌二天文・暦数・風雲気色一。〈謂。天文者、日月五星廿宿也。暦数者、計二日月之度数一、而造レ暦授レ時也。気色者、風雲之気色也。言以二五雲之色一、視二其吉凶一。候二十二風気一、知二其妖祥一。其天文博士職掌、唯言二気色一、不レ言二風雲一者、挙二気色一、則有二風雲一。可レ知故也。

とあり、時代が降っても西川如見『天文義論』（正徳二年〔1712〕刊）に次のようにある。

問　雲気ノ変種々有之。是ヲ望ミ視テ其吉凶ヲ定ムル事アリ。是ヲ望気ノ学ト云。是ヲ学ブ人多シ。上古ヨリノ事ニヤ中華ノ学者是ヲ主トスル者多シ。

曰　望気ノ学ハ陰陽家兵家ノ所レ学ニシテ天学ノ専務ニハ非ズ。（中略）地上ノ湿気重濁ナル者ハ騰テ下際ノ雲気ト成リ、軽清ナル者ハ騰テ上際ノ雲気ト成ル。其清軽ナルモノニ朝暮日光斜メニ映シテ五彩ノ色ヲ現シ甚美ニシテ可レ愛者是ヲ慶雲ト号ス。是其形状ニ依テ或ハ瑞祥トシ或ハ凶災トス。

（4）司馬江漢が全ての色を「気」の色と考えていたことは『天地理譚』に、

天トハ仰見ル晴天ヲ云。此青キハ気ノ色ノ積リテ青キヲナス。水淵ニ沮《ト、》マツテ底深キ所、其水ノ青キガ如シ。（天地（ノ）理）

火気ト水気ヲ以五色ヲナス。虹ノ五彩ヲナスガ如シ。瑠璃紺ノ花ハ是天気ノ染出ス者ナリ。紅色ハ天火ト地ノ黄ヲ帯フ。紫色ハ天気ト陽ノ日気ナリ。蒲色ハ土気ト日光、之ヲ混ズ。白キハ地中硫気、之ヲナス。（草木五彩ノ花）

虚空ノ天気、藍色ヲナス。天気、日光ノ気ナリ。人居立スル所、皆藍色。或トキ、銅盤ノ平面ナルニ日光之ヲ照ス。銅板亦映シ照シテ、屋中ノ天井ヲ射ル。是紫色ヲナス。銅色赤シ。気ノ色ト相混シ、紫色トナル者也。故ニ気ハ藍色、地ハ黄泉、相混シテ緑色トナル。草木ノ葉、将ニ枯トスル、其色黄而後、地ニ落テ土トナル。（草木緑色ノ葉ヲナス）

とあり、『刻白爾天文図解』（文化五年〔1808〕刊）に、又曰ク、草木ノ花五彩ヲナス。皆水ト火ナリ。譬バ葉多クハ緑（ミドリ）ヲナス。天ノ青色、地ノ黄泉、其色相混ズレバ則チ緑色ニナル。其葉ノ将ニ枯ントスル其色黄ナリ。是青気ハ天ニ去リ、黄色ハ地ニ帰スルナリ。草木ノミニ非ズ。人及ビ万物皆道理。

などとあることから窺うことができる。

（5）「橙黄・黄・緑・青・紫・菫花色の七色を見る」とあり、一つの色名が不足しているが、『舎密開宗』（天保八年〔1837〕初冊刊）に「色モ光素ノ作用ナリ。理学初歩等ノ書ニ天然七色〈紅、橙黄、黄、緑、青、紫、菫花色〉ノ内、其光素ノ網膜ニ激ルコト紅色最強ク、」（巻一・温疏第十三章）とあり、早稲田大学図書館蔵『蘭学重宝記』（賀寿麻呂大人＝宇田川榕菴著、天保六年〔1835〕頃成）に本人の加筆と考えられる朱注があり、その中に「自然七色／ロード　紅／オラチ　橙黄／リクトケール　黄／クルーン　緑／リクトブラータ　青／インヂゴブラーウ　紫／ビオレット菫花色」とある。ちなみに violet に「菫花色」の訳語を用いていることは彼に『植学啓原』など植物学の著があることに関連して注目される。

（6）先にゴメス『天球論』に見える虹の色を尾原氏の訳によって、

虹には三つのおもな色が表われる。すなわち紫と緑と紅である。

と紹介したが、その原文は、

In iride tres potssimi apparent, scilicet puniceus, viridis et purpureus

である。尾原氏は右のように訳した根拠を次のように述べている。

Puniceus は、天草版羅葡和辞典では、Res rubri coloris : Murasaqironaru mono, Viridis は現在も緑を意味しており、Purpureus は Xojofino iro nari とあるから紅とした。

ここにも翻訳という作業に含まれる根本的な不安が付きまとう。すなわち天草版『羅葡和辞典』が、Puniceus を「紫なるもの」と訳し、Purpureus を「猩々緋の色」（尾原氏はさらにこれを「紅」と訳した）と訳しているが、ラテン語の Puniceus また Purpureus と日本語の「紫色」また「猩々緋の色」あるいは「紅」の色の範疇は一致しているのであろうかという不安である。

「元行」から「元素」へ

いかなるものも、無に帰することはありえない。万物は分解されて元素に帰する。

――ルクレティウス（紀元前五〇年）

ヘルラス人たちは生成、消滅という言葉を用いているが、これは正しくない。何故なら何ものも一つとして生じもしなければ、滅じもしないで、むしろすでに有るものどもから混合せられたり分離せられたりするのだから。そういうわけだから、生成という言葉の代りに、混合という言葉、消滅という言葉の代りに、分離という言葉を用いれば、正しいだろう。

――シムプリキオス（五世紀後半～六世紀前半）

はじめに

中国では物質を構成する究極的要素を「元行」と呼んでいた。日本でもかつてはその語を用いていたが、今日では「元素」という語が用いられている。この「元素」は宇田川榕菴の創語であることは知られている。本章では榕菴がどのような理由で「元行」に代わる「元素」を新たに造語したのかを考える。

1　「元素」の初出

宇田川榕菴の『遠西医方名物考補遺』（以下『補遺』と略称する）は、宇田川玄随の『遠西名物考』（寛政三年〔1791〕頃成、未刊）を増補した宇田川玄真の『遠西医方名物考』（文政五—八年〔1822-25〕刊）の補遺である。天保四年（1833）から翌年にかけて刊行された。(1) 全九巻からなる『補遺』の巻七から巻九は「元素編」であるが、巻七の最初に「元素」という語についての次のような説明がある（傍線引用者）。

元素　「ホーフド・ストフ」蘭

○榕按ニ元素ハ古賢ノ所謂ル元行ナリ。崎陽ノ柳圃翁訳シテ実素トス。仍テ今姑ク素ノ字ヲ用ヒ学者ノ後考ヲ竢《ま》ツ。○西洋晩近、分析術ノ精巧ヲ究メ啻ニ凝流二体ノミナラズ無形ノ気類モ亦尽剖解シテ天造ノ物質、資稟ノ元素ヲ分析シ薬剤精煉ノ原由《ワケ》ヲ論定ス。（中略）
覆載ノ間、庶物森羅シ擾々乎トシテ窺測スベカラズト雖モ分析術ニテ是ヲ剖解スレバ諸物ノ単質、複質〈注略〉自ラ分析ス。複質ハ各種ノ単質ヲ襍合シテ成ル。故ニ其単質ノ多少稟性ヲ覈シ再ヒ是ヲ合和スレバ覆タ故《モト》ノ複質トナル○其ノ単質ナル者ハ分析家、再三数回是ヲ剖解スレドモ単一純質ニシテ毫モ異性ノ物質夾雑セザル者ナリ。是ヲ元素ト曰フ。（下略）　（1丁オ—2丁オ）

○元素ハ古賢ノ所謂ル元行類ニシテ万物資生ノ基素ナリ。晩近元素ト称スル者五十余種アリ。（下略）　（2丁ウ）

特に傍線を施した説明から「元素」の語は榕菴の造語であることは疑えないが、ただ無刊記の内閣文庫本の『遠西医方名物考』の巻一に、

硫黄　「ソルフルス」羅甸名　「スワーフル」和蘭名

硫黄ハ毘黜密那《ビチユミナ》〈注略〉石膽鹽及ビ精微ノ土、相混和シ地中ノ火脈ニ焦化セラレテ成ル者トス。然レドモ是レ古説ナリ。硫黄ノ性質単一無雑ニシテ一個ノ元素ナリ。（11オ）

とあり、『補遺』成立以前に榛斎によって用いられていた語のように見える。しかし、同書巻十五に、

安質没扭謨《アンチモニウム》　羅　「スピースガラス」　蘭

（中略）○精煉術ニテ安質没扭《アンチモニ》ヲ烊《トカ》シ其質ヲ研究スルニ是レ一種ノ元素〈補巻七〉ナリ。然レドモ山坑ニ出ル者ハ必ズ硫黄ヲ含ム。（3オ）

とあり、この無刊記本『遠西医方名物考』に見られる「元素」は『補遺』の成立の後に書き改められたもののようである[2]。ちなみに玄随の『遠西名物考』には次のような説明はあるものの、「元素」の語は現れない。

アンチモニユウム（安質没扭謨《アンチモニウム》・若波烈蟄屈謨《ヂヤボレチキユム》）

（中略）医学宝函ニ云ク、アンチモニウムハ「スピースガラス」ナリ。又「スピッツガラス」トモ云。薬舗ニ於テ得ル所ノ如ク堅重ニシテ破砕スベキ「メタール」ナリ〈山物ノ一種ニテ即チ金ニ非ズ、石ニ非ズ、玉ニ非ズ、土ニ非ズ、別ニ是レ「メタール」ト云一種アルナリ、詳ニ訳説アリ別ニ見ス〉。（下略）

榕菴は別の自著にも「元素」の語を用いている。『植学啓原』（天保五年〔1834〕刊）に、

物之為レ体、微細之分、相集而成。名曰二成分一。分有二遠者一、有二近者一。喩如二植物一、気水・油鹽等、径相集、以成レ体。其所レ資最近。故名レ之、曰二近成分一。気水・油鹽可二復析一於二諸般之元素一〈酸素、窒素、水素、炭素等、出二名物考補遺一〉、而植体之於二元素一、其所レ資尤遠。故名レ之、曰二遠成分一。（巻三・遠近成分）

とあり、『舎密開宗』（天保八年〔1837〕初冊刊）にも、

元素ハ元行ナリ〈高一志格致書曰、行者純体也。乃所レ分不レ成二他品之物一。惟能生二成雑物之諸品一也。所レ謂純体者何也。謂三一性之体、無二他行之雑一也。〉（巻一・序例・3丁オ）

などと見える。榕菴には『舎密開宗』の第三冊目が刊行された天保九年以降に書かれたと見られる『元素発明年代記』という稿本もある。(3)

2　Hoofdstof の訳語としての「元素」

榕菴が「元素」という訳語を与えたのはホーフド・ストフ Hoofdstof という蘭語である。ホーフド Hoofd は桂川甫周の『和蘭字彙』（安政二―五年〔1855–58〕刊）に、

Jes hoofd van een zaak, het　濫觴《ハジマリ》　物事ノ

Jes hoofd van de loopgraaren　「ロープガラーフ」ノ源《ミナモト》

と見え、「始め」の意味であるが、榕菴はこれに「元」の語を宛てた。『正字通』に「元、本也」、『説文』に「元、始也」とあることなどを参考にしたものと思われる。Stof は「もの、物質、材料、素材」といった意味である。『厚生新編』の「物」「物質」の振り仮名にはそれぞれ「ストツフ」「ストツヘ」とあり（第三十七巻「元行」の項、文政十年〔1827〕、大槻玄沢・宇田川玄真訳校）、『和蘭字彙』にも、

stoffe y. v. waarvan iets gemaaket is.　実質

de eerste stoffe　原質　又　地金〈羅紗ハ毛ヲ原質トスル類ノ原質ナリ〉

などと見え、「物」「物質」「実質」「原質」と訳されているが、(4) 榕菴は「素」の語を宛てたのである。『榕菴随筆・下』（杏雨屋屋蔵）に「素字をストフに充てる證」と題された書き込みに「『正字通』云ク、白練ナリ。マタ質素。マタ器皿・栝棬ノ撲。曰ク、素ハ俗ニ榛（木地・下地・素材）ヲ作ス」とあり（高橋輝和『シーボルトと宇田川榕菴』平凡社新書 2002 刊による）、「素」の意味を十分に検討したことが窺える。

榕菴はゴロンドストフ Grondstof の訳語としても「元素」を用いている。『遠西医方名物考補遺』と同時に執筆していたと判断される『植学啓原』巻一「資養之料」の項に見える「諸般元素」の傍訓にゴロンドストッヘンとあり（-ヘン fen は複数形）、『舎密開宗』「序例」に見える「元素」の傍訓にもゴロンドストフとある（これにも「出二名物考補遺一」の注記がある）。ゴロンド Grond は「基礎・土台」の意。(5)『訳鍵』の訳語には「根源」があり、『和蘭字彙』にも「grond grordvest 礎」と見える（-vest は最上級）。

現在では榕菴の「元素」と訳した原語はこの Grondstof であると説明されることが多いようであるが、Hoofdstof の訳語として考えられた「元素」が Grondstof の訳語としても用いたと考えるべきであろう。「元素」は「元行」に代わる訳語として考えられたものであり、その「元行」は Hoofdstof の訳として通用していたと考えられるからである。たとえば『ドゥーフ・ハルマ』（『道訳法児馬』文化十三年〔1816〕頃成）に、

　hoofdstoffen z.v meerv. stoffen waar leit alles bestaat　　元行
　　Le veit hoofdstoffen zyn, de aarde,'t water,'t vuur en de lugs.
　　　四元行トハ地水火気ナリ

とあり（『和蘭字彙』も同じ）、稲村三伯他の『波留麻和解』（寛政八年〔1796〕刊）に、

　hoofdstaffen　　四元行

とあり、前野良沢の『和蘭訳筌』（天明五年〔1785〕成）にも「デ　発語辞　ヒイル　四　ホオフト。ストッヘン　大元行　即四大行ナリ」とあり、藤林普山の『訳鍵』（文化七年〔1810〕刊）にも Hoofdstofen が「四元行」と訳され、『厚生新編』（第三十七巻、文政十年〔1827〕大槻玄沢・宇田川玄真訳校）の「元行」の項の始めにも、

　元行〈羅甸「ヱレメンテン。和蘭「ヱールステ・ベギンセレン。元初之義　又ホーフドベギンセレン」首始之義。漢既二訳二元行一。〉

とあり、本文中にも、

ヱレメンテ〈ホーフドベギンセレン。即元行、元始。〉

とあり、村上義茂（英俊）の『三語便覧』（嘉永七年〔1854〕刊）にも、

元素《グワンソ》　（佛蘭西語《フランスコトバ》）elememens《エレメンス》　（英傑列語《エゲレイコトバ》）element《エレネント》　（和蘭語《ヲランダコトバ》）hoopdstoffen《ホーフドストッヘン》

とある。Grondstof の語は右の諸辞書などには見られない。(6)

3　「元行」を用いなかった理由

『厚生新編』はその原典であるショメール（M. Noel Comel 1633–1712）の "Huishoudlijk Woordenboek" の「元行」の頃を訳するに先立って、次のような説明を加えている（傍線引用者）。

按漢土振古五行の目あり。西域ハ従レ古論を四行に立ツ。漢人西域仏典を翻訳するの時世彼四行土水火空を以て四大又四元行と訳せりと知らる。これ木火土金水の金木を去て風空を入れて土水火空を以て四ツに定メて至真至純と為すなり。西洋欧邏巴地方古来亦同じ。嘗て漢地ニ入りし高一志と云ッ人の格知書四元行論行之名義ニ曰、行ハ者純体也。乃チ所レ分不レ成ニ他品一之物、惟能生ニ成スルノ雑物一ヲ之諸品也。所謂純体トハ者何ゾヤ也。謂ニ一性之体無ニ他行之雑一也。蓋天下万物有ニ純雑之別一。純ト者即土水気火ノ四行也。雑トハ者有ニ五品一云々。（下略）

右を現代語訳すればおよそ次のようになろう、――中国では古来、万物の究極的要素を木・火・土・金・水の五つとし、これを「五行」と言っている。西域（インド）では古くから土・水・火・空の四つとするが、これを仏典の漢訳では「四大」又「四元行」と訳している。これは五行から金と木を除き、空（風）を加えて、土水火空の四

つを至真至純のものとしたのである。これはヨーロッパでも古くは同じである。かつて中国に入った高一志（宣教師P.Aiphonsus Vagnoni）の格知書に「行」を論じて次のように言っている。「行」は純体である。分解しても他の物にはならず、ただ合成して他の種種の物を造ることができるものである。純体とは他の要素が混じっていないものである。天下の万物には純と雑の別があるが、純体は土・水・気・火の「四行」であり、雑体には五品ある——(7)。

高一志の「行ハ者純体也。乃チ所レ分不レ成二他品一之物、惟能生二成スルノ雑物一ヲ之諸品也」という説明は、現在の元素の定義とほぼ変わることはないように見える。しかし、榕菴は「元行」の語を用いなかった。それは「行」という語の意味が西洋の言う究極的要素を指すものとしては不適切であったからであろう。「行」は梵語 saṃskāra の漢訳であるが、saṃskāra は造作（つくること）と遷流（移り変ること）の二つの意味を原義とする（『岩波仏教辞典語』）。「元行」の「行」はその二つの意味を生かした訳語であった。

「元行」の語を避けたもう一つの理由に、「五行」や「四元行」と呼ばれる水・火・土・金・水、あるいは土・水・火・空などは純体物質ではないということが明らかになっていたことがあったものと思われる。そのことを榕菴は『補遺』巻七に、

其ノ単質ナル者ハ分析家、再三数回是ヲ剖解スレドモ単一純質ニシテ毫モ異性ノ物質夾雑セザル者ナリ。是ヲ元素ト曰フ。（前掲）

とも、

喩へバ芒消ヲ剖解スレバ分レテ硫酸〈注略〉曹達《ソウダ》〈注略〉ノ二物トナル。其硫酸ヲ剖解スレバ分レテ硫黄ト酸素〈注略〉トナル。其曹達《ソウダ》ヲ剖解スレバ分レテ曹冑毋《ソウヂウム》〈注略〉酸素及ビ水ノ三物トナル。其水ヲ剖解スレバ水素〈注略〉酸素ノ二物トナル。然レバ其酸素、水素、硫黄、曹冑毋《ソウヂウム》ノ四品ハ所謂ル元素ニシテ分析家、百千回是ヲ剖解スレドモ毫モ分析スルコト能ハズ純一無雑ノ単質ナル者ナリ。（『補遺』巻七・2丁オ）

とも説明している。

4　「実素」を用いなかった理由

『補遺』に「崎陽ノ柳圃翁訳シテ実素トス。仍テ今姑ク素ノ字ヲ用ヒ学者ノ後考ヲ竢《ま》ツ」とあった。榕菴が崎陽（長崎）の柳圃翁（志筑忠雄）の「実素」を採用しなかった理由はどのようなものであろうか。

志筑の『求心法論』（天明四年〔1784〕成）の凡例に当たるところに、

実素〈ストフ、謂フニ気ハ五行ノ本ナリ〉

とあり、また、本文の最初にも次のような説明がある（傍線引用者、以下同じ）。

格物書中曰、宇宙ノ間常ニ真空ト実素トノ二アリ。錯綜シテ万物ヲ生ズ。実素ハ取ベク触ルベク中ニ在テヨク動ク。真空ハ如有《あるがごとく》如無《なきがごとく》、金石モ是ヲ礙セズ。外ニ亘テ実素ヲ包ミ、又或ハ其中ニ入テ形質ヲナス。実素ハ真空無限ノ体也。今少許ノ実素アルトキハ以テ能ク広大ノ際ニ徧満セシムベシ。然ドモ其体質芋茎ノ如クシテ実セズト雖ドモ、又能其竅ノ全径ヲシテ至小至短ナラシムベシ。

つまり、宇宙空間には「真空」と「実素」の二つがあり、この二つが入り混じって物を生じるものであって、「真空」と「実素」とは相対的なものであり、「気」が極度に拡散したものが「真空」であり、凝縮したものが「実素」となるというのである。『暦象新書』（中編、寛政十二年〔1800〕成）にも次のような説明がある。

宇宙の間は一元の気なり。又虚実の二者なり。是れ一にして二なり。二にして一なり。若《も》し一なりとせば、屈伸の別あるべからず、天は伸軽なり、地は屈重なり。屈伸あるにあらずや。若二なりとせば、天地の気相通すること能《あた》はじ。日星の光素互に映照し、天際に往来して、間断なく升降して万変す。一気に非ずと云ことなし。

然ば是一気にして、其中に屈伸の不同あるものなり。屈伸ある所以は、虚実ある所以なり。屈の至りは実なり。伸の至は虚なり。極実と極虚とは相容れて一体なり。（中略）譬《たとへ》ば寒を冬とし、暑を夏とすれども、冬も絶て温気なきに非ず、夏も絶て涼気なきに非るが如し。土を水中に沈るが如し。土は実重にして地の如く、水は虚軽にして天の如し。土は水に混じて濁らん、水は土に入て潤すが故に、水中所として土気あらずと云ことなく、土中所として水気あらずと云ことなし。是故に伸気中には常に屈気あり、屈質中には常に伸気あり。屈伸あるが故に、変化無窮なり。一気なるが故に、万物一体なり。（中編巻之上・元気屈伸）

すなわち志筑の「実素」は中国の「気」の思想で捉えられたものであった。(8) 志筑は、

唯然る所以に至ては、我輩の敢て議する所にあらず。屈伸虚実の微理を悟んと欲せば、易を学ぶに如くべからず。（中編巻之上・元気屈伸）

と易を学ぶ必要について述べてもいる。榕菴は万物を構成する究極的要素を志筑忠雄の東洋の自然哲学で捉えられた「実素」を踏襲することを避けたものと思われる。(9)

5　「〇素」以外の訳語

榕菴が「元素」の語を造る以前には、志筑の「実素」以外にも「元行」に代わる究極的要素を指す訳語が他の蘭学者によって考えられていた。それらを紹介しながら、それらを榕菴が採らなかった理由を考えてみたい。

当時「窮理訳書」とも呼ばれた青地林宗の『気海観瀾』（文政八年〔1825〕成、同十年頃刊）には「極微《ごくび》」「原質」の語が見える。その一つの「極微」は次のように現れる（原漢文）。

物の体を為す、原質細微、集まりて以て之を成す。其の質、之を極微と謂ふ。其の至微至細の極、復《また》析つ可か

らざるに至りて、而る後に一極微を為す。故に凡そ体分れて之を析てば、則ち千万限り無し。一箇の木の如き、之を剖きて細細算なし。一撮の垩、之を研して粉粉尽きず。色の水を染め、香の気を薫らは、極微の分るる所、以て観るに足る。且つ極微は極めて細微と雖も、其の質を爽《うしな》はず。野獣の過ぐる所、臭を其の地に遺す。人覚《さと》らずと雖も、田犬之を蹟《たず》ね、其の巣穴を覓《もと》む。以て犬の嗅覚人に過ぐるを知る可し。伝染疫毒の気、畳重衣被の間に蔵《かく》れ、久しきを経て之を発し、新に其の疾を起す。（下略）　（体性）

極微の性たる、相近づき相集まり、自ら相附著せんと欲す。此れ之を引力と謂ふ。物にして此の性を有せざるものなし。此に由りて相集まりて体を成す。（中略）引力を謂ふに二道あり。一は集の引力たり。乃ち極微の相引くなり。水極微の如し。　（引力）

極微相集まりて体を成す。渾然として実塞するに非らず。其の附接の間、必ず孔隙有り。水綿条の如し。物として之れ有らざるは莫《な》し。此れを気孔と謂ふ。　（気孔）

この「極微」も仏教用語である。龍谷大学編『佛経大辞彙』（冨山房 1914 刊）によると、「極微」は梵語の「波羅摩奴羅闍」の訳であり、「或は極細塵とも云ふ。色法即ち物質を分ちて僅少の量に至れるもの」と定義されるものである。『倶舎論』巻十二に「諸色を分析して一極微に至る。一極微は色の極少と為す」とあり、『西域記』巻二に「極細塵は復析すべからず。析すれば即ち空に帰す。故に極微と云へり」とある。青地林宗は「原質」や「窒気」（現在の窒素）や「清気」（現在の酸素）などについても言及しているので、この「極微」を元素に相当するものとして用いたものと考えられる。後世においても元素を指すのに「極微」の語が用いられることがあるが、「極微」は元素だけでなく、「分子」あるいは「原子」を指すものとしても用いられているようである。たとえば『附音挿図英和字彙』（明治六年〔1873〕刊）に「極微分子《ゴクコマカキブンシ》・極微物」とあるのは分子を指している。瓜生寅『窮理暗誦本』（明治七年〔1874〕刊）の、物なれば、かならず体あり。体あれば必ずここに真性あり。其第一は容《かさ》の性、すなわち物の大さにて、長厚《ながさあつさ》や広《ひろさ》など。（中略）六に物みな気孔あり。そはその体は細かなる分子を集めて成るもの故、分子と分子のその間に必ず隙間を生ずべし。気孔といふは此事にて（中略）。八に引力、物はみな互に引合ふ性質あり。（中略）その引力の行はるる、遠近　各《おのおの》異りて、近きは分子《ぶんし》の間にあり。

とある「分子」も青地の言う「極微」に当たる。さらに明石博隆の訳稿『化学撮要』（明治四年〔1871〕頃）に、

按るに先輩訳する所の分子（デールチーズ deeltjes）なるものを纖塵（モレキューレン molkuuren）とし、細分子（クレーデネールチーズ kleinen deeltjes）を極微（アトメン atomen）とす。古訳穏当ならざるを以て今支那人の訳例に倣う。

とある「極微（アトメン atomen）」は原子に当たる。

いずれにせよ、「極微」という語は単に小さいという意味を示すもので、Hoofd（元・本）の意味に正確には対応しないものである。

青地林宗の『気海観瀾』に用いられているもう一つの訳語は「原質」であった。

雰囲気（引用者注—大気の事）は啻《ただ》に諸雰気蒸気の地より升騰する者を交ふるのみならず。気の原質も亦一ならず。其の常に有る所の者は、窒気と清気と相交はるに出づ。之を四分して窒気は三に居り、清気は一に居る。以て一調和を成す。是れ生活に宜しき所の気を為す。又燃気あり、硬気あり。共に気中の別種を為す。

（気種。原漢文以下同じ）

この「原質」の「質」は林宗が具体的な元素名として用いている「酸質」・「水質」・「煤質」などの「〇質」と連関している。

清気は又生気と云ひ、又酸気と云ふ。酸質と温質とより出づ。（清気）

燃気とは又云はく硫気。質、硫黄の如く。炎焼す可し。水質と温質とより出づ。常に溝瀆泥湿より蒸発し、悪臭あり。（燃気）

硬気は煤質と清気と合するに出る。（硬気）

「酸質」・「水質」・「煤質」はそれぞれ現在の酸素・水素・炭素に相当するものであるが（「温質」カロリックは現在では元素とは考えられていない）、右に書かれているように、これら「○質」は「気」の概念と関わっているものである。このことが榕菴が「原質」の語を避けた理由と思われるが、「気」という語で意味されるものが明確でないということもあったものと思われる。三浦梅園の『元炁論』（安政四年〔1857〕刊）に言う。

古来、気を言ふこと同じからず。元気をさすことあり、陰陽にいふことあり、進退・升降・明暗によっていふことあり、香臭をいふことあり、血に配していふことあり、運動するものによつていふことあり。此の書にいふ処も亦同じからず。一元気はをく。唯気とさしていふものは空間の気なり。（下略）（空）

しかし、この青地林宗の「○質」は他の蘭学者に採用された訳語であった。高野長英の『医原枢要』（天保三年〔1832〕刊）巻一に、例えば、

造質ハ一物体ヲ造ル物質ニシテ、仮令《たとえ》バ銀朱ヲ一物体トスレバ、水銀・硫黄ハ之ヲ造ルノ物質ナレバ、即チ其造質トス。総テ物ヨリ見テ、其体ヲ造物品　ヲ造質ト謂フ。（活物区別第一）

水質ハ植物ニ多シ。而シテ其凝体トナル。窒質ハ動物ニ多シ。而シテ其流体トナル。（中略）水質ハ水ヲ造ルノ一造質ナリ。水ノ性質ヲ謂フニ非ズ。酸質・水質、合スレバ水ヲ生ズ。（活物区別第一）

人身ヲ分析スレバ、炭質〈一名、媒質〉・窒質・水質・酸質・燐質〈一名、爾忽斯忽《ルホスホル》質〉・鉄揮発塩・灰汁塩等ノ諸原質トナル。（人身総括第四）

などと見える。[10]「窒質」「酸質」「炭質」「燐質」はそれぞれ現在の窒素・酸素・炭素・燐のことである（「水質」は青

地林宗の『気海観瀾』に見えた）。帆足萬里の『窮理通』（天保七年〔1836〕成、安政三年〔1856〕刊）にも次のように見える。

> 大気中又一種の原質あり、甚だ少し。即ち所謂炭質と酸質と合成する者にして、炭質夾酸と名づけ、又炭質夾酸気形と名づく。別に湟渠の濁水腐敗の地に在りて、一種の原質を得。是れ水の本質たる所以なり。故に水質と名づく。若し暖質と相和すれば、水質気形と名づく。（巻七・大気第六）
>
> 酸質は喜びて他物と相和し、其の物をして重さを加へしむ。若し脱却すれば其の物必ず重さを減ず。（中略）二人能く酸質を作ると雖も、未だ其の性を明にする能はず。計伊路、名づけて純気と曰ひ、伊深删吉烏斯、名づけて生気と曰ふ。（同右）
>
> 炭質は鉱徒始めて験出して、名づけて窒質と曰ふ。（中略）炭質の名、木炭を取るに非ず。唯、木炭中の一種の原質を取りて以て之れに名づく。（同右）
>
> 水質は即ち水の原質と為す。故に能く水を生ずるなり。（同右）

青地林宗の『気海観瀾』は当時の蘭学者ばかりでなく、明治時代にも大きな影響を与えたものであるが、現在では「元質」「○質」が定着することはなく、榕菴の「元素」「○素」が用いられるようになったのは、東洋の「気」の思想を完全に克服したものであったからであろうが、川本幸民の『気海観瀾広義』（嘉永四年〔1851〕初冊刊）や廣瀬元恭の『理学提要』（嘉永七年〔1854〕刊）など版を重ねて広く読まれた書物が榕菴の語を採用したためでもあろう。たとえば、川本幸民の『気海観瀾広義』には、

> 往古ハ水ヲ単純ノ元素トナスト雖、近世ノ発明ニ因テ酸素ト水素トニ成ル者トス。（巻七・水）
>
> 温素精微軽虚。其質未レ詳。独立無機。唯能交レ物。以見二其用一而已。故学者不レ能レ通二其源一。或帰二諸太陽一。或帰二諸体動一。

火ノ本質ハ未ダ詳ナラズト雖モ、其用ニ温アリ。其温ヲナス者ヲ温素ト名ヅク。夫レ温素ハ極メテ精微ニシテ緻密ナル金属ヲ透シ、其質最モ軽クシテ、重量ヲ知ルベカラズ。（巻十・温）

越素ヲ分析シ出ス能ハザルコト、光温ト同ジト雖モ、酸素専ラ其用ヲ為スコト自ラ明カナリ。

（巻十一・越歴的里帝多）

などと見え、廣瀬元恭の『理学提要』には、

酸素は交力最も多し。殆ど諸元素に於て、新和抱合せざること無し。（巻一・大気）

炭素も亦、一の元素なり。（同右）

古昔水を以て一の元素と為す。然れども舎密家之れを分析して、水酸二素を得、復た之れを複合して水を得たり。乃ち水酸二素を和合して、以て水を作るの術を発明すれば、則水の元素に非ざるや明なり。（巻二・水）

などと見える。幕末明治初期の理科学啓蒙書になると、その用例は多くなる。[11] 例えば広川晴軒『三元素略説』（慶応元年〔1865〕刊）に、

西人之説二元素一也、五十有余。其説精微可レ謂レ至矣。而別二温・光・越素一而為二三元素一者、恐非二定論一也。

とあり、青木東江『窮理童子教』（明治六年〔1873〕）に、

一升空気を量り取り、之を分てば其内に、窒素八合また外に、二合の酸素となるなれば、則ち二気の混合物。

とあり、内田嘉一『窮理捷径　十二月帖（後編）』（明治七年〔1874〕）に

原ト此世界には元素とて万物成立の本となるもの六十余種あり。此六十余種の元素配合して色々の物体と相成、一旦その物質消滅して、形を失ひ候共、元素の物質は必存在いたし居、また他の物体となる者に候、

（十一月廿三日）

とあり、瓜生寅著『窮理暗誦本』（明治七年）に、

（光は）温気と同理にて、世上最要の一物ぞ。（中略）その質至つて微薄《うすく》して、光素といへる一元素《いちげんそ》。（光は）

とある。同年に発行された『明六雑誌』には清水卯三郎が「化学改革の大略」と題する文を寄せているが、ここでは「原質すなわち元素六十四品（あるいは六十三とし、あるいは六十五とす）」といった言い方がなされているのは青地林宗の『気海観瀾』の影響もなおあったものとして注目される。

6　宇田川榕菴の先駆性

榕菴の元素の理解が如何に早い時期に東洋の「気」の思想を克服したものであったのかは、中国の場合と比較することによっても理解できよう。榕菴の『補遺』より三十四年後の中国において出版された丁韙良（W.A.P.Martin 1827–1916）の『格物入門』（1868刊）では、青地林宗と同様に「原質」の語を用いつつ、「原行」の訳語を提示している。そして、各「原行」は「養気」、「淡気」など「○気」と名づけられている。すなわち巻六「化学」に、

問、所レ謂原質即五行否、／答、金木水火土、中国以為二五行一。水火風土、西方以為二四行一。皆不レ為二原質一。推而進レ之、尚有二本原一也。水則分為二二気一、火則相合而生レ熱、木係二水風土三行一合成、土亦可二分為二二物一。惟金有二数種不レ得レ分者一、祇《ただ》可レ謂二原行一而已。（中略）

問、所レ有原質其類若干、／答、志在二化学者一以二各物一試レ之煆煉文化、求下其若者質属二攙雑一、若者質本二精一、其不二復文化一者上、皆以為二原質一、至レ今、計二六十二種一為二原行一、（下略）

とあり、次のような「原行総目」が示されている（一部を再編集して示す）。

OXYGEN（西名）　養気（華名）　O（字）　俄（音）

HYDROGEN（西名）　淡気（華名）　H（字）　希（音）

NITOROGEN（西名） 硝気（華名） N（字） 尼（音）
CHLORINE（西名） 鹽気（華名） CL（字） 悉里（音）

ただし、こうした命名は彼の創案によるものではないようで、これより早くリンドレイ（John Lindley 1799–1865）の "The Elements of Botany"（1841刊）を漢訳した李善蘭他の『植物学』（1858刊）に、

葉吸二炭気一漸長。頂作二一花一至レ結レ子而萎。（巻一）

此体（「聚胞体」＝無数の細胞が聚ってできたもの）之胞無二漏孔一中有レ液。乃軽気合二養気一所二化生一。而分数与レ水異。（巻一「聚胞体」）

などと見える。

また、『英華字典』（1866–69刊）を編纂したロブシャイド（Wilhelm Lobscheid）は旧来の「行」「元行」の語を用いている。ロブシャイドは各元行を表わす文字として、「行」字を左右に切り分け、その中に例えば「水」の字を挿入したものをhydrogen（すなわち水素）とし、「炭」の字を挿入してcarbon（すなわち炭素）とするという試みも行っている。(12) しかし、現在では中国でも「元素」の語が用いられているようである。これは日清戦争後に日本語から借用したものであるとされる（高名凱・劉正土炎他編『漢語外来詞詞典』1884刊）。

7 Element の訳語としての「元素」

ところで、『厚生新編』にラテン語のエレメンテンを「元行」と訳していたが、村上義茂『三語便覧』（嘉永七年〔1854〕刊）にはオランダ語のhoofdstoffenと共にフランス語のelememensまた英語のelemementに「元素」が宛てられており、明治以降では専ら英語elementの訳語として「元素」「元行」が現れる。柴田昌吉・子安峻『附音挿図英

和辞彙』（明治六年〔1873〕刊）はロブシャイドの『英華字典』から「element　元行《ゲンコウ》」を借用している。

○西周『百学連環』（明治四、五年講義）

Element.元素　本の字にして、漢にては行となし、我が国にては元素とす。即ち万物の元たるものなり。此万有の元を太古天竺にては地、水、火、空、風の五ツとし、漢土にては五行即ち水、火、木、金、土、西洋にては地、水、火、気とす。太古は一般に元素は此の如きものなりと唱へけるが、近来追々元素たるものを発明し、当今は大概六十四五品ありとす。

○柴田昌吉・子安峻『附音挿図英和字彙』（明治六年〔1873〕刊）

element　元行《ゲンコウ》　本質　元素　基本　初学

○津田仙・柳沢信大・大井鎌吉『英華和訳字典』（明治十二年〔1879〕刊）

element　行、本、元質、本質、元行、本質、物の本質、材、ゲンソ、ホンシツ、モト

○東京大学三学部印行『哲学字彙』（明治十四年〔1881〕刊）

Element　元素

○神田乃武等『新訳英和辞典』（明治四十二年〔1909〕刊）

element　①元素、要素、成分、（中略）③pl. 元行、古哲ノ所謂四行（即チ火、水、土及ビ空気）、錬金家ノ所謂三元（即チ塩、硫黄及ビ水銀）

このことから「元素」を英語の element の訳語として成立したものと考えることが誤りであることは、早く斎藤静氏の指摘しているところである（『日本語に及ぼしたオランダ語の影響』東北学院大学創立八十周年記念図書出版委員会 1967 刊）。斎藤氏の文章を摘要すれば次のとおりである。「幕末、ことに明治維新の前後において中国から西洋原書類の漢訳本が多く輸入された」が、それらは「主として英米書類の漢訳であって、その多くは英米から派遣

された宣教師の仕事であった」。しかし、それらの「近代科学の方面における国語への「影響は極めて少ない」。それは「近代科学は西洋のもので東洋のものではないということ」に根本の原因があるが、「直接の原因としては、英米独仏などの原書を直接読破する以前に、これらの国々において出版された自然科学関係の専門書類は、オランダ語を通じて和訳された。すなわち重訳された。そしてそれらの和訳本に用いられた術語類が一般化していたので、英米独仏の書類を直接に読み、それを翻訳する場合は、すでにでき上っていたオランダ語系統の翻訳借用語、すなわち Translation Loan Words を用いたのであって、オランダからの翻訳借用語と独立に、英米独仏の書類を翻訳したのではない」。

8　Hoofdstof の造語成分の逐語訳としての「元素」

「元行」「極微」「元質」などは仏教思想また中国の気の思想による意訳的なものと言える。既知の思想を利用することで新しい概念は理解しやすくはなるが、その語に引かれて未知の概念の本質を誤らせる恐れがある。これに対して榕菴の「元素」は Hoofdstof の造語成分の Hoofd と stof の意味を正確に捉え、それらに対する訳語を厳選して造られた逐語訳である。したがって、原語の意味を正確に訳出したものと言える。

ところで、「元素」が Hoofdstof の造語成分の逐語訳であることは別の効用を生んでいる。既に本書の序篇「翻訳の文体と漢語の術語」でも紹介したことであるが、森岡健二氏が指摘されているように（『開花期翻訳書の語彙』『講座日本語の語彙　第六巻近代の語彙』明治書院 1982 刊所載など）、この翻訳方法によって体系的な元素名が成立しているのである。すなわち「元素」は Hoofdstof の造語成分「Hoofd」「Stof」の逐語訳「元」「素」とから成っているように、「酸素」・「水素」・「炭素」・「窒素」という訳語もまた、Zuurstof, Waterstof, Koolstof, Stikstof の Zuur

・Water・Kool-Stik の訳語「酸」・「水」・「炭」・「窒」と stof の訳語「素」とからなるものである。英語の oxygen（酸素）・hydrogen（水素）・carbon（炭素）・nitrogen（窒素）からは、このような体系は生じなかったのである。[13] 先には述べなかったが、榕菴が志筑忠雄の「実素」の訳語を紹介しながら、それを採用しなかったのは、この体系が意識されていたのかもしれない。「実素」という訳では Hoofdstof の意訳ということになるからである。また、これも先には挙げなかったが、坪井信道の『万病治準』（文政九年〔1826〕成）には「元実」の訳語が見える。

　纖維ハ本ト極小ノ分子長形ニ相接続シテ成ル者ナリ。此分子ハ極小毎《ママ》比ナルユヘニ、其分散セル者一個ヲ取テ、人力ヲ究メ幾多ノ術ヲ費スト雖モ更ニコレヲ分離破砕スルコト能ハズ。此物ヲ名ケテ纖維ノ元実（ホーフドストフ）ト謂フ。凡ソ元実トハ物ヲ分剖シテ、其極小ニ至ル者ノ謂ナリ。[14]

身体は固体成分（凝体）と液体成分（流体）とから成る。固体成分の最も単純で基本的な要素が纖維であり、その纖維は Hoofdstof という最極小の要素から構成されていると坪井信道は説明し、その Hoofdstof に「元実」の訳語を与えているのである。これも同様の理由で榕菴は採らなかったものと思われる。

注

（1）宗田一「宇田川家三代の実学——『西説内科撰要』と関連薬物書をめぐって——」（実学資料研究会編『実学史研究Ｖ』1988.12）

（2）遠藤正治氏によると、この内閣文庫本は天保初年頃の第二刷本であるという（『近世歴史資料集成第Ｖ期第Ⅺ巻『日本科学技術古典資料薬物学篇【2】』解説）。

（3）柴田和子「榕菴と化学：化学元素命名の背景を探る一考察」『洋学資料による日本文化史の研究Ⅳ』（吉備洋学資料研究会 1991.3）

（4）森島中良の『蛮語箋』には「塵　ストフ」とある。本文中には出来る限り江戸時代の辞書に見える訳を引くが、現代の辞書も必要に応じて参考にすることにする。ちなみに、Hoofdは『オランダ語辞典』（講談社 1994 刊）では「①頭、頭部 head ②頭脳、知力 head mind ③（頭数としての）一人 head ④長、指導者 chtef leader ⑤校長、学長 principal ⑥上部、先端 先頭 head ⑦見出し、表題 heading」とあるだけであり、時間の概念が含まれた意味は載せられていない。蘭領東印度政庁日本事務局長ファン・デ・スタット編『実用蘭和辞典』（南洋協会 1922 刊）には「Hoofd—主要なる、一番の、根本の」とあり、南親会編『蘭和大辞典』（創造社 1943 刊）では「①頭、首 ②首領、長官 ③先頭、先、初め、船首、首席、崎、項目 ④脳、知力、判決、判断、審判、審査、鑑定、宣告、意見、見解、見込、裁断力、見識、明察、思慮分別、非難、たたり、感官、官能、感覚、知覚、常識、意味、徳性、道念、記憶、一力、思出、記念、指導者、頂、上欄 ⑤埠頭、突堤 ⑥表記」とある。

（5） Grond は『オランダ語辞典』には「grond 男 ①地面、土地、地所、陸地 ground, land ②土、土壌 ground, earth, soil ③底、海底、川底 round, botom ④床 floor ⑤基礎、土台、根底 ground, foundation, substratum ⑥理由、原因、根拠、動機 ground, reason」とあり、『蘭和大辞典』には「Grond, m ①地面、土地、土壌 ②理由、根拠、基礎」とある。Stof は『蘭和大辞典』には「材料、要素、素質、（中略）原料、品（中略）物質、廃物、物質、物体、（中略）基礎、根底」とあり、『オランダ語辞典』には「①もの、物質 matter, substance ②材料、素材、題材 subject-matter, material ③布地、生地、織物 material, stuff, fabric」とある。

（6） 逆に、現代の蘭和辞典では Grondstof が一般的で、Hoofdstof は見られない。Grondstof は南親会編『蘭和大辞典』（創造社 1943 刊）に「元素、原料、未成品」と見られ、『オランダ語辞典』（講談社 1994 刊）にも「①原料、原材料、raw matirial ②材料、成分 ingredient ③《化》元素 erement」とあるが、Hoofdstof の語は見えない。このことと宇田川榕菴の「元素」を Grondstof の訳語とする説とは関係しているのかもしれない。

（7） この項目以外にも『厚生新編』には「元行」という語が多く用いられているが、「元素」は使われていない。管見に入った「元行」の例を列挙すれば次のとおり。

○究理学家の説ハ専ら地球の体質を研究せり。其通例として説く所ハ凡そ地の体質ハ万物形成する四元行の一也こと、四元行とハ土水気火是なり。凡そ地上に資生化育する品物尽く此四元行を以て造成す。（下略）

（第七巻・ア、ルデ　即土又地、文化十一年〔1814〕馬場貞由・大槻玄沢・宇田川玄真訳校）

○按ニ西方五行といふことなし。土水火気の四ツなり。これを訳して四元行といふ。五行の木金ハ土に属せしめ、別に気行ありて四つなり。以下説く所もこれをもつて弁明すべし。（続稿巻一・ア、ルデ、同右）

○「アエテヘル」といふ辞《ことば》は虚空《リユクト》中の火気にして極て精微の物をいふ。此気大世界中に充満し万物形質《カタチ》ある物に透徹するなり。大地を満世界の中央に置く所のものを大　気《リユクトステレーキ》界と名く。是吾人の元行気の上にたちて其大気界中の精微の物、即ち「アエテヘル」なり。是を以て亦世界を両分して「ヱレメンタリセ」〈元行体〉「アエラヘリセ」〈精微大気体〉とす。「ヱレメンタリセ」は四元行なり。「アエラヘリセ」は諸星並に其他の天象光曜体なり。

（巻六・アエテヘル、文化十一年〔1814〕大槻玄沢・宇田川玄真訳校）

○夫《それ》水の自性ハ元行《げんぎやう》の一ツなれバ其性に異同あるにあらず。然れども種々不同をなすの精微なる異物千百《いくつ》といふ限りもなく其内に混交しあるなり。（巻十四・麦酒、文化十三年〔1816〕大槻玄沢・宇田川玄真訳校）

○この諸土ハ溶解し油となり又少しく酸性塩並ニ石灰質の粉あり。これ等ハ皆土の基元《もとい》ニして所レ謂元行の真土なり。（同右）

（8）日本思想大系65『洋学　下』（岩波書店刊）の中山茂氏の解説「近代科学と洋学」に次のようにある。

忠雄の「求力法論」に対する基本的関心は、自然科学的なものであったと言える（中略）。そのことは「求力法論」の中の彼自身のコメントの部分によくあらわれている。それは求力と伝統的な陰陽論的発想によって現象としての五行を説明しようというものである。彼の陰陽論的発想とは、たとえばふつう西洋では一つの力の大小で事を処する所を、必ずプラスとマイナスの二力を設けて、その二力の消長均衡で論じる、という思考形式である。

（pp.453-4）

また同書補注にも次のような説明がある。

宋学で言う気は所謂ガス状、空気状の連続的物質で、粒子のような非連続的物質ではない。この連続的な一気の聚散（濃密化と稀薄化）により物が生成消滅する。そして全空間に充満した一気が聚積して質を生じる。質とは可視的で有形の存在であり、気は無形の存在である。有形の存在たる物質は一気の聚積によるものであるから又散ずれば一気に戻る。（p.391）

（9）ただし、柴田和子氏は次のように言われている（注3論文）。

『補遺』には、温素生力の項があり、その説明には大気は温素によって万物を温養するという気学的思想を思わせるものがある。ところが、大気を天地に充満する気であるとする一方で、濛気なる語まで持ち出して、それなる気とガスの集合からなる空気を区別しようともした。榛斎と榕菴は（中略）清気や酸素気に代わる、炭酸ガスという命名を使うことで、気を実体的、かつ化学的に解釈することに成功している。／東洋の気と西洋の気体化学がかくして融合されることになったと言えよう。

（10）高野長英の『遠西水質論』では、水を構成する三元素を「酸原」・「水原」・「火原」と言っており、「原」の語も用いていた。

（11）佐藤喜代治『日本の漢語―その源流と変遷―』（角川書店1979刊）の「近代の漢語」の項の中では次の二点が指摘されている。一つは米・嘉約翰著清原道彦訳の『化学元蒙原素略解』（明治六年〔1873〕刊）のように「元素」が「原素」と書かれることがあること。もう一つは明治以降の理科学書以外では次のように「原素」が要素の意味に用いられることが多いということである。

加藤弘之訳『国法汎論』（明治五―七年〔1872–74〕刊）

譬へバ数千万ノ原素ノ散乱スルガ如ク　（巻六・上）

坪内逍遥『当世書生気質』（明治十八年〔1885〕刊）

一挙一動一進一退。娼妓に誠実の原素なきハ。素其筈の事なりかし。（第七回）

坪内逍遥『小説神髄』（明治十八年〔1885〕刊）

是等の数種の小説には、美術に於て最も忌むべき鄙猥の原素を含むが故なり。　（上巻）

主に実験と観察とを其必須の手段として、人の性質の原素となるべき種々の性情をば造れるから、　（下巻）

二葉亭四迷『浮雲』（明治二十年〔1887〕刊）

日本文明の一原素ともなるべき新主義と時代遅れの旧主義と衝突をする所、　（第五回）

山田美妙『胡蝶』（明治二十二年〔1889〕刊）

夜半、それが此時の「美」の原素で、山里、それがこの処の「美」の源です。　（其二）

（12）合信（B. Hobson）の『博物新編』（1864刊）では「元質」の語が用いられている。

天下之物、元質五十有六、万類皆由レ之以生、造レ之不レ竭、化之不レ滅之。是造物主之冥冥中材料也。

（上巻・水質論）

なお、ロブシャイドの訳については高橋輝和『シーボルトと宇田川榕菴　江戸蘭学交遊記』（平凡社新書）に詳しい。

(13) 同様のことは榕菴の『植学啓原』の「脈管・気管」など「○管」や「粘液・養液」などの「○液」などにも見られる（朱京偉「『植学啓原』と『植物学』の語彙—蘭学資料と中国洋学資料と比較という視点から—」『明海日本語』3、明海大学日本語学会 1997.3）

(14) 本文の引用はクレインス　フレデリック『江戸時代における機械論的身体観の受容』（臨川書店 2006 刊）による。同書によると「元実トハ物ヲ分剖シテ、其極小ニ至ル者ノ謂ナリ」という文は『ブールフェ箴言解』の原文ではガレノスからの引用であり、古代の原子論的思想を基にしているという（p.302）。

第四篇　植物学のことば

宇田川榕菴の植物部位名の特徴

はじめに

本草学が人間生活にとって要不要の観点から植物を分類するのに対して、西洋の近代植物学が要不要を問わず植物それ自体の特徴によって分類するのは、植物もまた人間と同じく創造主によって造られたものとし、そのすべての目録作りを目指したものだからである。また、本草学が区別する植物の部位は多く外から見て知られるものであるのに対して、西洋植物学は植物を剖別して、内部の構造も明らかにするのは、創造主のみわざの霊妙さを明らかにするためである。リンドレイ（John Lindley 1799–1865）の“The Elements of Botany”（1841刊）を漢訳した李善蘭筆述『植物学』（墨海書館、清・咸豊八年〔1858〕刊）の「序」に言う、

蓋し、動植諸物は、皆上帝の造れる所なり。器用の精を験じて則ち工匠の巧を知り、田野の冶を見て、則ち農夫の勤を識る。植物の精美微妙を察すれば、則ち上帝の聡明叡智を見るべし。然れば則ち二君の汲汲として此書を訳すなり。（原漢文）

文中の「二君」とは在華宣教師の韋廉臣（Alexander Williamson）と艾約瑟（Joseph Edkins）のことである。彼らにとって『植物学』は神が自らの設計によってこの世を創造し、被造世界に遍く及んでいるその作用の霊妙さを人間の本性である理性によって明らかにしようという「自然的宗教（natural region）」であった。

日本に初めて西洋近代植物学を体系的に紹介したのは宇田川榕菴の『植学啓原』（天保五年〔1834〕刊）であるが、西洋の植物学と東洋の本草学との違いを箕作阮甫は『植学啓原』の「序」で次のように説明していることはよく知られている。(1)

蓋《けだ》し本草は名に就いて物を識り、気味能毒を詳にするに過ぎず。猶《なお》角ある者は牛、鬣《たてがみ》ある者は馬なるを知るが如し、甚だ究理と相渉らざるなり。若《も》し夫《そ》の所謂《いわゆ》る植学は花葉根核を剖別し、各器の官能を弁析すること猶動物の解剖有るがごとし。真に究理の学なり。（原漢文）

このような西洋近代植物学が将来される以前には日本語の植物部位名はほぼ外部から区別されるものであり、内部のものも特別に剖別して得られるものではなかった。そこで新たに知ることになった部位に新たに名前が用意されなければならなかった。宇田川榕菴はそれらの語をどのように翻訳したのであろうか。

1　西洋近代植物学輸入以前の植物部位に関する和名

西洋近代植物学がもたらされる以前の日本では、植物の部位（以下では部分を含めて部位と言うことにする）はどのように区別されていたのかを先ず押さえておきたい。

1―1　日本固有の植物部位名

平安時代の承平年間（931–938）に成立した源順の『和名類聚抄』の「草木部」の終わりに、植物の部位名を中心に纏めたと思われる語群がある。その中から部位名ではないものを除いたものは以下のとおりである（本文は元和古活字那波道円本による。【　】内は揚守敬本。掲出の順序は一部変えている）。

根株　〈荄附〉　東宮切韻云根株〈痕誅二音。訓上祢《ね》、下久比世《くひぜ》〉草木本也。唐韻云荄〈音皆〉草根也。

茎　玉篇云茎〈戸耕反。和名久木《くき》〉【草木】枝之主也。

蘗　纂要云斬而復生曰レ蘗〈魚列反。和名比古波衣《ヒコバエ》〉

枝條　玉篇云枝柯〈支哥二音。和名衣太《えだ》〉木之別【梢】也。纂要云大枝曰幹〈音翰。和名加良《から》〉細枝曰條〈音迢、訓与レ枝同【小枝也】〉唐韻云葼〈音聡。和名之毛止《しもと》〉木細枝也。

杈椏　方言云、河東謂二樹岐一曰二杈椏一〈砂鴉二音。和名末多布里《またふり》〉

樹梢　唐韻云梢〈所交反。和名古須恵《こずえ》〉枝梢也。

樸　玉篇云、樸〈音璞。字亦作レ朴。和名古波太《こはだ》〉木皮也。

樺　玉篇云樺〈戸花胡化二反。和名加波《かは》又云加仁波《かには》。今桜皮有レ之〉本皮名。（下略）

節　四声字苑云、節〈子結反。和名布之《ふし》。今案、従レ竹者竹節、従二草木一者草木節。見玉篇〉草木擁腫処也。

心　周易説卦云三其於レ木也為二堅多心一〈師説、多心読二奈賀古可遅《なかこがち》【奈加古《なかこ》】一〉

葉　陸詞切韻云葉〈与渉反。和名波《は》。万葉集黄葉紅葉読二皆毛美知波《もみちば》一〉草木之敷二於茎枝一者也。

花　爾雅云、木謂二之華〈戸花反〉一、草謂二之栄〈永兵反〉一、栄而不レ実謂二之英〈於驚反。訓阿太波奈《あだばな》〉一。

葩　東宮切韻云、葩〈音巴。和名波奈比良《はなびら》〉草木花片也。

蕚　東宮切韻云、蕚〈五各反。和名波奈布佐《はなぶさ》。一云花房〉【承花附也】

蘂　東宮切韻云、蘂〈而髄反。和名之倍《しべ》〉花心也。

右の説明文中に見られる和語からモミチバ（黄葉紅葉）を除き、「英」の訓「阿太波奈《あだばな》」からハナを抽出し、右とは別の箇所（「竹具」）に「両節間　文選笙賦注云（中略）〈両節間俗云レ与《よ》（下略）〉」と見えるヨ（節）を加えたものが『和名類聚抄』に見られる植物の部位の和名である（クヒゼ、マタフリ、ヒコバエは今日では部位名とは考えられないが、暫時加えておくことにする）。

また、平安時代の末期に成立した『類聚名義抄』（観智院本による）から拾い得た植物部位名は次のようなものである。

ネ（根）（仏下本・九二）
カラ（幹・柄・柯）（法下・一四二）（仏下本・一一〇）（仏下本・一一九）
クキ（茎）（僧上・一九）
エダ（枝・條・柯・茇）（仏下本・一二四）（仏上・三七）（仏下本・一一九）（僧上・二二）
ホ（穂）（法下・一一）
ヨ（両節間）（仏上・七七）
シモト（楉・蔓）（仏下本・一〇四）（僧上・二二）
コハダ（樸）（仏下本・一一四）
カハ（皮）（僧中・六八）
カニハ（樺）（仏下本・九八）
ナカコ（心）（法中・六八）
ナカゴガチ（多心）（法中・六八）
ハ（葉）（僧上・四六）
ハナ（華・花・英など）（僧上・四）（僧上・五）（僧上・三五）
ハナヒラ（韡・蕊）（僧中・八三）（僧上・四六）
ハナフサ（花房・房・柎・蕚・蘂・英など）（僧上・五）（仏下本・九三）（僧上・四六）（僧上・一四）（僧上・三五）

シベ（蕊・茘）　（僧上・一四）（僧上・一〇）
ミ（実・子）　（法下・五三）（法下・一三七）
カサ（梳）　（仏下本・一〇四）
サネ（実・核）　（法下・五三）（仏下本・一〇五）
タネ（種・子）　（法下・一九）（法下・一三七）

以上の他にカヒ（穎・柄）が見えるが、ホ（穂）の一類の個別名として除く。
以上、二つの辞書から得られた異なり語を整理すれば次のようになる。

根部に関する語　ネ
茎部に関する語　カラ・クキ（・クヒゼ）
枝・幹部に関する語　エ・エダ・フシ・ヨ・カハ・カニハ・コハダ・ナカコ（ナカコガチ）・コズエ・シモト（・ヒコバエ・マタフリ）・ホ
葉部に関する語　ハ
花部に関する語　ハナ・ハナビラ・ハナブサ・シベ
果実・種子部に関する語　ミ・タネ・サネ

およそこれらが平安時代に存在した植物の部位名と見てよいであろう。ただ、右の語群の中にメ（芽）が見えない。これは右に掲げた語が『和名類聚抄』と『類聚名義抄』から得たものだからであろう。昌住『新撰字鏡』（昌泰年間〔898–901〕成）にも見られないが、これらの辞書は漢和辞書である。「芽」という漢語は「めぐむ」を意味し（『説文』「芽、萌也」）、部位名として用いられないのである。しかし、メ（芽）は『古事記』の歌謡に「粟生にはかみら一本　そ根芽つなぎて」と見え、『源氏物語』にも「この春は柳の芽にも玉はぬく」（柏木）などと確認できる。したがって、このメ（芽）を加えて、これらが平安時代の日本語に存在した植物の部位の和名であると考えておきたい。平安時代以前でもこれとほぼ変わらないことは、『時代別国語大辞典上代編』（上代語編修委員会編、三省堂1967刊）に、マタフリ（杈椏）、コズエ（樹梢）、シモト（枝條）、ナカコ（心）以外の語がすべて見られることで窺える（コズエに相当する語にはヒコエ〔孫枝〕が見られる。『新撰字鏡』に「抄〈木末也、木細枝也、梢也、木高也、大乃枝、又比古江《ひこえ》〉」とある）。

注目しておきたいことは、ハナブサは現在とは異なって広く花弁・蕊・萼なども指す語であったことである。『和名類聚抄』に「萼〈中略〉和名波奈布佐《はなぶさ》。一云花房〉【承花附也】」とあり、『類聚名義抄』でも「花房」「柎」「萼」「蘂」「英」などの訓として見える。[2] さらに時代が降っても『名語記』（文永五年〔1268〕初稿、建治元年〔1275〕増補）にも「ハナフサ如何　花総也　一字ニハ房也　萼也　蕊也」とある。

以上、簡単な調査からではあるが、古代日本語（平安時代以前の日本語）における植物部位名は幹の内側のナカコ（心・心材）、実の中にあるタネ・サネを除いて外部から区別できるものに限られていると言えそうである。

1―2　本草学における植物部位名

奈良時代から江戸時代に至るまで日本に影響を与え続けた中国本草学で区別される植物の部位は日本よりやや多いが、基本的には日本固有のものと同じである。それは本草学の性格による。中国の本草学は前漢末（前一世紀後半）に成立したとされるが、陶弘景校定の『神農本草経』（斉・永明十年〔492〕以後成）では植物は上薬、中薬、下薬の三品に分けられる。上薬は不老長寿を保つ効果のあるもの、中薬は健康を保つために効果のあるもの、下薬は病気を治すために効果のあるもの、といった人間の利用の為の分類である。以降、宋・金・元代までの標準的な本草書では基本的にこの分類が踏襲されるが、明代に入ると、王綸の『本草集要』（明・弘治九年〔1496〕刊）がこの三品分類を廃して、草・木・菜・果・穀に分けることを行っている。これが江戸時代の日本本草学に大きな影響を与えた李時珍の『本草綱目』（明・万暦十八年〔1590〕序）に踏襲されているが、山田慶児氏は『本草綱目』という書名は「大綱を共世界分類により、細目を実用分類によって編成した本草」の意と解釈することができるとし、「体系としての共世界分類は存在論的に根拠づけ、そのなかに包摂された非体系的な実用分類は検索を容易にして技術書としての要請に応える」ものであると説明されている。「共世界分類」とは「言外に世界分類を共有している」という意味である（山田慶児「本草における分類の思想」『東アジアの本草と博物学の世界　上』思文閣出版 1995 刊所載[3]）。すなわち、『本草綱目』に植物は次のように分類されている。

草部（山草類・芳草類・隰草類・毒草類・蔓草《まんそう》類・水草類・石草類・苔類・雑草類・有名未用）
穀部（麻麦稲類・稷粟《しょくぞく》類・菽豆《しゅくとう》類・造醸類）
菜部（葷菜《くんさい》類・柔滑類・蓏菜《らさい》類・水菜類・芝栭《しじ》類）
果部（五果類・山果類・夷果類・味類・蓏類・水果類）
木部（香木類・喬木類・灌木類・寓木類・包木類・雑木類）

つまり、草は生息地により山草類・湿草類・水草類・石草類に、形態により蔓草類・苔類に、芳香・薬性により芳草類・毒草類に分けられ、その他は雑草に分けられる。穀は麻麦稲類・稷粟類・菽豆類といった自然群と造醸に用いられるものとに分けられ、菜は食用となるものを匂や味、また柔滑によって類別したものと、形態や生態などの自然群（芝栭は菌類）とに分けられ、果は食用になる果実をつける代表的なもの「五果」（李・杏・桃・栗・棗）と生態・産地（夷果は南方産）、また香辛や形態によって分けられる。そして、木は芳香・形態・生態（寓木は木の幹や茎への寄生種。包木は竹類）などの自然群とその他の雑木類とに分類される。

このように中国本草学では植物を分類するが、植物の部位についても古代日本語で確認できるものより、やや細かい区別が認められる。宮下三郎「本草綱目の植物用語」（『新註校定国訳本本草綱目6』月報）によると、植物形態の記載法は、蘇頌の『図経本草』（1061刊）で大筋が定まり、苗（地上部を言う）・茎・葉・花・実・根という順序で記載されるようになったとされ、李時珍はその記載法を踏襲しているが、用語は格段に豊富になっているという。その『本草綱目』では「草部目録」に、

李時珍曰、天造地化而草木生焉。剛交二于柔一而成二根荄一、柔交二于剛一而成二枝幹一。葉萼属レ陰、華実属レ陽。由レ是草中有レ木、木中有レ草。

とあり、根・荄（草根）・枝・幹・葉・萼・華・実が基本となる部位として捉えられているようであるが、本文中では次のような語も用いられている（ただし、調査は産地、形状、品質、鑑別法などに関する説を収録した項目「集解」のみを対象としたものであり、洩れがあるものと思われる[4]）。

萼・蕊・鬚・梁・杪・角・茎・葉茎・根茎・茎節・角（さや）・莢（豆類のさや）・子・皀（実の中のつぶ）・（幹や実の）毛・種・核・仁・弁・蕊・（根・葉などにある）鬚・刺・（枝や根などの）皮・木心・材・絮（胚柄に生えている毛）・枝跗・花跗・蔕（へた）・膜・篠・鼻（花の脱ける所）・臍蔕・粉・苞・斗（穀斗。どんぐりのいが）

子・種・核・仁など実のなかのものについての名称があることは古代日本語と同じであるが、絮・枝跗・花跗・蔕・鼻・臍蔕・粉・苞・斗などに対応するものは日本語には見られないものである。これらも当然のことながら日本本草学者の語彙となっていたはずである。

日本の本草学者の植物部位名は在来の和名語彙に中国本草学書の語彙を合わせたものであったと考えられるが、貝原益軒の『花譜』（元禄十一年〔1698〕刊）と『大和本草』（宝永六年〔1709〕刊）に見られるのは次のものだけである。取り上げた草木を説明する中で必要に応じて取り上げられたものであり、これ以外の部分を認識していなかったわけではあるまいが、語彙は至って貧弱である。

根《ね》・根鬚《ねひげ》・細根《ほそね》・枝《えだ》・茎《くき》・はり・蔓《つる》・葉《は》・花《はな》・蘂《しべ》・実《み》・種子《たね》

日本本草学の最高峰とされる小野蘭山の『本草綱目啓蒙』（享和三年―文化三年〔1803–06〕刊）に現れる部位とその部位を構成するものの名は次のとおりである。

根　根頭・小根・鬚（根鬚）・皮（根皮・外皮）・皮心

茎　茎頂・茎端・茎梢・茎心・節・毛・蒂（野菜類の花茎）・薹（球根類の花茎）・稈（わら）・株・刺

枝椏　幹・枝・椏（こえだ）枝梢・毛・毛刺・角

葉　梢葉・脚葉・刺（とげ・はり）

花　弁・蘂・萼

実・種　莢（小扁莢）・子（小子・小扁子・細子・内子）

ただ、これまで日本ではハナブサの一語で区別されることのなかった「萼・苞《はかま》」が区別され、花弁の数も区別されていることが注目される。遠藤正治「『草木図説』の構造―植物用語の性格（上）―」（『慾斎研究会だより』115、2008.3）に『本草綱目啓蒙』の語彙について調査され、次のような指摘をされている。西洋近代植物学との比較をしたものであるが、参考にはなるであろう。「葉柄・托葉・葉腋などの概念は見えない」、「葉脈についての生理的な理解はなく、紋様として、縦理・縦道（タテスジ）・横脈・間道（ヨコスジ）などの表現が見られる」、「花についての表現では、萼・苞《はかま》、単弁・重弁・千弁、筒弁などの用語が見られる。苞は禾本の苞穎茬の意味などで用いられるが、総苞の概念はない。また、花色に注意が払われるが、花梗・花披や花序の概念はない」、「生殖部の認識がないのが特徴で、花ずいは蕋・蘂・心（花心）などとする。ずいの字はさまざまな異体字が混用されている。むろん子房についての記載はない」、「果実については、子と実あるいは果皮の区別が明確ではなく、種子という語も使われない。サヤの角・莢の区別はあるが、蒴はない」。

2　西洋近代植物学訳述書における部位名

西洋近代植物学が日本に将来される以前の植物の部位名を見てきたが(5)、以下では西洋近代植物学の訳述書において植物部位名にどのような訳語が用いられているを見ていくことにする。

2—1　『植学啓原』の部位名

『植学啓原』全三巻。巻一では栄養器官である根・幹茎・葉の形態が、巻二では繁殖器官である花・実の形態が説明される。巻三は植物生化学ともいうべき内容が述べられている。巻一の最初には学問の種類や方法論および植物分類法が述べられ、巻二の最後に動物と植物の両方を持つ植虫について触れている。

以下、巻一と巻二から植物を形成する部位名を抜き出すが、異形態の名称は原則として対象とはしない（例えば根の種類の鬚根・直根・蔓根・球根《たまね》・鱗根・索里達《ソリダ》・嚢根・双根・粒根・塊根・掛根など）。また所在による異名も採らない（例えば種子葉の茎の下体に生じる脚葉、茎頭に生じる梢葉、花本に生じる華葉、葉芽と茎芽など）。ただし、異形態のものに特徴的に存在する部位名については必要に応じて取り上げることにする。

「 」で括ったのが部位名と認められるものである（その部位内部に存在するものの名をも含む）。併せてそれらがどの部分を指すのかを本文の説明に基づいて簡単に記す。

根　「根」は「根皮」と「根質」とに分けられる。根の材質は「真材（＝心）」と「巴連舎馬《バレンシマ》」（柔組織＝植物細胞《ウトリキュリ》）とからなる。

根皮には「表被《あまかは》」があり、表被には「噏収孔」がある。根皮の材質は巴連舎馬《バレンシマ》である。根質には二管と三

幹茎

際がある。二管とは「気管《リユクトハーテン》」「液管《サップハーテン》」であり、三際とは「皮」・「材」・「髄」である。

「幹」は樹木、「茎」は草のそれを言う。

茎には稈・葶・花梗《はなのくき》・葉柄・巻鬚《つる》の別種がある。

稈（稍）に「稜角」のあるものがあるが、「刺」また「針」のあるものもある。花梗は「茎頭」「上梗」「下梗」とに分けられる。

茎頭に「穂花《ほざき》」が簇生し、「葉柄」を萌発の初めに横断すれば「輪匝《わ》」がある。輪匝は「裏皮」である。

中心に「髄」がある。髄は巴連舎馬《バレンシマ》である。

幹茎には脈管と三際がある。脈管には「材の繊維」・「巴連舎馬《バレンシマ》」・「管」・「気管」がある。三際とは「皮」「材」「髄」である。

皮は「表被《あまかわ》」・「外皮《かわ》」・「裏皮《うらかわ》」・「白被《しらた》」の四部からなる。皮より針が生じる。表被《あまかわ》に「噏孔」・「蒸発孔」がある。外皮《かわ》の質は巴連舎馬《バレンシマ》である。裏皮《うらかわ》（一名、薄皮）は外皮《かわ》の下にある。古名はリブル Liber。越年して白被《しらた》に変じ、歳輪（年輪）の最外の層となる。白被《しらた》は裏皮《うらかわ》と材の間にあり、年を経て材となる。材は白被の下にあり、「細胞」を具す。材より「刺」が生じる。髄は材心にあり、先端部は花の心蕊となる。

葉

「葉」の外は「表被」であり、内は巴連舎馬《バレンシマ》である。葉の中には「気脈」・「液脈」と気水二脈の間に錯間する小胞のような「細腺《キリール》」がある。葉の大筋を「中筋」と言う。枝分かれしたものを「肋状筋」という。

葉面に「蒸発孔」、葉背に「噏収孔」がある。表被と巴連舎馬《バレンシマ》を除去すれば気脈と液脈だけになり、これを「骸骨」という。

葉柄の腋に生える葉を「托葉」という。

花

「花」は総名。「花梗」の上にある。「葶」・「花頭《リン》」・「鬚蕊」・「心蕊」・「子牀」から成る。

花萼は花を載せ、花を包む者の総称。常萼《ウテナ》・檝萼・菉萸《エノコロ》・苞《ハカマ》・穎《カフ》・蘚帽・蕈笠《カサ》の七種がある。「常萼《ウテナ》」が通常の萼であり、これ以外は別種とする。

萼（常萼。「花衣」とも）。外に表皮、内に巴連舎馬《バレンシマ》あり。「気脈」「液脈」が錯綜する。萼は花時の名、花落ちて後は「蒂《へた》」という。

花頭《りん》。「花辨」の全形を言う。花辨の頭を「辨尖《ヲミナ》」、辺縁を「舷《リンピユス》」、根を「花爪《ナーゲル》」という。単辨花で萼に接する所に筒をなしているものを「筒子」と言い、筒子と舷との間を「喉《ケール》」（花喉）と言う。筒子の底が塞がって曲がるものを「鶏距《スポール》」（「嘴」とも）と言う。四辨歪邪の花の最上広濶の辨を「旗辨」、その左右にあるものを「両翼《フレウゲル》」、その下にあって両翼を捧げるものを「龍骨」と言う。

鬚蕊《ヘルムステルネー》（「雄蕊」とも）。頭に圀珠があり、黄粉を吐く。これを「葯《ヘルムチー》」と言う。葯の茎を「紿《ダラート》」と言い、葯と紿を合わせて鬚蕊と言う。葯は両片の「葯膜」を併せ、「花粉」を包む。一花の花粉《ストイヌメール》（「粉球」とも）は数千。一粒は千百万の細球を蔵す。之を「花精」と言う。

心蕊《スタムベルネー》（「雌蕊」とも）は髄より生じ、髄皮の終わる所である。「花心」にあり、その頭を「柱頭《メルク》」という。柱頭には短毛が密に布いている。短毛は細微の管である。「花柱《ステール》」は心蕊の茎。花後に角児をなす。心蕊の根本に「卵巣」があり、液を「萼」・「子牀」から受ける。

子牀《サードベット》（「胞衣」とも）。花梗の上、萼の下にあり実を護持する所である。「総子牀」と「各子牀」と分けられる。

また、「蜜槽《ホーニフバック》」が諸処にある。卵巣の上にあり腺状をなすものを蜜腺と言う。蜜辨、蜜鱗と呼ばれる形のものもある。

実

「実」は総名。卵巣の老成するものをいう。「子室」と「種子」に分かれる。子室に「蒴」・「角」・「莢」・

「蓇葖」・「核果」・「膚果」・「跋加《バッカ》」・「檜果」の八種類がある。

蒴《カプシュラ》には「溝路」・「縦膈膜」・「蒴心」・「室」の四部がある。

角《ハーウ》（狭長の子室《さや》）の内に縦膈膜があり、両室に分かち、種子を蔵める。縦膈膜に「臍帯」があり、種子を繫ぐ。

莢《ヘウル》（同じく狭長の子室《さや》）。二片の硬膜があり、外には縫際がある。内子（「豆」）に臍帯があって縫際に並ぶ。豆の脇には眼があり、これを「臍《め》」と言う（臍帯の痕である）。

蓇 葖《コンセプタ》は一片の皮であり、子室を成す。内子に臍帯がある。

核果《プロイム》には皮・肉瓤・脈絡・核がある。

膚　果《ピットフリクヲン》は皮・肉瓤・脈絡・沙瓤の四部からなる。膚果の頂に攢花の痕が有り、「鼻」とも「臍」とも名づく。臍の対下は「蔕《へた》」と言う。

跋加《ベシイン》には「皮」・「肉」・「瓤」があり、種子を蔵む。

檜果《コミユス》の通身に「甲錯」がある。

種子

「種子」（「核」とも）は植物の卵である。「仁薏」・「細根」・「種子甲《かひわれ》」（あるいは「種子葉」）・「臍」・「種子膜」・「冠毛」・「子翅」からなる。

核の中に「仁」、仁の中に「薏」がある。仁は二膜（外「叔里翁《ショリオン》」・内「亜牟尼翁《アムニオン》」）で被われている。亜牟《アム》尼翁《ニオン》は動物の水衣（胎児を包む膜）に類し、細根と種子甲を包む。種子甲《かひわれ》・種子葉は種子が地に在りて外皮を割る時の名である。

種子膜は種子の最外の膜であり、「皮」とも「斗」とも、「殻」とも名づける。

種子の頭にある毛絮《け》を「冠毛」、膜のようで歯あるものを「冠膜」、冠を頂くものを「冠子」、種子の周辺にあって箭羽のようなものを「子翅」という。

2―2　李善蘭等の『植物学』の部位名

先に紹介した李善蘭等の『植物学』は、『植学啓原』と同じく中国に西洋近代植物学を纏まった形で最初に紹介した書である。『植学啓原』の訳語の特徴を見るために、この『植物学』の訳語を見ておきたい。

『植物学』は全八巻。巻一の「総論」では動植物と諸石類（鉱物）との違い、また動物と植物との違いなどについて述べられており、巻二の「論内体」は植物内部形態学あるいは植物解剖学と言うべきもので、聚胞体・木体・線体・乳路体の四つの「内体」（細胞体）について述べられている。巻三から巻六までは「論外体」で、根・幹・枝（以上、巻三）葉（巻四）、花（巻五）、果・種子・無花之種子（以上、巻六）について述べられている。巻七の「察理之法」は分類法のことであり、巻八の「分科」は分類の大綱を述べたもので、分類植物学と言うべきものである。したがって、「論内体」と「論外体」によって用いられている部位名を知ることができる。

この書でも植物は基本的に根・幹・枝・葉・花・果・種子の各部に区分される。「論内体」に、

植物全体中、無数の細胞体有り。胞中皆流質有り。此の細胞一胞、一体を為す。相ひ比附して植物全体を成す。凡そ種子・根・本幹・枝・葉・花・果、皆此の細胞体を以て之を造成す。細胞体を名けて内体と曰ふ。根・本幹・枝・葉・花・果の類を名けて外体と曰ふ。（原漢文。以下同じ）

とあり、「論外体」の冒頭に、

外体に七つ有り。根と曰ひ、幹と曰ひ、枝と曰ひ、葉と曰ひ、花と曰ひ、果と曰ひ、種子と曰ふ。

とある。これら細胞体（聚胞体）からなる各部位について詳しい説明がなされているのは巻三から巻六であるが、これらの巻から部位名と判断されるものを抜き出すと次のようになる。部位名と判断したものを「　」で括って示

すが、『植学啓原』のように「…を…と曰ふ」などの書き方がなされているものが少なく、部位名として成立しているものかどうかの判断が付かないものが多いので、省くべきもの、あるいは取り上げるべきものを誤っているかもしれない。どの部分の名であるかが理解できるように本文の説明を簡略に加えることにする。

根　「根」は「総根」・「根管」・「幹領」の三部に分けられる。総根は根の中部であり、幹領は幹足を護るものである。根管の末の細部を「微水綿」という。管末に「口」がある。

幹　外長類の「幹」は「心」・「心皮」（心の皮）・「木」（木体）・「通皮木層」（通皮と木の層か）・「皮」からなる。皮は四層からなり、第一層は「外皮」、第四層は「内皮」（真皮）と言う。心皮には無数の細い「支管」がある。内皮は「通皮木の層」からなる。幹中に「管」（細長管）があり、その中に「胞嚢」がある。嚢の中は厚流質である。木は心皮の外にあり、毎年一層ずつ増えていく。

枝　幹から「枝」を生じ、枝から「條」（小枝）を生じる。「刺」「節」のあるものがある。

葉　「葉」は「管」と「胞体」とからなる。管は「総管」から「枝管」（「支管」）を生じ、枝管は「細管」を生じ、細管の末には常に「細胞」がある。葉は二層を成し、葉上に「刺」・「（外皮の）口」があるものがある。また葉には「葉茎」がある。（この他に葉底、葉面、葉辺の語も見られるが省く）。

花　「花」は「萼」（「花萼」）・「辨」（「花辨」）・「鬚」（「花鬚」）・「心（花心）」からなる。未開の時は「蕊」の状態である。
萼は花落ちて後、果の皮、「花蔕」（果の蔕《へた》）となる。萼に茎がある。
鬚は「嚢（粉嚢）」と「茎」（鬚の茎）からなり、嚢には「雄粉（鬚粉）」がある。
蕊に「跗《フ》」（くびす）あり。跗には総跗《フ》とそれを分けた小跗《フ》の二種がある。
心は花の中にあり、皮に巻かれており、「子房」・「管」（「花柱」とも）・「口」（柱頭のこと）の三体からなる。

「茎」（花柄）がある。「心皮」は「胎座」となり、その中に「卵」がある。卵の中に「胚珠」がある。「胚」を生じ、外に「核」を生ず。核に「胚乳」がある。また子房は「隔膜」で分かれているものもある。子房内には「小卵」がある。[6]

果　「果」[7]には「隔膜」がある。「蒂《へた》」は花の「跗《フ》」、頂は心の茎である。

種子　「種子」は子房内の卵が成ったものであり、胚胞・胚乳・胚からなる。胚胞の四周に「叢毛」がある。胚の中には未出の「仁」[8]、未生の根、未生の幹、幹の領がある。

2—3　『植学啓原』と『植物学』の部位名の比較

『植学啓原』と『植物学』の部位名から、西洋近代植物学輸入以前の文献に見られたものを除いたものを次に掲げる。ただし、先に調査した西洋近代植物学輸入以前の文献は、日本側においては主に辞書を中心にして得られたものであり、中国側においては『本草綱目』の一部を調査したものに過ぎないので、詳しく調査すれば、さらに多くの語を除かなければならなくなるであろうが、これらの語によって、西洋近代植物学の輸入により新たに造語されたものの特徴を窺うことができるであろう。「　」で括ったものは『植学啓原』『植物学』共通に見えるものである。

『植学啓原』の部位名

細根・表被・裏皮・吸収孔（噏収孔とも）・気管・液管・脈管・茎頭・上梗・下梗・穂花《ほざき》・葉柄・輪匝《わ》・白被《しらだ》・穎・檜果・華葉・核果・気脈・液脈・「幹距」・「小葉」（本草学では単に葉といって区別しない）・「外皮」・「細胞」・黄包膜・膈膜・縦膈・縦膈膜・蓇葖・細腺・歳輪・蒴・松塔・小胞・髄・繊維・戴芒・托葉・中筋・肋状筋・粘液・白包・被子・桴・膚果・負芒・苞・芒・薏・裸子・「花心」・花頭《リン》・花梗・「花葉」・舷《リンピユス》・花爪《ナーゲル》・

旗辨・両翼《フレウゲル》・柱頭・葶《へた》・蓓蕾・鬚蕊（雄蕊とも）・心蕊（雌蕊とも）・葯膜・卵巣・胞衣・子室・子牀・蜜腺・骸骨・喉・鶏距（嘴）・龍骨・辨尖《ヲミナ》・筒子・花粉・粭・花精・花柱・子牀（胞衣）・総子牀・各子牀・蜜槽（蜜腺・蜜弁・蜜鱗）・核果・跋加・檜果・溝路・室・臍帯・臍・瓢・甲錯・仁薏・種子甲《かひわれ》（種子葉）・子膜・冠毛・子翅・冠膜・冠子

『植物学』の部位名

総根・根管・幹領・口（根管口）・「幹距」・通皮・内皮・心皮・「小葉」・口（葉上口）・葉茎・総管・枝管・細管・「花心」・花蔕・嚢（粉嚢）・胞嚢・子嚢・雄粉（鬚粉）・小口・管口・微水綿・「細胞」・細胞体・聚胞体・細長管・厚流質・「花葉」・子房・管（花柱）・胎座・胎葉・単膜・卵・小卵・胚・胚根・胚珠・胚漿・胚乳・胚胞・叢毛・薄片・薄膜・隔膜

朱京偉氏の調査によると、(9) 総じて『植学啓原』は積極的に新しい術語を造って概念化するのに対して、『植物学』はそれに乏しいようである。部位名のみの比較でも同様のことが言える。前述のように『植学啓原』は術語として明確に提示されているものが多く、花弁の頭を「辨尖《ヲミナ》」、辺縁を「舷《リンピュス》」、根を「花爪《ナーゲル》」と新たな術語を提示するのに対して、『植物学』では「葉底」「葉辺」「葉頭」、あるいは「小枝」「幹上」などのような、術語として用いられたものかどうか判断のつかないものが多い（本書ではこれらは術語として取りあげなかった。これは『本草綱目』でも同じである）。

この違いは『植物学』がリンドレイの著だけを訳述したものであるのに対して、『植学啓原』は多くの西洋植物学書から得られた知識で書かれていることによるのであろうが、著述目的そのものにも関わっているようである。榕菴の著作目的は純粋に西洋近代植物学を紹介することにあり、『植物学』(10) には布教の手段としての意図があった。『植物学』の枝に関する説明はその特徴を典型的に示している。沈国威氏が指摘しているように、『植物学』の拠った原書には「枝」の項目はない。それを新たに立てたのは、この書が布教宣伝のためという側面を持つからであろう。「枝」の説明の中に次のようにある。

由二幹傍一発レ芽成レ枝。惟外長之類為レ然。枝生二于幹之四面一、其位置依二螺線一自レ下盤旋而上、次序不レ乱。然当レ生之処、或受レ傷不レ生、或変為レ刺、或生即萎、而木之中成レ節。（中略）造物主初成二地球一、草木本皆無レ刺。創世記云、上帝謂二亜当《アダム》一曰、汝既犯レ令。土将レ叢二生荊棘一、又曰、若後代悔レ過、遷レ善、荊棘不レ生。故若人人為レ善以事二上帝一、各尽二其分一勤二於耕種一、刺即尽為レ枝、或為二軟毛一、而不二復生一焉。（巻二・枝）

すなわち、枝が変じて刺などになることを説いた後、もと植物には刺はなく、アダムが禁を犯したために生じたのであり、後の人々が過ちを悔い、善に遷れば荊棘は生えず、刺は枝または軟毛となるという、『聖書』創世記に見える神の言葉を記しているのである。

これに対して『植学啓原』には「枝」の項は独立しては立てられず、枝は茎から分かれ出たものと説明されるだけである。

幹茎は根上地より出づるの部なり。枝を分ち、葉を生じ、花を開き、実を結ぶ。（中略）枝は幹茎の岐を分つ者なり。材より発生す。（巻一・幹茎）

しかし、日本において枝は他の部位と対等の扱いを受けていたことは先に見たとおりであり、榕菴は忠実に西洋植物学によって植物の部位を説明しているのである。この榕菴の態度は今日の植物学でも同じである。

3　榕菴の生殖機関部位の訳語の特徴

前節に掲げた『植学啓原』の部位名の一覧は、西洋近代植物学輸入以前の文献に見られた語を除いたものであった。その除かれた語に関わる森村謙一の次のような指摘は重要である（「本草綱目の植物記載—李時珍の形態・色の表現について」藪内清・吉田光邦編『明清時代の科学技術史』京都大学人文科学研究所 1970 刊所載）。

> 考慮しておかなければならないことの一つの問題点は、現在の日本の植物分類学で使う植物部分概念の術語が、むしろ、『本草綱目』を代表とする中国本草学から来ていることである。即ち、果実の色々、なかんずく角や莢、或いは核や仁などの語は明らかにそうと分かるが外の術語も同様であることが多い。しかし、日本の術語はその後全面的に採り入れたヨーロッパの近代植物学の術語に結びつけられ、その際にヨーロッパ植物学の正確さに合わせてかなり改正されている。従って、李時珍の表現（彼の術語の使い分け）が、改められ厳密さを増した日本の現在の術語にもなおかつ上記検討のようによく合致することは、とりもなおさず彼がそれらの植物部分を正しく区別理解していたことを立証するものである。

宇田川榕菴もまた、それまでに知られていた植物の部位名については基本的に『本草綱目』の語を用いている。したがって、榕菴が新たに造語した部位名の多くは本草学にはなく、西洋近代植物学の翻訳のために必要になったものであった。このことは改めて述べるまでもないことではあるが、『植学啓原』と本草書の用語との関係を押さえておく上で重要である（これは中国における『植物学』についても同様である）。

さて、動植一理の考えに基づく西洋近代植物学を紹介するものである以上、植物の部位名に動物に対する用語を用いるのは自然な成り行きではあるが、特に生殖器官 Reprodactive organs（花・果実・種子）に動物に用いられていた用語が多く用いられているのは、本草学と較べて著しい特徴になっている。『植学啓原』では「気管　腺（細腺《キリール》・蜜腺）　骸骨　粘液　膈膜（縦膈膜）　中筋　肋状筋　卵巣　胞衣　臍　臍帯　鼻　喉《ケール》　鶏距《スポール》（嘴）　両翼《フレウゲル》　龍骨」などがそれであり（ただし、一部は既に中国本草学で用いられていたものもある）、『植物学』では「胎座　胎葉　卵　胚　胚根　胚珠　胚漿　胚乳　胚胞　胞囊」などがそれである。

しかし、『植学啓原』の著者と『植物学』の著者とでは動植一理の考えに対する態度が少し違うように思われる。宇田川榕菴は『菩多尼訶経』（文政五年〔1822〕刊）において、

○四大洲の中、百千万億の一切衆生は、二種に差別せらる。人馬獅狗、鶏鳳燕雀、鯨蛇蠋龍、蠅蜂亀蟹は、性情智能、円満に具足して、歩行自在ならざるはなし。名づけて動物と曰ふ。性情智能、円満に具足して、雄あり雌あり、一体に男女を兼ぬるあり、六親眷属あり、寿量あり、色相あり、歩行すること能はず。名づけて植物と曰ふ。然して此の二種は本来一理なり（原漢文、以下同じ）。

と動物と植物は大同小異の存在であると説くのに対して、『植物学』では「動植二物、大異にして小同、数端有り」と「大異小同」の立場をとる。すなわち、『植物学』では植物は行動することができないこと、動物は卵胎して生まれ、植物のように分身することができないことなど、動物との違いを一つ一つ列挙している。これも『植物学』が布教のために出版されたものであることと関係するものと思われる。動物はアニマ（霊魂）を持つことにおいて植物とは異なるというのがキリスト教の考え方である。

榕菴にとって動植一理の考えは彼が既に持っていた考え方と合致したもののように思われる。右に引用した『菩多尼訶経』の文章に見える「衆生」は仏教用語であり、動物も植物も含まれるものである。彼が仏教に心を深く寄せていたことは『菩多尼訶経』が『仏説阿弥陀経』を模して書かれていることからも窺えるが、彼の書斎には壁に般若心経の墨本が貼られ、その書屋は「観自在菩薩楼」と名づけられ、『観自在菩薩楼随筆』『菩薩楼棄蔵志』『菩薩楼集』と名づけられた著作もある。榕菴の家は浄土宗であったようであるが、天台宗本覚思想の「草木国土悉皆成仏」あるいは「一切衆生皆有仏性」という思想は榕菴も知っていたにちがいない。彼にとっては動物も植物も同じ存在であるという考えは西洋の植物学書から初めて得たものではないであろう。『菩多尼訶経』に、

○一切の植物は、気を食らひ、水を食らひ、土を食らふ。而して凝・流二体を化成すること、動物と差異なし。

（中略）根幹液は乳糜なり。葉液は血なり。花液は陰器の液なり。管口は口なり。根は胃なり。幹茎は腸なり。葉は肺なり。花は陰処なり。粉は男精なり。絲は輸精管なり。葯は精嚢なり。花柱は膣なり。柱頭は陰門なり。礎は卵巣なり、子宮なり、胚胎なり。花心は胞衣なり。種子は卵なり。（中略）絲は即ち臍帯なり。

とあり、『植学啓原』に「植物の皮は動物の皮の如し」「葉は動物の肺のごとし」「葯は（中略）動物の睾丸の如し」「心蕊（中略）動物の牝門の如し」「亜牟尼翁《アムニオン》は動物の水衣（胎児を包む膜）に類す」などとあるのは、『厚生新編』にも同様の説明が散見するように、西洋の植物学書の文章から得た表現である可能性が高いと思われるが、例えば「種子は植物の卵なり」と説明した後にさらに、

鳥卵の質は一に硬殻《から》と曰ひ、二に蛋内嫩皮《うすかは》と曰ひ、三に白包膜《しろみのかは》と曰ひ、四に稀清《しろみ》と曰ひ、五に稠清と曰ひ、六に黄包膜《きみのかは》と曰ひ、七に黄《きみ》と曰ひ、八に神気と曰ひ、九に気室と曰ふ。〈注略〉今、之を種子の質に比すれば、則ち種子膜は硬殻なり。叔里翁《ショリオン》〈注略〉は蛋内嫩皮なり。亜牟尼翁《アムニオン》〈注略〉は黄包膜なり。仁は黄なり。薏は神気なり。但し、種子は清に比す可き者なし。蓋し清《しろみ》は雛《ひよこ》の餌食なり。種子は地に落つれば、水土、即ち之を養ふ。別に餌食を須《ま》つ所なし。斯れ其の以て異る所なり。動物も、鮫鯊《ふか》・烏賊《いか》の如きは亦卵に清無し。鮇鱶《うおのこ》、化すれば則ち径《ただち》に水に餌食すればなり。（第二巻・種子　原漢文、以下同じ）

と細部まで動物と植物との類似を説明した文や、

花謝すれば則ち実を結ぶ。草木の常なり。但し、成熟に遅速有るのみ。（中略）植物の花候は、即ち動物の精盈ち、慾動くの時の如し。此の時に方りて、鹿は乃ち角を戴き、鳥は乃ち毛を粧ひ、囀声清越にして、游牡《さかりや》歇めば則ち鹿は角を解き、鳥は毛を毨《か》ふ。夫の植物の如き、芳《はなや》歇み実熟す。即ち美緑老い、性力減ず。故に薬草の採収は花時に宜し。曽て試みに之を徴す。夏《としがれのもの》草は花をして開くことなからしむれば、則ち宿根して冬を

経、否《しから》ざれば則ち枯る。動物も亦或は然り。蚕蛾《ひるのてう》、卵を生ずれば乃ち斃る。此をして交はらざらしむれば、
則ち能《よ》く半載の寿を保つ。　（第二巻・結実）

と動物と植物の生殖と死を同じように説明している文には、単に西洋植物学の動植一理の考えの紹介にはとどまっていないものが感じられる。例えば、

卵巣

心蕊は又雌蕊と名づく。（中略）花の雌体なり。動物の牝門の如し。（中略）其の頭を柱頭と曰ひ、其の根を卵巣と曰ふ。　（心蕊）

卵巣は心蕊の根本なり。液を萼・子牀に受く。其の質は軟脆にして、綿の如し。花精、神気に伝はるときは則ち漸ゝ長育し、終に実を成す。卵巣は花精を受くれば、則ち花頭は頓に生色を喪ひ、艶麗、地に隕つ。（卵巣）

花後、卵巣の老成する者、総名を実と曰ふなり。　（実）

胞衣

凡そ実を結ぶ処は、必ず之を護持するの部有り。其の部を名づけて子牀と曰ひ、或は胞衣と名づく。　（子牀）

臍帯

凡そ実を結ぶの処は（中略）。其の他、角に在りて縦隔膜を為し、莢に在りて、縫際の綿質・臍帯〈注略〉を為す。　（子牀）

膚果の頂に攢花の痕有り、「鼻」と名づけ、「臍」と名づく。臍の対下は蔕《へた》と曰ふ。　（膚果）

角《ハーウ》は狭長の子室《さや》なり。内に縦膈膜有りて、而して両室に分ち、室内は種子《たね》を蔵む。縦膜は臍帯あり、以て種子を繋ぐ。　（角）

と用いられている「卵巣」「胞衣」「臍帯」は、『解体新書』に、

卵巣、其の形平にして鈍円、且つ小丸子有り。多く之に附く。是れ精をして此に盛んにせしむことを主どるなり。（巻四・陰器篇。原漢文、以下同じ）

子の子宮に在るや、其の養を臍より受く。先づ其の母の血を胞衣に受く。其の血浸漬して其の臍帯の血脈に伝へ、漸く之れを肝に送り、（中略）而る後、臍帯の動脈より、復た胞衣に帰し（下略）（巻四・妊娠篇。原漢文）

胞衣は其の形円にして広く、細血道有り。錯綜して織るが如し。其の凸処、子宮に固着す、其の凹処、臍帯と膜との著く所なり。蓋し胎此の内に潜居す。（中略）

臍帯、胞衣と胎との臍に著く。（同右）

と見られ(11)、また彼の養父である宇田川玄真の『西説医範提綱』（文化二年〔1805〕刊）に、

子宮は膀胱と直腸との間に在り。左右外側に各一膜管有りて著く。之を喇叭管と謂ふ。管上に又各一膜嚢有りて著く。之を卵巣と謂ふ。巣中許多の小嚢有り、豆大の如くして精液満つ。之を卵と謂ふ。

（巻二・三腔提綱第三。原漢文）

子宮内ノ血絡、卵ノ外膜ヲ絡ヒ聚テ終ニ胞衣ヲ成シ、又其中ヨリ動静二脈ノ支別卵中ニ連テ臍帯《ホソノヲ》トナリ、常ニ胞衣ヨリ血ヲ往来シ栄養長育ヲ為スナリ。（同右）

と見られるものであり、医者であった榕菴が用いていた人体についての医学用語そのものであった。

これらの語は『植学啓原』以前にも植物部位に譬えられたことはあった。伊藤圭介の『泰西本草名疏』（文政十二年〔1829〕刊）に「（実礎は）卵巣トシ子宮トス」とあり、『厚生新編』第四十七巻（天保二年〔1831〕七月成?）でも、

〈羅甸「オハリウム」和蘭「ヱイヱルネスト」〉卵巣は多く諸鳥にありて此内に漸々に卵を生ず。（中略）卵巣は諸鳥のみならず「アムヒビア」〈水陸共に住む獣類の惣称〉鱷《ワニ》魚類、蜥蜴類、亀類、蛇類、蝮類、蝦蟇類にもあり。（中略）草木の子室《サヤ》を見るに宛も動物の卵巣の如し。其種子は即チ動物の卵なり。これ雄花の蘂粉を

雌花に受て果実を結ぶものなり。（卵巣）

と「子室」が卵巣に譬えられている。

「臍帯」は『本草綱目』でも「其実如二小瓜一而有レ鼻。（中略）鼻乃花脱処非二臍蔕一也」（巻三十果部・木瓜の「集解」）と見える。(12) しかし、宇田川榕菴は一部分に対する譬喩としてではなく、動植一理の考え方から部位名として用いているのである。(13) したがって、こうした生殖部の名称だけでなく、他の部位や機能の説明にも人体の医学用語を用いている。前掲の「気管」「腺《キリール》（細腺・蜜腺）」「骸骨」「粘液」「膈膜」（縦膈膜）」「中筋」「肋状筋」「喉《ケール》」「血球」「血脈」「心臓」「気胞」「肺管」「殖器」「栄養」「神経」「官能」「繊維」などがそれである。「神経」は葉脈のことである。

おわりに

西洋植物学が移植されて新たに日本語に加えられた植物部位名は、多くは植物の内部についてのものである。しかし、それまで日本人が内部の構造をまったく知らなかったわけではない。例えば偶々管見に入ったものであるが、寛政六年（1794）刊『挿花故実集』（花道古書集成第五巻所収）に、

草木も亦斯果実の類皆宝珠なり。尤其品にて宝珠の見立に口伝あり。実の内に仁といふあり。割て見るべし。仁は悉く宝珠なり。又仁の内に早二葉も又宝珠形にして合体す。

と見える。果実の中に核《たね》があり、核の殻をとり去ると仁があるが、それが宝珠形をした「早二葉」（双子葉）であることに気付いているのである。この形の子葉について『本草綱目』では「仁」とのみ言い、また「子」というのみで単子葉と特に区別はしていないようである（例えば「櫨子」の項に「核中之子小円也」とある）。このように部分

的に知られていたものは他にもあったものと思われるが、このような特別な部分についてだけでなく、植物の全体を細かく解剖し、それぞれの部位の機能を説明してみせたのは西洋近代植物学であった。

現在の植物学では榕菴が考えた部位名の多くは使われていない。しかし、動植一理の考えを徹底し、本草学の植物観を克服しようとした榕菴によって、植物学は生物学の一科として本草学に取って代わったのである。

注

（1）宇田川榕菴自身も次のように言っている。

○唐山にては（中略）邈矣たるいにしへは、西洋にても外形の似たるにて属と種とを分つと見へたり。中世より以後は三有の類を分つに、曾て外形に拘らず性能に拠らず、たゞ其最も徴《シルシ》となる要処を挙て類を分つなり。其徴を「テーネケン」といへり。獣類にては（中略）、草木にては花の蕋数、根形、蕚弁の数、実の造作等にてこれを分つ。たとひ外形は大に異りありとも肝要の徴とする処だに同じければ、これを同一類とするなり。又味の似たりとも肝要の徴同じからざれば、別類とするなり。

（『植学独語』）

（2）『類聚名義抄』でハナフサの和訓があるのは、「花房」（僧上・五）、「房」（法下・九三）、「柎」（仏下本・九三）、「蕚」（僧上・四六）、「蘂」（僧上・一四）、「英」（僧上・三五）、裹（仏中・一三七）、「莛」（僧上・九三）など。また、ハナヒラの和訓があるのは、「蘂」（僧上・四六）、「韡」（僧中・八三）である。訓点資料でも「蕚」「蕊」「花房」がハナフサと訓まれていることは築島裕編著『訓点語彙集成』（汲古書院 2007–09刊）でも窺える。

（3）「共世界分類」と「実用分類」との併用は『和名類聚抄』でも見られる。『和名類聚抄』では植物はおよそ「稲穀部（稲穀類）」「菜蔬部（蒜類・藻類・菜類・果蓏類）」「草部（草類・苔類・蓮類・葛類・竹類）」「木部（木類）」に分けられている。

（4）『本草綱目』には「集解」他に、「釈名」（別名、その出典、名称の由来や字義）、「修治」（生薬の調製、加工法）、「気味」（寒・熱・温・涼の四気、酸・甘・辛・苦・鹹の五味、有毒・無毒）、「主治」（薬効）、「発明」（新説または李時珍の説、校正や正誤、すなわち諸家の論争や自説)、「附方」(簡単な処方といった観点からの説明)の項目がある。

(5) 本格的な西洋近代植物学が日本にもたらされる以前にドドネウスの"Cruydt-Boeck"が日本に入ってきている。完訳されたのは文政四年(1821)の石井当光原訳・吉田正恭修定『遠西独度涅烏斯草木譜』であるが、その第二章「生植各部ノ名称ヲ弁ズ」に「凡ソ生植ノ類各其部属ノ名称アリ。樹及ビ灌木ハ其称謂最モ多ク、灌木様ノ草ニハ少ナク、草類ハ殊ニ少ナシ」「其部属ト云ハ生植ニ終古保有セルモノニシテ根幹枝皮材木理心瓤《ズイ》ナド是ナリ(下略)」とあり、「題言」に「草木部属各部名称、如二根・幹・枝・葉・花・実等一直訳焉。於二漢人一所レ未レ説者、姑新製二訳字一、俟二後賢之訂正一」とあり、第二章の末尾に次のような部位名の一覧がある。植物の部位名をこのように詳細な部位名まで纏めて示すということは中国・日本の本草書には見られなかった。訳者吉田正恭が「右件ノ諸体ハ千草万卉尽ク其物ニ分賦シテ各其用ヲ為ス所ノモノ也。詳ニ倒生(草木の意)啓微ニ著ハス」と後書きしているように、同じく本草学ではあっても、西洋の本草学では植物そのものを分析する視点が既に萌芽していたことを窺わせるものである。以下、引用は訳者注、ラテン語などの名については略す(「茎」については例外とする)。また「木理《モクメ》」「條花」「傘状」も部位名ではないので略す。

根《ネ》　生植ノ最下部ニシテ地中ニ親比シテ養ヲ受クルモノナリ。

幹《ミキ》　是レ樹木ノ土上ヘ幹立シ上ナル諸部ニ養ヲ送ルコトヲナスモノ也。此部ハ草ニ於テハ茎《クキ》ト云フ。

蘖《ヒコバヘ》　是レ諸樹根傍ニ復タビ嫩條ヲ生ズルモノニテ移シ栽ユ可カラザルモノ也。又根ヨリ更ニ発生スルモノハ歴條《トリキ》シテ栽レバ大樹ニ至ルモノ也。

株《カブ》　樹幹ノ下部、根ニ近クシテ枝ヲ分タザル処ナリ。

枝《エダ》　是レ樹幹ヨリ分生スルモノニシテ四方ヘ繁延スルコト猶人身ノ腕アルガ如シ。

皮《カハ》　樹木ノ最外ノ部ニシテ幹茎枝根ヲ被包ス。猶人身ノ膜皮表被瘡痂ノ如キ是ナリ。木皮ハ単複ノ二種アリ。単皮ト云ハ甚厚シテ外面麁糙ニシテ鱗皴アリ。又襞裂スルモアリ。内面ハ平滑ナリ。複皮ト云ハ薄シテ重畳ス。

材《マキ》　是レ樹木ノ皮中ニ覆ル、所ノ内部ニシテコレヲ穿ツニ堅硬ナルモノ也。即チ樹木ノ体トモ肉トモ称スベキモノナリ。

木心《ナカコ》　材ノ中心ナリ。
瓤《ヅイ》　是亦材ノ中心ニシテ軽鬆軟脆ナルモノ也。
茎《クキ》　草属ノ茎ハ大ナル者ヲ斯得児《ステール》ト称シ、小ナル者ヲ斯得児建《ステールケン》ト称ス。又蘆足豆穀等ノ茎ハ斯禿百児《ストベル》一名法児莫《ハルム》ト云フ。
葉《ハ》　是レ生植ノ衣服装飾ノ如シ。故ニ落葉スレバ恰モ裸体ノ如シ。
花《ハナ》　是レ生植ノ部分ニ於テ愛観スベキモノニシテ即チ実ノ［欠字］花後各其性ニ従テ実ニ結ブ。
蕚《ウテナ》　初テ花ヲ此中ニ含蓄シ後実ヲ保有ス。
蕊《シベ》　是レ花中ノ最小線條ニシテ蕚内ヨリ発出ス。
蕊頭《ニホヒ》　是レ花蕊尖ノ星点ナリ。
花弁底《ハナビラノツメ》　是レ花弁ノ蕚中ニ固著スル処。其本色ナクシテ枯白色ナルヲ云フ。
條花　是レ花ノ狭長ニシテ下垂スルモノ也。
実《ミ》　子仁ヲ此ノ中ニ蔵ス。又子仁ノ露レ生ズルモノアリ。
殻　是レ実ノ円クシテ珠形ヲナスモノ也。又蒜様ノ根モ樸児《ボル》ト名ヅク。羅甸ニ皮児樸沙《ビツボルサ》ト云。
小殻　是レ前條（殻）ノ小ナルモノ也。子其内ニ蔵ス。
莢《サヤ》　是レ狭長ナル外皮ニシテ子仁粒顆ヲ其中ニ蔵ス。
絮《ワタ》　是レ花謝シテ後毛絮ヲ著セル子ヲ云フ。

（6）現在は小野職愨が『植学浅解』（明治七年〔1874〕刊）で用いた「胚珠」が使われている。しかし、牧野富太郎は小野が「胚珠」としたのは『植物学』の説明を誤読したためであると批判している（「胚珠是カ卵子非カ」「Ovule ノ胚珠ニ非サセル證拠ヲ見ヨ」、共に『植物集説・下』所収）。明治初期の植物学の術語と『植物学』との関係が窺える一資料である。

（7）『本草綱目』には「木実曰レ果、草実曰レ蓏。熟則可レ食」（「果部目録」）とあり、「果」はくだもの。食物の一種であり、植物の形態を示す言葉ではない。『植学啓原』では「実」が用いられ、「果」は「明年の秋、其の果始めて食すべし」（巻二「結実」）の外、「果実」（巻三「精油・香精」に一例）、「果蓏」（巻三「植酸」に一例）、「果樹」（巻二「花精入柱頭」に一例）が見えるだけである。

（8）この「仁」は子葉をいう。原文は「全胚有㆓四物㆒。一為㆓未㆑出之仁㆒、二為㆓未㆑生之根㆒、三為㆓未㆑出之幹㆒、四為㆓幹之領㆒。未㆑出之仁、或二者常也。（中略）或有㆓数仁者㆒、然甚少。二仁必対生。乃外長類、一仁者為㆓内長類㆒（下略）」である。したがって、『植学啓原』の「仁」とは指すものが異なる。

（9）朱京偉「『植学啓原』と『植物学』の語彙」（『明海日本語』3、明海大学日本語学会 1997.3）。『植学啓原』と『植物学』との全般的な語彙の比較は沈国威編著『植学啓原と植物学の語彙―近代日中植物学用語の形成と交流　研究論文・影印翻訳資料・総語彙索引』（関西大学東西学術研究書資料集刊21、関西大学出版部 2000刊）でもなされている。

（10）沈国威編著注（9）p.31

（11）『解体新書』を参考にしたことは、『植学啓原』と同時期に執筆されたと考えられる『スプレンゲル語彙』に「embryo　薏　フランス字書ニ未生ノ胎児トアリ解体新書噎摸勃列乙何、此訳ス㆓胎子ト㆒」また「mutterkchen〔*placenta*〕解体ニ不蠟僧荅、此訳胞衣」とあることから窺うことができる。『スプレンゲル語彙』とは榕菴がシーボルトから献呈されたシュプレンゲル Kurt Sprengel の『植物学入門書』“Anleitung zur Kenntniss der Gewaechse”から抜き出した語彙に彼自身が訳語を添えたもの。この『スプレンゲル語彙』にも「fruchtnoten 卵巣」「乾涸シテ種子ヲ多ク有ツ実ヲ総テ蒴〔カプセル〕ト名ク　其外周ノ皮ヲ〔Sehaalen〕又〔klappen〕ト称シ、其中ノ房ヲ隔局スル者ヲ〔Scheidewand 縦膈膜〕ト称シ、其房ヲ〔facher〕ト称ス　其 Scheidewand 之会衆スル処ヲ〔muttelkuchen 胞衣〕又〔mittelsaulchen 即蒴心〕ト名ク」とある。引用は高橋輝和「宇田川榕菴の「スプレンゲル語彙」について」（吉備洋学資料研究会『洋学資料による日本文化史の研究Ⅳ』1991刊所載）による。

（12）『和漢三才図会』にも「命蒂《へた》　保曾乃乎《ほそのを》　時珍曰、胎在㆓母腹㆒臍連㆓于胞㆒、胎息随㆑母。胎出㆓母腹㆒臍帯既剪　点真元属㆓之命門丹田㆒。」（「臍帯」）と見える。

（13）杉本つとむ氏も「（榕菴の植物学の）訳語は〈卵巣〉（子房のこと）とか、〈気管〉など動物学の用語を転用しているのも一つの方法、態度であるが」と指摘されている（『日本翻訳語史の研究』八坂書房 1983刊 p.115）。

「鬚蕊・心蕊」から「雄蕊・雌蕊」へ

1　古典文学と本草学の蕊

花部は弁《はなびら》・萼《うてな》・蕊《しべ》・花床《はなとこ》・花茎《はなくき》から構成される。「蕊」（しべ・ズイ）は花部の中心にあり、「花心」[1]とも呼ばれる。

蕊　東宮切韻云蕊〈而髄反　和名之倍《しべ》〉花心也。　（『倭名類聚抄』二十巻本・巻二十）

和歌や物語など日本の古典文学では、この蕊を話題にすることは稀である。管見では中世までの作品では次の二例だけであり、ともに取るに足らないものとして扱われている（「蕊」は「蕋」「蘂」などとも書かれるが、以下では正字の「蕊」に統一して用いる）。

花は、かぎりこそあれ、そそけたるしべなどもまじるかし。人の御かたちのよきは、たとへむかたなきものなり。　（『源氏物語』野分）

花のしべ紅葉の下葉かきつめて木のもとよりや散らんとすらん　（『後拾遺集』雑四・一〇八七　大中臣輔親）

江戸時代になって園芸が盛んになり、本草学や博物学が発達してくると、花部も細かく観察されるようになり、蕊もまた他の草木との識別の材料として注目されるようになり、丁寧な記述が見られるようになる。例えば、江戸染井の花戸《はなや》三之丞（伊藤伊兵衛の父）の『花壇地錦抄』（元禄八年〔1695〕刊）に、

蕊《しべ》はすべて黄なり。淡濃多少長短あり。黄にして少をよしとす　（牡丹）

などと見え、貝原益軒の『花譜』（元禄十一年〔1698〕刊）に、

辛夷《こぶし》　葉は柿のごとく、花は玉蘭《もくれん》に似て蓮のごとく、外紫に、うち白し。其蕊《しべ》筆のごとし。故に木筆といふ。

金糸桃《びやうやなぎ》　花は桃に似て、葉は柳に似たり。高さ二三尺にすぎず。よくしげる。くきやはらかにこまかなり。梅雨のとき、黄花をひらく。しべ長し。金糸のごとし。

などと記され、小野蘭山の『本草綱目啓蒙』（享和三年〔1803〕初冊刊）にも次のように記されるようになる（巻八・草之一から若干例引く）。

其梢ニ細小花ヲ生ズ。五弁ニシテ淡緑色中ニ白蕊アリ。（中略）又紫蕊ナル者アリ。此ヲ紫花人参ト云。（和人参）

其梢ニ枝椏ヲ分チ筒子花ヲ開ク。形風鈴ノ如クニシテ小ク、長サ五分許、末ハ五弁ニシテ内ニ白蕊アリ。（沙参）

花ノ形玄参《ゴマグサ》花ノ如クニシテ大ナリ。黄赤色中ニ黄蕊アリ。（赤箭天麻）

三月、葉間ニ深紫色ノ花ヲ簇生ス。胡枝子《ハギ》花ニ類シテ中ニ蕊多シ。（遠志）

其花四弁、弁内ニ細長キ蕊、弁ニ旁テ四ニ出、其端上ニ曲リテ、花ノ中ハフトク高ク鉄猫児《イカリ》ノ形ニ似タリ。（淫羊藿）

花大サ五六分、中ニ円実アリ。六ノ紫蕊囲ム。（王孫）

夏月、枝梢葉間ゴトニ白花ヲ開ク、五出。形梅花ニ似テ大サ三分許、内ニ蕊ナシ。外ニ萼アリ。（紫草）

枝頂ゴトニ一花、（中略）六弁ニシテ紫赤色。外ニ白毛多シ。中ニ一撮ノ紫糸アリ。黄蕊此ヲ囲ム。（白頭翁）

ちなみに西洋の本草書でも同様で、万治二年（1659）に将来されたドドネウスの"Cruydt-Boeck"には、

蕊〈原名沓犖乙建斯《ダラーイケンス》〉羅甸ニ斯達密納《スタミナ》ト云。是レ花中ノ最小線條ニシテ蕚内ヨリ発出ス。

蕊頭〈原名納扁《ノヲペン》〉羅甸ニ亜必設斯《アピセス》ト云。是レ花蕊尖ノ星点ナリ。

とある（石井当光原訳・吉田正恭修定『遠西独度涅烏斯草木譜』文政四年〔1821〕成による）。

2 Helmstijltje と Stampertje

しかし、江戸末期に紹介された西洋近代植物学における蕊の説明はさらには詳細である。西洋近代植物学では花は生殖器官であり、その中心にある蕊は雄蕊・雌蕊の二つに分けられて、男性と女性の役割を果たすものであるからである。日本で蕊の中に雄蕊と雌蕊とが区別されるようになったのは、この西洋近代植物学を知ってからのことであるが、ショメール（M. Noel Comel 1633–1712）の "Huishoudelijk Woordenboek" の Planten-Kunde の項には植物学の歴史や用語、リンネ（Carl von Linne 1707–78）の二十四綱法が簡潔に述べられており、植物は根（Wortel）、幹・茎（Stam, Stuik of Steng）、支え（Steunzels）、葉（Bladen）、花（Bloem）果実（Vruget）の六部に分けて説明されている（遠藤正治「『草木図説』の構造―植物用語の性格（下）」『慾斎研究会だより』118、2008.10）。この説明は J.H. Knoop がリンネの『植物哲学』"Philosophia Botanica"（1751 刊）および『植物の属』"Genera Planarum"（1764 刊）を底本とし、その概要をまとめたものとされるが、[2] 花（Bloem）の部分は次のように項目が立てられて説明されている。（ ）内に現在の術語を示す。

Het Helmstijltje （雄蕊）
a. Stijltje （花糸）
b. Helmtje （葯）

c. Stuifmeel （花粉）
Het Stampertje （雌蕊）
a. Vrugtbeginzel （子房）
b. Stijl of Bloem-stijl （花柱）
c. Merk of Bloem-meerk （柱頭）

こうした花部に対する捉え方は東洋の本草学にはない。李時珍の『本草綱目』の「蕊」の用い方は、森村謙一氏の「本草綱目の植物記載―李時珍の形態・色の表現について」（藪内清・吉田光邦編『明清時代の科学技術史』京都大学人文科学研究所 1970 刊）に詳細な調査がなされているが、雄蕊・雌蕊といった区別はない。日本における本草学においても同様であり、小野蘭山の『本草綱目啓蒙』について、遠藤正治氏（「小野蘭山学統の本草学と洋学」小野蘭山没後二百年記念誌編集委員会『小野蘭山』八坂書房 2010 刊所載）は、

『啓蒙』の記載法の特徴を用語の上からみると（中略）花については、単弁・重弁・千弁・筒弁あるいは筒子・穂などの花形や花色を記載するが、生殖部としての認識はなく、雄蘂・雌蘂の区別はない。花ずいの語はなく、蘂あるいは心として記載されている。

と指摘され、ジョルジュ・メテリエ氏（「小野蘭山と本草用語」同右）にも、

花弁の内側に二人とも（引用者注―李時珍と小野蘭山）黄色または赤色に彩られた部分「*rui* 蕊」を認める。蘭山は蕊の代わりに、異体字の蘂と蕋を用いることもある。一般に、それらは葯であるが、キク科のようなある種の花の場合は、雌しべの上部、柱頭のことである。時珍がごくまれに「*xu* 鬚」または「*leng* 棱」と名づけているのは、大抵雄しべの花糸であるが、ときに雌しべのこともある。二人とも外皮を「*e* 萼」とする。

と指摘されているとおりである。[3] ショメールの“Huishoudelijk Woordenboek”が和蘭書籍和解御用（蕃書調所）で

和解（日本語訳）し始められたのは、小野蘭山の『本草綱目啓蒙』の初版が刊行されてから八年後の文化八年（1811）のことであった。

ところで、Helmstijltje と Stampertje が「雄蕊」「雌蕊」と訳される以前は「鬚蕊」と「心蕊」と訳されていた。次節以降ではその「鬚蕊・心蕊」という訳語が日本植物学史上に果たした役割について考える。

3　「鬚蕊・心蕊」という訳語

「鬚蕊・心蕊」という訳語は次のように見られる。

a『厚生新編』第十八巻（大槻玄沢・宇田川玄真訳校、文政元年〔1818〕成）

花　羅甸フロレス　和蘭ブルルームと名つく

凡そ草木の花ハ実を結ぶ原《も》トにして、されば其種類を滋益する所の肝要貴重の物を含有す。その花輪の内ニ種々の諸物を具ふ。皆是倍殖生息に用あるの諸器なり。その第一ハ「ブルーム・ケルク」〈萼　羅甸「カレイキス」〉第二「ブルーム・カランス」〈花叢　羅甸「コロルラ」〉第三「ヘルム・ステールチース」〈蕊《ママ》　羅甸「スタミナ」〉第四「スタム・ペルチイス」〈心蕊　羅甸「ピスチルリュム」〉と名くる等なり。然れども是皆花ごとに同じからず。右の諸器ハ実と子仁を生ずる為に使用するものにして、此物を具ふるに各種各品の実の生育の用に供するなり。花のことを委しく見んことを欲せば、「リンナーウス」及「ハイルラント」〈共に人名〉の書を読むべし。

b『遠西医方名物考』（宇田川玄真訳述・宇田川榕菴校補、文政五―八年〔1822–25〕刊）

一　西洋説ヲ按スルニ凡ソ萬物ノ地上ニ産スル者ヲ分チテ三類トス。即チ動物・植物・山物〈金石土壌ノ類ヲ総称ス〉ナリ。是ヲ造化ノ三富ト謂フ。就レ中植物ニ於テハ古今ノ名哲特《コト》ニ力ヲ用ヒテ其品類ヲ研究シ、種族ヲ分ツコト極メテ精覈ナリ。其人ハ（中略）等ノ諸賢発明、日ニ新タニシテ遂ニ精微ヲ究メ各々家ノ説ヲ立ツ。林娜私《リンニユス》、特《コト》ニ其巨擘タリト云。其説或ハ心鬚ノ二蕊ニ拠《ヨ》リ、或ハ花弁ト萼トニ由テ族ヲ分チ種ヲ別ツノ差異アレドモ唯花実ニ蹟《シタガ》ヒテ是ヲ分晰スルニ至リテハ皆一揆ナリ。（凡例）

乙百葛格安那《イペカコアナ》〈羅甸名〉「プラークウヲルトル」〈和蘭名　根ノ義〉

形状（中略）葉間小白花ヲ開キ、五瓣。一心蕊、五鬚蕊アリ。（巻一）

c

『菩多尼訶経』（宇田川榕菴、文政五年〔1822〕刊）原漢文

心蕊花を開くもの有り、鬚蕊花を開くものあり、心鬚両全花を開くものあり。雄有り、雌有り。一体に男女を兼ぬること是の如し。

d

『植学独語』（宇田川榕菴、文政十年〔1827〕頃成）

○本類の事

本類とは一二族と訳す。初に大経を建、次に緯を設け、而して後是を建るなり。苗字といふもの、ごとし。此本類の分ち方、古今の異同あれども林娜斯の説に従て、心蕊、鬚蕊、花弁、萼、実に拠るを宜とす。たとへば索刺肉謨の族は其徴花五弁五鬚蕊一心蕊あり。（中略）此索刺肉といふ如き名族を公称といふ。和蘭に所謂「ゲスラクトナーム」是なり。其花五弁五鬚蕊と云の詞は族を分つが為の徴なるが故に、分属の徴といふ。和蘭に所謂「ゲスラクトテーケネン」也。

e

『厚生新編』第四十八巻（宇田川玄真訳、天保三年〔1832〕頃成）

花の種類　羅甸ブロス　和蘭フルーム

凡ソ草木の花は其色種々なれども皆実を結び核仁を生ずること皆「ブルーム」の條に詳なり。

花の種類を分て三種とす。即チ男性、女性、及ビ複性なり。

男性花は唯鬚蕊ありて心蕊及ビ子基なし。故に子実を結ばず。然れども、其鬚蕊粉を以て女性花に含ましめて子実を結ばしむ。

女性花は唯心蕊のみありて鬚蕊なし。

複性花は即チ男性女性の両種を兼る花類にして鬚蕊及ビ心蕊ともに具するものなり。

（箕作阮甫序）

f『植学啓原』（宇田川榕菴、天保四年〔1833〕成、翌年刊）原漢文
又曰く、花に心鬚蕊・粉・子床・子室有り、作受して以て行ふ。
花は総名なり。蕚と曰ひ、花《りん》頭と曰ひ、鬚蕊と曰ひ、心蕊と曰ひ、子牀と曰ふ。（巻二・解花）
鬚蕊は又、雄蕊と名づく。花中に在りて茸々として絲の如く、頭に囫珠《たま》有りて黄粉を吐く。之を葯と謂ふ。葯の茎を絲と曰。葯絲を総べて之を鬚蕊と謂ふ。（中略）花の雄体なり。（中略）鬚蕊の員数・状態は同じからず。（中略）林娜斯、此れ拠りて以て二十四綱を建つ。（巻二・鬚蕊）
心蕊は又、雌蕊と名づく。原《もと》、杵と名づく。其の形は檮薬の杵に類し、花心に在り。鬚蕊は之を囲繞す。花の雌体なり。（中略）林氏は心蕊の数を以て目を建つ。（巻二・心蕊）

g『スプレンゲル語彙』（宇田川榕菴、**f**と同時期に成？）
pistille　心蕊　又　心柱
Stauvfaden　髭蕊〔*filamenta*〕

aにヘルム・ステールチース、スタム・ペルチイスとあり、右の引用では省いたが、**f**には「鬚蕊」にヘルムステールネー、「心蕊」にスタムベルネーと傍訓がある。これらは発音は異なるが、ともにHelmstijltjeとStam-pertjeおよびその変化形を音訳したものであろう。**g**の pistille また Stauvfaden（Staubfaden）はドイツ語である

（高橋輝和「宇田川榕菴の「スプレンゲル語彙」について」吉備洋学資料研究会『洋学資料による日本文化史の研究Ⅳ』1991）。

4 「雄蕊・雌蕊」という訳語

「雄蕊・雌蕊」の語が始めて現れるのは、伊藤圭介の『泰西本草名疏』（文政十二年〔1829〕刊）である。

○雄雌両全花ニ於テハ雄蕊ハ雌蕊ノ周リニ在テ〈花辨、萼、子牀〔花軸ノ上端ニシテ萼ノ中心ニアルモノ〕、或ハ雌蕊ニ着シテ生ズ〉。ソノ頭ノ薄膜綻裂スレバ花粉洩出スルモノ是ナリ。綱ヲ立ルノ標的トス。雌蕊ハ花ノ中心ニ在テ花粉ナキモノ是ナリ。目ヲ分ツノ標的トス。（附録下・二十四綱解）

この『泰西本草名疏』の「二十四綱解」は、原典は明示されていないが、ショメールの"Huishoudelijk Woordenboek"の Planten-Kunde の項の二十四綱の条と花部の一部分を翻訳したものであるとされる（遠藤正治前掲論文）。右に引用した部分にも「雄蕊」にはヘリムステールチース、「雌蕊」にはスタンプルチースという傍訓が振られており、大槻玄沢と宇田川親子（玄真と榕菴）が「鬚蕊・心蕊」と訳した Helmstijltje と Stampertje を圭介は「雄蕊・雌蕊」と訳したことが分かる。

ちなみに、宇田川榕菴の『植学啓原』（巻一・目力取微）に「鬚蕊〈名物考ニ所レ謂雄蕊〉」「心蕊〈名物考ニ所レ謂雌蕊〉」とあるところから、「雄蕊・雌蕊」は伊藤圭介の創語ではなく、宇田川榕菴の創作である可能性が指摘されることがあるが、この『名物考』は『遠西名物考』（宇田川玄随、寛政三年〔1791〕頃成）でも『遠西医方名物考』（前出・第3節b）でもなく、『遠西医方名物考補遺』（宇田川榕菴校補、天保四年〔1833〕九月から翌年夏にかけて刊行）のことである。『遠西名物考』には蕊についての言及はなく、『遠西医方名物考』には「鬚蕊」「心蕊」の語が用いられている。そして、『泰西本草名疏』刊行後に出版された『遠西医方名物考補遺』（巻一「実艾答利斯《チギタリス》」の項）に

「鬚蕊」「心蕊」とともに「雄蕊」「雌蕊」が紹介され、「榕按ニ雄蕊ハ鬚蕊ナリ。雌蕊ハ心蕊ナリ。鬚蕊頭ヲ絲頭ト曰フ。絲頭ノ花粉ヲ心蕊頭ニ受容シテ子実ヲ生ズ。故ニ雄雌ノ名アリ」という説明がある。

5　「蕊・心蕊」「鬚蕊・心蕊」「雄蕊・雌蕊」

Stampertje の原義は、**f** に「原《もと》、杵と名づく。其の形は檮薬の杵に類し」とあるように、杵の意である。『蛮語箋』（森島中良、寛政十年〔1798〕刊）にも「杵 スタンペル」、『和蘭字彙』にも「Stamper 杵」と見える。-tje は小さく愛らしいものの意を添える接尾辞。また、Helmstijltje は Helm・stijl·tje の合成語であるが、Helm は『和蘭字彙』には「兜」とあり、ヘルメット、大網膜、被り網などの意であり、stijl は『蛮語箋』に「柱 ステイル」とあり、支柱、杙、柱状物の意である。すなわち、西洋では花糸（細い糸状のもの）の先端に葯（花粉を生じる嚢状のもの）が付いている雄蕊を「兜柱っこ」と名づけ、小さい棒状の雌蕊を「杵っこ」と名づけたのである。蘭学者たちはそれを直訳せずに「心蕊・鬚蕊」また「雌蕊・雄蕊」と訳したわけである。

この「心蕊・鬚蕊」と「雌蕊・雄蕊」という訳語を比較する前に、**a**『厚生新編』には Helmstijltje の訳が「蕊」とだけあることに注目しておきたい。これが「鬚」字の誤脱ではないとすると、大槻玄沢と宇田川玄真は蕊の中から「心蕊」の語で Stampertje の部分（すなわち現在の雌蕊）を特に区別し、それ以外の部分（すなわち現在の雄蕊）は従来の「蕊」の語で対応させたことになり、次の世代の宇田川榕菴・伊藤圭介などとは二種類の蕊の捉え方が微妙に違っていたことになるわけである。

さて、「心蕊・鬚蕊」という訳語についてであるが、「心蕊」の「心」は「心柱」「心棒」などの「心」と同じく中心の意味だと思われる。やや後の資料になるが『小学博物学階梯字引』（中川重麗編、明治十一年〔1878〕秋刊）

に「心蕊《シンズイ》　ナカシベ」とある。また、「鬚蕊」は糸状のものが多数集まった形であることに注目したものと考えられる。したがって、「心蕊・鬚蕊」はその位置と形態に注目したものであり、それまで「蕊」という語で一括して呼ばれ、区別されることのなかったそれぞれを識別するのには分かりやすい命名である。

　この「心蕊・鬚蕊」という訳語は、本草学の用語との関わりにおいても注目される。心蕊は本草書では単に「心」と言っていたものに対応するものと思われる（後に中国で出版されたリンドレイの“The Elements of Botany”の漢訳『植物学』では「心」とのみ言う）。また「鬚蕊」も本草学で「鬚」と呼んでいたことを踏まえたものと思われる。李時珍の『本草綱目』では「花心有㆓黄鬚㆒、蕊長寸余」（「蓮藕」の項）などとあり、『植物学』でも「鬚」また「花鬚」が用いられている。このように本草学の語を利用したことで、「心蕊・鬚蕊」は本草学から西洋近代植物学への橋渡しの役割を果たしていると言えよう（本書の「序篇」の最後に触れた大槻玄沢の工夫が思い合わされる）。しかし、西洋近代植物分類学の要点である花を生殖器官とし、そこに認められた男性部分と女性部分とを区別する語としては不徹底なものになっていることは否めない。言い換えれば、本草学の蕊の捉え方を十分に克服したものとはなっていない。

　これに対して伊藤圭介の「雄蕊・雌蕊」はその性差を端的に示す語であり、性分類体系（Sexual system）と呼ばれたリンネの植物分類法を正しく反映する語であった。『泰西本草名疏』「附録」の「小引」に、

　それ二十四綱説は、林娜斯、花蕊の雌雄を分解して創建し、以て彼土の本草科の基礎を為すものなり。

とあり、「附録下」に、

　凡ソ植物ヲ総括シテ部属ヲ分ツニ水草蔓草喬木灌木等ノ別ハ古説ニシテ今廃シテ用ヒズ。（中略）林娜斯人名ノ定ムル説ニ従ヒテ花蕊ヲ分析シ綱ヲ立テ目ヲ分ツ。

とあるように、圭介は「水草蔓草喬木灌木等」に植物を分けるのを「古説」と呼び、これを廃して、林娜斯（リン

ネ）の雄蕊雌蕊の数で分類する法に従っている。これに対して、榕菴の『植学啓原』では、

古今の植学家は植物を別ちて四宗類と為す。喬木《ボーム》と曰ひ、灌木《ヘーステル》と曰ひ、類草灌木《ストロイク》と曰ひ、草木《コロイド》と曰ふ。

（巻一・四宗類）

とあり、植物を四類に分ける「古説」をも取り入れている点は、リンネの植物学を踏襲することにおいて不徹底であったと言える。また、圭介は、

凡ソ草木皆花アラザルモノナシ。花ニ雄花アリ、雌花アリ。雌雄両全花アリ。雄花ハ雄蕊ノミヲ具ヘテ雌蕊ナク、雌花ハ雌蕊ノミヲ具ヘテ雄蕊ナシ〈一株ニシテ雄花雌花共ニ具フルモノアリ。雄本雌本アリテ各ソノ一ノミヲ具フルモノアリ〉。雌雄両全花ハ雄雌ノ両蕊ヲ兼ネ具フルモノニシテ尋常ノ花皆多クハ是ナリ。

（附録下）

と「雄蕊・雌蕊」を「雄花・雌花」に対応させている。榕菴の「鬚蕊」「心蕊」という訳語では、仮に e『厚生新編』に記されているような「男性花」「女性花」を用いると、「鬚蕊―男性花」「心蕊―女性花」と対応関係が成立するが、両者の関係は分かりにくいものとなる。ただし、c『菩多尼訶経』には（また『植学啓原』にも）「心蕊花」「鬚蕊花」の語が見えるので、榕菴は「心蕊―心蕊花」「鬚蕊―鬚蕊花」という対応を考えていたようである。しかし、この用語では、性差を示すことにおいて、「雄蕊―雄花」「雌蕊―雌花」の明快さには及ばない。榕菴は植物と動物とは「本来一理」（『菩多尼訶経』）の西洋近代植物学の原理に立っていた。「雄蕊・雌蕊」は、「鬚蕊・心蕊」より、この原理により適っている。

以上のようなことから榕菴は、その「門人」（『植学啓原』「引」の用語）圭介の訳述語を『植学啓原』で敢えて紹介したものと思われる。また、『植学啓原』で、葇荑《エノコロ》を「雄荑」と「雌荑」とに分けたのはこれと関係あろう。「雄荑は唯鬚葯有りて実を結ばず。雌荑は唯心蕊有りて実を結ぶ」（巻二・葇荑）とある。

おわりに

明治五年（1872）に文部省博物局から刊行された『林娜氏植物項目表』には「花ノ心鬚ノ数ト位置トヲ検究シ、之ヲ廿四綱ニ大別スルモノ」（田中芳男の識語）とあり、明治に入っても「鬚蕊・心蕊」の語はなお用いられているが、やがて「雄蕊・雌蕊」の語が用いられるようになる。明治八年刊『牙氏初学須知』（文部省出版）には「雄蕊《エタミマ》鬚 及ビ雌蘂《ビスチル》心」とあり、明治九年刊須川賢久訳『具氏博物学』にも「雄　蕊《ステーメン》」「雌蕊《ビスチル》」とあり、明治十年刊『博物学階梯』（京都府蔵版・中川重麗訳）には「花ノ中央ニ花牀ヲ認ム。牀上心蕊アリ。鬚蕊之レヲ囲繞ス。心蕊ハ花ノ女性、鬚蕊ハ花ノ男性ナリ。故ニ雌蕊雄蕊ノ名アリ」とある（明治十一年刊の中川重麗編輯『小学博物学階梯教授本』も同文）。

また、明治六年刊の榊原芳野編『小学読本』巻三に「廿綱一目とは雄蕊《ヲシベ》の直に、雌蕊《メ》に着ける花をいふ」とあり、能勢栄著『小学読本　博物学階梯』（明治十三年刊）に「雄蕊《ヲズイ》・雌蕊《メズイ》」とあり、中川重麗編輯『小学読本　博物学階梯教字引』（明治十一年刊）には「雄蕊《ユウズイ》」「雌蕊《シズイ》」とある左傍訓にヲシベ・メシベとあり、村松任三訳『植物小学』（明治十四年刊）に「花ハ第一図ニ示セルガ如ク花冠《リン》・蕚《ウテナ》・雄蕊《ヲシベ》・雌蕊《メシベ》ノ四部ヨリ成レルモノニテ就中雌蕊、雄蕊ハ種子ヲ産スルニ欠ク可カラザルノ機器トス」などと見えるが、現在ではオシベ・メシベが一般的であり、植物学ではユウズイ・シズイも用いられている。

注

（1）これは当時は雄蕊や雌蕊や花柱などを区別しなかったからである。「花心」の語は漢詩文にも見られる。

美人惜二花心一、但願二春長在一　（盧頻「失題詩」）

洞房思不レ禁、蜂子作二花心一　（李賀「謝下秀才有二妾縞練一改従中於人上云々詩」）

青心黄者、其花心正青　（天彭『牡丹譜』）

また「花鬚」という言い方も見られる。

花鬚柳眼各無レ頼、紫蝶黄蜂倶有レ情。　（李商隠「二月二日詩」）

曾数二花鬚一傍二薬闌一、春風不レ到酒杯寛。　（周昂欸「春亭詩」）

（2）ただし、根、幹・茎、支え、葉、花および果実という大枠となる部位の順序はドドネウスの『遠西草木譜』Cruydt-Boeck のそれと同じであり、Planten-kunde にない部位についても取り上げられており、「単葉」「複葉」の説明はハウトゥインの『リンネ自然植物誌』と一致しているという指摘もあり、さらには「巴連舎馬《バレンシマ》はルルゴギュスの言うウトリキュリである」といった説明などもあって、必ずしもショメールの『家政百科事典』のみが参考にされたものではないようである。『植学啓原』の箕作阮甫の序に、

泰西の斯の学有るや尚し。林娜氏に至りて大いに備はる。榕菴氏は夙に其の書を読み、旁ら群書に出入し、盪摩研討し、鬱乎として編を成す。

とあるように、『植学啓原』は Planten-kunde を土台にしつつも、多くの植物学書を参考にして書かれているようである。

（3）花を描く場合も本草学の眼で捉えられたものと西洋近代植物学の眼で捉えられたものは異なってくる。岩崎灌園（1786–1842）の『本草図譜』は前者の例であるが、例えば長く伸びた数多くの雄蕊が印象的なヒガンバナ（石蒜）も

秋月、葉を生ず。水仙に似て瘠《やせ》て硬く深緑色。夏に至りて枯《かる》。秋にいたりて花のみ生じ、六弁赤色の花あつまりて傘状をなす。根は水仙の如く皮黒し。白花のものを銀灯花花鏡秘伝といふ。

と説明され、花の全体図が描かれているだけである。飯沼慾斎（1782–1865）の『草木図説』は後者の例であるが、例えば一般には観賞の対象とはならないであろうブドウ（葡萄）の花についても「雄蕊五ニシテ黄葯。蕊間五密腺アリ」などの説明があり、全体図とともに雄蕊雌蕊の拡大図も描かれる。

「歳輪」（年輪）

「年輪」という語も蘭学によって誕生した語である。ただし、正確に言えば、蘭学では「年輪」ではなく「歳輪」という語で現れる。この「歳輪」という語の誕生が日本の文化の中で持つ意味を本章では明らかにしたい。

1　板面に現れる模様をいう和語

材木の削り面に現れる模様をいう和語で、およそ十八世紀までに見られるのはヨコメ・イタメ・マサメ・キメ・モクメ・モクの六語のようである。[1] このうち最も早く文献で確認できるはヨコメ（横目）とイタメ（板目）で、『富家語』（仁平元年―応保元年〔1151–61〕成）に次のように見られる。

笏　横目あるは見苦事也。近来如何。笏見に希有事也。今案、古御笏の上吉と有レ仰は皆板目也。

次に確認できるのは『名語記』（文永五年〔1268〕成、建治元年〔1275〕増補）に見えるマサメ（正目・柾目）・キメ（木目）である。

木ニイタメ・マサメトイヘルハツネノ事也。木目トイヘル如何。コレハヨコサマノ《ママ》ナラズシテ、スクニタチタルヲキメトナツケタル也。

モクメ（木目）という語は『運歩色葉集』（元亀二年〔1571〕刊）に初出し、次いで、

○北国には朽木に木葉とりつき石となる。（中略）色くろうして、縦理《もくめ》あり、志手石となづく。
（浅井了意『東海道名所記』万治二年〔1659〕刊）

○茅《かや》（引用者注―榧のこと）（中略）板にけづりてうつくしきもく目有。
（高瀬梅盛『俳諧類船集』延宝四年〔1676〕刊）

などの用例が拾える。モク（杢）の初出は次の例だと思われる。

山吹や井手の玉木《たまも》目《く》蘗《きわた》膳〈黄吻〉
（俳諧『東日記』天和元年〔1681〕刊）

2　木目《もくめ》と木理《もくり》

ところで、板面に現れる模様は二種類に分けられる。一つは年輪が作り出す模様であり、もう一つは木理《もくり》が描き出す模様である。

木を横に切ると、表皮と髄の間に維管束があるが、維管束は師部と形成層（新生組織）と木部とからなる。形成層から生まれた細胞が樹心に向かって層を成していくと木質化していくが、春から夏にかけてできる層と、夏から秋にかけてできる層との境目に色の段差が生じる。これが年輪の正体であるが、今日一般に用いられるマサメ・イタメは、材の切り方によって、この年輪が描く模様の違いに他ならない。マサメは幹の中心を通って縦断した時に現れる直線模様、すなわち放射断面に現れるものを言い（『名語記』に言うキメも同じものを言ったものと思われる）[(2)]、イタメは木材の繊維の方向に対し斜めに切った時に現れる山型や波状などの模様、すなわち接線断面に現れる模様を言う（『富家語』に見えるヨコメもこれを言うものと思われる）。『日葡辞書』（慶長八年〔1603〕刊）には、イタメ・マサメ・キメについて次のように説明している。

Itame　イタメ　幅の広い木目が全面に残るように、木をまっ直ぐに挽いた時の板の筋目。¶Masame　幅の広い木目が全面に現れないように、木の中心部を縦断して挽いた板の筋目。

Qime　キメ　木についている真っ直ぐな筋目。

モクメはマサメ・イタメを総称して言うものであるが、次に説明する「木理《もくり》」によってできる模様も含めていうこともあるようである。

「木理」は木の細胞の並び方や配列を立体的に捉えたものである（岩石の「石理《せきり》」に対応する）。「連理」は二つの木や枝の細胞組織が一体化したものを言う（晋の『中興徴祥記』に「或異枝還合、或両樹共合。瑞応図云異㆑根同㆑体謂㆓之連理㆒」とある）。この細胞組織の並び方の違いは材の用途に関わる。例えば、『詩経』唐風・杕杜「有㆓秋之杜㆒」の疏に「赤棠木理韌、亦可㆔以作㆓弓幹㆒」とあるのは、『貞観政要』政体第二に「工曰、木心不㆑正、則脈理皆邪、弓雖㆓剛勁㆒、而遣㆑箭不㆑直、非㆓良弓㆒也」とあるように、弓材の理（細胞組織）が整っていなければ、矢は真っ直ぐには飛ばないことを言う[3]。『甲陽軍鑑』（十七世紀初）に「（まる桶《ヲケ》は）そこは柾目《マサメ》に、上は板《イタ》目に作るなり」（巻七・弓箭の巻）とあるのも、マサメの現れる板とイタメの現れる板とでは細胞組織の向きが異なり、圧力に耐える力が異なることを言っているのである。『大平御覧』（宋・大平興国二―八年〔977–983〕頃成）に「爾雅曰柀粘〈音占。或作杉。〉（中略）可㆔以為㆓船及棺㆒。以㆓其理之不㆑腐也㆒」[4]（「杉」の項）とあるのも、杉の細胞組織が腐りにくいことによる。この「木理」すなわち細胞組織自体の持つ色や並び方によって、板の表面にさまざまな模様ができる。その模様で特に目立つものはモク（杢）と呼ばれ、形によってさまざまな名が付けられている。例えば円形のものを玉杢《たまもく》、笹の葉が折り重なったような模様を笹杢《ささもく》、鶉の羽の模様に似たものを鶉杢《うずらもく》と言う。虎の毛の斑点模様は虎斑《とらふ》と呼ばれ、イタメのように左右均整がとれ、波状に重なっているものは「筍杢《たけのこもく》」と呼ばれる。欅《けやき》の老木に現れた渦巻き紋や櫚木の花紋などは特に好まれて、床柱や机、火鉢など室内調度の材に好んで用いられている。

モク（杢）の初出例と見られるものは先に掲げたが、それ以降に見られるものに次のような例がある。

外は木《もく》をあらはし、中には諸の羅漢をさいしき、金銀の置きあげ、日本たぐひなき名筒也。（『西鶴諸国ばなし』1685）

肱尻に附く脇息のうずら理《もく》（雑俳『双子山前集』1697）

（杤の木）木のもく横紋ありて器物に作りて見事なるものなり。（『農業全書』1697）

花櫚〈クワリンノタマモク〉（『雑字類編』1764）

樟樹老タル者ハ木理美シ。コレヲ玉モクト云。（前出『本草綱目啓蒙』1803–06）

壱間の押入れは中敷居を入れ、下は槻《けやき》の玉もく見せたる舞良戸の建《たて》（人情本・『由佳里の梅』1830）

玉杢《たまもく》の見台ゑらび節語り（雑俳『歌羅衣』1834–44）

モクメと木理《もくり》とが混同されていることは、多くの国語辞典にモクメを「木の切り口に見られる模様。木理ともいう」と説明し、『岩波　生物学辞典』（第4版1996刊による）の「木理」（英 grain Facerverlauf）の説明にも「木材に現れた材木構成要素の肉眼的配列状態。木目と俗称。」とあることから窺えるが、この混同は昔からあったようで、先に引用した『富家語』に「笏　横目あるは見苦事也」とあったが、貝原益軒の『大和本草』（宝永六年〔1709〕刊）には「櫟《いちい》ハ横理アリテ笏トスベカラズ」（巻十二・雑木類）とあり、『富家語』に言う笏の「横目」は「横理」すなわち細胞組織によって現れたもの（専門用語では「斜行木理」と言う）を言ったものかもしれない。ところが、『富家語』は続けて「古御笏の上吉と有レ仰は皆板目也」とあり、「横目」を「板目」に対して用いており、「横目」と「板目」とを区別していないようである。また、『東海道名所記』に「縦理《もくめ》」とあり、『遠西独度涅烏斯草木譜』（文政四年〔1821〕成）にも、

○木理《モクメ》〈原名斯《ス》的《テ》属扁《レーペン》一名斯《ス》禿《ト》離斯《リース》達《タ》犂綿《ラーメン》〉羅甸ニ百《ペ》屈《ク》質涅《ティネ》斯《ス》ト云フ。是レ材ノ縦直ナル条理ニシテ上下ニ達スルモノ也。コレニ従テ割裂スベシ。

と「木理」にモクメの読みが振られている。

3　本草学における「木理」

本草学には「木目」という語はなく、「木理」という語が見えるだけである。李時珍の『本草綱目』（明・万暦二十四年〔1596〕刊）に見られる「木理」は次のとおりであるが、細胞組織そのものを言っているようである。

時珍曰、其木理多㆓文章㆒。故謂㆓之樟㆒。　（巻三十四・香木・樟）

頌曰、（中略）又一種鼠梓、（中略）亦楸属也。枝葉木理皆如㆑楸。（中略）時珍曰、処処有㆑之。有㆓三種㆒。木理白者為㆑梓。赤者為㆑楸。梓之美文者為㆑椅。　（巻三十五・喬木・梓）

爾雅疏云、楡類有㆓数十種㆒、葉皆相似、但皮及木理有㆑異耳。　（同右・楡）

冬青木理肌白、文如㆓象牙㆒。　（巻三十六・灌木・女貞）

枸骨（中略）此木肌白、如㆓狗之骨㆒。（中略）木理白滑可㆑為㆓函板㆒。　（同右・枸骨）

樟《くすのき》の木理の「文章」とは、細胞組織に現れる葡萄のような円が連なった模様を言ったものと思われる。梓や女貞《ねずみもち》の「木理」が白く、枸骨《ひいらぎ》の「木理」が白く滑らかであるというのも細胞組織そのものを言うのであろう。

これに対して日本の貝原益軒の『大和本草』（宝永六年〔1709〕刊）に見られる「木理」は細胞組織そのものとそこに現れている文様を言うようである。

木直ナリ。故スギト云。スギハスグ也。種類頗多シ。赤白アリ。赤杉ヲ為㆑良。鬼杉アリ。木ネヂケ木理ユガ

ミテアシ、。不レ可レ植。（杉）
犬キリト云モノアリ。其木理朴ノ木ノ如シ。（白桐）
可レ為二器材一。其木理佳材也。（虎ノ尾）
其木理象牙ノ紋ノゴトシ。本草陳蔵器曰、冬青木肌白有レ紋、作二象歯笏一。（檍）
葉モ木理モケヤキニ似タリ。葉ヲ見テハ別チガタシ。只其木理ヲ見テワカツ。（槻）
櫧ノ一種ナリ。葉ハ櫧ニ似テ厚ク大ナリ。色淡青ナリ。面ニ有二光沢一、背ニハナシ。木理モ似レ櫧、屋材トシ器ヲ作リ舟ノ櫓トス。（マテバシイ）
其木理ユズニ似タリ。（ミヅユズ）
木理モ葉モホ、ノ木ニ似タリ。ハリアリテタラノ木ニ似タル故名ヅク。（海桐《ホホタラ》）
木理柳ニ似タリ。故ニ葉ハ柳ニ似ズトイヘドモ中華ニテハ白楊ト云。（白楊）
山野ニ生ズ。其葉クルミニ似タリ。木理ハカタ木ニ似タリ。（野胡桃）
木堅シ。其木理糸瓜ノ如ク蕨縄ヲ以織タルガ如シ。（鬼ヘゴ）

小野蘭山『本草綱目啓蒙』（享和三年―文化三年〔1803–06〕刊）には次の四例しか見られないが、同様に考えられる。

スギト云ハ直《スグ》ノ義ナリ。木理直ナル故ナリ。（杉）
木理白檀ニ似テ微シク香気アリ。（壇香）
樟樹老タル者ハ木理美シ。コレヲ玉モクト云。（樟）
其木理、緻密ニシテ堅シ。（中略）木理ニ花紋アルヲ上品トシテ、花櫚《かりん》ト云。（櫚木）

すなわち、日本における本草学においては細胞組織そのものとそこに現れる文様とを区別してはいないようで

ある。(5)

4　「歳輪」という造語

宇田川榕菴の『植学啓原』(天保五年〔1834〕刊)では、「木理」に現れる模様と年輪とを明確に区別している。例えば槲《かし》の「理」について、

槲材五種の理有り。縦横間錯せり。縦なる者は三種、横なる者は二種。大約縦理は其の質粗大にして、細胞を具ふ。横理は則稍《やや》細し。粗細各差等有り。極細きは一寸内に一百四十万理あり。粗き者は一寸内に二万理あり。(巻一・材。原漢文)

と説明している。この「理」は細胞組織のことである。また、

材は白被の下に在り。白被の年を経て老熟する者なり。其の質堅緻して細理有り。謂《い》ふ所の木理なり。毎理皆至細の管なり。(同右)

とあるのも同様である。「材」は心材のことであり、「白被《しらた》」は心材の外周の脆軟な部分を指す。彼はこの「材」に現れるものを「謂ふ所の木理」と説明し、キハダの訓を付けている。

そして、形成層が作り出す白被が木化していくことで毎年描かれる輪状の模様を彼は「歳輪」と名づけている。今日言う年輪である。

裏皮の繊維は材の繊維に比すれば、稍《やや》剛靭、冬を過ぐれば則ち次年白被に変じて歳輪最外の一層《ひとかわ》を成すなり。(中略)横に樹の幹枝を鋸《き》れば、輪紋《うずまき》の層重するを見る。之を歳輪と謂ふ。此の一層《かわ》は即ち一歳に長ずる所の分なり。

雨ふれば則ち輪潤《ひろ》く、旱すれば則ち輪狭し。故に其の輪層を算して其の年齢を知り、其の広狭を観て而して其の年の旱雨《てんき》を推す。　（巻一・皮）

「歳輪」という語は同じ著者の『博物語彙』（成立年不詳。早稲田大学図書館所蔵。デジタル画像による）にも、

Cambium　樹材ノ歳輪

と見える。Cambium（ラテン語）は形成層を意味する（英語 Cambrium、ドイツ語 Kambrium）。

『植学啓原』の天保五年新鐫の版本には「歳輪」の中央に音合符（ハイフン）が加えられており、「歳輪」は音読語である。語の左には「キノキリクチノワ」という説明が付けられている。この「歳輪」という語は西洋植物学書にある語の直訳ではなく、榕菴が新たに造語したものと考えられる。それは次のような理由による。

『植学啓原』の「歳輪」の説明が何によったか不明であるが、リンドレイの "The Elements of Botany"（1841刊）には、concentric layer（同心の層）と concentric circles（同心の輪）がそれぞれ、

173. When there is any material difference between the compactness of the tissue of the two sides a concentric layer, zones are formed, in which the outermost tissue is chiefly, and most compact ; but when the vasiform and woody tissues are equally intermingled, no apparent zones exist.

174. A concentric layer, once formed, never alters the dimensions.

と説明され、この輪が1年に1層ずつ形成されていくことが、

175. Each conentric laywr, which ts distnctl limited, is the produce of one year's growth in countries having a winter and summer.

The annexed cuts will make this cleaer, and show how tue appearance of zones is produced, as well as offering a representation of the anatomy of a common exogenous tree.

176. Therefore, the age of an Exogenous tree shoud be known by the number of concentric circles of the wood.

と説明されているが、その二つの要素（一年に一層ずつ形成されていくことと輪状の紋であること）を一語として表現した、榕菴の「歳輪」に相当する語は見当たらない。"The Elements of Botany" の漢訳『植物学』（清・咸豊八年〔1858〕刊）の巻三の「幹」にも、

○植物有二四類一。一外長類、新木質生二於外一。二内長類、新木質生二於内一。三上長類、新質逐レ節遞生。四通長類、全体之質日長。

外長類毎歳多二一層一、断レ木験二其層数一、能知二木生之年数一也。此為二横截外長木之図一、有二七層一、生已七年也。

○木在二心皮之外一、毎年増二一層一。層層包裹。乃由二葉下回之木質所一レ成。

とあって、年輪が一年に一層ずつ形成されていくことが記されており、掲げられた幹の横断図には同心円状の輪が描かれているが、榕菴の「歳輪」に相当する語は見当たらない。

5　天文学の「歳輪」

新村出博士はこの『植学啓原』に見える「歳輪」について、「歳輪なる訳語を私が初めて見出したのは、文化七年（一八一〇年）藤林泰助普山撰する所の『訳鍵』に出る」と書かれているが（「年輪随筆」『民族学研究』1957.8、『新村出全集』第四巻所収）、『訳鍵』には「Jaarkring 歳運」とあり（増補改正版〔安政四年 1857〕も同じ）、その基となった稲村三伯他編の『波留麻和解』（寛政八年〔1796〕刊）にも「Jaarkring .z.v. 年の運り」とあるのみである。

ただし、『ドゥーフ・ハルマ』（『道訳法児馬』文化十三年〔1816〕頃成）には「jaarkring omloop van een jaar　歳輪」

とある（桂川甫周の『和蘭字彙』〔安政二―五年〔1855–58〕刊〕も同じ）。しかし、この「歳輪」は植物の年輪のことではない。omloop は「回転、太陽の運行、公転」の意であり、五星（水星・金星・火星・木星・土星）の太陽を中心とする年周運動をいうものである。この意味の「歳輪」は『ドゥーフ・ハルマ』より早く志筑忠雄の『暦象新書』（寛政十年〔1798〕成）に、例えば、

五星各空虚不定の点を心として、歳輪の大なるをなすは如何、或曰、小輪の行は、太陽の周旋に引れて運るなり。譬ば鉄の磁石に吸はるるが如《ごと》しと云り、（上編上巻・諸曜一転）

金水本天は小なれども、歳輪に遊んでは、毎々太陽本天の上にさへ升り、火運本天は大なれども、歳輪遊んでは、毎々金星本天の下にさへ降る。（同右）

などと見える。ただし、この「歳輪」は志筑の造語ではない。同じく『暦象新書』に、

忠雄按ずるに、天経或問に、五星の本天は太陽を以て心として小輪ありと云り。暦算全書には小輪を歳輪と名けて、其大さ粗太陽天の全径に同じと云り。（同右）

とあり、清の梅文鼎の『暦算全書』（雍正元年〔1723〕刊）の用語を用いたものである。(6)『暦算全書』には例えば次のように見られる。

五星与レ日、皆東出而西没。宗動天之所レ運也。土木火三星、在二太陽上一、而近二宗動一。故其左旋速二于日一。毎日有二所差之分一。即歳輪心之平行也。

五星与太陽有二定距一。歳輪心既為二宗動所レ掣。漸離二太陽一而西。則星不レ得レ不レ自二歳輪之中線一〈即平行度〉。漸移而東以就レ日。而星既在二日之上一。亦即不レ得レ不レ自二歳輪之頂一。漸移而下以就レ日也。既漸移而東。又漸移而下。則不レ能二平転一而成二環行一。歳輪之円象成矣。（五星紀要「論二五星歳輪一」）

当時、天文学における Jaarkring の訳語は定まったものがなかったようで、本木良永の『新制天地二球用法記』

（寛政四年〔1792〕成）には、

一、前の第十章○惑星歩行の環の円面を各《おのおの》恒星天に引き延べ広めて、観察者太陽の在位より視る傾きを、天学語、忽立薬的力数設《ヘリヨテイリスセ》・晩迭而竭綾倹《ワンデルキリンゲン》といひ、和蘭語、聳《ソン》・密田彪尹的竭《ミツデヒヨンテイキ》・晩迭而竭綾倹《ワンデルキリンゲン》といふ。又此に太陽中点歩行の環と訳す。其の道路の通行を、天学語、忽立薬扇的力数設《ヘリヨセンテイリスセ》・別物夜近及《ベウヱーギンギ》といひ、和蘭語、聳《ソン》・密田彪尹的竭《ミツデヒヨンテイキ》・別物夜近及《ベウヱーギンギ》といふなり。此に太陽中点の運動と訳す。

とあり、司馬江漢の『刻白爾天文図解』（文化五年〔1808〕刊）には、

地球ハ傾テ運転スルコト三百六十五余ナリ。其輪ヲ地球行輪ト名ク。則チ黄道ナリ。

とあり、吉雄南皐の『遠西観象図説』（文政六年〔1823〕刊）では、

（地球は）三百六十五転余ニシテ太陽ヲ一周ス。コレヲ公運〈一名年転〉ト云フ。其間三百六十五日余〈即チ一年ナリ。（中略）〉其地球ノ行道ヲ年圏〈一名獣帯。漢名、黄道〉ト云フ。

とある。前二者は年に一周するという意味が含まれない語である。

榕菴はおそらく『ドゥーフ・ハルマ』からこの語を知ったものと思われるが、彼の残した雑記帳には西洋天文学のことを書き留めたものもあり、天文学についても関心を持っていたようで、『暦象新書』や『暦算全書』をも見ていたのかもしれない。しかし、植物学に「歳輪」を用いたのは榕菴が最初である。

6　「年輪」の成立

榕菴の「歳輪」は現在には継け承がれることはなかった。管見では中川重麗編輯『小学読本　博物学階梯教授本』（明治十一年〔1878〕刊）に、

裏皮ノ下ニハ白皮アリ白皮ハ液汁ノ濃厚シテ変化セシ者ニシテ年々一層ノ輪紋ヲ増加ス即材質ノ未熟ナル者ナリ之レヲ歳輪ト名ヅク数ヘテ以テ植物ノ年齢ヲ推算スヘシ　（喬木）

とあり、小野太郎編述『小学理科書』（明治二十年〔1887〕刊）に、

故ニ此類ノ幹ヲ横截スレバ、輪環ノ層重スルヲ見ルベシ、此輪環ハ、一年ニ一層ヅ、増加スルヲ以テ、之ヲ歳輪ト云フ、輪ノ数ヲ算スレバ、幾年ヲ経シ旧木タルコトヲ徴スベシ、　（茎幹ノ話）

とあるのを見出すだけである。能勢栄『小学読本　博物学階梯』（明治十三年〔1880〕刊）には、

喬木灌木、半灌木ノ構造ハ、皆外皮、材質、髄心ノ三層ヨリナル、毎年一層ノ材質ヲ増生ス。

とだけあり、「歳輪」の語は使われていない。松村任三纂訳『植物小学』（明治十四年刊）も次のように説明されているだけである。

外長幹ハ年々一層ノ新材ヲ旧材ト皮トノ間ニ生ジ新層漸々中心ニ遠サカル故ニ外長ノ名アリ

現在用いられる「年輪」が植物学の教科書に現れるのは、朱京偉[7]が指摘するように、三好学編松村任三越閲『中等教育植物学教科書』（明治二十三年〔1890〕刊）の、

第一二七図ハうめノ樹幹ヲ横断セシモノニシテ、其ノ木質ハ、明カニ年輪ヲ顕シ、以テ其ノ幾年ヲ経タルヲ知ラシム。

からのようであるが、それ以前にも久米邦武の『特命全権大使米欧回覧実記』（明治十年〔1877〕刊）に、

欧米ノ地ヲ回ルニ、山林ニ松樹多シ、（中略）松杉ノ類ハ、西洋ニテ之ヲ針葉樹ト名ツク、其葉ノ状、針ニ似タレバナリ、（中略）針葉樹ノ質ハ、年輪著シク、弾力強ク、屈曲スヘカラサレトモ、反衡重圧ニタヘ、
（第二編・第三十二巻　明治五年九月十六日条）

と現れる。

ところで、この「年輪」と「歳輪」との関係をどのように理解したらよいのだろうか。あるいは「年輪」は英語の yearling を独自に「年輪」と直訳したもので、榕菴の「歳輪」とは無関係に成立したものかもしれない。しかし、明治以降の学術語の訳語は江戸時代の蘭学者の造語がある場合はそれを先ず利用するというのが一般に認められる原則である（本書序篇「翻訳の文体と漢語の術語」の第5節「訳語に対する蘭学者の態度」参照）。この原則に沿って考えると、注目されるのが、ヘボンの『和英語林集成』（三版、1886刊）に、

Toshiwa　トシワ　n. The yearly ling formed in the trunk of tree in growing.

と見えることである（漢字の表記なし）。とすれば、あるいは宇田川榕菴の「歳輪」が訓読されてトシワとなり、それが「年輪」と表記されたのではあるまいか。あるいはまた、一年を意味する漢語の造語成分はこの時代に「歳」から「年」へと転換していることに関係するのかもしれない。すなわち、『節用集』（易林本・槐枳園本・経亮本・永禄五年本など）では「歳徳《トシトク》」「歳贄《トシタマ》」「歳越《トシコシ》」と「歳○」は見られるが、「年○」は見られない。ところが、明治時代になると「年○」の熟語が急速に増えていく。『明治期漢語辞書大系』（大空社刊）に収録されている辞書で「歳《サイ》○」と「年《ネン》○」を調査すると、『漢語字類』（明治二年〔1869〕）では「歳《サイ》○」は「歳華」の一語に対して「年《ネン》○」は「年紀・年載・年歯」の三語。『必携熟字集』（明治十二年〔1897〕）では「歳入・歳計・歳税・歳費・歳末・歳華・歳月・歳豊・歳除・歳杪・歳竟」の十一語に対して、「年華・年期・年紀・年月・年限・年光・年高・年載・年始・年数・年度・年頭・年賦・年暮・年末・年来・年齢」の十七語、『新撰漢語辞林』（明治三十七年〔1904〕）では「歳○」の熟語は見えず、「年○」は「年賀・年回・年額・年間・年季・年忌・年誼・年給・年魚・年金・年契・年敬・年月・年限・年功・年甲・年貢・年高・年号・年三・年始・年番・年末・年分・年賦・年首・年初・年尾」等々計六十六の熟語が見える。『特命全権大使米欧回覧実記』の久米邦武もこの「歳○」から「年○」への表記の変化の中で、「歳輪」を「年輪」に転換したのではなかろうか。ちなみに中国で現在用いられている「年輪」は日本

から伝わった語のようである(8)

おわりに

ところで、西洋近代植物学がもたらされる以前に、日本の庶民は木口に現れる同心円の数がその樹の年齢と同じであることを知っていたようである。『誹風柳多留』(二十七篇・寛政十年〔1798〕刊)に「桐の木の杢で娘の年がしれ(喜水)」(9丁)と見える。この句は『和漢三才図会』に「最も長じ易《やす》く、幼女有る家は之を栽《う》ふ可《べ》し。当《まさ》に嫁いりすべき頃には、則ち宜しく櫃板に作るべし」とあるような慣習を踏まえたものであろう。『誹風柳多留』には「桐の木は村の娘とおないどし」(二十五篇32丁)「長持や琴を植とく気の長さ」(五十六篇3丁)といった句も見える。しかし、彼らはこの同心円を木理が描く杢の一種と捉えていたのであり、それがどのように形成されるのかは知らなかったに違いない。

杢は鑑賞の対象であるが、年輪は科学の対象である(9)。樹木そのものの生態や構造を明らかにしたときに年輪という概念が成立する。宇田川榕菴はそれを「歳輪」という一語で概念化したのである。

年輪の幅の違いは樹木が生長してきたその年々の気候の違いが反映される。このことから年輪年代法annual ring chrknologyが発明された。その方法によってその木材の伐採年や枯死年を正確に求めることもでき、その木材が用いられている建物の建築年代を知ることもできるようになった。しかし、それは残念ながら世界最古の木造建築がある我が国ではなく、アメリカ・アリゾナ大学の天文学者A・E・ダグラス博士が一九一〇年代に考え出したものであった(10)。

注

（1）「スギト云ハ直《スグ》ノ義ナリ。木理直ナル故ナリ」（『本草綱目啓蒙』杉の項）という語源説に従えば、スギも木目に関する語となるが、真っ直ぐに幹が伸びることを語源とする説（『名語記』『和句解』『日本釈名』『東雅』『大和本草』など）や「スクスクと生える木の義。スギノ木が成語か」（『大言海』）とする説もあり、確かではない。また、『枕草子』に「唐錦。飾太刀。つくり仏のもくゑ。色あい深く、花房長く咲きたる藤の花の、松にかかりたる」（「めでたきもの」の項）と見える「もくゑ」を木目とする説があるが、「木画」とする説を採るべきであろう。また、『倭名類聚抄』に「橒　唐韻云、橒〈音雲、漢語抄云、岐佐《きさ》。或説、岐佐《きさ》者蚶之和名也。此木文与㆓蚶貝文㆒相似、故取㆑名焉（中略）〉木文也」（巻二十・木）とあり、蚶（赤貝）に似た文様を持つ木をキサと言う。あるいは放射線状の文様をキサというかと思われるが、未詳。今は措く。

（2）松江重頼の『毛吹草』（正保二年〔1645〕頃刊）には巻四に隠岐の名物として「桐板《キリイタ》〈嶋桐ト云テ木ノ目宜シ〉」とある「木ノ目」も同じ意味であろう。

（3）このことは『資治通鑑』唐紀八、『冊府元亀』帝王部、『大平御覧』兵部「弓」などにも見える。

（4）景印文淵閣の欽定四庫全書（台湾商務印書館発行）の本文によったが、和刻本『爾雅註疏』（『和刻本辞書字典集成』汲古書院刊による）では「可㆔以為㆓船及棺㆒。作㆑柱埋㆑之不㆑腐」となっている。

（5）宮崎安貞編録『農業全書』（貝原楽軒刪訂、元禄十年〔1697〕刊）では木目に触れることはない。ちなみに、茶道や華道においても同様である（『茶道古典全集』淡交新社刊および『正・続華道古書集成』思文閣刊によって調査）。

（6）『暦象新書』の凡例に、

　予は一箇の舌人也しのみなれば、僅に蘭書の大意を解することを得れども、浅見薄聞、和漢の典籍に暗ければ、如何して天学の何物たることを知るに足らんや。唯釈文の拙にして読む人詳に原文の意を理会するに難からんことを恐るが故に、已むことを得ずして、聊か聞る所を雑へ語るのみ。本文の後に於て、其言毎々に、天経或問・暦算全書等及ぶが如き是なり。

とあり、中編（寛政十二年〔1800〕成）凡例にも、

切線・正弦等の名、及び諸数比例の文法の如きは、多は暦算全書に取れり。全書の文と西国算書の文と能相称ふ

が故なり。

とあって、志筑忠雄はこの書から訳語を多く借り入れていることが分かる。

（7）朱京偉「明治期における近代植物学用語の成立」（『明海日本語』6、明海大学日本語学会 2001.3）

（8）朱京偉「中国における日本製植物学用語の受容―20世紀初期の中国資料を中心に―」（『明海日本語』7、2002.3）

（9）国立国語研究所編『分類語彙表』では「木目」は「抽象的関係」を表わす語に分類され、「年輪」は「自然物および自然現象」を表わす語に分類されている。

（10）光谷拓実「年輪年代法と文化財」（『日本の美術』421、至文堂 2001.6）。

「幹《みき》」と「茎《くき》」

はじめに

植物体の主軸は、木についてはミキ（幹）と言い、草についてはクキ（茎）と言う。しかし、少なくとも古代（平安時代以前）の日本語にはミキという語は見あたらない。本章ではミキという語の成立とミキとクキとの使い分けの成立について考え、蘭学はそれにどのように関わっているかを考える。

1　ミキ成立以前——クキ・カラ・モト——

古代の日本語には、植物体の主軸をなす部分を指す語にはクキ、カラ、モトの三語が確認できるが、これらの語は木と草とで使い分けられることはなかったようである。

1—1　クキ

樹木神をククノチ・ククヂという。『古事記』（上巻・神生みの段）に「木神、名久久能智《くくのち》神」、『日本書紀』（巻一・神代上・第五段正文）に「木祖、句句廼馳《くくのち》」、『祝詞』（大殿祭）に「屋船久久遅《くくぢ》命〈是木霊也〉」とある。ククは

「ツクヨ（月夜）―ツキ（月）」、「カムオヤ（神祖）―カミ（神）」、「サツユミ（幸弓）―サチ（幸）」などと同様に複合語を作るときに語末のイ列音（正確に言えば乙類のイ列音）がウ列音に交替したものであり、樹木神は「茎《くく》の霊《ち》」という名の神であったと考えられる。ただし、クキは木と草とを区別せず植物の主軸部分をいう語であったようである。『古事記』には「久々年《くくとし》」「久々紀《くくき》若室葛根」という神の名も見え、それぞれ「茎（立つ）稲《とし》」「茎（立つ）木の若室葛根」の意と解される（新潮日本古典集成・西宮一民校注『古事記』付録「神名の釈義」）。平安時代においてもクキを木に用いている例に、

東の海に蓬萊といふ山あるなり。それに銀《しろかね》を根《ね》とし、金《こがね》を茎《くき》とし、白き玉を実《み》として立てる木あり。

（竹取物語）

などがあり、草に用いた例に、

芳蘄（中略）香菜也　荷《はちすの》乃久《く》支《き》　（『新撰字鏡』天治本）

菡　菡同。（中略）荷本也。荷《はちすの》乃白久《しろく》支《き》　（『新撰字鏡』享和本）

百合の華を献れり。其の茎《くき》の長さ八尺。其の本異にして末連《あ》へり。（原漢文）

（『日本書紀』皇極天皇三年六月条、図書寮本永治二年〔1142〕頃点）

茎《くき》も葉もみな緑なる深芹は洗ふ根のみや白く見ゆらん　（拾遺集・三八四）

などが見える。なお『新撰字鏡』には草冠と木偏の「巠」の字に共にクキの訓みを載せる。

1―2　カラ

木に用いられたカラで最も早いものは『古事記』に見られる次の例であろう。

品陀の日の御子　大雀　佩《は》かせる大刀《たち》　本《もと》つるき　末振《すゑふ》ゆ

ふゆ木《き》の〔布由紀能〕　す幹《から》が下木《したき》の〔須加良賀志多紀能〕　さやさや　（記47）

本居宣長の『古事記伝』では「布由紀能須加良賀志多紀能《ふゆきのすがらがしたきの》」を「冬木のす（冬木のように）枯《か》らが下樹の」とし、「枯ら」は「葉の落《おち》るを云」と説明している。しかし、「（大刀の）本つるき　末振ゆ」は「大刀の鞘の本を吊り佩いて、先が揺れている」という意味であり、それを受けた後の句は「冬木の裸の幹の下木のように、ゆらゆらと（揺れている）」といった意味に理解するのが良いと思われる（土橋寛『古代歌謡全注釈』）。あるいは「ふゆ木《き》」を「増殖の木、繁茂した木」、「す幹《から》」を「立派な幹」と理解する新潮日本古典集成『古事記』（西宮一民校注）の説に従っても良いが、いずれにせよ、「須加良」は「す枯ら」ではなく、「す幹《から》」と理解される。

次にカラが木に用いられた例で確実なものは室町時代まで降り、『毛詩抄』（天文四年〔1535〕までに成立）の「維柞―〈之枝其葉蓬々〉ハウソノ木ゾ。幹《から》上ニ枝ガアルガ蓬々然ト葉ガ茂タゾ」（十五）のようである。

草に用いられたカラは早く『古事記』また『日本書紀』に見られる。

なづきの　田の稲幹《いながら》〔伊那賀良〕に
稲幹《いながら》〔伊那賀良〕に　蔓《は》ひ廻《もとほ》ろふ　薢葛《ところづら》　（記34）

水渟《たま》る　依網《よさみ》の池に　蓴《ぬなは》繰り　延《は》へけく知らに
堰杙《ゐぐひ》築く　川俣江《かはまたえ》の　菱茎《ひしがら》〔比辞餓羅〕の　刺《さ》しけく知らに
吾が心し　いや愚《うこ》にして　（紀36）

海布《め》の柄《から》〔柄〕を鎌《か》りて燧臼《ひきりうす》に作り、海蓴《こも》の柄《から》〔柄〕を以て燧杵《ひきりぎね》に作りて　（古事記・大国主神の国譲り）

『和名類聚抄』（源順撰、承平年間〔931–938〕成立）には「麦茎《むぎから》」「豆茎《まめがら》」「芋柄《いもがら》」などの語が拾える。また、「古カラ」という語は木と草の両方に用いられた例が確認できるものである。

礒《いそ》の神　ふるから小野の本柏《かしは》　本の心はわすられなくに　（古今集・八八六）

吾がやどの　穂蓼古幹《ほたでふるから》〔古幹〕積み生《おほ》し　実になるまでに　君をし待たむ　（萬葉集11・一七五九）

前者は木のカラであり（「ふる」は「経る」に掛ける）、後者は草のカラである。
木の主軸から分かれ出た大枝もまたカラと呼ばれる。『倭名類聚抄』に、

枝條　玉篇云枝柯〈支哥二音。和名江太《えだ》〉木之別也。纂要云大枝曰レ幹〈音翰。和名加良《から》〉細枝曰條〈音沼。訓与レ枝同。小枝也〉唐韻云篗〈音聡。之毛止《しもと》〉木細枝也。

とあり、『類聚名義抄』にも次のように見える（原撰本は十一世紀から十二世紀にかけての成立。鎌倉時代に改編増補された観智院本による）。

柯　（中略）ヒコバエ　エダ　カラ　ツカ　ヲノノエ　法也　茎　（仏下本一一九）

1―3　モト

モトという語も植物体の主軸を言う語として用いられていたようである。ただし、上代にのみ見られ、平安時代以降には確認できない。

神さびて　立てる栂《つが》の木　もと〔毛等〕も枝も　同《おや》じ常磐《ときは》に（下略）　（萬17・四〇〇六）

栗生《あはふ》には臭韮《かみら》一もと　其《そ》ねがもと〔母登〕そ根芽つなぎて　撃ちてし止まむ　（記11）

前者は木の幹を言い、後者は草の茎を言う。後者の「其ね」のネは接尾語で「岩ね」「羽《は》ね」「汝《な》ね」と同じものである（土橋寛『古代歌謡全注釈』）。
モトは植物全体を言う語としても、また序数詞用法としても使われている。前掲（記11）の「一もと」が後者の例であるが、前者の例には、

御諸《みもろ》の　厳白檮《いつかし》がもと〔母登〕白檮がもと〔母登〕忌々《ゆゆ》しきかも　白檮原《かしはら》嬢子《をとめ》　（記92）

もと〔摸騰〕ごとに花は咲けども何とかも愛《うつ》くし妹《いも》がまた咲き出来《でこ》む　（紀114）

などが見られる。

1―4　院政期から室町時代におけるクキ・カラ

前節に見た三語のうちモトは平安時代以降は見られず、それ以降は室町時代頃までクキとカラだけが用いられている。『時代別国語大辞典　室町時代編』にもミキは見られず、「くき【茎】」が「草など植物の、地からはえのびて軸をなす部分」と説明され、「茎余更切、草木幹也」（『温故知新書』）、「Cuqi. クキ（茎）草などの茎、あるいは、薹（とう）」（『日葡辞書』）、「此枸杞ハ根モ茎モ花モ実モドレモ薬ニナルゾ」（『四河入海』十ノ二）、「苕（引用者注―エンドウ豆）ハ花ガヲチテクキバカリアルゾ」（『毛詩抄』十五）、「下には醴泉わきいでつゝ、田にはひとつのくきのうえに二すぢの稲穂を生ぜり」（御伽草子・若みどり）の例が示されており、「から【幹・柄】」は「木の幹や草の茎」と説明され、「維柞―〈之枝其葉蓬々〉ハウソノ木ゾ。幹《から》上ニ枝ガアルガ蓬々然ト葉ガ茂タゾ」（『毛詩抄』十五）、「古具足をあつめきせ、紙小旗をさゝせ、ふるきやりまたは竹の柄《がら》に長柄のみを指こみ、目釘をうつて」（『甲陽軍鑑』品十八）の例が示されている。

漢文訓読の世界においても、この状態は同様であったようで、築島裕氏の『訓点語彙資料集成』（汲古書院刊）に拠れば、クキとカラのみ見られ、モトもミキも現れない。ただし、一例だけミキと訓まれる「幹」として仁和寺蔵『虚空蔵菩薩求聞持法』の例が挙げられている。延久元年（1069）の朱点に「楨知京反　幹也」とあるものであるが、仮名で読みが示されているものではなく、おそらくクキあるいはカラと訓むべきものであろう。この書に収録されているクキとカラの例は次のとおりである。ただし、全語形が書き表されているものだけを抜粋した。この他に部分訓の付けられているもの、また「跂」の訓みとして現れるクキも見られるが、これらは省略する。

「幹《クキを》《カラ》」　吉永蔵『蘇悉地羯羅経』康平七年（1064）点
「幹《クキ》」　無窮会図書館蔵『大般若経音義』鎌倉初期点
「茎《クキ》」　東京大学国語研究室蔵『大毗留盧遮那経疏』治安四年（1024）点
「茎《クキ》」　仁和寺蔵『大毗留盧遮那経疏』寛治七年（1093）点
「茎《クキ》」　矢野長治郎蔵『法華経単字』保延二年（1136）
「茎《クキを》」　輪王寺蔵『大毗留盧遮那経疏』仁平元年（1151）点
「幹《カラハ》」　石山寺一切経『大唐西域記』長寛元年（1163）点
「茎《クキ》」　東京国立博物館蔵『医心方』天養二年（1245）点
「幹《クキ》」　天理図書館蔵『大般若経音義』弘安九年（1286）点
「茎《クキ》」　天理図書館蔵『大般若経音義』弘安九年（1286）点
「茎《クキ》」　東寺金剛院蔵『唐大和上東征伝』院政期点
「茎《クキ》」　東洋文庫蔵『法華経音訓』至徳三年（1386）版本

2　ミキの成立

植物体の主軸をいうミキ（幹）は江戸時代に成立したようである。方言や俗語などを集めた太田全斎（1759–1829）の『俚言集覧』（成立年未詳）に「幹をミキと訓めり。身木の義也と云り」とみえるが、古語や雅語を集めた石川雅望著『雅言集覧』（嘉永二年〔1849〕刊）や谷川士清著『和訓栞』（文久二年〔1862〕刊）には見えないので、特別な位相を持っていたことを窺わせる。また『日葡辞書』に「Miqi. 舵をはめ込む鐶に接している、舵の最も強

い部分」とあるミキと無関係ではないと思われるが、初出は『立花秘伝抄』（貞享五年〔1688〕刊）に、

笠松　直心除心に専用す。見木のくるいやうにて花形さま〴〵に替り有。（巻一）

芦は出生直なる物なれど、（中略）又見木くるいたる物など取合よし。（巻三）

ゆがみたる見木を、直になさんと思はゞ、内より鋸にて七分切り（下略）（巻四）

見木に、枯枝、節など有とも、あまりきれいにけづるべからず。（巻四）

また「松の見木」「見木ふとき有、ほそき有」「心の見木」などと見られるものである。次いで享保年間（1716–1736）以前の成立かと言われる[1]『池坊家伝百ケ條聞書』に、

檜遣ひよふの事（中略）伝に云、添其外大道具に遣ふ時ハ見木或ハ苔しやれを付て遣ふべし。あいしらいは常のごとく、出生をたゞす時はよくすはりあり。つよきなり。（第三十三）

とある。右の二書では「見木」と書かれているが、豫楽院近衛家凞《いえひろ》の口述を筆記した『槐記』（享保十一年〔1726〕正月二十八日）には、

身木は少し太きが相応（ふさわし）かれ、枝も面白かるべし。

とあって「身木」と書かれ、[2]『攢華雑録』（宝暦七年〔1757〕年序）にも、

かりそへと申は若し真の身木ゆがみ候か又は真の枝落過候て副つきにてなき時かり添と申事をする也。（上・仮添）

とあり、さらにこの『攢華雑録』には次のように「実木」とも書かれている。

三枚すゝきと申すは副にいたす事也。惣じて副はなひやかなるものなり。然に此三枚薄と申は真の一の枝あまり上り過、真の実木《ミキ》するどなるとき、三枚すゝきは真葉一枚のこし、真の実木するどにそへて内二枚はつねのごとくにこしらへよく付くやうにいたす事也。（上・三枚薄）

以降は「幹」の表記が現れるまで、「身木」の表記で現れるものばかりである。各花伝書から数例ずつ示せば次のとおり。

『生花草木出生伝』（天明五年〔1785〕刊）

何ケ程低き木にせよ地中より生じたる相を生《いけ》なす故に寒ぎく水仙抔《など》の下に遣ふ時は若生の身木なるべし。伝え聞《きく》に譬《たとへ》ば立花家に花瓶に生《いけ》がたき太き身木をば砂物に取組がごとく生花にも器不相応に太きものをば右の無類の器に花形も崩して厚薄を以て曲体を専らとし自在に面白く生けられたるよし、（中略）然《しかる》に厚く生るを手柄の様に心得て梅桃の類ひ二三尺余の太き身木を遣ひ小枝に花咲きたるを取合する流儀もあり。いかに形容を専らにすればとて太き身木を遣ふ事心得がたし。

（前略）身木より枝を生じ、枝より條を生ずるなり。其の生方を見るに身木なし。何れ身木より生じたる條なるべきや。

『生花独稽古』（寛政二年〔1790〕刊。『生花出生伝』とも言う）

身木茎に荊のあるものは遣ふべからず。（中略）余花なくして無拠生ならば身木に付たる荊を去て生べし。

（四季草木出生之事）

『生花出生伝図式』（成立年未詳）

梅若梢《スワヘ》身木ともつれ枝陽花の伝是には口授のならひある也

立ちのぼる身木の梢を寸と取りたる、処に綰柳の口授

『出生伝私考』（享和四年〔1804〕刊）

私云、前後ヲ割テトハ正花ノ身木《ミキ》ヲ真中ニ見テ後ロニ形ヲ成スモノハ令ニ限ルト知ルベシ。（中略）然レドモ正花ノ身木ヨリ令ノ出生スル座ハ身木ノ後ニ限リ少シニテモ横ヨリ出ルコトヲ許サズ。

『千撰諌草中』（千家普体流生花の流の秘伝書。文政五年〔1822〕刊）

松は身木大丈夫にして葉すごき物なり。故に男姿にして大陽なり。
梅は身木すごくして花は優敷もの也。故に女の姿にして大陰なり。
（水・松竹梅姿之事）

『俚言集覧』に見える「身木の義也と云り」という語源説は、『広辞苑』に採用され、『日本国語大辞典』でも紹介されているものであるが、幹を人体の胴に譬えて言ったものと理解したものかと思われる。本体から分かれ出たものを言うエ・エダ（支・枝）が、人体の手足にも用いられることは、早く『古事記』景行天皇条や『日本書紀』雄略天皇条に見られ、中国でも『正字通』に「支、与レ肢通」などとあり、ヨーロッパでも『遠西独度涅烏斯草木譜』（前章参照）に「枝《エダ》　是レ樹幹ヨリ分生スルモノニシテ四方へ繁延スルコト猶人身ノ腕アルガ如シ」とあり同様であったものと推測される。しかし、「木身」ではなく「身木」であり（漢語では「木身」と言う）、初出も「見木」であることから、こうした考え方には疑問を抱かざるをえない。

筆者の調査ではミキの早い例は前掲のように花道関係の文章に集中している。『槐記』の例は饗応の席に出された盆に描かれた松の幹を言うものであるが、豫楽院は花道の秘奥を極め、この書にもその秘伝が多く記されており（巻二享保十年正月二十日条、同十一年三月四日条など）、例外としなくてもよいであろう。ところで、花道ではミキという語は花の生け方にも用いられる。その初出は、享保から明和の頃までの「初期生花形式の確立過程に残された生花の書の性格がある」（水江漣子氏）とされる『秘事生花宗耳一伝ノ生形書』に、

間中ニイカニモ小サキ花生《はないけ》ヲ置、向フテ左へ成方へ花ヲ入レ、身木トスベシ。正面ヨリハヨケル物也。留ハ正面ニ留ル也。（中略）夏ハ杜若　杜若ハ花ノ開キタルハ生ヌヨロシキ也。菊等ヲ身木ニシテヘラツボミヲ留ニスルガ宜キ也。
（「卓下ノ花」）

と見えるものであり、以降、『古流生花四季百瓶図』（安永六年〔1777〕刊）に、

草木何によらず小枝を生る共《とも》小枝と取ものにあらず。皆一本の身木と象る也。是地中より生じたる相を生《いけ》る故也。然に一本の身木にても陰陽に五行の相彼此円備したるは少也。（附言）

『生花草木出生伝』（天明五年〔1785〕刊）に、

他流には身木なしに若梢《すわえ》を遣ふを見及べり。誤りの甚だしきなり。身木なければ根上りといふ。二年三年にては花生ずるものにあらず。よつて楚斗《ずはん》生ること決してなし。身木にそへて楚を遣ふ。是自然の相也。

などと見られる。

この花の生け方におけるミキは、モトキ（本木）と呼ばれていたものと似た意味を指すようである。モトキは、元和の頃（1615–1624）に成った古活字版『仙伝抄』には、

花の（本）木を心といふ心は、人間ものう〔能〕有りといへども心さだまらず比奥〔興〕也。そのごとく花も本木つよくなきハあしきなり。扨《さて》こそ本きをしんと云なり。

と説明されている[3]。「しん（心）」とは、例えば『立花聞書集』（延宝五年〔1677〕成）に「是は一瓶の主頭なり。花を立るにはまづ心より定め、副・請・流枝いづれも心にしたがひ用るもの也」と説明される（「流れ枝」は「水際よりさし出て水にちかし。ながれにしたがひおひ出たる体の枝なれバ木末は空にむきたるかたちのものなり」と説明されている）。すなわち、一瓶の内に高くまっ直ぐに立てられ、中心となるものである。

以上のようなことを勘案すれば、花道において「しん」として用いるものをミキと言っていたものが植物の主軸をも言うようになったのではないかと推測される。「見木」「実木」「身木」のいずれがミキの原義を意味しているのかは定めがたいが、「ミ木」というのは、この言い方が立花において始まり、その「しん」に木が使われることが多かったからであろう。やがて生花の真行草という生け方の真の場合の立枝などにも用いられるようになって、草にも用いられるようになったものと思われる。『秘事生花宗耳一伝ノ生形書』に「菊等ヲ身木ニシテ」とあり、『古

流生花四季百瓶図』に「草木何によらず（中略）皆一本の身木と象る也」とある。したがって、その例をいまだ確認できないが、ミキという語は生花の世界においては当初は草の主軸にも用いられていたのではないかと推測される。

3　江戸時代におけるカラ・クキ・ミキ

江戸時代になって生まれたミキ（幹）は、やがてカラ（幹）と交替することになる。以下では、その交替していくさまを江戸時代の主要な植物関係書から窺ってみるが、木と草とでその主軸を言う語を区別しないものとするものとがあり、この違いによって資料を整理することにする。およそ本草学関係のものは前者に含まれるようであり、花道関係と蘭学関係のものは後者に含まれる。なお、以降では木を木本《もくほん》（木質の茎〔木幹〕を有する植物）と言い、草を草本《そうほん》（茎が柔軟で木質をなさないもの）と言うことにする。

3―1　木本と草本とを区別しないもの

貝原益軒著『花譜』『大和本草』　貝原益軒はカラとクキを用い、ミキを用いなかったようである。ただし、カラの用例は少なく、『花譜』（元禄十一年〔1698〕刊）に、

菊　（中略）冬のはじめに、菊のくきをさり、其幹《から》を五六寸留めおき、（中略）菊をうふるに六要あり、（中略）五にはわき枝を去て、正幹《しん》をそだつべし。

という草本に用いられた一例（振り仮名は版本の原文にあるものである。以下同じ）と、『大和本草』（宝永六年〔1709〕刊）に木本に用いられた次の四例が見えるだけである。

楨桐《ヒキリ》（中略）秋ヨリ木幹ヲ切ルモ可也。来春苗生ジ、其年ノ夏花サク。（巻十二・花木）

犬櫻欄（中略）高樹ニシテ其幹直ナリ。木堅実ナリ。（巻十二・雑木類）

榿《ハリイ》（中略）長ジヤスシ。喬木トナル。（中略）又早ク其幹《カラ》ヲ切レバ一根ヨリ多ク叢生シ荊ノ如ナルナリ。（中略）一株立テ高大ナル木ト幹ヲ切テ叢生シテ小ナルトハ別樹ノ如クナレドモ一物ナリ。（巻十二・雑木類）

クキの語は多く見られる。『花譜』から例を挙げれば、木本（竹類を含む）に用いられた例は次のとおりである。

玫瑰花《はまなす》（中略）茎《くき》にちいさきはり多し。（三月）

牡丹（中略）花をちては、やがて其の茎《くき》をきり去り、子をむすばしむる事なかれ。（中略）牡丹の茎に、虫の入たるをば、その茎の半を小刀にてけづりさり、（中略）又茎の皮に白虫おほく付事あり。（三月）

紫藤《ふぢ》（中略）藤をうふるに、根より生る茎多きによろしからず。只一茎なるべし。茎多ければ、精気わかれて長じがたく、花おそし。（三月）

鳳尾蕉《そてつ》（中略）毎年古葉を切て去、くきの本を五寸ばかり残すべし。（花にあらざれども愛賞すべきもの）

棕櫚《しゅろ》竹（中略）葉はしゅろに似、くきは竹に似たり。（同右）

草本に用いられた例は多く、いくつかを挙げれば、以下のとおりである。

福寿草（中略）五月には茎葉《くきは》かれて根はかれず。（正月）

白頭翁《ねこぐさ》（中略）花の外にも、茎《くき》にも、白色多し。（三月）

鉄線花《てつせん》（中略）其くき、かづらにして、冬にいたりてかれず。（四月）

石竹（中略）凡石竹は実りて後、茎のいまだ枯れざるときに刈ざれば、其根かれず。若茎かれば、根も多くは枯る。（中略）遅ければ茎花乱雑なり。（四月）

芍薬（中略）傍根すくなきもの、其茎大にして花さかんなり。（中略）花をちて後、茎をきりさりて、元気を根に帰らしむべし。（中略）茎多きはやせたる故なり。肥れば茎少し。茎多きは、はやく切去て減すべし。（中略）花落て後、銅刀にて茎を切るべし。（中略）花過て茎をねぢてまげおくべし。（中略）茎を切るには、鋏を用べからず。　（四月）

百合《ゆり》　（中略）一種茎高して葉間に実生じ、秋紅黄花をひらく。　（六月）

秋海棠　（中略）年を経れば、茎はなはだ長く、葉大なり。（中略）宿根より生ずるは茎大なり。

蘭　（中略）大蘭、中蘭、小蘭、青茎《ぐき》なり。（中略）青くきに二種あり。　（七月）

鶏頭花《けいとうげ》　葉白く、茎《くき》うすあかきは花よし。（中略）茎の濃あかきは、花よからず。　（七月）

篛《ねざゝ》　くまざさ。あたござさなどいふ類也。（中略）くきは竹に似て小さにしてみじかし。

（花にあらざれども愛賞すべきもの）

木賊《とくさ》　（中略）正月に旧茎をみなきるべし。新茎生じてうるはし。　（同右）

珊瑚《せんりやう》　山林に生ず。葉は橘に似て、茎一かぶより多く生ず。　（同右）

クキはまた、木本の大枝・小枝、また木本草本ともに葉柄・花柄・果柄などにも用いられている。一例だけ例を挙げると、

譲葉《ゆずりは》　（中略）茎あかく葉うるはし。　（同右）

この譲葉の葉柄の赤さは、早く『枕草子』（三十八段）にも、

ゆづり葉の、いみじうふさやかにつやめき、茎はいと赤くきらきらしく見えたるこそ、

と見え、他書でもしばしば言及される。

宮崎安貞著『農業全書』　宮崎安貞の『農業全書』（元禄十年〔1697〕刊）では、草本にはすべて「茎」が用いられている。木本については「茎」が用いられているものが一例、「幹」が用いられているものが二例見られる。

榛《はしばみ》　はしばみ、是栗の類にて、（中略）枝茎はよくもゆるゆへ続松《たいまつ》にして取分《とりわ》きよしとしるせり。（果木之類）

椶櫚《しゅろ》（中略）其葉の茎は三かどありて、葉四時しぼまず。幹は直ぐにして本末ひとしく赤黒き木なり。大木に成りては鐘のしもくによし。（諸木之類）

山茶《つばき》　真茶は花を賞するのみならず、実を取りて油と甚だ民の用を助く。（中略）幹は材木ともなるものなり。（諸木之類）

これらの「幹」の読みは不明であるが、序を書いている貝原益軒もカラを用いるので、カラである可能性が高い。

また、

桑《くは》（中略）荊桑は、幹木より枝葉まで堅きゆへ久しくさかへてつよき物なり。（四木之類）

という例があるが、本文は岩波文庫本によったが、誤植でないとすれば、「幹木」は音読語で「主軸部分」といった意味であろう。

物産会目録　戸田朝山が行なった薬物展示会の解説目録『文会禄』(4)（宝暦十年〔1760〕刊）には、竹・草・木（灌木）に「茎」が用いられた例が一例ずつ見られるだけである。すなわち木本と草本の主軸は区別されていない。

赤箭天麻（竹類）「独茎直上箭幹ノ如ク、長サ二三尺、赤褐色ニシテ有二四五節一。（中略）梢ニ至リ四五寸週《メグリ》レ茎ヲ着レ花ヲ」、

蟬花（冬虫夏草）「一茎ヲ地上ニ抽《ヌキン》テ」

酸棗樹・呉茱萸「此種葉甚小キニシテ週《メグリ》レ茎ヲテ生ジ」

平賀源内の『物類品隲』（宝暦十三年〔1763〕刊）では、木本については用例が見えず、竹に用いられた「幹」が一例ある。『物類品隲』は『本草綱目』によって竹を木部に分類しているが、源内自身は竹を草類と考えていたようである（「凡例」二）。

方竹（中略）其ノ幹方ニシテ馬鞭草、益母草ノ茎ノゴトシ。（巻四・木部）

草本のものにはすべて「茎」が用いられている。いくつか例を挙げる。

偏精　和名ナルコユリ（中略）南部産、上品、茎葉甚大ナリ。（巻三・草部）

知母　葉韮ノゴトク、長サ二三尺。中間茎ヲヌキ穂ヲナシテ淡碧花ヲ開ク。（同右）

地楊梅　和名ムヒメスゲ。（中略）茎ヲ生ズルコト二三寸、子ノ形頗ル楊梅ニ似テ色青シ。（同右）

天門冬（中略）茎長丈ニ至ル。葉糸杉ノゴトク茎ニ刺アリ。（同右）

罌子粟　和名ケシ（中略）〇一種矮生ノモノアリ。和俗ニ三寸ケシト云。茎高サ三四寸ニシテ花開ク。愛スベシ。（巻四・穀部）

甘薯　和名サタウタケ（中略）〇琉球種、（中略）茎ヲ切テ植レバ芽ヲ生ズ。（巻四・果部）

小野蘭山著『本草綱目啓蒙』　小野蘭山の『本草綱目啓蒙』（享和二年〔1802〕成。翌三年―文化三年〔1803–06〕刊）にも「茎」と「幹」が用いられているが、振り仮名も仮名書き例もなく、「幹」の訓みは確定できない。仮にミキであったとしても、「茎」が木本の主軸を指す場合があり、ミキとクキとで木本と草本を区別しようとする意識はなかったようである。

木本の主軸に「幹」が用いられているものに、

檀香（中略）本邦ニテ白檀ノ木ト呼者二品アリ。（中略）一ハ扁柏ニ類シテ、幹必左繞ス。木理白檀ニ似テ微シク香気アリ。故ニ俗ニビヤクダンノキト呼。（香木類）

皀莢（中略）樹幹ニ生刺ハ長サ三四寸余ニシテ枝アリ。（喬木類）

楤木（注略）タラノキ（中略）一幹直立シテ枝条ナシ。（中略）幹ニ刺多シ。（中略）春月、幹上ニ嫩芽ヲイダス。（中略）葉展ルトキハ幹頭ニ数条布テ傘ノ如シ。（灌木類）

があり、「茎」が用いられているものに、

楨桐　トウキリ　夏月、茎梢ニ長穂ヲ出シ、枝ヲ分チ多ク花ヲ開ク。　（喬木類）

密蒙花　（中略）葉背枝茎皆褐毛アリテ茸茸タリ。　（灌木類）

がある。苞木類（竹）には「幹」「茎」の両方が使われている。

鳳尾竹ハ、花戸ニ誤テ鳳凰竹ト云。（中略）叢生シテ幹細ク、長サ五七尺（中略）冬ハ葉枯、茎枯ズ。（中略）泉州府志ニ俗呼二観音竹一ト云。　（苞木類）

草本の主軸に「茎」が用いられていることは他と同じである。また、次のように木本の小枝や木本草本の葉柄・花柄・果柄などに用いられていることも他と同じである。

梨　（中略）春イマダ葉ヲ生ゼザル以前ニ桃ニ次デ花ヲヒラク。白色五弁、茎長ジテ簇リ生ズ。　（山果類・果之二）

海紅　（中略）其中ニ数花ヲヒラク。（中略）萼茎トモニ、ヒガンザクラノ如シ。（中略）垂糸海棠ハ（中略）葉海棠ヨリ狭長、花ノ茎色赤クシテ下垂スルコト二寸許、　（山果類・果之二）

柑　（中略）饅頭柑ハ茎ノツクトコロニツマミアルヲ云。　（山果類・果之二）

山櫻桃　（中略）山ニ自生アル故ヤマザクラト呼。花多ク簇リヒラクヲ、ヨシノザクラト云、花小ナルヲ、チゴザクラト云。共ニ花後実ヲムスブ。形正円、三分許、長茎下垂ス。（中略）児童サクランボト呼。　（山果類・果之二）

梓　（中略）葉ハ三尖ニシテ鋸歯アリ、大サ三四寸、茎赤ク互生ス。　（喬木類）

蔓荊　（中略）夏月枝梢ゴトニ茎ヲ抽ズルコト五寸許、枝ヲ分チ花ヲ開ク。　（灌木類）

畔田翠山著『白山草木志』　畔田翠山の『白山草木志』（文政五年〔1822〕成）[5]では、木本に「幹」が用いられているもの一例（ただし「枝幹《シカン》」の可能性がある）、「茎」が用いられているもの二例が見える。

白山宇都木《うつぎ》言方　山中ニ多シ。樹高サ八九尺。枝幹宇都木ニ似テ皮白色ニシテ灰色ヲ帯。（下・木部）
白山榧《カヤ》　山嶺最多シ。高サ五七寸。茎多クハ地ニ伏テ生ズ。（下・木部）
山和良言方　山上ニ多シ。高サ四五尺。旧茎白ク、新茎茶色也。（下・木部）

草本には「茎」だけが用いられていることは他と同じである。いくつか例を示す。

白山黄耆（中略）苗高サ二三尺、茎円ク葉互生ス。（上・草部）
白山宝鐸（中略）苗高サ一尺余、葉互生ス。茎ニ微シク線棱アリ。（上・草部）
頭陀茉種（中略）五月中心円茎ヲ抽。六七尺梢ニ穂ヲ成、花ヲ附。（上・草部）
舞鶴（中略）五六月一茎ヲ抽。五六寸茎円ク、二三葉互生ス。梢ニ一寸許ノ穂ヲ成、花ヲ開。（上・草部）

3—2　木本と草本とを区別するもの

前節までに見た木本と草本とを区別しない資料にはミキの確かな例は確認できなかった。以下で扱う木本と草本とを区別するものにはミキの語が確認できる。

3—2—1　花道関係書

花道においてもその成立期においては松や梅などの木本植物にもクキ（茎）が用いられていたようである。『立花聞書集』（延宝五年〔1677〕成）に、

松の心に松の流れ枝を用る時、心の茎より流枝之茎ふときをいふなり。若かしやれかのふときを盛につかひて体を松にしたる時ハくるしからまし。此時ハ苔しやれを本木に見バなり。

と見える。その後、先に見たように、十七世紀の終わり頃に、生け方の心になるものをミキ（身木）と呼ぶように

なったようであるが、このミキには木本も草本も用いられていた。このミキが植物の主軸をも意味するようになったものと思われるが、その用例には木本に用いられたものしか見出せなかった。しかし生け方のミキと同じく「身木」と表記されてもおり、草本にも用いられる可能性も考えられた。しかし、「幹」と書かれるようになるとその可能性はなくなるものと思われる。ミキが「幹」と表記されたものの初出は、管見では『桐覆花談』（享保十四年〔1729〕成。ただし、天明七年〔1789〕頃の写本による）に、

惣じて抛入にても生花にてもせんと思はゞ、花葉枝幹《シカン》の陰陽生生高低主位客位を弁じ、賓主の礼を以てし（下略）　（挿花格式を論）

とある「枝幹」の左傍訓に「エダミキ」とあるものである。次いで春古洞斎著『実生体花はじめくさ』（享和三年〔1803〕刊）に、

椿　此花幹《ミキ》に付たる小枝短きもの故、一二根添に用る時は、ひきく遣ふなり。　（下巻・春の部）

躑躅（中略）尤映山紅《キリシマ》は幹《ミキ》附の花を古き唐金の花器に入たるはよろしきものなり。　（下巻・春の部）

とあり、以降、『允中挿花鑑』（天保十二年〔1841〕刊）に、

譬ば一といひ真といふは陽枝にて木ならば幹《みき》なり。葉ものならば秀たる立葉なり。（下略）

と見え、『生花早まなび』（天保十四年〔1843〕刊）に、

幹《みき》を伸《の》べ茎《くき》を揉《ため》て、邪正得失の始末を顧《かへりみ》　（三編「序」）

と見える。

ちなみに花道関係書でクキが草本の茎を指し、木本草本の葉柄・花柄・果柄などにも用いられることは他の分野の文章と同じである。『生花実体はじめくさ』からいくつか示せば、

大輪の菊抔《など》の茎を一尺にも足らぬやうに切てみじかくつかひ　（上巻・序）

百合ノ花　夏のはじめに出る百合は花もうつむかず、茎につきたる葉もしまりていけよきもの也。（下巻・夏の部）

蘭　是は口伝の花也。先づは茎をあらわに見せざるがよし。（下巻・夏の部）

九《ク》蓋《ガイ》草　葉にて茎をとり廻したるもの故、瓶に納めて根もとの葉うち合ひて見苦しき也。（下巻・夏の部）

などがある。

3―2―2　蘭学関係書

蘭学関係書ではミキは「幹」の表記でのみ現れる。「幹」がミキと訓まれるものであることは次に掲げる『蛮語箋』『和蘭訳撰』『遠西独度涅烏斯草木譜』『植学啓原』から分かる。

蘭和辞書に見られる用例は次に一括して掲げる。すべて「幹」はStamの訳語として、「茎」はSteelの訳語として現れる。

○宇田川玄随著『西洋医言』（寛政四年〔1792〕成？）

幹謂二之斯但牟《スタム》一（中略）茎謂二之斯爹児《ステエル》一

※朱筆で「斯但牟《スタム》」の左に「Stem」、「斯爹児《ステエル》」の左に「Steel」とある。

○稲村三伯他編『波留麻和解』（寛政八年〔1796〕刊）

stam. z.m.　樹幹

steel. z.m.　茎

※steel. には「藁」「柄」の訳語も見られる。z.m. は男性名詞という意味。

○森島中良著『蛮語箋』（寛政十年〔1798〕刊）

幹《ミキ》　スタム
茎《クキ》　ステヱル

○藤林普山編『訳鍵』（文化七年〔1810〕刊）

stam　樹幹
steel　柄。藁。茎

○奥平昌高編『蘭語訳撰』（文化七年〔1810〕刊）

stam　幹《ミキ》
steel　茎《クキ》

○『ドゥーフ・ハルマ』（『道訳法児馬』文化十三年〔1816〕頃成）[6]

stam z. m. de stijl of het ligchaanm van boom.　幹
　Die boom heeft eenen regten stam　其樹ハ真直ナル幹ヲ持テ居ル。
steel z. m. stengel　茎
　Een blaem van halen steel plukken.　茎ヨリ花ヲチギル
　De steel van een kruid.　草ノ茎
　De steel van eenen apper of peer.　林檎或ハ梨子ノ茎
　Kersfen met korte steelen.　茎ノ短キ桜ノ実

日本に初めて将来された西洋の植物書であるドドネウス（R.Dodonaeus）の“Cruydt-Boeck”の完訳『**遠西独度涅烏斯草木譜**』（石井当光原訳・吉田正恭修定、文政四年〔1821〕成）では「幹《みき》」と「茎《くき》」との使い分けを明確に説明されている。

　幹《ミキ》〈原名斯禿禄乙屈《ストロイク》一名斯禿弄屈《ストロンク》一名斯達莫《スタム》〉羅甸《らてん》ニ葛烏埵屈斯《カウデクス》ト云。是レ樹木ノ土上ヘ幹立シ上ナル諸部ニ養ヲ送ルコトヲナスモノ也。此部ハ草ニ於テハ茎《クキ》〈原名斯得児《ステール》〉ト云フ。羅甸ニ葛烏力斯《カウリス》ト云。

　茎《クキ》〈原名斯得児《ステール》一名斯天竭児斯《ステンゲルス》〉羅甸ニ葛烏力斯《カウリス》ト云。草属ノ茎ハ大ナル者ヲ斯得児《ステール》ト称シ、小ナル者ヲ斯得児建《ステールケン》ト称ス。又蘆足豆穀等ノ茎ハ斯禿百児《ストペル》一名法児莫《ハルム》ト云フ。

　正恭曰、法児莫《ハルム》ト称スルハ総テ茎中空虚ニシテ管様ヲナスモノヲ云ナリ。(7)

　この資料に関連して注目しておきたいのは、『解体新書』（安政三年〔1774〕刊）の次の一節である。

　翼（杉田玄白）度度奴私《ドドニュス》の草木状を按ずるに曰く、米縷都河武《ミルトボーム》は二種有り。共に木に似て木に非ず、草に似て草に非ず。好く寒国の薬圃に長ず。歳久してその幹漸く木の如し。（下略）　（巻四・陰器扁。原漢文）

ドドネウスの“Cruydt-Boeck”が完訳されるのは右の『遠西独度涅烏斯草木譜』まで待たなければならないが、部分訳はその前から行われていたのである。このことに関してはさらに後に触れる。

宇田川榕菴著『**植学啓原**』（天保五年〔1834〕刊）でも木本と草本とをミキとクキとで区別することを明確に述べている（ミキ、クキの振り仮名は原本にあるもの）。(8)

　幹茎、根上出レ地之部也。分レ枝生レ葉、開レ花結レ実焉。木曰レ幹《ミキ》、草曰レ茎《クキ》。大同小異而已《ノミ》。　（巻一・幹茎）

本文においてもこの区別は厳密に行われている。例えば巻一「四宗類」には、

　古今植物家別二植物一為二四宗類一。曰二喬木《ボーム》一、曰二灌木《ヘーステル》一、曰二類草灌木《ストロイク》一、曰二草本《コロイト》一。

　喬木者、一根抽二一幹一、幹上分レ枝生二花葉一者也。（下略）

　灌木者、一根灌生二数幹一、伐則生レ櫱也。（下略）

　類草灌木者、其茎木硬《カタク》、高大如二灌木一。然実《しかれどもじつは》草本也。（下略）

　草本者、其茎多二津液一、或本茎分レ枝生二花実一。

とある。

「幹」は木本の主軸にのみ用いられているが、「茎」は草本の主軸だけではなく、草本の「稈」「葶」、また「花梗」「葉柄」「巻鬚」にも用いられていることは他と同じである。例えば次のとおり。

茎有二五等一、一曰レ稈、二曰レ葶、三曰二花梗一、四曰二葉柄一、五曰二巻鬚一。　（巻一・茎別種）

稈一名稍　禾本《ホノルイ》之茎也。（下略）　（巻一・稈）

葶《タウ》、球根諸草之茎也。（下略）　（巻一・葶）

花梗《ハナノクキ》、開レ花結レ実之小茎也。（下略）　（巻一・花梗）

葉柄《ハノクキ》、葉之小茎也。（下略）　（巻一・葉柄）

また、雄蕊・雌蕊の柱についても「茎」を用いている。

葯之茎曰レ紿　（巻二・鬚蕊）

花柱、心蕊之茎也　（巻二・花柱）

3―3　蘭学における区別の意味

蘭学においてクキと区別するために用いられたミキは、花道の流行とともに一般に広がっていた花道の用語を用いたのではないかと思われる。

本草学の世界では区別されることのなかった木本の主軸と草本の主軸を、蘭学者がミキとクキとで区別したのは蘭書の stam と steel とを訳し分けるためであった。先に見た『解体新書』の文中に見られる「幹」もミキと訓むものとすれば、蘭学の始まりにおいてそれは成されていた可能性がある。

このstam と steel、すなわちミキとクキとの区別は西洋の植物の分類法に関わることである。本草学では植物は木本と草本とを区別することなく「上品・中品・下品」に分け、あるいは「草・穀・菜・果・木」に分けられるが、西洋の植物学では、『厚生新編』第二巻（馬場貞由訳・大槻玄沢校、文化八年〔1811〕頃成）に、

（前略）生植類を三種に分つ。其一はよろづの花草〈是は茎も葉もともに橋軟《しなやか》なり〉其二は灌木《くはんぼく》〈是は草と木との間のものにして草の如く木の如く低く生す。但しこれは根より多くの茎を生ずるものなり。皆是を「ヘーストル」と云〉其三は蕎木《きやうぼく》〈是は一幹にして高く聳ゆる木なり〉なり。（「花卉又花品」の項）

とあるように、草本と木本およびその中間態に区別する。これはギリシャのテオフラストの『植物誌』（BC300頃）以来の西洋植物学の伝統であり、石井当光原訳・吉田正恭修定『遠西独度涅烏斯草木譜』（文政四年〔1821〕成）の第一章「草木ノ品類ヲ論ズ」にも、

草木ノ品類ハ分テ四類トス。曰ク樹。曰ク灌。曰ク叢。曰ク草ナリ。
樹《キ》〈原名暴莫《ボーム》〉羅甸ニ亜児僕児《アルボル》ト云。凡ソ生植ノ根ヨリ直立シテ堅硬ナル幹ヲ生ジ、上ニ至テ多ノ枝ヲ分生シ修聳スルモノ、総称ナリ。（下略）
灌《シゲリキ》〈原名歇思得列《ヘーステレ》〉羅甸ニ孚劣的屈斯《フリユテクス》ト云。其生スルコト樹ノ如ク高大ニ至ラズ。幹モ亦巨大ナラズト雖ドモ其質勁堅ニシテ経年枯レズ。且ツ特生セズシテ一根ヨリ数幹ヲ叢生シ枝ヲ多ク分出シテ幹ト等シ。（下略）
叢《ムラクサ》〈原名（略）〉羅甸ニ（中略）其質一根数茎ヲ生ジ長大ナラズシテ多ク小枝ヲ分チ其形質全ク灌木ト草木《クサタチ》トノ間ニシテ茎ノ堅勁ナルハ灌木ニ近ク長大ナラザルハ草ニ等シ。猶二ツノ性ヲ兼ルモノ、如シ。（下略）
草〈原名（略）〉羅甸ニ（中略）其茎柔脆ニシテ堅勁ナラズ。葉ハ根際ニ在テ細茎ヲ抽テ果実ヲ結ブ等ノモノ也。
（下略）

と見られる。こうした植物の分類法とミキとクキとは関わるのである。

4　中国植物学における「幹」と「茎」

蘭学におけるミキとクキとの使い分けは西洋植物学における術語の区別に対応するものであったが、中国ではそのような対応はなされなかったようである。西洋植物学を中国に最初に紹介した李善蘭等の『植物学』では木本草本ともに区別することなく「幹」が用いられている。例えば、

植物全体中、有二無数細胞体一。（中略）此細胞一胞為二一体一、相比附而成二植物全体一。凡種子・根・本幹・枝・葉・花・果、皆以二此細胞体一造二成之一。細胞体名曰二内体一。根・本幹・枝・葉・花・果之類、名曰二外体一。（巻二・論内体）

外体有レ七。曰レ根、曰レ幹、曰レ枝、曰レ葉、曰レ花、曰レ果、曰レ種子。（巻三・論外体）

のように、植物を構成する基本部位名を列挙する時にも、「幹」（本幹）だけが用いられており、植物の種類を説明する場合にも、次のように木本草本の区別なく「幹」が用いられている（巻八・分科目）。


唇形科。（中略）草本、小木本。（中略）枝幹倶方。

胡椒科。（中略）小木本、草本。幹有レ節。

麻科。（中略）草本。幹麤多汁。

松柏科。（中略）幹自レ下而上、遂レ節分レ枝。

水仙科。（中略）大小木本、草本。（中略）近レ幹処無レ節。（中略）水仙・萱・百合・葱・蒜之類、皆帰二此科一。

薑科。（中略）草本。（中略）幹乃葉之本合而成。非二真幹一也。無レ枝。

芭蕉科。（中略）無レ幹。葉之足有レ筒、重畳相裹成二仮幹一。

五穀科。（中略）草本。冬不レ凋、一年而萎。（中略）幹作二円柱状一。中空、有レ節。当レ節処中実。幹外有二薄皮一。

これは、日本でも古くはそうであったように、木本と草本の主軸を区別して用いることはなかったからであろう。『説文解字』（漢・許慎撰）に「茎、艸（草）木幹也」とあり、(9)『字彙』（明・梅膺祚撰）に「幹、草木茎也」とある。李善蘭等は西洋植物学の術語の違いより、中国における慣用を優先させたようである。ただし、現在の中国では、日本と同じように「茎」と「幹」とを使い分けることもあるようである（清・朱駿声撰『説文通訓定声』に「艸曰レ茎、木曰レ幹。散文則草木枝亦皆曰レ茎」とある）。

ちなみに中国においても、種子から芽を出して伸びたものや地下茎から地上に伸びたものを「茎」と言うことは日本の場合と同じである（丁数は江戸科学古典叢書24の影印本による）。

由二種子一生レ茎、茎生二諸葉一、（中略）為二動植物之合物一。由レ卵生レ茎、茎生二諸芽一。亦各有二一定位置一。芽長。成二諸活物一。（巻一・3ウ）

有下生二土中一漸大若上レ団。而無二遠行之條一、偶発二一茎一出レ土、作レ花而無レ葉。（中略）蕃紅花・山慈姑之類是也。（巻四・12ウ）

また、「葉柄」「葶」「花梗」など柔らかで、短く小さい柄状のものに「茎」が用いられるのも日本と同じである。

葉茎甚長者、樹之本幹亦甚長。（巻四・1ウ）

有二葉能自動者一。如二怕羞草之類一、軽触レ之則斂、重触レ之則茎垂。（中略）至レ夜亦葉斂而茎垂。（巻四・3ウ）

草木之蘂、恒傍二葉茎之本一而茁。（巻五・2オ）

有二無数細花一叢二附一茎一。（巻五・2ウ）

又有二一種一、恒於二枝末一生二一大蘂一、開時中有二数十小花一。各有二萼辧一、萼之茎甚長。辧落後、茎之末生二一毛球一。（巻五・4オ）

鬚之茎無二甚大用一、故有二無レ茎之鬚一。（巻五・10オ）

卵在二胎座内一、後成二種子一、（中略）卵或有レ茎、或無レ茎。（巻五・15オ）

果為二心所レ成。故果恒有二心茎之迹一。（巻六・1ウ）

有二種子一有下絲緊拉レ之、令二蔕茎向レ上屈一虫断二其絲一、茎怒伸、種子弾落者上。（巻六・8ウ）

花兼二有萼辦一、無レ跗叢二生于軟茎上一、茎分レ枝。（巻七・10オ）

ただし、他の樹木に寄生した宿木《やどりき》の主軸については、「茎」とも「幹」とも呼ばれている。

寄生之類（中略）茎生二細糸一如二根管一。（巻四・3ウ）

寄生之類恒附二生於他植物及動物体上一、幹甚弱。（巻六・15オ）

おわりに

現在においてもそうであるが、植物学の世界においては、ミキは木化したクキでしかない。それはミキ（幹）とクキ（茎）との使い分けが一般の国語辞書にも載せられるようになった明治の時代においても既にそうであった。すなわち、『和英語林集成』（初版、慶応三年〔1867〕刊）には、

Miki, ミキ　幹　n. The trunk of a tree.

Kuki, クキ　茎　n. A stem, stalk: *hana ha nado no* —, the stem of a flower, or leaf.

とあり、『言海』（明治十七年〔1884〕成）にも、

みき（名）幹（身木ノ義ト云）樹ノ、地上ニ出デテ其体ヲナス部、旁ニ枝ヲ分チ下ニ根アリ。草ニハ、茎ナリ。

とあるが、下山順一『薬用植物学』（松崎蒼虬堂、明治二十五年〔1892〕刊）にはミキとクキは一括されて「凡ソ幹

茎トハ植物体軸ノ上方ニ向テ生長スル部分ヲ指称スルモノ」と定義され、三宅驥一・野原茂六『中等植物学教科書』〔明治四十一年〔1908〕刊〕でも「地上の茎は其質によりて草本茎《ソウホンケイ》及木本茎《モクホンケイ》の二つに分つ」と説明される。学術語と日常生活でのものの捉え方とが異なることは、しばしばあることではあるが、蘭学のミキとクキの区別と今日の日常の言葉と同じであることは興味深いことである。

注

（1）思文閣刊『続花道古書集成』解説。なお本書で引用する花道関係書は全て同集成と『花道古書集成』による。

（2）『日本国語大辞典』引用の本文による。これが何本に拠ったのかは不明であるが、明治三十三年刊京都山田聖華房版を底本とする『茶道古典全集』〔思文閣刊〕の本文では次のようにあり、「身木」が「幹」であることが分かる。

或時応円満院、無常方院、葉室一位、坊城一位ナド参リシニ、数返御饗応ノ上ニテ、盃ヲ大小御人数ニ合セテ、盆ニ並ベテ、其中へ山椒ノ細末ト、青苔ノ末ト、焼塩ト、三色ヲ匙ニテ、松ニ雪ノ降リカ、リタル処ヲ、絵ニ遊バシテ出サレタリ〈山椒ノ粉ヲ幹ニシテ松ノ蓋ヲ青苔ニ、塩ヲ雪ニアシラヒシ由、今モ拝シ奉ルヤウナリ、イト面白キ御趣向ナリ〉、〔中略〕此枝ハ今少シ長クシテ、此松ノ蓋ヲ一カサ大ニシテ、今一ツモ苦シカルマジ、幹ハ少シ太キガ相応ナリ、枯枝モ面白カルベシナドシテ出来タリ、偖《さて》コソ見事ナル物ヨ、サラバ酒一ツツギテ飲メカシ〔下略〕、

（3）このモトキは次の例のような幹の下部をいうものとは別語である。

見ればかつもときの花は散り果てて八重咲きかはる接桜《つぎざくら》かな　〔『夫木抄』四〕

鄙語《ことわざ》に云ふ、幹木《もとき》に勝る杪木《うらき》なし　〔『南総里見八犬伝』九輯・一七九下〕

（4）江戸科学古典叢書45『博物学短編集（下）』恒和出版による。

（5）注（4）に同じ。

（6）『和蘭字彙』〔安政二―五年〔1855–58〕刊〕も同じ。

（7）ラテン語の「葛烏力斯《カウリス》」は caulis,「斯天竭児斯《ステンゲルス》」は stengels,「斯禿百児《ストペル》」は stipula,「法児莫《ハルム》」は halm であるが、「葛烏垤屈斯《カウデクス》」は未詳。蘭語の「斯得児建《ステールケン》」は steelken の誤りであろうか。「斯禿禄乙屈《ストロイク》」「斯禿弄屈《ストロンク》」は未詳。

（8）遠藤正治「『草木図説』の構造―植物用語の性格（下）―」（『慫斎研究会だより』118、2008.10）に、『植学啓原』の部位の分け方とその説明の順序がショメールの『家政百科事典』の「植物学」の項「De Stam（Tuncus）」とほぼ一致していることが指摘されている。遠藤氏が示された「植物学」の項とそれに対応するとされる榕菴の用語は次のとおりである。榕菴の用語を「　」で示し、その説明を（　）内に掲げる。併せて現在の用語を【　】に示す。

De Stam（Tuncus）　「幹」【幹】
1. De Steng（Caulis）　「茎」【茎】
a. enkelde Steng（Caulis simplex vel interger）
b. getakte Steng（Caulis ramosus）
c. zaamengestelde Steng（Caulis compositus）
2. Halm（Culmus）　「稈（禾本《ホノルイ》之茎）」【稈】
3. Bloei-steng, of Bloem-stijl（Scapus）　「葶（球根諸草之茎）」【花茎】
4. Bloem-steel（Peddnculus）　「花梗（開レ花結レ実之小茎）」【花柄・花梗】
5. De Blad-steel（Petiolus）　「葉柄（葉之小茎也）」【葉柄】
6. Blad-plant（Frons）　【葉状植物】
7. Grond-steel（Stipis）　【柄】

1aは単一の茎、bは枝分かれした茎である。cは未詳。

榕菴は蘭語の Stam（英語 Stem）、ラテン語の Tuncus を「幹《みき》」と訳し、蘭語の Steng, ラテン語の Caulis を「茎《くき》」と訳しており、原語は『遠西独度涅烏斯草木譜』の場合と異なるが、「幹《みき》」と「茎《くき》」の用い方は全く同じである。

（9）『説文段注』に「依二玉篇所一レ引此言レ艸而兼言レ木、今本作二枝柱一、考二字林一作二枝主一、謂レ為二衆枝之主一也」とある。

研究余滴

『泰西本草名疏』とシーボルト事件

1

伊藤圭介（1803–1901）著『泰西本草名疏《たいせいほんぞうめいそ》』（文政十二年〔1829〕刊）は、和産植物の学名をＡＢＣ順に並べ、それに対応する和名を記した本文（巻上・下）と、附録のリンネの二十四綱の分類の具体的な解説によって、我が国の西洋植物学受容史における記念すべき書の一つである。

この書とシーボルト（Philipp Franz Balthasar von. Siebold 1796–1866）との関係は極めて深い。この書の本文はツュンベルク（Carl Peter Thunberg 1743–1828）の『日本植物誌』（“Flora Japonica” 1784）を参考に編纂されたものであるが、具体的な植物の同定に関してはシーボルトの意見が取り入れられている。国会図書館に圭介の自筆草稿が所蔵されているが、その表紙裏に伊藤篤太郎氏の次のような文章が書かれている。

> 此本ハ余ガ王父錦窠伊藤圭介先生ノ著書泰西本草名疏ノ原稿ニシテ実ニ先生ノ自筆ニ係ル。書中記入ノ朱書ハ先生ノ親友賀来佐一郎氏ノ筆ナリ。佐一郎氏ハ先生ト共ニ小石川植物図説ヲ著作セル賀来飛霞氏ノ兄ナリ。又ペンニテ記入セル欧字ハ有名ナルシーボルト氏（Dr. Ph.von Siebold）ノ自筆ナリトス。実ニ本邦博物学ノ進歩ニ関スル貴重ノ珍宝也。

2

この書が刊行される前年（文政十一年〔1828〕）に、いわゆるシーボルト事件が起きた。シーボルト自身に対する取り調べが開始されたのはその年の十一月十日であり、国外追放の刑が出されたのは翌年九月二十三日であった。それ以降も事件に関わった者の取り調べは続き、日本人約五十人の刑がすべて確定したのは天保元年（1830）三月のことである（呉秀三「所謂シーボルト事件」『史学雑誌』35・6–9、1924.6–9）。国禁の日本地図をシーボルトに渡した幕府天文台長官の高橋作衛門（景保）は獄中死したが、「存命ならば死罪」という理由により、塩漬けされていた死体が磔刑に処せられた。その二人の子どもも遠島になった。高橋作衛門の下で蘭書翻訳の仕事をしていた宇田川玄真も尋問を受けた。大槻玄幹・宇田川榕菴も弁明書を提出している。

シーボルトと学問的に深い関係を結んでいた榕菴の他の外国人に宛てた手紙の控えは残されているが、シーボルト宛のものはほとんど残っていない。これは「シーボルト事件に巻き込まれることを危惧して破棄したため」と推測されている（高橋輝和『シーボルトと宇田川榕菴』p.46）。また、天保六年（1835）に刊行された彼の著『蘭学重宝記』は「賀寿麻呂大人著　篤麻呂校」となっているが、「篤麻呂」の「篤」はシーボルトのトであろうと言われる（下村純正「蘭学重宝記の不可思議」吉備洋学資料研究会編『洋学資料による日本文化史の研究Ⅲ』1990.3）。さらに、シーボルトが国外追放になった年から十五年も経った弘化二年（1845）以降に書かれたと考えられる『宇田川榕自叙年譜』においても、

（文政）九年丙戌年廿九（中略）三月加比丹油煩斯去尓列尓・船醫　《シー》樸尓多・書記爸尓業尓、入都。樸尓多南和蘭人、幼喪㆓父母㆒、遊㆓学于独乙国㆒。博覧多通、解㆓音律㆒、長㆓多識之学㆒。徒遊多得㆑益。

とあり、シーボルトの名は「　《シー》樸尓多」また「樸尓多」と書かれている（前者の闕字の横に小さく書かれたシーの字

は後筆のようにも見える)。この年譜の下書にあたる『榕菴自叙年譜』では「尓多《シーホ》」また「尓多」とあり、さらに「楳」字も省かれている。このように国禁を犯したシーボルトの名を出すことには後々まで憚られていたのである。

昭和七年十一月に東京科学博物館開館一周年を記念した特別陳列が行われたが、そこに『泰西本草名疏』の稿本(伊藤篤太郎氏所蔵)が出品された。その展覧会の出品物を記録した『江戸時代の科学』(博文館 1934 刊)にその稿本の写真が載せられているが、「出版に先だち上司の検閲を受くる為に出版後にとるべき体裁と全く等しい体裁に筆書せるもので、如何に当時の出版法の厳重なりしかを知るべきである」という説明が付されている。外国からの開国要求が次第に強くなり、それにともなって不安定になっている国内情勢に対する当局の過敏すぎる反応の一つであろうが、シーボルト事件発覚直後においてはシーボルトに関わるものは特に厳重な調査が行われたものと思われる。事件そのものには圭介は関与しておらず、したがって何のお咎めもなかったようであるが、シーボルトに関わる人物として当局には暗に注意されていたものと推測される。圭介もまたシーボルトの名を出すことによって歴史的に重要な意義を持つと確信していたであろう本書が出版不許可になることは避けたかったにちがいない。しかし、本書からシーボルトの名を全く消し去ることは本書の内容から不可能であった。そのため圭介は幾重にも細工を施して、シーボルトの名前を表面には現わさないようにしている。

3

その一つに、木村陽二郎氏(ツュンベリー来日二百年記念出版『泰西本草名疏　全三冊』井上書店 1976 刊の解説)が指摘されていることがある。「凡例」に

一、編中挙ル所ノ西名ソノ鑒定ノ人ハ林娜斯《リンネウス》、春別爾孤《チユンベルク》、最トモ多シ。其他稚氏引用スルモノ諸家鑒定ノ名亦

一ナラズ。通編各名ノ下左ニ列スル符号ヲ標ス。

とあって、鑑定者の名の略符号一覧が掲げられている。例えば、

LINN.　加録律斯《カロリユス》・林娜斯《リンネウス》。

TH.　加録児百篤爾《カロルペトル》・春別爾孤《チユンベルク》。

のように示されて、本文では、

ACHYRANTHES ASPERA. LINN.　ヰノコヅチ

ACER DISSECTUM. TH.　モミヂ

のように示されるものであるが、この略符号一覧に当然掲げられるべきシーボルトの名とその略符号 SIEB. は記されていない。しかし、本文には次のように現れる。

ARALTA EDULIS. SIEB.　ウド　（巻上・三オ）

CAESALPINA IAPONICA. SIEB.　ジヤケツイバラ　（巻上・六ウ）

EVONIMUS ALATUS. SIEB.　ニシキヾ　（巻上・八オ）

SLATERIA IABURAN. SIEB.　ヤブラン　（巻上・十オ）

SOIA IAPONICUM. SIEB.　シロマメ　（巻上・十三ウ）

EVONIMUS THUNBERGII. SIEB.　マユミ　（巻上・十五オ）

CORYDALIS IAPONICA. SIEB.　ムラサキケマン　（巻上・十六オ）

○云間道玉簪《イマギバウシ》ハ HEMEROCALLIS UNDULATA. SIEB.　ナリ　（巻下・二ウ）

ILLICUM IAPONICUM. SIEB.　シキミ　（巻下・四オ）

CINNAMONUM CAMPHORA. SIEB.　クスノキ　（巻下・五ウ）

CINNAMONUM IAPONICUM. SIEB.　ヤブニッケイ　（巻下・五ウ）
SASSAFRAS THUNBERGIA. SIEB.　クロモヂ　（巻下・七オ）
CERASUS DANARIUM. SIEB.　サクラ　（巻下・十五オ）
CELTIS MUKU. SIEB.　ムクノキ　（巻下・十五オ）
RIBES PARASILICA. SIEB.　ヤマビシヤク　（巻下・十七オ）
○云マツカゼサウハ RUTA IAPONICA. SIEB.　ナリ　（巻下・十八オ）
SAGITTARIA EDULIS. SIEB　オモダカ　（巻下・十九オ）
○云麻葉繡毬《コデマリ》ハ SPIRAEA TAPONICA. SIEB.　ナリ　（巻下・二十一ウ）
SPIRAEA THUNBERGII. SIEB.　ヤキヤナギ　（巻下・二十二オ）
PINUS VERTTCILLATA. SIEB　カウヤマキ　（巻下・二十二ウ）
LITSAEA THUNBERGII. SIEB.　ハマビハ　（巻下・二十三ウ）
○云（中略）又云敗醤《ヲミナヘシ》ハ PATRINIA RUPESTIS.SIEB.　ナリ　（巻下・二十五オ）
PATRINIA VILLOSA. SIEB.　ヲトコヘシ　（巻下・二十五オ）
HYDRANGEA VIENS. SIEB.　ガクウツギ　（巻下・二十五ウ）
HYDRANDEA THUNBERGII. SIEB.　アマチヤ　（巻下・二十五ウ）
HYDRANDEA HIRTA. SIEB.　ヤマアヂサ井　（巻下・二十六オ）
CLERRODENDON KAEMPFERI. SIEB.　ヒギリ　（巻下・二十七ウ）

「○云…」と始まる例を除いて、これらの例はすべて、「　」で囲まれている。これは「凡例」に「〔　〕ヲ作テ一説ヲソノ次ニ挙ルモノアリ此下漢名ヲ略ス亦稚氏ノ説ヨリ得ルモノニシテ是ソノ和名一ニシテ西名異ナルモノナリ」

とあり「稚氏」の説であることを示す。「稚氏」は次に述べるようにシーボルトに他ならない。右に煩を厭わずその全用例を掲げたのは、シーボルトの名は表面上伏されているが、実質的には本書全編に現れていることを示すためである。

その二つに、「凡例」に「和名ノ下ノ○符ヲ載スルモノ多シ是本稚膽《トワカ井》八郎ノ説ナリ」とあり、シーボルトに「稚《わか》膽《い》八郎」の仮名《かめい》を用いたことである（先に見た「稚氏」はその略称である）。この「凡例」には「和名ノ下ノ○符」とあるが、先に列挙したものの中に見られるように「○云」と書き始められているものもある。この例は他にも、

○云林檎《リンゴ》ハ PYRUS MALUS. LINN.　ナリ

○云 *EEN GOED MAAGMIDDEL IN PLAATS VAN GENTTANA.*

○云カノコサウ *IS WEL NOG BETER ALS DE EUROP AESCHE VALERIANAI*

HEDYSARUM MICROPHYLLUM. TH.〈○云[LESPEDEZA.]〉

など多くあるが、如何にも異様で不自然な感じを与える。これはもともとの草稿では「シーボルト氏云」などとあったところを、先の書き換えを単純に適用してしまった結果であろう。ちなみに○符が付けられた植物は二百種弱にのぼる。これらは○符だけのもの、すなわちシーボルトが学名と和名の対応を認定したものだけでなく、「○云此説誤ナリ」「○云此恐誤」「○云再考スベシ」「○云此説刪ルベシ」「○云詳カナラズ」などともあり、如何にシーボルトの意見を圭介が尊重しているかが分かる。

その三つは、圭介自身が後に明らかにしていることであるが（後述）、仮名《かめい》の「稚膽《わかい》八郎」の「稚」は本来「椎」の字であり、シイの音を隠すために「椎」の木扁にノの一画を加えたことである。

その四つは、右のことに関わることであるが、「椎膽八」にシーボルトの名前を隠したことである。おそらくこれは現在に至るまで誰からも気づかれていないことであろう。

膽八樹はホルトガルノキと呼ばれていた木であった。平賀源内の『物類品隲』（宝暦十三年〔1763〕刊）の巻之四・木部に、

△膽八香　篤耨香附録（引用者注—李時珍『本草綱目』同項の附録のこと）ニ出タリ。和俗ポルトガルノ油ト名ヅク。ポルトガルハ蛮国ノ名ナリ。此ノモノ其ノ国ニ出ル故ニ名ヅク。紅毛語ヲ、リヨヲレイヒト云。ヲ、リヨハ、油ナリ。ヲレイヒ、ハ此ノ木実ノ名ナリ。此物功用綱目ニデタリ。（下略）

○膽八樹　東璧曰ク。膽八樹生㆓交趾南番諸国㆒。樹如㆓稚木犀㆒葉鮮紅色類㆓霜楓㆒。其実圧㆑油和㆓諸香㆒爇㆑之辟㆓悪気㆒ト。則チ此ノ実ノ仁ヲ取テ油ニ搾リタルモノヲ、リヨヲレイヒ。和俗ノ所㆑謂ポルトガルノ油是ナリ。

○紀伊産方言ヅクノ木ト云。（中略）或曰ク。是レ橄欖ノ一種ナリト。此ノ説甚非ナリ。橄欖ハ絶テ別ナリ。（中略）又和俗続随子ヲポルトガルト称スルハ大ナル誤ナリ。

とあり、同書巻之五に膽八樹の図を載せる。

膽八樹の図（平賀源内著『物類品隲』より）

つまり、源内は俗に「ポルトガルノ油」と呼ばれているものは「紅毛語」（オランダ語）でヲヲリヨヲレイヒ（olie olijf　すなわちオリーブ油）というものであり、この木は『本草綱目』に見える「膽八樹」であるとしたのである。この説は源内に学んだ森島中良の『蛮語箋』（寛政十年〔1798〕刊）に「膽八樹《ハボソ》（左訓ポルトガル）オレイユ」と受け継がれ、以降、小野蘭山の『本草綱目啓蒙』（享和三年—文化三年〔1803–06〕刊）に、

膽八香　ホルトガルノ油

波爾杜瓦爾《ホルトガル》ハ蛮国ノ名ナリ。紅毛人コノ地ヨリ采来

ル故ニ、ホルトガルノ油ト云。コノ樹、本邦暖地ニ多シ。喬木ナリ。（下略）（巻三十・木一・香木類）

とあり、伊藤圭介の師である水谷豊文の『物品識名』（文化六年〔1809〕成）に「ホルトガルヅクノキ　膽八」、『厚生新編』第一巻（文化八年〔1811〕秋翻訳着手）に、

酒或は水にて煮たるものに膽八樹子油《ほるとがるのあぶら》を加へ搗き交ぜ、再び煮て軟膏となし、産婦腹腸彎痛《ふくてうわんつう》〈按に産に臨むで陣痛《しきりいた》むの症なり〉をなすに臍《へそ》の下に貼《は》りて効あり。（「葱」の項の性味効能）

とあり、奥平昌高編の『蘭語訳撰』（文化七年〔1810〕刊）に「Olwyf boom　膽《ハ》八《ボ》樹《ソ》（左訓ポルトガル）オレイユ」などと見られる。

この「ホルトガルノ油」は略して「ほるとの油」とも呼ばれていた。次に引く大槻玄沢（磐水）の『蘭説弁惑』（天明八年〔1788〕序）にいう「持渡りの油薬」すなわち「ほるとの油」は「ホルトガルノ油」に他ならない。(1)

問て曰く俗に続随子《ぞくずいし》を「ほるとがる」といひ、又、持渡りの油薬にも「ほるとの油」といふ者あり。願くは其正説を聞かん。

答曰「ほとるがる」本《もと》和蘭の地よりは西隅にある国名なり。支那にて波爾杜瓦爾と音訳す。本名「ぼるちゆがる」なり。昔この国の船多く渡りしよし、其頃その国の辞この方に伝りて、今に残れるもの「かつぱ」「すつぽん」「いのんど」「まんていか」「ひりやうづ」の類なるべし。此「ほるとの油」も其国の名産にて、且其国人の初めて持渡りしもの故、その国の名を直に称したる者と見ゆ。此物本《もと》「おれいふぼふむ」といふ木の実の絞り取りたる油なり。和蘭地方にて、専ら薬用に使ふ油皆是なり、此国にて胡麻油を使ふが如し。此油の本名「おれうむ」、又木の名を「おれいふ」と云ふよりして、総て油の事を「おれうむ」或は「おれいふ」など総名になりたるなり。我邦豆州にては葉《は》細《ほそ》、紀州にては「づくの木」と称する木あり。此「おれいふぼうむ」の種類なりといふ。其図を和蘭本草より出して爰に示めす。（「ほるとがる」の項）

ホルトガルノキ自体も略されてホルトノキと呼ばれていたとすれば、すなわち「膽八」はホルトと読めることになる。後の資料であるが、明治十七年（1884）刊の岩川友太郎編『生物学語彙』には「Olive 阿利襪樹《オレイブ又ハホルトノキ》」と見える。

おそらく圭介はシーボルトという名前を「椎膽八」と宛字し、「椎」に一画を加え「稚」にし、「郎」の字を付けて日本人風の名に見せることで、それを悟られないようにしたものと思われる。

ちなみに、『蘭説弁惑』の問いにあったように、また『物類品隲』にもあったように、「続随子《ぞくすいし》」もまた「ほるとがる」と呼ばれていた。『本草綱目啓蒙』にはホルトサウの名で出てくる。

続随子　通名ホルトサウ　コクドサウ　チョウセンヤナギ種樹家（下略）（巻十三・草六・毒草類）

そして、『泰西本草名疏』にも、上巻「伊呂波目次」に「続随子《ホルトサウ》」と見え、本文巻上にも、

EUPHORBIA LATHYRS. LINN.　ホルトソウ　続随子　○云再考スベシ

と見え、附録下の「二十四綱解」にも「続随子《ホルトサウ》」と見える。したがって、圭介はシーボルトの仮名を「椎続随子」などとすることも可能であったろう。しかし、右の引用に「○云再考スベシ」とあるように、シーボルトは「続随子」をホルトソウに同定することについて否定的であったようである。圭介もそれを尊重したということであろうか。

4

出版許可を出す役人で前節に見た圭介の企てを見抜ける者はいなかったと思われるが、圭介はさらに慎重を期し、「稚膽八郎ハ伊豆ノ産。今死スト云」という頭注を付けている。しかし、この頭注でも稚膽八郎がシーボルトであることを気付かせようとする仕掛けを当初は施していたようである。重山文庫（新村出旧蔵本）に本書の自筆原稿

の一部が残っているが、その原稿ではその頭注は「稚膽八／郎ハ伊豆／ノ産今死／スト云」と四行で書かれ、それが×で消され、再びその上部に同じ文が三行の形で「稚膽八郎／ハ伊豆ノ産／今死スト云」書かれている。この三行書きの形が実際に刊行された本での形である。最初の、人名を途中で切る不自然な形を取ったのは、「稚膽八」でシーボルトの名を浮き立たせようとしたものと思われる。

ちなみに、杉本勲氏は「稚膽八郎」を「伊豆ノ産」としたのは、伊豆に流された「鎮西八郎為朝の故事になぞらえ」たのかもしれないと言われている（吉川弘文館人物叢書『伊藤圭介』p.129）。おそらくそうであろうが、「膽八」には「南蛮」人であることも暗示されてもいるのではないか思われる。平賀源内の『物類品隲』の「膽八樹」の説明にあったように、李時珍（東璧）の『本草綱目』の説明に「膽八樹生二交趾南番諸国一」とあるからである。

また、重山文庫蔵の『泰西本草名疏』の自筆原稿では、凡例に「和名ノ下ノシ符ヲ載スルモノ多シ是本稚膽《トワカ井》八郎ノ説ナリ」とあって、「和名ノ下ノシ」の「シ」の字が○で囲まれているが、国立国会図書館の伊藤文庫蔵草稿本（シーボルト書き入れ草稿本と言われるもの）では、実際に各草木の和名の下に記されているのは○のみであり、シの字はない。ここにも草稿の段階でシーボルトの名を現わそうとする気持ちと、慎重を期して隠そうとする気持ちとが錯綜していた様子を見ることができる（本書「資料紹介」の「重山文庫所蔵『泰西本草名疏』伊藤圭介自筆原稿」参照）。

5

本書の刊行許可を得るために筆者伊藤圭介が採った手段は以上のようなものであったが、無事刊行された後に圭介は以下のような改変を本文に加えている。先ず最初の修正本では「稚膽《ワカ井》八郎ノ説」とあったところが「船西醫ノ説」となり、頭注が省かれた。すなわち「稚膽八郎」という仮名が消された。この修正本の刊行年は不明であるが、更に文久三年（1863）の第二後修本では「船西醫ノ説」が「西醫椎氏ノ説」となり、「稚」の字も最初の一画が省れてシイ氏と読めるようになっている(2)。この改変を指示する圭介の手紙が残されている（国立国会図書館伊藤文庫蔵）。文久二年（1862）十一月十二日付で名古屋の留守宅へ出したものである(3)。

（前略）右泰西本草名疏を此度すり立て、製本に付ては、一ケ所板を直し度所、有之候。

右の場所と申候は、巻上の凡例の一丁めうら、右より三行《クダリ》めに、

一　和名ノ下、〇ノ符ヲ載スルモノ多シ。是本《もと》、来船西医ノ説ナリ――

右の来船西医の四字を、西医椎氏の四字にほりかへ申度候。（中略）

且又、右凡例の中に稚氏と申所六ツ七ツ有之候。右を椎氏に直し申度候。是は右板を遣し、右椎氏のへん〔扁〕之禾《のぎ》のノをけづる迄也。木へんに致し申候事也。（下略）

この手紙が出された前年の文久元年十一月に、国外追放の刑が解除され三十年ぶりに再来日したシーボルトと圭介は横浜で再会している。その時の様子がその場に同席した圭介の門人である田中芳男によって書かれている(4)。それによると、

シーボルトニ会面致候処、大悦ノ様子ニ相見エ候、通詞ヲ以テ応対致候、シ（シーボルトのこと）「久々ニテ御目ニ掛リ甚ダ大慶致候、再会ハ迚モ不相叶候ト存候処、不計事ニテ候、御壮健目出度候」、イ（伊藤圭介のこと）「御同意ニ存候、此度江戸表エ罷越処、面会ノ為メ此表エ罷越候、先年長崎帰帆後是迄如何致サレ候哉」。

と久闊を叙したのち、圭介はシーボルトに腊葉や金石の鑑定を請い、シーボルトは自分の本草書の中に圭介の名が出てくることを別の蘭人に紹介したり、随行した画工ウィルグマンに圭介の像を描かしたりしている。師シーボルトに仮名を用いたことは、『泰西本草名疏』を刊行することの歴史的意義を確信していたからこそ敢えて採られた手段ではあったが、圭介には不本意なことであったであろう。シーボルトとの再会はその名を現わすきっかけになったものと思われる。

注

（1）「ほるとがる」また「ほるとの油」などの「ほ」の表記は引用原文のままとした。

（2）以上のことは国会図書館電子展示室「描かれた動物・植物　江戸時代の博物誌」にそれぞれの箇所が写真で示されており、確認することができる。

（3）磯野直秀「『泰西本草名疏』の初版本と後修本」（『科学医学資料研究』250、野間科学医学研究資料館 1995.4）

（4）『医学・洋学・本草学者の研究　吉川芳秋著作集』（八坂書房 1993 刊）の「Ⅱ本草家・洋学者伝」の「伊藤圭介」の項。また、この時にシーボルトから圭介に出された書翰がある。これについては本書「資料紹介」に収めた「重山文庫所蔵伊藤圭介宛シーボルト書翰」で詳しく述べる。

「植物学」ということば

1

「植物学」という言葉は、リンドレイ（John Lindley）の"The Elements of Botany"（1841刊）の漢訳『植物学』（韋廉臣 A.Williamson 訳・李善蘭《りぜんらん》筆、清・咸豊八年〔1858〕刊）で始めて現れる語であり、彼等による造語であろうとされてきた。最も早くその説が見られるのは、管見では次の文章である。

○牧野富太郎「我国植物学ノ歴史一班（下）」（『慶應義塾学報』203、1914.6）

サテ植物学ト云フ名称ニ就テ一言センニ昔ハ本草学、ソレカラ物産学ト云フ様ニ言ッテ居ッタガ、明治十年頃マデハ植学ト言ッテ居リマシタ、此植学ト云フノハ誰レガ拵ヘタ名称カト申シマスト、宇田川榕庵デ此人ガ始メテ『植学啓原』ト云フ書物ヲ作リマシタ、是ハ漢文デ書イテアリマスガ、ヤハリ和蘭ノ「ボタニー」ノ書物ヲ翻訳シタモノデ、（中略）此植物学ト云フ名ハ日本デ附ケタカト云フトソウデハアリマセヌ、コレハ支那デ附ケタモノデ、同国デハ『植物学』ト云フ書物ガ出版サレテ居リマス、我邦デモ明治ノ初年頃ニ其支那本ノ『植物学』ニ返リ点ヲ附シテ日本デ翻刻シタノデ、其頃カラ漸次ニ植物学ト云フヤウニナリマシタ、

以降、現在に至るまで植物学者の文章には同様に説明されている。

○木村陽二郎「伊藤圭介著　泰西本草名疏　解説」（『泰西本草名疏　全三冊』井上書店 1976 刊）

当時は博物学とか植物学の語はなかった。この書（引用者注―伊藤圭介著『泰西本草名疏』）の出版七年前に出版された宇田川榕庵の『菩多尼訶経《ぼたにかきょう》』は植物学botanyのラテン語、botanicaをそのままボタニカとしている。榕庵は圭介の書の後『植学啓原』で植学の語をはじめて発表した。それ故に圭介が従来の造語を用いるとすれば、ボタニカの他、本草の語しかなかったことがわかる。泰西本草は泰西の植物を対象とする本草ではなくて、中国や日本の本草と違って泰西の本草はこういったものだという意味で、圭介は泰西本草の語を用いたのであろう。（中略）植物の語を榕庵はすでに『菩多尼訶経』に使っているが、植物学の語は英国人の韋廉臣（Williamson）が、有名な植物学者リンドレー（J.Lindley）の『植物学綱要』を漢訳するのを、李善蘭《りぜんらん》が筆記してできたという『植物学』ではじめて使われたもので、その本は咸豊八年（安政五年、一八五八）に刊行され『植学啓原』よりはるか後のことである。それには「草木ノ性ヲ知ルヲ植物学第一ノ要事トナス」とある。

○上野益三「『翻刻植物学』解説」（『植学啓原／植物学』江戸科学古典叢書24、恒和出版1980刊）

植学も植物学も、ともにbotanica（botany）に当てた語である。「植学」の語は和製で、造語者は『理学入門植学啓原』の著者宇田川榕菴である。ところが、「植物学」の方は中国製で、清末の李善蘭筆述の『植物学』に創まる。この本は、一八五八年、すなわち清の咸豊八年、わが安政五年の出版であるから、幕末にはその何部かはわが国に入っていたかも知れないが、実際にわが国で読まれたのは、慶応三年の翻刻本が出てからであろう。この本の内容は、いま見れば初歩的な植物学要綱にすぎないけれども、わが国で植学の語に代って、植物学の語が常用される端緒になったということで、歴史的重要性がある。（中略）この『植物学』訳出の原本については、韋も李も明らかにしていないが、イギリスの植物学者で園芸学者のジョン・リンドレーが著した、『植物学要綱』（Elements of Botany）と推測される。（中略）当時行われた概説書の中では特にすぐれていたので、李善蘭がこの本を選び、韋廉臣の協力を求めて訳出し、『植物学』一巻としたのである。そして、botany

に対して植物学の語を造ったのであった。

2

ところが、杉本つとむ氏が宇田川榕庵の大槻玄沢宛の手紙の中に「植物学」の語を見つけ出され、次のように述べられている（『西洋文化事始め十講』スリーエーネットワーク 1996 刊、pp.269–270）。

わたくしは専門家の尻馬にのって榕庵が〈植学〉の訳語を創造し、植物学は幕末に中国からはいってきたようにのべました。しかし最近、榕庵の大槻玄沢宛手紙（文政6年・1823ころのもの）に、〈西洋植物学〉の用語を見出しました。おそらく、これは日本における用語〈植物学〉の初出といえるでしょう。

右の文章に「文政6年・1823ころのもの」とあるのは文政九年（1826）八月二日付のものと思われるが、それには、

榕按ニ西洋植物学家一切ノ花弁を算して一弁二弁三弁四弁五弁六弁とし七以上を多弁〈ヘールブルームブラーテン〉と成し算せず。

とある（杉本つとむ編集『早稲田大学蔵資料影印叢書洋学編第1巻蘭学者　肖像・遺墨・書簡集』（早稲田大学出版部 1995 刊）。

おそらくこの杉本氏の指摘を受けて、西村三郎氏（『文明のなかの博物学』紀伊国屋書店 1999 刊、p.635）も次のように述べられている。

わが国には古くから「植物」という語は存在した。ただし、「ウエモノ」と訓んでいたようである。榕庵は知人あての書信などでは「植物学」という表現を使っているので、本書（引用者注―『植学啓原』）でなぜ「植学」としたのか、いささか理解に苦しむ。漢語風に簡潔さをとったのだろうか？　なお、書信中の「植物学」

も、「ウエモノノ学」と訓んでいたのかもしれない。

さらに沈国威氏（『植学啓原と植物学の語彙―近代日中植物学用語の形成と交流』関西大学東西学術研究所資料集刊21、2000.3、p.16）は、右の二書を引用した後、

手紙の本文は「榕按ニ西洋植物学家一切ノ花弁を算へて一弁二弁三弁四弁五弁六弁…」と読みとれる。「植物学」ではなく「植物学者《ママ》」であったが、榕菴の「植物学（者）」の用例はこれしかないのか。今後の調査を待つ。

と書かれている。

3

西村三郎氏は榕庵の手紙に見られる「植物学」について「ウエモノノ学」と訓まれていた可能性を指摘していた。「植物」がウエモノと訓まれていたことは「植物　ウエモノ〔文選註〕草木也」（『書言字考節用集』）、「世界にあり丈《たけ》の草や木の植物《ウエモノ》」（『西洋道中膝栗毛』）などの例から確かではある。明治五年刊の『改正増補英語箋』（石橋政方訳・便静居主人校定）にも「植物学者《ウエモノガクシヤ》 botanist」と見える。したがって、石井当光原訳・吉田正恭修定『遠西独度涅烏斯草木譜』（文政四年〔1821〕成）にある桂川国寧の「葛禄留斯《カロリユス》郭留識烏斯《クリユシウス》伝」に、

其親欲下以二先生一為中法律家上、令レ就二師於列烏賢之地一（中略）然非二其所一レ好、単鑽二研植物之学一、竟跋二渉伊斯把泥亜・波尓杜瓦尓・沸郎察（中略）一。（首巻）

と見えるのも「ウエモノの学」と訓まれたのかもしれない。

しかし、宇田川榕菴の『植学啓原』（天保五年〔1834〕刊）には「植物」の語が二十五例（「原引」に一例、巻一に十四例、巻二に三例、巻三に七例）見られるが、「天保五年仲春新鐫」の菩薩楼蔵版（『復刻日本科学古典全書第6巻』

所収影印本による）の最初に現れる「原引」の例には音読符（「植」と「物」の中央にハイフン）が加えられており、「植物」は字音語と認められる。榕菴の手紙に見られる「西洋植物学家」の「植物」もショクブツであった可能性が高いであろう。

訳術語「植物学」が音読語であったことを確定することができる例がある。廣瀬元恭訳述の『理学提要』に見られる「植物学」の例である。この書は嘉永七年（1854）に平安時習堂から出版されたものであるが、元恭の題言には「嘉永壬子孟春　廣瀬元恭識」とあって嘉永五年（1852）には完成していたようである。したがって、宇田川榕庵の大槻玄沢宛の手紙の中にみられる「植物学」に続く例となる。

次にその「植物学」が用いられている箇所を嘉永七年平安時習堂蔵版によって掲げる。送りがな等を省き（返り点は残す）、書き下し文を付す。

植物機性體也資㆓養于水大気太陽及土㆒而能生活長茂其躰雖㆑生㆓于土㆒土之所㆑養甚少。水能溶㆓諸元素㆒大気含㆓諸瓦斯㆒植物引㆓嗡之㆒和㆓親其固有之炭素㆒而成㆓凝流之二体㆒製㆓各種之香味油塩㆒。若㆓太陽所㆑養則人之所㆓能知㆒也〈注略〉植物雖㆓機性躰㆒不㆑具㆓覺性㆒着㆓在一処㆒而不㆓變動㆒待㆓土壌㆒而後存者也。故属㆓之土學㆒。此書唯舉㆓其大畧㆒。若㆘剖㆓別花葉根莖㆒辨㆗析各異官能㆖、則別有㆓植物学㆒非㆓此學之所㆑講也。

植物は機性体なり。養を水、大気、太陽、及び土に資り、而して能く生活長茂す。其の体、土に生ずと雖も、土の養ふ所甚だ少し。水能く諸元素を溶し、大気、諸瓦斯を含む。植物之れを引嗡し、其の固有の炭素に和親し、而して凝・流の二体と成りて、各種の香味、油塩を製す。太陽養ふ所の若きは、則ち人の能く知る所なり。〈注略〉植物は機性体と雖も、覚性を具へず、一処に着在して変動せず。土壌を待つて而して後存する者なり。故に之れを土学に属す。此の書唯々其の大略を挙ぐ。花葉根茎を剖別し、各異の官能を弁析するが若きは、則ち別に植物学有り。此の学の講ずる所に非ず。

（巻之三・二十丁ウ）

この『理学提要』には「植物」の語が三十例見られるが、目次に見られる二例を除いて、本文中の用例には全て音読符が付けられている。右に掲げた「植物学」の例にも「植-物-学」とある。すなわちショクブツガクである。ちなみに「植物書」（巻三・二十三丁オ）には「植-物《ノ》書」とあり、「ショクブツのショ」である。明治五年刊『啓蒙智慧之環』（於兎子訳述・瓜生氏蔵版）には「植物論《しょくぶつのろん》」と見える。

4

『厚生新編』の第五巻生植部巻之八の訳校は、文化十一年（1814）に大槻玄沢と宇田川玄真とでなされたものであるが、「楝」の項に「リンネウス」を「本草名家の名」と注している。当時の彼らにはリンネは本草家であった。その三年後の文化十四年（1817）に二十歳の榕庵は「叔氏韻府」（『厚生新編』）を読んで西洋のbotanicaを知った（「宇田川榕自叙年譜」）。『菩多尼訶経』が著わされるのはその五年後の文政五年（1822）、「植物学」の語が出てくる大槻玄沢への手紙が書かれた少し前のことである。さらに文政十年（1827）頃に「植学と本草とは迥《はるか》に別の学問なり」と書かれた『植学独語』が書かれ（未刊）、天保五年（1834）には『植学啓原』が刊行される。その序に箕作阮甫は「亜細亜東辺の諸国は、ただ本草有りて植学無きなり。斯の学有りて其の書有るは、実に我が東方の榕庵氏を以て濫觴と為すと云ふ」と書く。こういった状況からみれば、榕庵は「植物学」という語を西洋近代植物学を本草学と区別するために用いたものと考えられる。彼は『菩多尼訶経』以後『植学独語』以前にはこの「植物学」の語を用いていたのではなかろうか。「植物学」という語は、既に「植物」という語が存在し、「〇〇学」という言い方が存在するので、おのずから成立し得る語である。これに対して「植学」は「天学」（天文学）、「地学」（地理学）などと同様に簡略を旨として漢語風に言い換えた語である。この漢語風の語形に換えたという点で、「植学」は確実に榕庵の創語であると言える。この「植学」が見え始めるのは『植学独語』からであるが、『植学啓原』には

Zoologia〔動物学〕に対する「動学」の語も見られ、『動学啓原』という未刊の稿もある。この「動学」も同様に既に潜在的に存在していたはずの「動物学」という語を踏まえて造られたものであろう。

オランダ語の twaalf vingerlinggen darm, blind-dam の訳語である「十二指腸」「盲腸」は『解体新書』に初出するが、それ以前に本木良意の『和蘭全軀内外分合図』（明和九年〔1772〕刊）では「指十二幅ノ腸」「盲目腸」と訳されていた。玄白などの「十二指腸」「盲腸」は良意の訳語を踏まえて成立したものと考えられるが（杉本つとむ著『解体新書の時代』早稲田大学出版部 1987 刊、p.72）、botanica についても同じことが宇田川榕菴一人の中でなされたと言うことができるであろう。

「植物学」という語は「植学」とともに江戸時代の蘭学者の中では併用されていたのではあるまいか。ただし、榕菴の『植学独語』『植学啓原』が蘭学者たちの間で評判となるとともに、「植学」という語が広く用いられるようになったようである。例えば渡辺崋山（1793–1841）の『海外事類雑纂』（第四冊目）には「POTANICA《ママ》 植学独語全」が収められており、天保年間（1830–1844）の訳と考えられる『厚生新編』第五十八巻にも「植学」「植学家」が見え（ただし、この巻は榕庵の訳である）、嘉永二年（1849）刊の緒方洪庵の『病学通論』にも『植学啓原』の名が見える。廣瀬元恭の『理学提要』にも「植学家」（巻三・二十二丁ウ）「植学書」（巻三・二十四丁オ）とあり、安政二年（1855）に書かれた飯沼慾斎の『草木図譜』の序（伊藤圭介筆）にも「植学」とある。

ただし、「植物学」という語も前述のように『理学提要』には「植学」とともに現われ、明治二、三年（1869–70）頃に書かれた西周の『百学連環』の自筆ノートには「植学」とあるが、その講義の筆録本（永見裕本）には「植物学」とある。明治五年（1872）刊の『改正増補英語箋』には「植物学者《ウエモノガクシヤ》」とあった。明治六年に文部省が刊行した小学掛図『博物図』の教授法の書が多く出版されたが、その中には松本駒次郎の『植学啓蒙』があり、また三橋惇の『植物学教授本』、松村任三の『植物小学』、能勢栄の『中等植物学』などがあって、「植学」「植物学」とともに現れる（牧野富太郎「植物学ニ関スル訳語ノ変遷ニ就キテ」『理学界』第四巻第一号、明治三十九年〔1906〕七月による）。西洋植物学書の訳述書でも同様である、明治八年に刊行されたリンドレイの『スクール・ボタニィ』“School Botany”は『植学浅解』と訳され、明治十四年に出されたゾイベルトの『グルンドリッツス・デル・ボタニーク』“Grundersz der Botanik”は『普通植物学』（丹波敬三他訳）と訳されている。

ただ、『植物学』の翻刻本が慶応三年（1867）に出され、明治八年に阿部弘国述『植物学和解』また田原陶猗編『植物学抄訳』というその邦訳や抄訳が出されてからは「植物学」がこの著と強く結びついたことは確かであろう。上野益三氏（「『翻刻植物学』解説」『植学啓原／植物学』）が指摘する次のことも『植物学』と「植物学」との結びつきを強くしたものと思われる。

李善蘭筆述の『植物学』は、わが国の植学を植物学に移行させるきっかけを与えたが、もう一つ重要なことがある。それは、わが国の植物学や動物学で分類のタクソン用語の「科」が、この漢訳の『植物学』に始まるのである。もっとも、この本にいう科は、現在言うところの科、すなわちfamiryの意味ではなく、order（目）に相当する。

こうした『植物学』と「植物学」との結びつきが意識されるに伴って、宇田川榕菴と「植学」との結び付きが改めて意識されたものと想像される。日本初の植物学術語集『植学訳筌』（明治七年文部省）の緒言に「訳字ハ漢訳植物学植学啓原等ノ諸書ニ拠リ」とあり、『植学浅解』（小野職愨訳、明治八年刊）の緒言に「抑我邦植学ノ訳書嚮ニ榕菴宇田川氏植学啓原ノ著アリ又漢訳植物学アリテ世ニ行ハル」とあり、さらに『植物学畧解』の題言に「有志ノ徒ハ尚韋廉臣ノ植物学、植学啓原、草木図説、泰西本草名ニ就キテ宜シク参考スベシ」とあるのはそれを象徴するかのようである。そうしたことが「植物学」はリンドレイ（J.Lindley）の“The Elements of Botany”の漢訳『植物学』に始めて現れる語であり、李善蘭等による造語であるという通説を生んだのではなかろうか。

おわりに

訳術語の研究に関して記憶されることに「病院」をめぐる論争がある。荒川清秀氏の『近代日中学術語の形成と伝播　地理学用語を中心に』（白帝社1997刊、pp.29–30）にその概略が記されているが、以下のようなものである。森島中良の『紅毛雑話』（天明七年〔1787〕刊）に「同国中（引用者注―「欧羅巴国中」の意）に『ガストホイス』といふ府あり。明人病院と訳す」（巻一「病院《ひやうゐん》」）とあることについて、斎藤静氏は「日本で発行されている大小の漢和字典および国語辞典を隈なく検索してみたが、絶えてこの語の語源を掲げているものはない。[Ch.]（引用者注―中国語）としては、医館、医院、医局などいうのが普通である」（『日本語に及ぼしたオランダ語の影響』東北学院大学1967刊、pp.63–64）と言われ、佐藤亨氏も「訳語『病院』の成立―その背景と定着過程―」（『国語学』118、1979.9）で、中国の辞書『佩文韻府』にも『辞海』にも見出されず、「明人」が博識の人の意とも理解されることを述べつつ、大槻玄沢ら蘭学者の造語である可能性を言われた。杉本つとむ氏、森岡健二氏もこの和製語説をとったが、鈴木博氏は「『病院』は和製漢語か」（広島大学国語国文学会『国文学考』86、1980）で「病院」の語がイタリア人在華宣教師アレニ（艾儒略）の『職方外紀』に見えることを指摘しつつ、このことは既に地理学者の鮎沢信太郎『山村才助』（吉川弘文館1959刊、pp.81–82）また『地理学史の研究』（愛日書院1948刊、p.144）で指摘されていることを明らかにした。以上のことから荒川氏は「この「病院」をめぐる論争は、わたしたちに大切なことを教えてくれる」として、「訳語、学術用語の問題は、専門性をもち、いくつもの専門分野にまたがるものだけに、専門分野への周到な目配り、学際的な協力が必要となる。これは訳語をあつかうものすべてがおたがいに自戒すべきことであろう」と述べられている。このような経験を経て現在の訳語研究は確実な成果を挙げてきたことは確かである。しかし、中国側資料への目配りが詳細綿密になるとともに、「植物学」というような語が示したように、内部資料へも、より一層周到な調査が求められてくるもの思われる。

さらに本書の問題意識によって付け加えれば、「病院」という語が単に言葉の問題としてではなく、「養生所」と呼ばれていたものに代わって「病院」と呼ばれる近代西洋医療機関が日本の社会の中に誕生していく過程を考察することも重要であろう。この問題については矢尾美咲「『病院』の成立」（『同志社女子大学日本語日本文学』26、2014.6）が扱っている。

『植学独語』の「霊蚕」存疑

1

地上に存在するものを動物・植物・鉱物の三つに分けるのはリンネに始まるという。この考え方は蘭学によって日本に紹介された。『厚生新編』第六巻に「宇宙三造」という語に注して、

> 原名「デリーレイケン・デル・ウェーレルド」といふ。惣界中生産する所三種の造物を斥《さ》す。即ち動物生植金石の三類なり。　（「薬局」の項）

とあり、第七巻には「三豊《ぼう》」という訳語で、

> 凡そ地ニ豊有《ほうゆう》する品物を三種ニ分ちて論定す。（中略）即ち是を造花の三豊《ぼう》と名く。其一は生族《せいぞく》、其二は生植《せいしょく》、其三は金石なり。　（「ア、ルデ　即土又地」の項）

とある。ともに文化十一年（1814）に摂津守に提出されている訳稿であるが、前者は大槻玄沢と宇田川玄真による訳であり、後者の訳にはこの二人に馬場貞由が加わっている。玄真の養子である榕菴もまた『植学独語』（文政十年〔1827〕頃成）の「西洋にては、別に草木金石虫魚の類、おしなべて吟味する一種の学問あること」の項において（傍線引用者）、

> 三有とは万物たとひ幾千万ありとも大別動物植物山物の三宗類に嚢括苞挙して、三有とは名《なづ》けしなり。動物と

は霊蚕によらず、人畜より蜚蚊龍蟻螟に至るまでを宗称し、高さ数仞大さ合抱の松杉より醬黴《ミソノカビ》、麴塵に至るまでを宗称して、植物といひ、金銀銅錫土砂塩鉱の類を、総て山物とはいふなり。

と言い、『植学啓原』（天保四年〔1833〕成）においても、

天高く地厚し。万物、両間に森羅す。之を別ちて三有と為す。動物《ヂーレン》と曰ひ、植物《プランテン》と曰ひ、山物《ミネラーネン》と曰ふ。

（巻一・学原。原漢文）

と「三有」の名で紹介している。

ところで、先の『植学独語』の文章中に「霊蚕によらず」という理解のできない句がある。これについて考えたところを述べたい。

2

『植学独語』には二つの写本がある。ともに国立国会図書館の所蔵であり、一つは「伊藤篤太郎記」の印《いん》のあるもの、もう一つは後書きに「玩古斎主人」なる人が「帝国図書館収蔵本之植学独語誤字多くして殆ンど読がたし」という理由で、明治三十七年に林芳吉所蔵本によって訂正したと記してあるものである。この二つの写本には文字や語句の異同があるが、両者を対校することで疑問に思われる箇所はほぼ解決することができるのだが、問題とする「霊蚕によらず」に異同はない。「霊蚕」が略体字で書かれていることも同じである。したがって、この本文の形で考えざるをえないのであるが、前後の文脈の中で、この語句をどのように理解して良いのか分からない。矢部一郎氏の『植学啓原＝宇田川榕菴　復刻と訳・註』（講談社 1980 刊）では「蚕（カイコ）はいうに及ばず」と訳されているが、なぜそのような訳になるのか理解できず、仮にそのような意味であるとしても、なぜ蚕だけが特別扱いされるのかが理解できないのである。

「霊蚕」という名の蚕は江戸時代の養蚕関係の書まで覗いても確認できない。そこで、この字並びの語を博捜してみると、漸く中井履軒（1732–1817）の漢詩集『履軒古韻』巻一の「礼賦」の中に「崑崙の丘　霊蚕糸を吐き　天に法《のっと》りて経と為し　地に則《のっと》りて緯と為し　之を展《の》べ　之を駕《あやつ》る」（原漢文）などと見えるものを得た。しかし、これらは「霊妙な蚕」といった意味であり、『植学独語』の文脈には適さない。

3

ところで、『植学啓原』の巻二の「植虫」の項の終わりに動物と植物の違いについて述べた箇所がある（原漢文）。

按ずるに動植は皆機性体なり。唯動物、其の霊を得て知覚あり。是れを以て能く動き能く行く。植物は是に反す。然れども動に霊蠢有り。植も霊蠢有り。故に植の極霊なる者は以て動の終に接す可く、動の極蠢なる者は以て植の初に列す可し。故に古人云ふ、天の物を生ずる、一気呵成すと。誠なるかな。

前引の巻一「学原」の内容に呼応する内容であるが、注目されるのは「霊蠢」という語である。この「霊蠢」という語も辞書類には見られず、管見では陳扶揺の『秘伝花鏡』（清・康熙二十七年〔1688〕刊）に、

爰修㆓小史㆒、多識㆓草木之名㆒兼及㆓余刊㆒。尽述㆓霊蠢之属㆒。雖㆑類㆓末枝㆒、不㆑滅㆓琅函㆒。（脊小姪張「序」）

と見える一例を得ただけであるが、この「霊蠢」の「霊」は「優れたもの」の意であり（『大漢和辞典』には「『隋書』「文学伝序」の「江漢英霊、燕趙奇俊」が挙げられている）、「蠢」は「劣ったもの」の意であろう（同じく『蔡伝』の「蠢蠢然、無智之貌」）。したがって、「霊蠢」は「優れたものと劣ったもの」という意味に理解できる。

あるいは『植学独語』の「霊蚕」はこの「霊蠢」の誤写ではあるまいか。「蚕」は「蠶」の俗字である。「蚕」の字は『植学独語』の写本では他にも「日夜巧志して、蚕を祛くの法を謀らん。（中略）草綿を植へ繭蚕を養ふ」（第七項）、「陶弘景曰僵蚕為㆑末塗㆓馬歯㆒即不㆑能㆑食㆑草」（第八項）と見られるが、正字体の「蠶」も「若桑葉神効ある

薬にして蠶無能の蚯蠋《イモムシ》たらば」（第七項）と見え、『植学啓原』でも巻二「結実」に「蠶蛾《ヒルノテフ》」（カイコの蛾）が見られる。もし「霊蚕によらず」が「霊蠢によらず」の誤写であり、「優れたものと劣ったものとを区別せずに」といった意味であれば、「動物とは霊蠢によらず、人畜より蜚蚊龍蟻螟に至るまでを宗称し」は「人畜」を動物の「極霊」とし、「蜚蚊龍蟻螟」を「極蠢」の例として挙げていることになる。また、「霊蠢によらず」は「高さ数仭大さ合抱の松杉より醬黴、麴塵に至るまでを宗称して、植物といひ」という文にも係っていき、「高さ数仭大さ合抱の松杉」は植物の「極霊」、「醬黴、麴塵」は「極蠢」として挙げられているものと理解できる。矢部一郎氏（前掲書）の注を借りれば、「蜚《ひ》」は「節足動物昆虫綱直翅目ゴキブリ科の諸虫。主にゴキブリ、チャバネゴキブリをいう。蜚蠊《れん》、蜚蠦《ろ》ともいう」、「龍」は「爬虫類のオオトカゲヲ指して竜ともいった。漢薬では、恐竜のマストドン、ステゴドンの骨、歯、牙などの化石をいう。骨の化石は竜骨、歯の化石は竜歯、牙の化石は竜角という」、「螟《めい》」は「螟虫、ずいむしともいう。草や木の茎などの髄を食い荒らす昆虫を総称したり、鱗翅類メイガ科の蛾の幼虫の総称の場合もある。主に鱗翅類メイガ科のニカメイガやサンカメイガの幼虫をいう」である。また「醬黴」は原文に振り仮名が付けられているようにミソノカビであり、「麴塵」はコウジのカビ（『植学啓原』ではカウヂバナの訓がある）のことである。

4

ところで、先に引用した『植学啓原』の巻一の「学原」の文章の後に、

動植の二有は機性体《ベウエルキトイグテ》〈養を異類に資り、以て其の液を成し、内より化する者なり。〉なり。山物の一有は無機性体《オンベウエルキトイグテ》〈養を同類に資り、外より凝聚し、以て其の形を成す者なり。〉なり。山物生産死亡無く、知覚無く、性と形を異にす。（原漢文）

とあるが、このように万物を動植物と鉱物とに分けるのも西洋から学んだものであるが、動物植物それぞれの内に優劣の順を言うのもまた、西洋から学んだもののようである。高野長英の『医原枢要』（巻一のみ天保三年〔1832〕刊）にも、

活物有レ二。動而活者、此謂二動物一。静而活者、此謂二植物一。

人ヨリ無血虫ニ至ルマデ凡ソ自在ニ動揺シテ生活スル者ヲ動物トシ、草木ヨリ芝栭ニ至ルマデ総テ培植スルニ非ザレバ生ヲ存シ難キ者ヲ植物トス。

と見える。ここでは「人」と「草木」とが「極霊」にあたり、「無血虫」と「芝栭《シジ》」（きのこ）とが「極蠢」にあたることになる。

時刻を「〇字」と書くこと

1

日本に初めて西洋時計が渡ってきたのは、天文十九年（1550）に宣教師ザビエルが大内義隆に小さな自鳴鐘を贈った時とされる[1]。慶長の頃（1596–1615）には江戸城には多くの時計があったようであり、神沢杜口編『翁草』（安永五年〔1776〕序）に「江戸城中時計幾箇も有けるが、時計の仕掛に寄り少々宛の違ひ有て、所々にて時積不レ揃故、台徳院様御意に、時計は唯一つにして太鼓を打、積て時を知せよとの仰に仍り、其通になる。その後は刻限くるひ不レ申とぞ」と見える。その頃には長崎にはさまざまな和蘭製時計が持ち込まれていたようで、明和二年（1765）刊の後藤梨春『紅毛談』に「時計大小いろ〳〵、枕どけい、印籠どけい、根付どけい、あるひは三年に一度づゝしかける自鳴鐘もあり、其外水どけい、沙どけいの製も、他州よりは甚くわし」と見え（「根付時計」は現在の懐中時計のこと）、それから更に七十三年後の出雲藩士小川友忠著『西洋時辰儀定刻活測』（天保九年〔1838〕刊）には、秒針の付いたもの、三十一日の日を示すもの、七曜を指すもの、自動的にゼンマイが巻かれる「万年時計」が紹介され、なお「其外年々舶来ノ奇品多シ。枚挙スルニ遑アラズ」とある。この『西洋時辰儀定刻活測』は和時刻と西洋時刻の対照表が付表として添えられているものであり、庶民が時計を手に取るようになったのはこの頃からのようである。これ以降、同種の内容のものが続々と出版されている。『西洋時辰儀定刻便覧』（文久三年〔1863〕）、『西洋時規定刻範』（江戸後期）、『西洋時辰儀定刻範』（江戸後期）、『新編西洋時計輯覧』（明治初期）、『西洋時計便覧』（明治二年〔1869〕）、『皇洋時計合鑑』（明治五年〔1872〕）、『時計合鑑』（明治五年）、『掌中西洋時計便覧』（明治五年）などそれであるが、これらは折本の形を取り、西洋時計に添えて売られることもあったと言う。(2) このうち『西洋時計便覧』は柳河春三の著であるが、その序には西洋時計が家ごとに所有されていることが記されている。

旦を待つ忠臣も、陰を惜む学士も、かくべからざるものは、時辰儀になんありける。此物むかしはいとまれ〳〵にのみわたり来ぬれば、縉紳富豪ならでは、ゑうまじかりつるを今洋外の交しげきものから、種々の品どもつどひ来て、つひには家ごとに貯ふべく成ぬるも、また昇平の余沢にこそ、されば、此器のもちひかたは、誰の人も心得しるべきことになん、（下略）

2

前節に紹介した『西洋時辰儀定刻活測』は、我が国の時刻と西洋の時刻とを対照させた最初の刊行物と思われるが、

明暮ノ六ツ甚ダ定メガタキモノ也。先ヅ六ツヲ定ルニハ大星パラ〳〵と見エ、又手ノ筋ヲ見テ細キ筋ニ見ヱズ、大筋ノ三スヂ計リ箇成《カナリ》見ユルトキヲ六ツト定ム。シカレドモ所々ノ習人々ノヤウニテ少シヅヽノ違ハアルモノ也。（明暮六定ノ事）

といった「明け六ツ」「暮れ六ツ」の定め方などが記されているとともに、西洋時計の見方や使い方の極めて初歩的なことが丁寧に説明されており、六つ時制また十二支時制で暮らしていた人々にとって西洋時計がどのような存在であったかを窺い知るのに好適な史料ともなっている。例えば、西洋時計の長針および短針と盤面の目盛りや数字との関係について、

西洋時辰儀《ジシンギ》《トケイ》ノ分ハ長針ノ分ニシテ短針ノ分ニアラズ。依テ長針ノ頭ニ分ヲ置《ヲキ》テ短針ハ分ニトヾカズ。是長針ノ

用ニ置《ヲク》ガ故也。又一ヨリ十二マデノ数字ハ分ノ下ニアリ。是短針ノ用ニ置ガ故ナリ。若シ分ヲ短針ノ用ニ置ナラバ字ノ下ニアラン。分ヲ字ノ上ニ置ヲ以テ長針ノ分タルコト明カナリ。然ルヲ本邦ニテ短針ヲ分ニ引キアテ、時ヲ計ルハ大ニ誤レリ。

（西洋時辰儀大意　並　長針ヲ以テ時ヲ計事）

と説明し、長針の回転数と短針の指す文字との関係について、

日ノ永短ニヨラズ年中昼夜トモ長針一回《ヒトメグリ》短針一字ヲ一時ト定ム。（中略）平等時ノ六時〈此書ニ云六回ナリ〉何分、或ハ七時〈即チ七回ナリ〉何分ニテ（下略）

（西洋時辰儀大意　並　長針ヲ以テ時ヲ計事）

此長針ノ回数ハ先ヅ　昼夜共正九ツニ長針短針十二ノ字ノ正中ニ重ナル、是ヲ始トシテ夫ヨリ長針メグリテ、又元ノ十二字ノ正中ヱ行ケバ一回ニシテ短針ハ一ノ字エ行ク〈但シ一回ノアイダ六十分ナリ〉。夫ヨリ長針メグリテ、又十二字ノ正中エユケバ二回ニシテ短針ハ二ノ字エ行ク。又長針三回スレバ短針三ノ字ヱユク。故ニ短針ハ長針回数ノカズトリト心得ウベシ。

（長針ノ回数ヲ知事）

などと説明している。

こうした説明によって十二支時制の時刻は短針の指す文字、すなわち長針の廻転回数としての西洋時刻と対応されたのである。したがって、附表の「時刻対照表」は、次のように十二支時制の時刻が西洋時計の針の廻転数と位置で説明されているのである。

子	丑	寅	卯	（下略）
十二回	二回十八分	四回三十六分	六回五十四分	（下略）

ところで、西洋時刻が長針の廻転数すなわち短針の指す文字の数として理解されていたことは、後に西洋時刻が「何字」と書かれることと関連があるのではないかと思われる。

3

石堂研堂著『明治事物起原』に、

本邦従来時刻を称するに、十二支を以てすると、六つ五つ等四つより九つ迄の数を以てする、とあり。外交開けて後、外人に関係ある事には、新時刻を称したれば、一時代の公文書中にも三様四様の称呼あり、最も混乱甚しかりし。

とあり、「新時刻の例」「十二支制の例」「六つ時制の例」「字の字の例」の具体例が示されているが、「字の字の例」は、岡田摂蔵の『岡田小記』の慶応四年（1868）閏五月十日に、

第十字上海に着〈何字は時の名なり。西洋一般、一昼夜を二十四時間に分つ。今我時《わがとき》と混ぜんことを恐る。故に言相通ずるを以て、記中仮に字の字を用ゆ〉

とあるのを「古き方」としている。

「時」が「字」と書かれるようになった理由を、『明治事物起原』は、「(二十四時刻は)特に西洋第幾時と断る不便ありたれば、西洋式時刻には、字の字を使ふ者漸く多し」「原ト旧幕府の頃、我従前の時と西洋制の時とを混乱するを避けたるなり」と説明している。おそらくそのような理由であったものと思われる。

ただし、松井利彦氏の調査によれば[3]、幕府関係の資料では万延年間（1860–61）・文久年間（1861–64）・元治年間（1864–65）には、「二四ジ制の時刻表示には「時」が使われるのが普通」であったようである。松井氏が示す万延年間の例は、万延元年（1860）に咸臨丸やポーハタン号でアメリカに渡った使節団の副使村垣淡路守範正の『遣米使日記』にある、

夕第六時〔以下渠《かれ》の時を用ゆ則薄暮也〕横浜に碇を入たり　（万延元年〔1860〕正月十八日）

などの例である。

このような言い方は蘭学者たちの間で早く用いられていたものである。例えば『厚生新編』第三十六巻（文政五年〔1822〕から文政九年〔1826〕の間に大槻玄沢と宇田川玄真によって訳されたものと考えられる）の中に、

> 留魯弗斯《リヨロフス》曰設令《たとへ》ば一千七百四十九年第十二月二十一日第三時に「ロッテルダム」或は「アムステルダム」の海満潮なる時は其第三時〈注略〉に四十八分四十五秒四十八微の十三倍を加ふ故に二十二日朝第一時三十四分五秒〈注略〉二十四微に満潮となるを知る。但月の実行を以て求めんは要せず。先ヅ月の南中時刻を以て求るに第十時八分なり〈注略〉。故に是に三時を加へて二十二日の朝一時十八分に満潮あり。故に平行を以て求るより十六分余速《はやき》なり。但二十一日の満潮時刻を求んと欲せば十二時二十四分四十二秒〈注略〉五十四微を既に求め得たる平時〈即二十二日三時四分五秒二十四微〉より減し算して而して二十一日午後第一時九分二十二秒三十微なる事を知る。
>
> （「潮汐消長」）

と見え、また、川本幸民の『気海観瀾広義』（嘉永四年〔1851〕初冊刊）に、

> 余幼ニシテ某氏ニ僕タル時、楼上ヲ寝室トス。其窓墓地ニ臨ム。一夜睡初メテ覚ム。鐘声二時〈丑牌〉ヲ報ズ。（中略）余曾テ学寮ニアリシトキ、鐘楼近キ在リ、夜中睡醒ム。鐘声三時〈丑牌半〉ヲ報ズ。（中略）急ニ起テ時儀ヲ取リ、窓前ノ月光ニ照ラシテコレヲ見ルニ、果シテ僅ニ一時〈子牌半〉ヲ過ク。
>
> （巻一「費西加要義」）

と見える。こうした蘭学の用い方が万延年間以降、幕府関係者にも用いられるようになったものであろう。

4

ところで、問題にしたいのは、『岡田小記』には「言相通ずるを以て」とあるが、なぜ「時」に当てられた文字

が「字」であったのかということである。単に音が同じという理由であれば「次」「自」「尓」「而」「示」などを用いても良かったはずだからである。

西洋の時刻に関わる表現で「字」が用いられたのはこれが最初ではない。幕府の記録『触留』に、

明八日対馬守殿宅へフランス、ミニストル西洋第八字時参上致候旨昨六日御沙汰致候処西洋第一字時に参上致し云々。（文久二年〔1862〕四月七日）

など「西洋第○字時」といったものがあった。[4] しかし、「字時」とあるのであるから、この「字」は「時《ジ》」の宛字ではない。西洋時計の文字盤の数字である。

しかしまた、疑問に思うのは、幕府関係書の中に、蘭学において成立していた西洋時刻を表わす「第何時」「何時」が既に用いられていたにも拘わらず、なぜこの「西洋第何字時」という言い方が新たに出現したのかということである。「我時《わがとき》と混ぜんことを恐る」といったようなことがあれば、「西洋」という語を冠することで十分であったはずである。それまで用いられていた蘭学由来の「第何時」「何時」とは異なるこのような言い方がなぜ新たに現れる必要があったのか。それは西洋時計が普及してきたことに因るのであろう。和時刻と西洋時刻との対照表が携帯に便利な折本の形で相継いで刊行されたのは、前述のように『西洋時辰儀定刻便覧』（文久三年〔1863〕）以降のことであった。その時期と「西洋第何字時」「第何字時」「何字時」「第何字」「何字」といった「字」を使用した言い方が現れる時期とが一致しているのは偶然とは思われない。現在の我々もまた、時計が示す文字から時刻を知るしかないのであるが、十二支制また六ツ時制の不定時法で生活していた人にとっては、『西洋時辰儀定刻活測』に「長針ノ回数《クワイスウ》《メグリカズ》ヲ見ルコトヲ知ラズンバ時ヲ計リ知ルコトアタハズ」と書かれているように、西洋時間は西洋時計の針が示す文字盤の数字で知るしかなかったものと思われる。[5] 西洋時間を表わすのに既に「時」の字を用いていた者においてもそれは同様であったことは、森田岡太郎の『亜行日記』[6] に、

彼国ノ者朝ハ時計ノ八時、昼は三時、夕七時八時ノ間ナリ。（万延元年〔1860〕閏三月十三日）

とあり、明治二年〔1869〕に刊行された『西洋時計便覧』でも、

時計を見て時を知るには、長針の指す所を、細に見定むるを専一とす。短針は一昼夜に、只二度まわるのみなれば、動き方わづかにして、少しの刻分を弁じがたし。長針は一時に一まわり、即ち一昼夜に廿四度まわるゆへ、暫時に其所を動くゆゑ、長針の向きを見て、何時何分といふ事を知るべし。何時にても正しく時にあたる時は、長針Ⅻの所にあたる。即ち正午第十二時なれば、Ⅻの所にて、長針と短針とかさなり合なり。（下略）

と説明され、明治五年に出された『時計合鑑』においても「仮令《タトヘ》バ十一月ノ中ノ丑ノ時ハ西洋時計ノ何時ニ当ルト云ニ（引用者注―対照表の）其段《キダ》其行《クダリ》ヲ縦横《タテヨコ》ニ推テ見レバ則二字十分余ニ当リ同寅ノ時ハ四字廿分余ニ当ルト云コト知ラルベシ」と常に時計が言及されていることからも知られる。

5

言葉は簡便さを求めて短縮される。新しく成立した「西洋第何字時」という言い方も同じ道を辿ったものと思われる。例えば、

明十四日西洋第十二字御軍艦操練所おゐて《ママ》御衆中方亜蘭両公使ニ御対話（『触留』文久三年〔1863〕九月十二日）

とあるのは、「時」を略したものであり、柴田剛中『仏英行』（日本思想大系『西洋見聞集』岩波書店刊所収）の慶応元年（1865）閏五月三日条に見られる「第何字時」というのは「西洋」を省いた形であろう。この「第何字時」から「第」が省かれた形が『太政日誌』（明治二年〔1869〕三号、四号）などに見られる「何字時」であり、さらにそれが略されたものが「何時」であろう。前掲『厚生新編』第三十六巻の「潮汐消長」の文章の中にその例が見えたが、『遣米使日記』の万延元年（1860）正月十八日にも「夕第六時〔以下渠《かれ》の時を用ゆ則薄暮也〕」とあり、少し後

には、

今朝五時半過巴納麻港江着船　　（万延元年〔1860〕閏三月五日）

とあって「第」の語が略されている。

必ずしも右のように順序よく省略されていくわけではないが、原理的にはそのようになるであろう。

しかし、「西洋第何字時」が略されて「何時」にまで至ると、六つ時制の「何時」と混同されることになる。当時、六つ時制もまた用いられていたことは『明治事物起原』に述べられていたとおりである（『明治事物起原』では明治元年十二月の駅遞司の達しの「諸官省の御用状は、毎月五十の日七ツ時迄に辰ノ口駅遞司へ可差出事」の例が示されている）。慶応四年（1868）に書かれた『岡田小記』の「今我時と混ぜんことを恐る。故に言相通ずるを以て、記中仮に字の字を用ゆ」とあるのは、その段階における西洋時刻を指す「何時」に対する工夫であったのであろう。したがって、『触留』の例などをもって、「「字」の使用があたかも岡田自らの工夫のように受け取られかねないが、二四ジ制の時刻を「字」で書くことは、その数年前から侍の間で行われていた」(7) と言われるのは少し訂正が必要であろう。侍の間で行われていたのは、「西洋第一時」「西洋第九時」などの言い方に雑じっている「西洋第八字時」「第十字時」などの例であり、『岡田小記』が問題とした「何時」といった段階までに略されて、「我時《わがとき》」すなわち旧時制の「何時《とき》」と間違われる可能性が生じた西洋時制の「何時《じ》」の宛字として用いられた「字」ではないからである。ただし、岡田が「今我時《わがとき》と混ぜんことを恐る。故に言相通ずるを以て、記中仮に字の字を用ゆ」と書いた同年の二月に出された『太政官日誌』創刊号にも、

一　亦曰今日必相分ルベシト雖弥確定スルハ明十五日ト定ムベシ。然ラバ明十五日十字ノ朝米国公使館ニ於テ
　再会シ各般ノ諸事件ヲ約定セン。

とあって、確かに岡田の独創とは言えないようであり、この時期に必然的に現れてきた書き方と見るべきもののよ

うである。

いずれにせよ、「何時《じ》」に代わる「何字」は以降広く用いられるようになる。『明治事物起原』には、明治元年室月頒布、兵学校規則の「八字より十字まで練兵、十字より二十分時の間休息」、明治元年十一月三十日付の公議所開期公布の「二十七の日会議有之、日々十字出仕、二字退出の事」、さらに明治五年の汽車の時間表に見える「何字何分」の例などが示されており、松井氏の「新漢語「時間」の成立と《時》の表示法」では、明治五年の『新聞雑誌』『郵便報知新聞』『東京日々新聞』には「時」による時刻表示はなく、「暁第四字」「第七字」「昼三字」「夜十一字」などが用いられていることが報告されている。

6

公式に西洋の時刻制度への切り替えが行われたのは、このような「〇字」が盛んに用いられていた時であった。明治五年十一月九日付の『太政官日誌』九十七号の、それに関する事項の第三項と第四項および但書きは次のとおりである。

三、時刻之儀是迄昼夜長短ニ随ヒ十二時ニ相分チ候処今後改テ時辰儀時刻昼夜平分二十四時ニ定メ子刻ヨリ午刻迄ヲ十二時ニ分チ午前幾時ト称シ午刻ヨリ子刻迄ヲ十二時ニ分チ午後幾時ト称候事

四、時鐘之儀来ル一月一日ヨリ右時刻ニ可改事

但是迄時辰儀時刻ヲ何字ト唱来候処以後何時ト称候事

但書きについて、新村出博士は、これまで「何字時」と唱えられていたのを「字」という字を取って、単に「何時」と言い替えよという意味だと言われている。(8)「何字時」の形を示されたのは布告に「唱」「称」という語が用いられていることによるのであろうが、市川斎宮の原案が「一昼夜ヲ二十四ニ割リ其一ヲ一字トシ一字ノ六十分一ヲ

一分時トシ一分時ノ六十分一ヲ一秒時トス」などと書かれていたことや、この但書きの後に付載されている「時刻表」に、

零時即午後十二字子刻　一時　子半刻　二時　丑刻　三時　丑半刻　（下略）

とある「零時」の注記に「即午後十二字」とあるのを見ても「何時」に言い換えるのは「何字」であろう。しかし、「唱」「称」は「書」あるいは「記」の誤りとする説にも従えない。新時刻制も公的なものでは一部用いられるようにはなっていたが、十二支制また六つ時制もなお用いられていたのであり、特に布告の対象である民間の人々が日常生活で用いている時刻はそれであったと思われる。但書きで「字」で意味されているのは彼らにとって時計の文字盤で知られる西洋時刻制であり、正確に言えば「西洋時計の何字」であったと思われる。彼らにとって西洋時刻制は身近な時刻ではなかった。(9) 布告の第三項はその身近なものではなかった二十四時制を今後は唯一の「時」とすることを言っているのである。同音でも異なる意味の語は別語であるが、この場合もそれに準じて「唱」「称」と言ったものと思われる。

注

（1）新村出「時計伝来の歴史」『南蛮更紗』（改造社 1925 刊所収）

（2）尾佐竹猛「『西洋時計便覧』『西洋将棊指南』解題」（『明治文化全集第八巻風俗篇』）。尾佐氏は、柳河春三著『西洋時計便覧』（明治二年刊）の解説においても、次のように説明されている（『新聞雑誌の創始者柳河春三』高山書院 1940 刊）。

此書は小形の折本となつて居るが、これは当時の監修として、時計所持者は、時の対照表を所持して居り、これに依り先づ、時計の針の指す文字を見、次いで日本の何の時に当たるかを対照表に依り始めて知るといふ今日よりは、殆ど想像も及ばぬ珍妙なことになつて居た為め、時計屋は時計一個毎に対照表を添えて売るといふ訳で、懐中するに便利な為めにこんな体裁の本にしたのである。斯く述べると余りに人を馬鹿にした話で信ぜられぬと

いふ批難があるかも知れぬが、念の為めに同書の一節を摘録せんに、先づ始めに、数字の説明があり、次に

子時夜九ツ　丑時夜八ツ　　寅時暁七ツ　　卯時明六ツ
十二時　　二時十分十二秒　四時二十分二十四秒　六時三十分三十六秒

といふ風に対照してある、しかし是は十一月中のことで、十月、十二月になると

子時夜九ツ　丑時夜八ツ　　寅時暁七ツ　　卯時明六ツ
十二時　　二時七分十二秒　四時十四分二十四秒　六時二十一分三十六秒

といふ工合に毎月変るのであるから、成程、対照表と首っ引でなければ時間が解らなかつた筈である。時計を見る苦心は、メートル法対照の比ではなかつたのである。

(3) 松井利彦「近代語における《時》表示法の位相」(神戸松蔭女子学院大学国文学研究室編『文林』40、2006.3)
(4) 『古事類苑』による。橋本万平『日本の時刻制度』(1966.9 塙書房刊)、松井利彦「近代語における《時》表示法の位相」にも引用されている。
(5) 岡田芳朗氏も「これまでは、時刻があって、それを表わすのが時計であったが、今度は正確無比なる西洋時計が示す文字盤上の文字が時刻となった」と言われ、さらに「その時刻に従って人間が行動するというパターンが出現した。この現象は、ある意味で近代日本の行動様式を示して妙である」と言われている(『明治改暦【時の文明開化】』大修館書店 1994 刊、p.61)。
(6) 松井氏論文注(3)からの引用。
(7) 松井利彦「新漢語「時間」の成立と《時》の表示法」(『近代語研究』13、2006.12)
(8) 新村出「時計伝来」(『新村出全集』第五巻所収)
(9) 注(2)引用の尾佐竹猛氏の文章を参照。

資料紹介

重山文庫所蔵伊藤圭介宛シーボルト書翰

1

伊藤圭介とシーボルトとの最初の出会いは、一八二六年三月二十六日（文政九年二月二十九日）、シーボルトの一度目の来日の際、長崎から江戸に向かう途中の尾張熱田の宮の宿（現在の名古屋市熱田区内）においてであった。シーボルトの『江戸参府紀行』にその時のことが次のように書かれている（東洋文庫本の斎藤信訳による）。

日本の友人や以前の門人が訪ねて来たが、その中にはたいへん経験の豊かな植物学者で、私が出島から手紙のやりとりをしていた水谷助六（Mizutani Zukeroku）と、医学には門外漢で私が前に植物の収集を依頼しておいた同覚（Tokaku）がいた。そこで私は後日私の研究にたいそう役だった伊藤圭介（Ito Keisuke）と大河内存真（Okutsi Sonsin）と知り合いになった。

水谷助六（豊文）は圭介の本草学の師であり、存真は兄である。この三人は五月二十七日（四月二十一日）にも江戸からの帰路途中のシーボルトを再び宮の宿で出迎えている。この時、圭介はシーボルトから長崎への遊学を勧められ、翌年半年間であるが、長崎のシーボルトのもとで植物学を学ぶことになる。ツュンベルク（Carl Peter Thunberg 1743–1828）の“Flora Japonica”は圭介の帰郷に際し、餞別として贈られたものという。時に、シーボルト三十一歳、圭介二十四歳。

一八二八年（文政十一年）、シーボルトは国禁の地図を国外に持ち出そうとした罪などで出島に幽閉され、翌年国外追放となるが、一八五八年（安政五年）の日蘭修好条約締結によって翌年に再来日し、幕府の外事顧問となった。その役を解かれたシーボルトは翌一八六一年十一月十七日（文久元年十月十五日）江戸を退去したが、横浜滞在中の十二月十一日（十一月十日）と翌日に、圭介と三十四年ぶりの再会を果たす。時に、シーボルト六十五歳、圭介五十八歳（満年齢）。十二月十一日のシーボルトの日記には次のように見える（石井禎一・牧幸一訳『シーボルト日記　再来日の幕末見聞記』八坂書房による）。

私の旧友で、現在の本草学の第一人者である伊藤圭介が来訪。

その再会の場に同席した圭介の門人田中芳男（東陽）による詳しい記録が残っている（『横浜日記』）。その稿本と覚しき田中芳男自筆の紙数六葉が、昭和二十八年に市立名古屋図書館において催された伊藤圭介展覧会に名古屋の菊池立元氏から出陳されたが、それを吉川芳秋氏が活字化されている（『尾張郷土文化医科学史攷拾遺』同刊行会刊、1955.10）[1]。次節で紹介しようとするシーボルトの書翰の内容を理解するのに参考となるので、その一部を次に引用する（必要に応じて注と振り仮名を付け、割注は〈 〉内に一行書きする）。

（前略）シーボルトニ会面致候処、大悦ノ様子ニ相見エ候、通詞ヲ以テ応対致候、シ（引用者注―シーボルトのこと）「久々ニテ御目ニ係リ甚大慶致候、再会ハ迚モ不相叶候ト存候処、不計事ニテ候、御壮健目出度候、イ（引用者注―伊藤圭介のこと）「御同意ニ存候、此度江戸表エ罷越処面会ノ為メ此表エ罷越候、先年長崎帰帆後是迄如何致サレ候哉、シ「先年別後ハ欧羅巴《ヨーロッパ》諸国不残遊暦《ママ》致シ候、リユスニモ居申候、伊斯巴尼亜《イスパニア》ト波爾杜瓦爾《ポルトガル》許ハマイリ不申候、イ「米利堅《メリケン》ハ如何、シ「是モ参不申候、イ「拙者当年五十九歳ニ相成候処、ミ子ール年齢如何、シ「六十五歳ニ相成候、〈白髪「イ」ニ同シ、鬚髯モ長ク〆《シテ》雪白也、併シ至極壮健ノ見ユ〉
一、腊葉金石等見セ鑑定ノ名ヲ乞候処、シ「金石類ノ鑑定甚六ヶ敷候、容易ニ名難記候、イ「此方ニテ草木ハ図等モ有之、花ノ解体規則モ有之候得者相分ノ易候得共、金石ハ図ニテモ不相分鑑定六ヶ敷候故尋度候、（中略）、シ「腊葉多分ニ候処、手前長崎エ持参鑑定致シ候テハ如何、イ「右ハ一応江戸表エ持帰リ相談之上ニテ長崎エ腊葉可廻候、シ「長崎エ腊葉相廻サレ候ハ、鑑定シ名相記候様可イタス候、其節ニ長崎ニ所持致居候金石類少々宛配分差上可申候、イ「追々著述出来申候哉、シ「出来致候〈トテ大本ノ蘭書四冊持出シ相見セ候、一冊ハ漁《ママ》類一冊ハ鳥類一冊ハ蟹蝦ノ類一冊ハ木ノ類皆々日本ノ産物ニテ彩色ノ図甚美ニ〆目ヲ驚ス程ナリ、右図ハ長崎画工豊助蘭人デビルノ子ウエト云画工写真致候由〉

シ「草木ハ四冊ホド有之候、総テ十冊余ニテ不残長崎エハ持参致候得共、此表エハ此冊ノ外ハ持越不申候、此書物不残仏蘭西語ニテ記申候。蘭語ハ狭ク〆普通ニ非ズ、仏語ハ西洋諸国広ク相行ハレ候故此語ヲ相用ヒ候、此書ハ和蘭《オランダ》王ヨリ日本大君エ献上仕候品々候、此外蛇ノ本モ有之候、其外書籍類多分ニ長崎迄持参イタシ候、長崎ハ当時鳴瀧ニ寓居イタシ候彼表エ出候得者大ニ宜事ニ候、且亦貴君ノ名ハ追々本草書中エ載置申候〈本草書出シ見セ　ITŌKI ノ符有之ヲ見セル虎刺《ママアリトオシ》ノ下ニモ出テ其外多分有之ヲ見セ申ソロ〉此如欧羅巴ニ貴名相顕シ居申候、此書ハ私門人ノ仏蘭西人ノ著述ニ候〈右ハ先年長崎エ遊学ノトキシーボルトエ草木ノ名多分教置故也〉シ「今日ハ真ニ喜コハ敷日ニ候、不図貴君ノ来訪ヲ得又倅《セガレ》アレキサンデル英国ノオツヒシールニ役附致候、イ「目出度候、明日又参リ可申候、シ「今夕ハ倅役附ニ付英ノミニストルエ相招カレ候、明日ハ何時ヨリニテモ御出可被成候、

同十二日シーボルト旅宿エ罷越ス、（中略）

一、蘭人一人シーボルトエ談ニ来シーボルト申聞候ニハ是ハ伊藤圭介ト云人ニテ本草書中ニモ追々名前出候ト云ヒ書物ヲ出シ見セ候、此人曰左候ハヽ、圭介ノ像ヲ写真致候テハ如何、シーボルト至極ノコトト申対候様子ニ候、シ「貴君之像写シ置タク候、幸ニ英国ノ画工参居候、呼ニ遣シ頼ミ可申候、程ナク画工来レリ、圭介椅子

ニ掛リ脇差ヲ帯居刀ハ傍ニ有之候処、右蘭人刀ヲ執リ帯刀ノ態亘《ヨロシク》様申候、蘭人云一処ヲ見不動様ニ可被成ト云、石筆ニシテ写シ取ル、名ハ Wirgman ト申候由、右名前記シ呉候〈写真図、此方エモ一枚贈リ呉ル様通詞エ頼ミ置く〉（下略）

于時文久元年酉十一月也　　　　信州　飯田田中東陽　誌

2

この再会の後にシーボルトが圭介に送った書翰がある。現物は現存しないようであるが、その写しが新村出記念財団の重山文庫にある。また、吉川芳秋氏によると、名古屋の菊池立元氏の許にもある由である。

その蘭文を日本語に翻訳（和解《わげ》）したものの写しは二つ確認できる。一つは田中芳男が筆写したものであり、蘭文の原文の写しとともに菊池立伯氏に贈られ、その子孫の菊池立元氏に伝わったものである。仮名は片仮名を用いている。その和解の写しは吉川芳秋氏の前掲書に翻刻されている。

あとの二つは重山文庫にある。新村出博士の字で「伊藤圭介先生ニ関する文書　二通」等と書かれた大正四年七月十五日付の「大坂時事新報」に包まれた封筒の中に『泰西本草名疏』の稿本の一部とともに入れられており、その封筒の裏には「シーボルトより伊藤圭介翁へ送リシ蘭文書状ヲ蕃所調所在勤ノ堀達之助和解シタルモノヲ寫シタルモノト云」と書かれている。二つの写しは平仮名が用いられている。また、ともに和紙に毛筆で書かれ、一つは縦24㎝、横32㎝の紙三枚を一枚ずつ二つ折りして重ね、もう一つは縦21.5㎝、横32㎝の紙三枚が二つ折りすることなく、そのままに紙縒《こより》で綴じられている。前者は楷書体に近い丁寧な字で書かれ、後者は草書化した字で書かれている。以下、前者を**A稿**と呼び、後者を**B稿**と呼ぶことにする。

先に紹介した吉川氏の翻刻（菊池立伯氏に贈られた田中芳男筆写のものの翻刻）は重山文庫のものと対校されてい

るが、**A稿**だけとの対校だったようである。

次に**A稿**を翻刻し、**B稿**との異同を**【　】**に記す。後の説明の為に行に番号を付すが、8行目の「予」、14行目の「を」、37行目の「虫」「ら」は**A稿**にないものであり、最後の二行は**A稿**にだけあって**B稿**には無いものである。

上ハ書
方今江戸に在る
予ガ旧門人伊藤圭介江
フオンシーボルト
繪像弐枚添ふ
紀元一千八百六十二年第一月十一日横浜
愛敬すべき旧門人
予此書翰に添へて【予】並に汝の絵像を送る
此絵ハ英国の良画工画ける処のものなり且
乾草木を十分に採集め其名号と出所とを
記たるものは《ヲ》予に送らん事を懇望す然らは
予別に其名号薬用方功能を小紙に記し
汝に送らん且亦其代に諸般の鑛金及ひ緊
要の石類を収集したるのに、其名号【を】誌し
て之を汝に送らん之は日本に於て要用となる

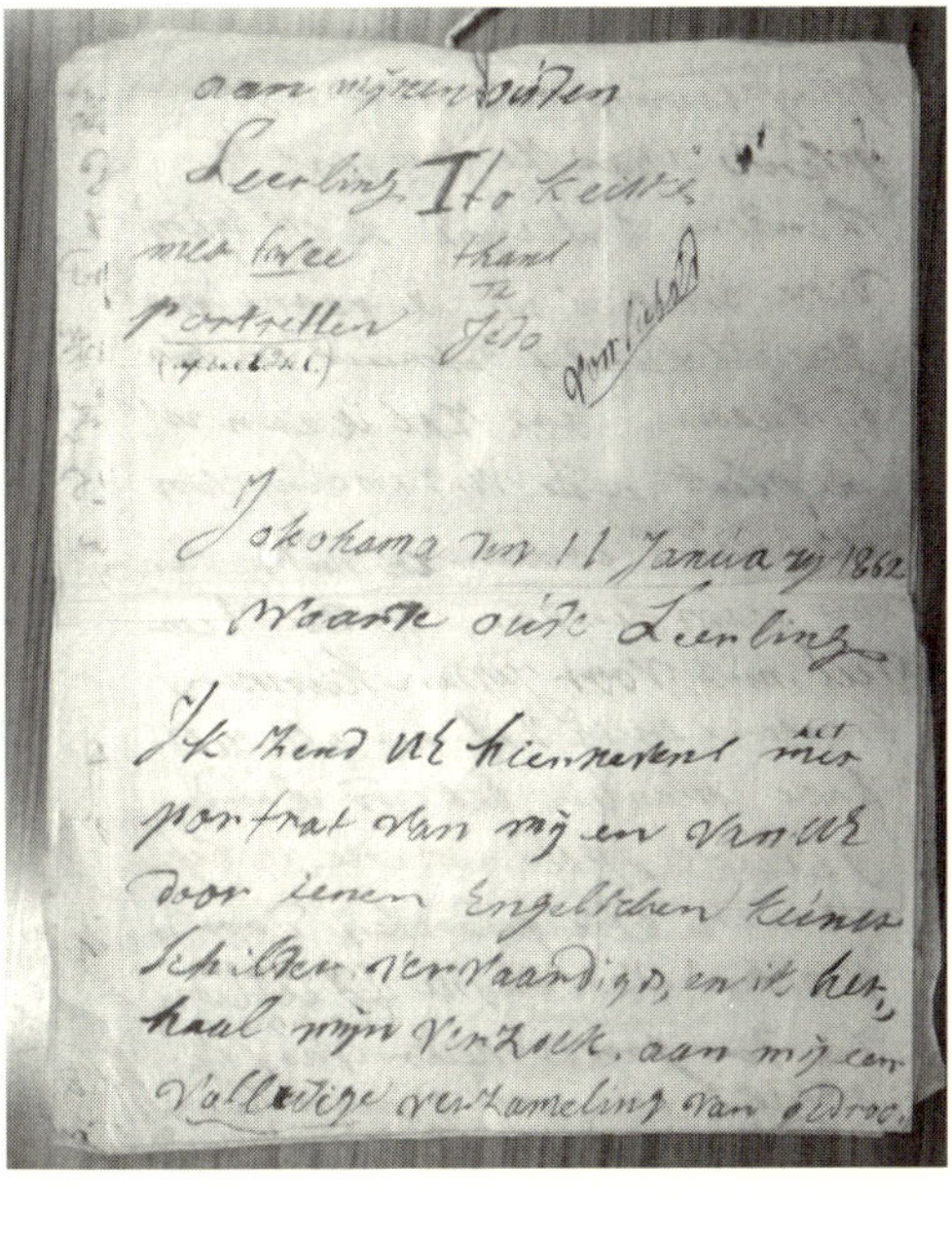
aan mijnen ouden
Leerling Ito Keiske
met twee portretten
thans te Jedo
von Siebold
Jokohama den 11 January 1862
Waarde oude Leerling
Ik Zend UE hiernevens met
portrait van mij en van UE
door eenen Engelschen kunst
schilder vervaardigd, en ik her,
haal mijn verzoek, aan mij een
volledige verzameling van gedroo

シーボルト書翰の写し（重山文庫蔵）

べく予も亦汝送処の諸草木を以て諸般の珍種を會得するに至るべし依て今より速に其事に相掛り長崎奉行臺下の寛恕を請ひ又ハ予が男子「アレキサントル」に話し英國の便船を以て諸種の草木を予に送らんことを配慮あらんことを請ふ汝常に記念あれかし

フオンシーボルト

予又乾草木の代品として肝要の書籍を汝に送るべし故に汝速に許多の草木を予に恵送あれかし「スケロク」助六歟君よりの草木を忘失するなかれ

諸草木に（相成るべくは）其花又は果実を一二種ツ、添へ毎草木を紙一枚に包み和漢の名を施し其出所の名を書して予に送り且之に其目録を添へ加ふるときは幸甚なるべし然るときは予其目録には汝送る処の乾草木は予が許に留置き（曾て為せし如く）予が書中に載る毎に伊藤圭介より得たるものと書記すべし

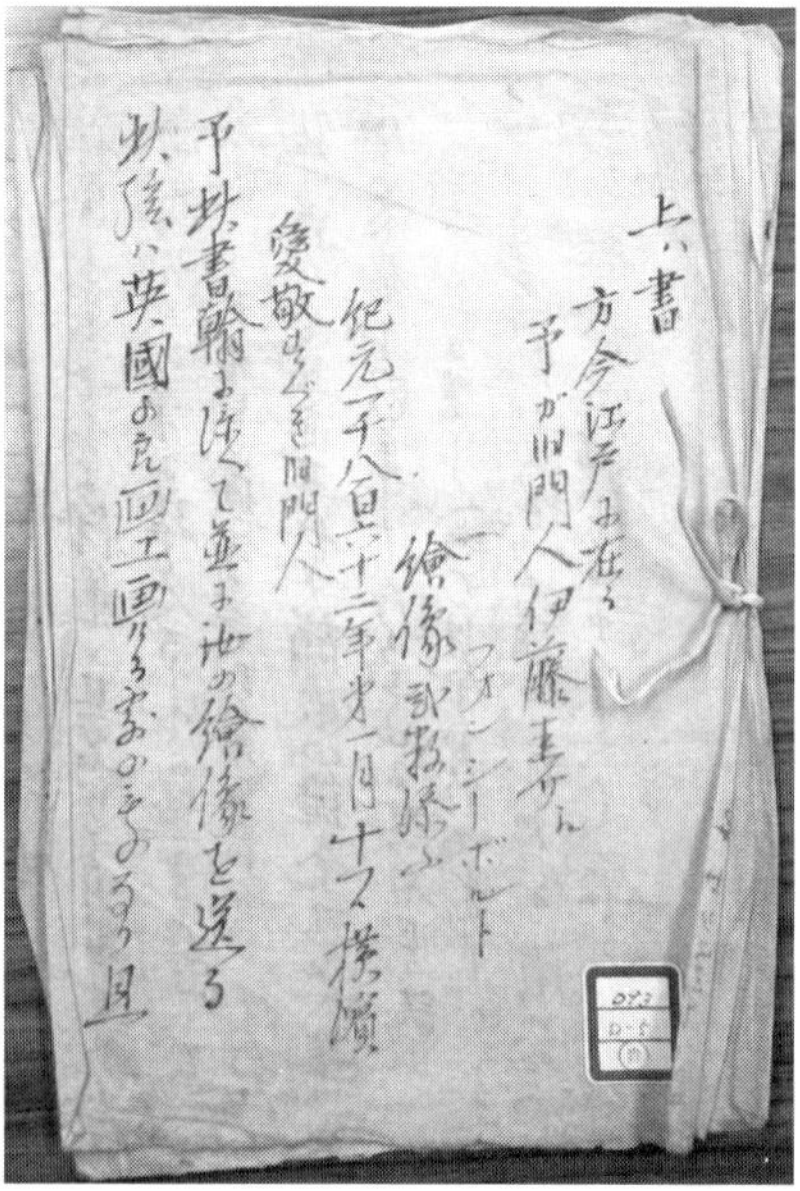
その和解（A稿）（重山文庫蔵）

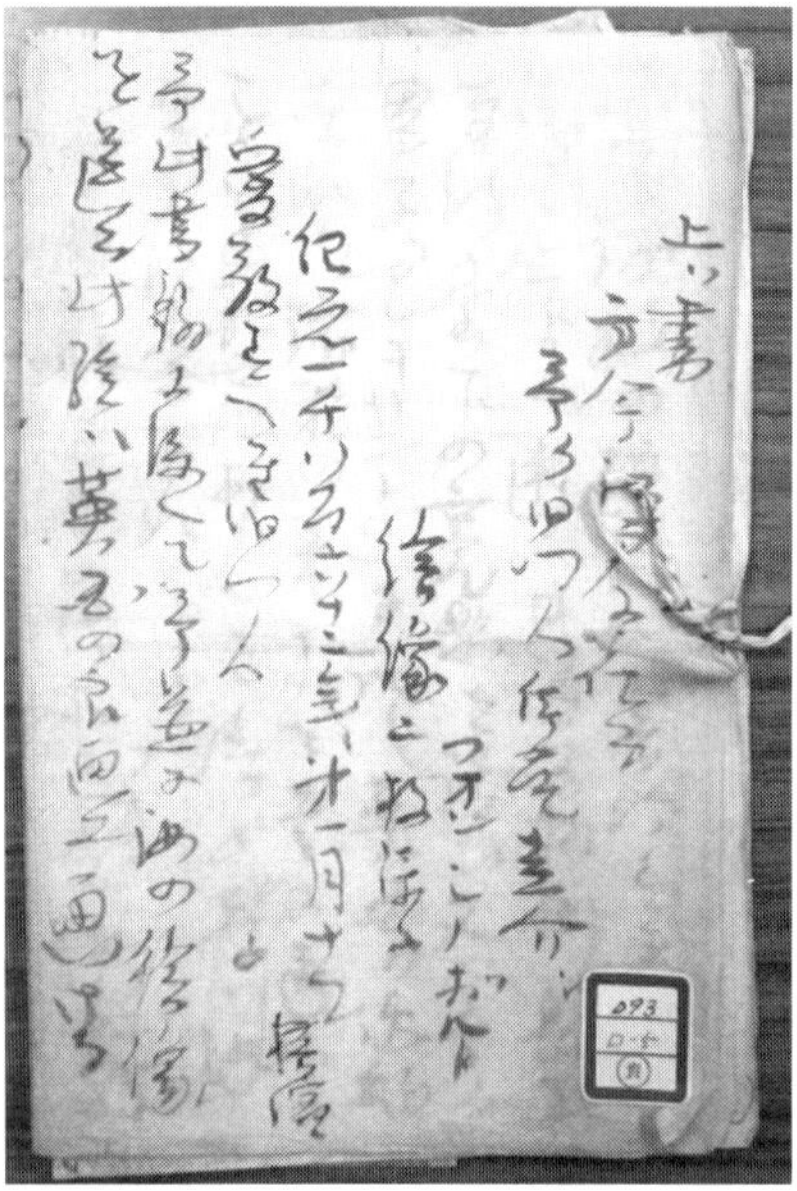
その和解（B稿）（重山文庫蔵）

未た詳明ならざる「ファーレンコロイト」《蕨の類カ》の
諸種を送ること忘るべからす汝予の蜂
（ハチノロイ《蜂の類カ》）其他の昆【虫】を小筒に入れ送【ら】
は是予をして甚楽ならしむる処也
　　汝の老師
　　　　フオンシーボルト

【蕃書調所】【蒙命】（注・上記の二語には次行の○印の箇所に挿入する線有り）
【右ハ○堀達之助○和解出来之由】

改めて重山文庫のものを吉川氏の翻刻（菊池立伯氏に贈られた田中芳男筆写のものの翻刻）と比較すると次のような異同がある。

8行目　「予」が吉川氏のものにはない。
8行目　「汝」が吉川氏のものでは「足下」になっている。以下の「汝」も同じ。
10行目　「出所」が吉川氏のものでは「産所」になっている。29行目の「出所」も同じ。
25行目　「スケロク」が吉川氏のものでは「ミスケロク」になっている。
26行目　「忘失するなかれ」が吉川氏のものでは「忘失ナシタマフナ」になっている。
41行目　吉川氏のものでは「右　堀達之助　和解　仰付翻訳出来」とある。
なお末尾に吉川氏のものに「戊正月」とあり。重山文庫のものにはない。

3

翻訳者の堀達之助は日本初の英和辞書『英和対訳袖珍辞書』（文久二年〔1862〕）の編者として知られているが、当時、蕃書調所の翻訳方であった。異国人からの書翰は幕府によっての検閲を受けて、宛先の本人に渡されたようである。田中芳男が書写し、菊池家に伝わるものの最後に「戌正月」とあるのは「右　堀達之助　和解　仰付翻訳出来」と書かれた日、すなわち堀達之助が訳した月日であろう。文久二年正月である。訳されているシーボルトの圭介宛の書翰は二通あるが、同時に訳されたようである。

吉川氏が「圭介翁自写のものが、京都新村出博士の許にあり」と書かれているのは、先に見たような理由から**A稿**のことを指しているものと思われるが、重山文庫の**A稿B稿**ともに圭介自筆のものであることは、これらの写しと共に同封されている『泰西本草名疏』の版下原稿の圭介の筆跡と似ていることからも窺われるが、内容からも言えるようである。すなわち、田中芳男筆写のものに用いられている「足下」がすべて「汝」になっていること、また「忘失ナシタマフナ」とあるものが「忘失するなかれ」となっていることである。

「足下」と訳されたのは「ue」であるが、「ue」も「足下」も言うまでもなく敬称である。(2) したがって、堀達之助が「ue」を「足下」と訳したのは正しい訳である。シーボルトが圭介にそのような尊称を用いているのは、シーボルト再来日の日記に「私の旧友で、現在の本草学の第一人者である伊藤圭介」とあったように、一人前の本草学者として認めていたからであろう。単に言葉の上だけではないようである。再会時の田中芳男の記録にも「ミ子ール」minnaar とあった。(3) この「足下」が重山文庫のものでは「汝」になっているのである。圭介は三十四年後の今も弟子の立場で、シーボルトを師と仰いでいたのであろう。その意識が「足下」を「汝」に代えたのであり、「忘失ナシタマフナ」を「忘失するなかれ」と敬語抜きで訳したのも同様の意識からであろう。また、田中芳男筆写に「ミスケロク」とあるのが重山文庫蔵では「スケロク君」となっているのも、本草学の師に対する圭介の敬意が添えられたものと考えられる。原文は「m. Zukerok」である。「ミスケロク」の「ミ」は水谷助六（豊文）の頭文字であろう。シーボルトの『江戸参府紀行』に「Mizutani Zukeruku」とある。

4

重山文庫蔵にあるシーボルトの蘭文の書写は、B稿の書写と同時になされたものであることは、翻訳文を書写した後の余白に、シーボルトの蘭文の末尾部分が書写されていることから分かる。すなわち、翻訳部分の書写が終わった後に、別の用紙で原文の書写を始め、一通目を写し終え（不要な余白の部分を切り取っている）、二通目を新たな用紙で写し始めて、終わり近くに至って、新たな用紙を用いるには文字数が少ないので、翻訳文の三枚目の余白にその続きを書いたといった形になっているのである。その結果、翻訳文の最後の用紙は縦書きの和文と横書きの蘭文とが雑じった状態になっている。

B稿はシーボルトの原文が手に入ってから作られたもののようである。というのは一通目の冒頭の「予此書翰に添へて並に汝の絵像を送る」とあった部分の「並に」の前に「予」の語が加えられているからである。シーボルトの原文は「van mijnen ouden Leering Itokeiske met twee Porteтn」（私の旧い生徒伊藤圭介へ　二つの肖像とともに）であり、正しい訳であるが、この「予」は田中芳男筆写のものにもA稿にもなく、原文を見て加えられたものであろう。ちなみに、「二つ」の肖像の内の一つは、二人の再会の場に同席した田中芳男による記録に見える「Wirgman」（Charles Wirgman 1832–1891）の描いた圭介の肖像であろう。この肖像は現存するが、もう一つのシーボルトの肖像については何時描かれ、現在どのようになっているのかは不明である。

B稿の訳文も、結果としてはA稿（すなわち堀達之助の訳）とほぼ同じものになっているが、おそらく原文（あるいはその写し）を得て、改めて圭介自ら翻訳を試みたものと思われる。A稿にあった「右ハ○蕃書調所堀達之助○蒙命和解出来之由」の文が省かれているのはそのためであろう。このB稿が出来た時期を推定する材料となると思われるものに、二枚目の用紙の裏に書かれている三十五、六字の短文がある。俳句らしきものの後に「八十八翁書」とあり、これが圭介の歳だとすれば、明治二十三年〔1890〕のことである。

5

本稿で推定したことから三つの和解の関係を図示すれば、次のようになる。

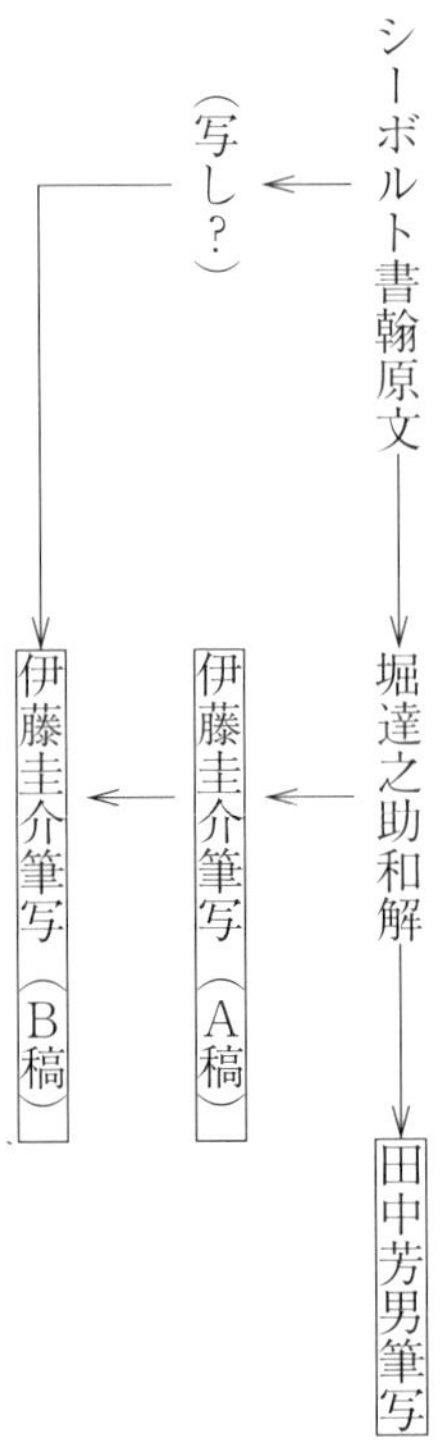

注

（1）引用は『医学・洋学・本草学者の研究　吉川芳秋著作集』（八坂書房 1993 刊所収）による。

（2）青木昆陽の『和蘭話訳』（寛保三年〔1743〕序）にも「ユ（引用者注―u）ハ其元ナリ。ユー（引用者注―ue）ト書ハ慇懃ナル其元ナリ」とあり、桂川甫周の『和蘭字彙』（安政二―五年〔1855–58〕刊）にも「尊公様」と訳されている。「足下」は『日葡辞書』（慶長八年〔1603〕刊にも「手紙の上書きに、謙遜し、相手の人を尊敬して書く語」と見える。

（3）　森島中良の『蛮語箋』（寛政十年〔1798〕刊）にも「尊君《アナタサマ》ミネール」、司馬江漢の『西遊日記』にも「ミネールとは貴公と云事」とある。

重山文庫所蔵『泰西本草名疏』伊藤圭介自筆原稿

はじめに

伊藤圭介の『泰西本草名疏』（文政十二年〔1829〕刊、花繞書屋蔵版）は、我が国に初めてリンネの二十四綱を詳細に紹介し、雄蕊・雌蕊・類・種など今日一般に行われている術語を初めて用いたことで知られている。上巻・下巻・附録の三巻からなるが、上巻の初めには石黒敏（嘗百社の同人）の「叙」（序）と大河内重淳（存真、圭介の兄）の「序」があり、また下巻の末には水谷豊文（圭介の師）の「跋」があり、さらに附録の末には吉雄南皐（常三）の跋がある。それらを省くと、全体の構成は次のとおりである。

上巻

題言
凡例
和名以呂波目次
原書綱目
蘭語の本書の扉の写し・チュンベルク肖像画（銅版）
巻上（邦産植物のラテン語（A～F）と和名）

下巻
　巻下（邦産植物のラテン語（G〜Z）と和名）
附録
　附録小引
　附録上「西籍所載漢名抄録」
　附録下「二十四綱解」

この『泰西本草名疏』の草稿の一部が財団法人新村出記念財団（重山文庫）と国立国会図書館（伊藤文庫）に残されている。

新村出記念財団所蔵のもの（以下、「重山文庫蔵原稿」と言う）は、「凡例」、「和名以呂波目次」、「原書綱目」の原稿である。用紙には版心部に「泰西本草名疏【巻□品字礼叢書】」（□は空欄を示す）とある刷り用箋（縦二十六cm・横三十六cm）が用いられており、□には手書きで「凡例　一」（五まである）、「以呂波目次　一」（八まである）、「原書綱目　一」（五まである）と書き込まれている。また、表表紙には「凡例」「目次」「原書綱目」と大書され、それぞれに小さく「版下出来」「版下出来」「刻出来」と書かれている。裏表紙は無罫の和紙が用いられており、「花繞書屋」と墨書されている。

国会図書館所蔵のもの（以下、「伊藤文庫蔵草稿」と言う）は、国立国会図書館によるデジタル画像および杉本勲氏の解説（『伊藤圭介』吉川弘文館人物叢書1960刊）によると、刊本の上下巻の本文の草稿と「以呂波目次」の一部である。用紙は重山文庫蔵原稿と同じもののようであるが、版心部の□には何も書き込まれていない。また、本文が書かれている用紙の間に白紙が挿入されており、その白紙あるいは本文の欄外に補足や覚え書き風のものが書かれている。以上の圭介自筆草稿が後人によって表紙を付けられ、和本に仕立てられており、その表紙の裏に、此本ハ余ガ王父錦窠伊藤圭介先生ノ著書泰西本草名疏ノ原稿ニシテ実ニ先生ノ自筆ニ係ル書中記入ノ朱書ハ先生ノ親友賀来佐一郎氏ノ筆ナリ佐一郎氏ハ先生ト共ニ小石川植物図説ヲ著作セル賀来飛霞氏ノ兄ナリ又ペンニテ記入セル欧字ハ有名ナルシーボルト氏（Dr. Ph.von Siebold）ノ自筆ナリトス実ニ本邦博物学ノ進歩ニ関スル貴重ノ珍宝也

明治三十五年夏月　於尾張名古屋伊藤篤太郎誌

という説明がある。

【以上、表】

重山文庫蔵原稿と伊藤文庫蔵草稿とで重なるのは「以呂波目次」であるが、伊藤文庫蔵に残る「以呂波目次」は用紙一枚だけであり、次のように最初の一部（イロハ順で「ハ」の途中まで。ロで始まる和名はない）である。

泰西本草名疏和名以呂波目次

以　イノコヅチ　一丁	イワヲモダカ　一丁	イヌセウマ　一丁
イモ　四丁	イカリサウ	イトスギ
イヌナヅナ	イヌサンソウ	イタビ
イヌビワ	イヌキンホウケ イヌタガラシ	イヌハギ
イハギホウシ	ヰ	イブキ
イヌグス	イワビハ	イワタケ
イボタヌキ	イワマツ	イブキトラノオ
イヌタデ	イシミガワ	イタドリ
イシスシダ	イバラ	イチゴ
イヌマキ	イヌテウロギ	イラクサ

イワナシ　イヌガ子ブ　波　ハナモミジ
ハコ子ソウ　ハコベ　ハンクハイサウ
ハナズワウ　ハヽキヾ　ハナチサ
ハマヒルガオ　ハシバミ　ハマユ
ハブテコブラ　ハシセウマメ　ハルリンドウ
ハナメウガ　ハヽコグサ　ハイビヤクシン
ハタケムシロ　ハタテウケ　ハギ
ハスノハカヅラ　ハツカ　バセウ　【以上、裏】

「泰西本草名疏和名以呂波目次」と書かれた表題の右の欄外には「和名ヨリ以呂波ニテ検閲ノ為メノ目録モ附べし bijvoonbeeld」とあり、この伊藤文庫蔵の「以呂波目次」はその目次作成の bijvoonbeeld（見本の意味）として書かれたもののようである。したがって、この目次が一枚のみであるのも偶然ではないと思われる。また、凡例の一つに「和名以呂波目次ヲ作テソノ和名ヨリモ討索スベキノ便ニ備フ」とあるが、この伊藤文庫蔵の「以呂波目次」は本文（すなわち巻の上・下）が完成した後、凡例が書かれる前に書かれたもののようである。

これに対して重山文庫蔵原稿の「以呂波目次」は最後の「寸《す》」の項目まであり、内容もほぼ完成稿に近いものである。伊藤文庫蔵草稿のものと比較するために「以」の部のみを次に掲げる（墨書で書かれた原稿に更に、朱筆で加えられたものもあるが、それについては後に「以」以外のものと纏めて示すことにし、ここでは墨筆されているものについてのみ示す）。

泰西本草名疏和名以呂波目次

以部

石韋《イハオモダカ》一種　上一
升麻《イヌシヨウマ》一種　同
芋《イモ》　上四
風輪菜《イヌカウシユ》　上九

イトスギ	上十二	鵲豆《インゲンマメ》	上十三	杜茎山《イヅセンリヤウ》	同	甜薹藶《イヌナヅナ》	同	淫羊藿《イカリサウ》	上十四
崖椒《イヌサンセウ》	上十五	無花果《イチジク》	同	薜茘《イタビ》	同	イヌハギ	下二	茘蕁《イハキバウシ》一種	同
檜柏《イブキ》	下五	イヌグス	同	巻柏《イハヒバ》	下六	石耳《イハタケ》	同	水蠟樹《イボタノキ》	同
拳參加《イブキトラノヲ》	下十三	杠板歸《イシミカハ》	同	虎杖《イタドリ》	同	公孫樹《イチヤウ》	下十九	葉繍毬《イハガサ》一種	下二十一
イヌテウロギ	下廿二	蕁麻《イラクサ》	下廿四	イハナシ	同	婆々納《イヌフグリ》	下廿五	土牛膝《ヰノコヅチ》	上一
燈《ヰ》心草	下五								

重山文庫蔵原稿と刊本との比較

重山文庫蔵原稿は、表紙に「版下出来」「版下出来」「刻出来」と書かれてあることから、刊行されたものとこの原稿は同じ内容であるはずであるが、実際に刊本と比較すると幾つかの違いが見られる。その違いは、シーボルト事件によって出版不許可にならないように圭介が払った細心の注意を窺えるものとして興味深いものも含まれる。それについては、「『泰西本草名疏』とシーボルト事件」（本書所収）で既に述べたが、この重山文庫蔵原稿は伊藤圭介の研究者にもその存在さえ知られていないようなので、以下ではその問題に関わるものに限らず、重山文庫蔵原稿と刊本との違いのすべてを報告することにする。

本文の引用は重山文庫蔵原稿によるが、「一丁ウ」などと所在を示したのは刊本のそれである。刊本はツュンベルク来日二百年を記念して出版された影印本（井上書店 1976 刊）による。原稿の翻刻で、?·?·とあるのは判読不能の箇所である。

1　「凡例」の部分

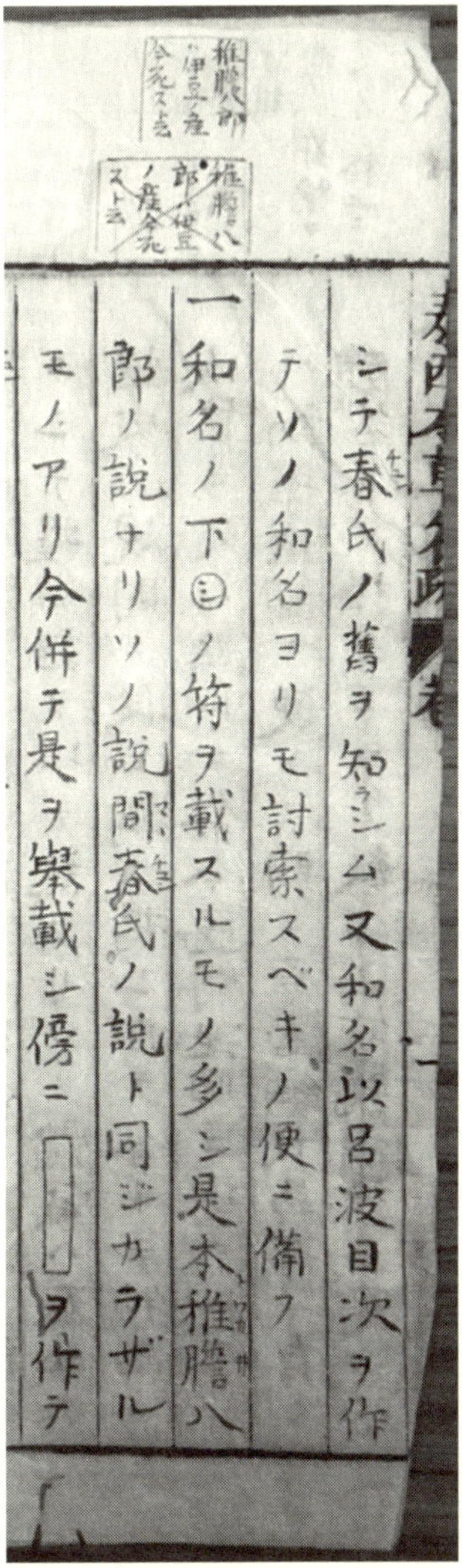

原稿「凡例」部分（重山文庫蔵）

【字句の訂正など】

和名ノ下○ノ符ヲ載スルモノ多シ是本稚膽《トワカ井》八郎ノ説ナリ　（一丁ウ・3―4行目）

※原稿では「○」の中に「シ」の字がある。刊本では「シ」は省かれている。

稚膽八郎ハ伊豆ノ産今死スト云　（一丁ウ・上欄外注）

※原稿では「稚膽八／郎ハ伊豆／ノ産今死／スト云」（／は行変えを示す）と四行で書かれていたものを×で消し、その上に「稚膽八郎／ハ伊豆ノ産／今死スト云」と三行の形に換えている。版本はその三行の形になっている。

亦稚氏説ヨリ得ルモノニシテ是ソノ和名一ニシテ西名異ナルモノナリ　（二丁ウ丁・8行目）

※原稿では「西名」の前に「ソノ」が書かれており、それを朱で囲んでいる。

佗日の校補ヲ俟ツノミ　（一丁ウ・10行目―二丁オ・1行目）

※版本の「族」の字は原稿では「矦」の字の横に朱筆されている。二丁ウ、四丁オの「族」も同様。

又春《チュン》氏ノ説ニシテ原書ニ載セザルモノ　（二丁オ・3―4行目）

※原稿では「載収」とあり、「収」を朱で抹消。

分ツニ[補]ノ標ヲ用フ　（二丁オ・5―6行目）

※「用フ」は原稿では「用ユ」とあり、「ユ」を「フ」に朱で訂正。

一モミヂ。紫花地丁《スミレ》ノ類ソノ品種頗ル繁多ニシテ　（三丁オ・4行目）

※「頗ル繁多」は原稿では「最トモ許多」とある。

【原稿作成の段階で加えられたもの】

「凡例」の最後の頁に、更に追加すべき項目が別紙に書かれて貼り付けられ、凡例の九番目の項として入れることが指示されている。すなわち、版本の凡例では十番目の凡例として上げられているものである。仮名の合字をトモ、コトに直して次に掲げる。また、「精定スベシ」の「シ」は「キ」と書かれていたものが直されている。

一斯編挙ル所ノ漢名一切先輩ノ説ニ据ル然ドモソノ説或ハ議スベキモノアリ仮令ハヒメハギヲ以テ遠志ニ充ルガ如キ是ナリ今一々是ヲ精定スベシト雖ドモ余近時西籍ニ従事シテ其業ニ及ブコト能ハズ異日世ノ緒鞭者流ト謀テ考訂スベシ

【原稿には無く、版本で新しく補われている語句】

原稿

般颶爾孤《ハンビユルグ》ガ撰スル諸国物産方言録起元一千七百九十二年／鏤版ハ欧羅巴諸州ヲ初メ其他支那、交趾等諸國ノ方言ヲ纂輯スルノ書ナリ

版本（傍線引用者）

余西遊中般颸爾孤《ハンビュルグ》ガ撰スル諸国物産方言録（起元一千七百九十二年／鏤版）ヲ閲ス其書ハ欧羅巴諸　州ヲ初メ其他支那、交趾等諸國ノ方言ヲ纂輯スルノ書ナリ　（四丁オ）

2　「和名以呂波目次」の部分

●版本では省かれたもの

伊部　イヌハギ

加部　櫧《カシ》

遠部　飛廉《オニアザミ》

宇部　モロムキ

※植物名の頭には小さな朱の○が付けられている。その朱の○のない「イヌハギ」は版本では削られている。その他は植物名全体が朱で囲まれているものである。

●原稿の段階で朱筆で新たに加えられているもの

以部　昨葉何草《イハレンゲ》一種

波部　蜀葵《ハナアフヒ》　萬壽竹《ハウチヤクソウ》

土部　黄蜀葵《トロ、》

也部　ヤマチワウ

末部　酢漿草《ヤマカタバミ》一種

古部　苔《コケ》

江部　テウセンガリヤス一種肥前産
之部　川穀《ジュズタマ》
　　　間道玉簪《シマギバウシ》
比部　黄楊《ヒメツゲ》
毛部　モロムキ
美部　（墨で「ミゾ、バ」と書かれた横に「苦蕎麦」と墨書し、さらにその墨書を朱で抹消）
＊例えば「以」の部の最後の余白に「昨葉何草《イハレンゲ》一種　下二十」と朱筆で書かれ、「公孫樹《イチヤウ》　下十九」の後に挿入することが指事されている。すべて刊本には生かされている。

●原稿にはなく、版本で新たに加わったもの

美部　茵草《ミノゴメ》

●原稿の段階で漢名を変えているもの

土部　附子《トリカブト》　→　雙鸞菊《トリカブト》
阿部　牽牛《アサガホ》　→　牽牛子《アサガホ》
之部　沿階草《ジャノヒゲ》　→　麦門冬《ジャノヒゲ》小葉

●原稿の段階で名目が訂正されているもの

遠部　オニワラビノ類　→　オニワラビノ一種

●原稿の段階で位置を変えているもの

加部　王瓜《カラスウリ》
カノコソウ

太部　粉米薺《タ子ツケバナ》

3 「原書綱目」の部分

表題の「泰西本草名疏原書綱目」の後の割注では、原稿に次の一箇所に誤りを訂正した後が見られる。

（前略）但シ林《リン》氏ノ二十四綱ヲ春《チュン》氏二十綱トナスハ簡約ニスルノミナリ。又林《リン》氏ハ目ヲ一百十餘ニ分チタルニ（下略）

（一丁オ・3—4行目）

※「春氏二十綱」の「春」を「林」に誤り、上から訂正し、さらに横に朱筆している。

また、原稿では列挙された綱目の下、あるいは上欄外にラテン語で雌蕊の数による学名と思われるものが朱筆で書かれている（例えば「第八綱」の「八雄蕊」の下にAchamann nig□□）。これらは版本には無い。

小川友忠著『西洋時辰儀定刻活測』翻刻

題簽および内題ともに『西洋時辰儀定刻活測』とある。木版三十一頁。折本（19.2㎝×8.5㎝）一帖。「自序」に「天保九戊戌初秋　雲藩　小川友忠識」とあり、著者は出雲藩士小川友忠。天保九年（1838）の刊であるが、本文末尾に「天保四癸巳孟夏」とあり、書かれたのは刊行年より五年前のようである。

書名は「東都定刻」と二つの「定刻附餘」と題された三つの刻割表による。「東都定刻」とは、東都（江戸）において、例えば十一月中の卯刻は西洋時計では長針が六回転した時点（すなわち短針が六字を示す時点）であり、卯半は七回、辰は八回、辰半は九回、巳は十回、巳半は十一回、午は十二回転した時点であるというように、十二支制の不定時法による和時刻と二十四時間定時法による西洋時刻とを対照した一覧表であり、二つの「定刻附餘」の刻割表とは、東都の東および西の地方における同様の対照表である。ただし、本翻刻ではこれらの刻割表は省略した。これらの表の前に、西洋時計の原理や表の見方や利用の仕方などを説明した文章が書かれている。本翻刻はその全文を翻刻したものである。

底本には重山文庫（新村出旧蔵書）所蔵のものを用いたが、同文庫には安政四年（1857）に鈴木光尚によって増補されたものも所蔵されている。増補部分は、小川友忠の「自序」の後に加えられた鈴木光尚の「後序」と「正午ヲ正ス事」の項の後に挿入された「景表ヲ造ル事」の項（景表とは日時計のこと）、および「時辰儀雑論」の第二の文章の末尾に短く加えられた補足の説明である（前二者については本稿の最後に参考として掲げ、後者についてはその本文中の補足場所に【　】を付して示す）。その他は天保九年版とまったく同じである（ただし、本文末尾の「天保四癸巳孟夏」は削られている）。

著者小川友忠は「自序」によれば、西洋時計を専門に研究した人ではなかったようであるが、本文中に遊芸の『天経或問』（清・康熙十四年〔1675〕序）や青地林宗の『気海観瀾』（文政八年〔1825〕成、同十年頃刊）、吉雄南皐『遠西観象図説』（文政六年〔1823〕刊）の名が見え、西洋の天文暦法に関心を持っていた人のようである。その知識が、西洋時計が単に時間を知るためのものではなく「天度ヲ計ルノ器」でもある、といった説明の基になっているようである。約二十年後に鈴木光尚によって再刊されることになったのも、類本には見えないそうした内容と関係するのであろう。

〈翻刻凡例〉

1改行改頁など原本の体裁は保たない。ただし、「本朝」の語の前で行われている欠字はそのままの形で残す。同じ語が「西洋時辰儀大意　並　長針ヲ以テ時ヲ計事」の項では平出扱いになっているが、これも欠字扱いにする。

2原注は細書二行で書かれているが、〈　〉内に一行書きに改める。

3旧字体の漢字は新字体にし、合字のカタカナまた略体異体の漢字は通常の仮名また漢字に改める。

4本文に句読点や濁音を施す。また、本文中に引用されている漢文および跋文の漢文には返り点を付す。

5仮名遣いが統一されていないものがあるが、もとのままとする（格助詞へ・エ・ヱなど）

6傍訓でカタカナのものは原文にあるもの、ひらがなは私に加えたものである。

西洋時辰儀定刻活測

自序

一、大ナル哉、西洋時辰儀ノ用。徒《ただ》ニ時ヲ計ルノミニアラズ。天度ヲ計ルノ器ナリ。先長針ヲ以テ日輪ニ表シ、盤面ノ分ヲ以テ天ノ度数ニアツ。故ニ日輪ノ行コト一度ニシテ長針ノ廻リ四分トス。日輪ノ行コト十有五度ニシテ長針一回ス。日輪ノ行コト三百六十度ニシテ長針二十有四回ス。是《これ》正午ヨリ正午マデニテ、一昼夜ナリ。依テ春秋ノ二分ハ日輪赤道ノ正中ヲ行故、日出ルヨリ日入マデノ行度百八十度ニシテ日ノ出入トモ長針ニテ六回ナリ。日出ル前、地下十有五度ニアルヲ明六《あけむつ》トシ、日入テヨリ後、地下十有五度ニアルヲ暮六《くれむつ》トス。故ニ春秋二分ハ長針ニテ五回ヲ明六トシ、七回ヲ暮六ト定ム〈是、東都ノ定刻ヲモツテ云〉。夫ヨリ節々ニ依テ日輪赤道ヲ去コト幾度幾十幾分ト云コトヲ天経或問ニ依テ是ヲ定メ、日輪赤道ヨリ一度南北ヱ度ヲ移ス時ハ日ノ出ルヨリ日ノ入マデノ永短長針ニテ幾分幾厘幾毛タガフト云コトヲ筭シ、又冬夏ニ依テ晨昏ノ永短ヲ算シテ、是ニ加ヱ以テ年中ノ定刻成ル。書成テ後、垂揺球儀・西洋置時計ヲ以テ数歳是ヲ試ムルニ幸ニシテ違フコトナシ。往年或人此書ヲ梓ニ上ンコトヲ請者両三輩、予辞シテ曰、是予ガ発明ニシテ或ハ理ニ違ンコトヲ恐ル。且不学ニシテ文ノ拙キヲ恥ヅ。唯自ラ用ヲ弁ズル而已《のみ》。世ニ出スコトヲ欲セズト。此ニ於テ書ヲ懐ニスルコト久シ。今歳又頻ニ梓ニ上ンコトヲ進ムル者アリ。予退テ是ヲ慮ルニ、予ガ本業ニアラザレバ、世ノ嘲ヲ蒙ルトモ、亦出袴ノ恥ニアラズト。依テ許諾ス。幸ニ同好ノ士アラバ、是ヲ訂正センコトヲ希而已《ねがうのみ》。

天保九戊戌初秋　雲藩　小川友忠識

西洋時辰儀大意　並　長針ヲ以テ時ヲ計事

一、西洋ノ地ハ〈紅毛イギリス・パレイス皆西洋ノ地ナリ〉昼夜二十四時ニシテ定刻二等アリ。其一ハ日ノ永短ニヨラズ年中昼夜トモ長針一回《ヒトメグリ》短針一字ヲ一時ト定ム。是ヲ平等時ト云。又一ハ本邦ノゴトク日ノ永短ニヨリテ時ヲ伸縮《ノビチヾミ》ス。是ヲ不等時ト云。此不等時ニテ時ヲ計ルニハタトヱバ日ノ永キ節ニハ平等時ノ六時〈此書ニ云六回ナリ〉何分、或ハ七時〈即チ七回ナリ〉何分ニテ暮六ツト云フコトヲ節々ニヨリテ長針ニテ定ム。故ニ西洋時辰儀《ジシンギ》《トケイ》ノ分ハ長針ノ分ニシテ短針ノ分ニアラズ。依テ長針ノ頭ニ分ヲ置《ヲキ》テ短針ハ分ニトヾカズ。是長針ノ用ニ置《ヲク》ガ故也。又一ヨリ十二マデノ数字ハ分ノ下ニアリ。是短針ノ用ニ置ガ故ナリ。若シ分ヲ短針ノ用ニ置ナラバ字ノ下ニアラン。分ヲ字ノ上ニ置ヲ以テ長針ノ分タルコト明カナリ。然ルヲ本邦ニテ短針ヲ分ニ引キアテ、時ヲ計ルハ大ニ誤レリ。依テ此書ニアラハス処ノ定刻ハ長針ヲ以テ時ヲ計ルノ法ニシテ短針ハ唯長針回数《メグル》ノカズトリスル而已《ノミ》。世、短針ヲ以テ時ヲ計ルノ要トシ、長針ノ用ヲ知ルコト稀ナリ。短針ハ昼夜ニ二返マワリニシテワヅカノ処ニテ昼夜ノ時ヲ計ル故、少シノ違ハ知レカヌルモノ也。ソノ上短針ハ長針ヨリ段々車ヲ伝ヱ廻ス故、少シハ車ノ空隙《アダ》アリテ二三厘ツヽノ違ハマヽ有ルモノ也。短針ニテハ二三厘タガウテモ時ヲ見ルニハ余程ノ違ヒニナル也。又長針ハ車ノシンヨリツクモノ故、空隙《アダ》少クタトヱ二三厘ノ空隙《アダ》アリテモ早クメグル故、時ヲ見ルノサハリニナラズ。且ツ昼夜ニ二十四回ニシテ、タトヱバ四寸マハリノ時計ニテモ九尺六寸許ノ処ニテ昼夜ノ時ヲ計ル故、厘毛ノ過不及知ルヽ也。其上長針ニテ見覚ユルトキハ一二間ヘダタル処ヨリ見テモ短針ニテ掌中《シヨウチユウ》《テノウチ》ニ見ルヨリモ委シ。是以長針ヲ専要トス。尤長針ノ幾辺回《メグ》ルト云フコトハ短針ニテ知ルヽ也。故ニ長針短針ハ車ノ両輪ノ如シ。

長針ノ回数ヲ知事

一、長針ノ回数《クワイスウ》《メグリカズ》ヲ見ルコトヲ知ラズンバ時ヲ計リ知ルコトアタハズ。此長針ノ回数ハ先ヅ昼夜共《とも》正九ツニ長針短針十二ノ字ノ正中ニ重ナル、是ヲ始トシテ夫《それ》ヨリ長針メグリテ、又元ノ十二字ノ正中ヱ行ケバ一回ニシテ短針ハ一ノ字ヱ行ク〈但シ一回ノアイダ六十分ナリ〉。夫ヨリ長針メグリテ、又十二字ノ正中エユケバ二回ニシテ短針ハ二ノ字エ行ク。又長針三回スレバ短針三ノ字ヱユク。故ニ短針ハ長針回数ノカズトリト心得ウベシ。但シ前ニモ云フ如ク、短針ハ少シヅヽノ違ハマヽアルモノ故、長針一回シテモ短針一ノ字ヨリ一二厘モ前ニ有ルコトアリ。然レドモ長針十二字ノ正中ヘ行ハ一回也。又長針五十五六分モ回リテイマダ一回ニ四五分足ラズシテモ短針ハ一ノ字ノ正中ヘ行クコトアリ。然レドモ長針十二時ノ正中エユカザレバ一回ニナラザル也。故ニ短針ハ大概《タイガイ》ヲ計ルモノト心得、必シモ少シノ遅速ニ拘《カヽハ》ルコト勿《なか》レ。

時ノ見様ノ事

一、此書ノ定刻ニテ時ノ見様ハ一行毎ニ局《キヨク》アリ。上ノ局《キヨク》《カクノシキリ》ヲ明六トシ、夫ヨリ朝六半ト順々ニ下ヱオリ、下ノ局ヲ暮六トシ、夫ヨリ夜六半ト又順々ニ上ヱアガリ、又上ノ明六ノ処ヱカヱリテ見ルベシ。一局ゴトニ右方ニ回数ヲ記スハ長針ノ正子午ヨリ幾辺回ルト云フコト也。但シ朱ハ昼、墨ハ夜ト知ルベシ。又左方ニ分数ヲ記スハ長針ノ幾回ヨリ幾分回レバ何時ト云フコト也〈但、コノ分ハ昼夜共《とも》用フルユヱ墨斗《ばかり》ニテ記ス〉タトヱバ正九月ノ中ニテ昼ノ八ツヲ見ルナラバ正九中トアル行《クダリ》ノ八ツニアタル局ヲ見レバ右ノ方ニ朱ニテ二回ト記シ、左ノ方ニ九分ト記ス故、二回ト九分ニテ八ツト云フコト知ル、也。又暮六ツハ六ツニアタル局ニ右ノ方ニ墨ニテ六回トアリ、左ノ方ニ二十七分トアル故、六回ト二十七分ニテ暮六ツト云フコト知ル、也。余皆同ジ。推テ知ルベシ。

正午ヲ正ス事

一、時計ハ正午カケニアラザレバ委《くわ》シカラズ。先ヅ日時計ヲ以テ正午ヲタヾシ、正午ニ長針短針十二字ノ正中ニ重ネ、夫ヨリカケ始メ、時計ノ長短ヲヨク調エ日日正午ニ長針短針十二時ノ正中ニ重ナルヤウニスベシ。又何程刻割ヲ委シクシテモ正午ノ定メ違フテハ詮ナシ。日時計ニテ正午ヲ見ルニハ南北ト地平ト表針ト此三ツデ正シクスルコト肝要也〈磁針ノ向処古ヨリ諸説アリ。或ハ午トシ、或ハ午ノ三分、丙ノ七分トシ、又午丁ノアイダヲ指ストモイフ。諸説紛々トシテ同ジカラズ。然レドモ是ハ天官ニテ云細密ノ論ニシテ先ヅ子午ヲ指スト心得テ可ナリ。委シクセントナラバ磁針ニヨラズモ南北ヲ正ス法アリ。シカレドモ容易ノコトニアラザルユヱコ、ニシルサズ〉。

明暮六定ノ事

一、明暮ノ六ツ甚ダ定メガタキモノ也。先ヅ六ツヲ定ルニハ大星パラ〳〵ト見ヱ、又手ノ筋ヲ見テ細キ筋ハ見ヱズ、大筋ノ三スヂ計リ箇成《カナリ》ニ見ユルトキヲ六ツト定ム。シカレドモ所々ノ習人々ノヤウニテ少シヅ、ノ違ハアルモノ也。又雨天ニハ暮ル、コト早ク明ルコト遅ク思ハル、モノ也。又月夜ニハ六ツ別シテ定メガタシ。是等ノ細微《サイビ》ナルコトモヨク斟酌スベシ。且ツ晴天ノ時蒙気上天ニ充満《ジウマン》スルトキハ地下ノ日映《エイ》ジテ暮カヌルコトアリ。明ケ又早クアカルクナルコト有リ。是ニモ永キコトアリ、短キコトアリ。蒙気高キホド晨昏《シンコン》長シ。長キトキハ二三刻モ違フコトアリ〈但、二三刻トハ昼夜百刻ヲ以テ云フ〉尤カヤウノコトハ平日無キコトナレドモ心得ノ為記ス。

時ヲ暗知スル事　並　半時ヲ十分ニ割リ幾分過トイフヲ知ル事

一、此書ノ定刻ニテ時ヲ見覚テモ畢竟《ヒツキヤウ》書ヲ離レテ時ヲ暗知《アンチ》《ソラニスル》スルコトヲ知ラズンバ用ニ立チガタシ。此ソラニ覚ルコト難《カタ》キコトニアラズ。マヅ昼夜永短ナク等分ノ時ヲ覚ヘ、是ヲ本トスベシ。等分ノ時ハ、十二回《九》　一回《九半》　二回《八》　三回《八半》　四回《七》　五回《七半》　六回《六》　七回《六半》　八回《五》　九回《五半》　十回《四》　十一回《四半》〈昼夜共ニ同ジ〉是平等時也

此平等時ニ節々ニテ分ヲ乗除スレバ知ル、也。タトヘバ正月ノ節ナラバ、昼ノ半時ハ一回ト二分、夜ノ半時ハ一回ニ二分足ラザル故、昼ハ半時半時ニ二分ヅ、増シ、夜ハ二分ヅ、除《ヒキ》テ見ルベシ。故ニ昼九ツ半ハ平等時ノ一回ニ二分乗《カテ》、一回ト二分ニテ九ツ半。八ツハ平等時ノ二回ニ二ノ四分乗《カテ》、八ツ半ハ平等

時ノ三回ニ二三ノ六分乗《カテ》テ、七ツハ平等時ノ四回ニ二四ノ八分乗《カテ》、七ツ半ハ平等時ノ五回ニ二五十分ヲ乗《カテ》、暮六ツハ平等時ノ六回ニ二六ノ十二分乗《カテ》、六回ト十二分ニテ暮六ツ也。又夜六ツ半ヨリ二分ノ一乗《ヒトカテ》ヅ、減《ヘラ》シテ見ルベシ。故ニ夜六ツ半ハ平等時ノ七回ニ二五ノ十分乗《かけ》テ七回ト十分ニテ六ツ半也。五ツハ平等時ノ八回ニ二四ノ八分乗《カテ》、五ツ半ハ平等時ノ九回ニ二三ノ六分乗《カテ》、四ツハ平等時ノ十回ニ二二ノ四分乗《カテ》、四ツ半ハ平等時ノ十一回ニ二乗《カテ》、九ツハ十二回也。夜九ツ半ヨリハ平等時ヨリ二分ヅ、除《ヒキ》テ見ルベシ。故ニ夜九ツ半ハ平等時ノ一回ヨリ二分除《ヒキ》十二回ト五十八分ニテ九ツ半也。八ツハ平等時ノ二回ヨリ二二ノ四分除《ヒ》キ、八ツ半ハ平等時ノ三回ヨリ二三ノ六分除《ヒキ》、七ツハ平等時ノ四回ヨリ二四ノ八分除《ヒキ》、七ツ半ハ平等時ノ五回ヨリ二五ノ十分除《ヒキ》、明六ツハ平等時ノ六回ヨリ二六ノ十二分除《ヒキ》テ、五回ト四十八分ニテ明六ツ也。朝六ツ半ヨリ二分ヲ一乗《ヒトカケ》ヅ、減《ヘラシ》テ、コノ数ヲ以テ除《ヒク》ベシ。故ニ朝六ツ半ハ平等時ノ七回ヨリ二五ノ十分除《ヒキ》、六回ト五十分ニテ六ツ半也。五ツハ平等時ノ八回ヨリ二四ノ八分除《ヒキ》、五ツ半ハ平等時ノ九回ヨリ二三ノ六分除《ヒキ》、四ツハ平等時ノ十回ヨリ二二ノ四分除《ヒキ》、四ツ半ハ平等時ノ十一回ヨリ二除《ヒキ》、九ツハ十二回也。又日ノ至テ永キトキハ分ヲ乗除《カケヒキ》スルニ六十分ヲコスコト有リ。カヤウノトキハ分ヲ乗《カテ》テ六十ニナレバ平等時ニ一回増《マ》シ、又分ヲ除《ヒキ》テ六十分ニナレバ平等時ヨリ一回減《ヘラス》ベシ。委クハ紙上ニ尽シガタシ。工夫《クフウ》有ルベシ。又半時ヲ十分ニ割テ見ルニハ、タトヱバ正月ノ節ナラバ、昼半時六十二分、夜半時五十八分ナルユヱ、昼半時ノ一分ハ六分二厘、夜半時ノ一分ハ五分八厘ナリ。此分ヲ其時々ノ分ヨリ乗《カテ》テ見レバ、何時幾分過ト云フコト知ル、也。仮令《タトヘバ》正月ノ節、昼七ツ半ハ五回ト十分也。故ニコノ十分ヨリ六分二厘乗《カテ》レバ十六分二厘ニテ七ツ半一分過也。又六分二厘乗《カテ》、二十二分四厘ニテ七ツ半二分過也。余ハ推テ知ルベシ。

節々ノ間ニ数行ノ刻割ヲ置ノ弁

一、此書ニ節々ノ間ニ数行《クダリ》ノ刻割ヲ置クハ時ヲ委シク見ルベキガタメ也。又二八月中ノ前後ニハ一節ノ間ニ刻割ヲ六七行モ置キ、又十一月五月中前後ニハ一節ノ間ニ刻割ヲ置クコト無シ。如何トナレバ十一月中五月中ノ前後ハ一節ノ間ニ日輪南北エ度ヲ移スコト一度ニ満タズ、僅《ワヅカ》ニ四十五分也。故ニ長針ニテ一節ノ間ニ六分計違ヒ、又二八月ノ前後ニハ日輪南北エ度ヲ移スコト一節ノ間ニ六度十九分違フ故ニ長針ニテ一節ノ間ニ四十分計違フ也。然ルヲ世俗節々計ニ刻割ヲ置クハ誠ニ事理ニ暗クシテ用ニ立ガタシ。且ツ節々計リニ刻割ヲ置テハ東都ヨリ南北エヘダヽル国ニテハ尤用ニ立タズ。此ワケハ下ノ国々日ノ永短違ヒ有ルト云フケ条ニ記ス。

冬夏晨昏違ヒ有ル事

一、十一月ヨリ二月中マデ日輪北エ度ヲ移スコト二十三度三十一分。又二月中ヨリ五月中マデモ日輪北エ度ヲ移スコト二十三度三十一分ニシテ同ジコトナル故、十一月中ヨリ二月中マデト二月中ヨリ五月中マデト日ノ伸《ノビ》同ジ道理也。然ルヲ此書ニ十一月中ヨリ二月中マデハ日ノ伸少シテ刻割ヲ置クコト二十四行、又二月中ヨリ五月中マデハ日ノ伸《ノビ》多クシテ刻割ヲ置クコト二十八行也。如何トナレバ、冬ハ晨昏《シンコン》短ク夏ハ晨昏《シンコン》永シ〈日ノ入ヨリ暮六ツマデヲ昏ト云、明六ツヨリ日ノ出マデヲ晨トイフ〉此晨昏《シンコン》日々ノ伸《ノビ》、十一中ヨリ二月中マデハ伸《ノビ》少ク、二月中ヨリ五月中マデハ伸《ノビ》多キガ故也。此理ニヨリテ推《ヲス》トキハ五月中前後ハ一節ノ間ニ半時長針ニテ五厘タガヒ、十一月中前後ハ一節ノ間ニ半時長針ニテ三厘三毛違フ。然レドモ長針ニテワヅカノ厘毛ヲ論ジテモ時ヲ見ルニ益ナクシテ却《かえつ》テ時ヲ暗知スルノ害ニナル故、十一月中前後モ五厘違ヒトス。且ツソノ余ノ節ニモ厘毛ノ違ヒナキコトアタハザレドモ、時ヲ暗知スルノ害ヲ厭ヒ五厘ノ外、厘毛ヲ記セズ。

日本ノ内ニテモ国々日ノ永短違有事　幷　此書ノ前後ニ附餘ノ刻割ヲ置ノ弁

一、日ノ永短東西ハ幾千里隔《ヘダ》タルトモ違フコトナシ。南北エ隔《ヘダ》タルトキハ日本ノ内ニテモ違ヒアリ。其故ハ日本ヨリ五十四度北エ行クトキハソノ地、北極星ヲ頂ニ見テ、二月中ヨリ八月中マデハ昼計《ばかり》ニテ夜ナシ。夫ヨリ日々暗《クラク》ナリ、九月節ヨリ二月節マデハ夜計也。夫ヨリ日々明《アカ》クナリ、二月中ヨリ昼計ニナル也。又日本ヨリ三十度南エ行クトキハ赤道ノ直下ニシテ南北両極星モ地ト平等ニ見テ年中日ノ永短違ヒ有ルコト無シ。是ヨリ一度ニテモ南北ニヨレバ、日ノ永短違ヒアリ〈地ニテ三十六里ヲ一度トス〉。故ニ日本ノ地ニテモ北エヨル程日ノ永短違ヒ多ク、南エヨルホド日ノ永短違ヒ少シ。已ニ雲陽ニテ日ヲ試《コヽロ》ムルニ東都トハ少シ日ノ永短違ヒアリテ、東都ノ刻割ハ用ニ立《タヽ》ズ。然ルヲ節々計ニ刻割ヲ置テハ東都ヨリ南北エヘダヽル国ニテハ用ニ立ツコトナシ。所《イハ》謂膠柱調《ユルニカハノコトヂニシラブルコト》レ琴ノ類ニテ全ク死物也。因テ此書ニアラハス処ノ定刻ハ半時長針ニテ五厘違ヒニテ、年中ノ刻割ヲ置《オク》故、何国ニテモ節々ノ置《オキ》所ヲ其国々ニテヨクアタル処エ置替《オキカヘ》テ見ルベシ。尤《もつとも》然ルトキハ東都ヨリ日ノ短キ国ニテハ冬日置替《オキカヘ》テ見ルベキ刻割ナク、又東都ヨリ日ノ永キ国ニテハ夏日置替《オキカヘ》テ見ルベキ刻割ナシ。因テ此書ノ前後エ別ニ冬至ヨリモ一等日ノ短キ刻割ヲ置キ、又夏至ヨリモ一等日ノ永キ刻割ヲ置《オキ》テ、諸国ノ用ニ備《ソナ》フル也。依テ此書ヲ活《クワツ》測《ソク》ト名ク。

時辰儀雑論

一、西洋ノ地ハ一昼夜ヲ九十六刻ト定ム。依テ長針十五分廻ルヲ一刻トシ、一回ヲ四刻トス。二十四回ニテ九十六刻トナル。是一昼夜ナリ。依テ時辰儀ノ打方、先昼夜共九ニ数十二打、夫ヨリ一回スレバ一ツ、二回スレバ二ツト順々ニ長針ノ回数ヲ打ナリ。又、分打ハ十五分ヅヽニテ打方カワル。是一刻々々ヲ知ラスルタメナリ。　本邦ニテモ此分打ニテ時計ヲ見ズシテモ幾回ノ幾分ト云コト大概知ル、ナリ。故ニ夜中等時ヲ知ルノ辨トス。

一、時辰儀ニ早針《セコンド》ヲ附ルアリ。先長針一分ニシテ早針一回ス。是ノ早針ハ雷石炮等ノ遠近ヲ計ルノ用トス。気海観瀾曰、遥ニ見ニ放煩一、既見二其火一ヲ。而聞二クヲ礟鳴一ヲ。聞見遅速之有レ間。可レ知三音之速力不レ及二ルヲ光之速一。

音之速力概《シテ》毎《ニ》一秒時為二千尺余一〈一秒時ハ早針一分ノ間。尺ハ本邦ノ金尺ナリ〉。然《ドモ》風之順逆、気之厚薄亦差《やや》為二《スト》斯遅速強弱一《ヲ》。是ニ依テ算スレバ其烽火ヲ見テ音ノ聞ユルマデノ間ニ早針一分ヲクレバ、其隔ツコト大概三町計トシ早針十二分ヲクレバ一里計トス。然レドモ予イマダ是ヲ試ミズ。亦脈針ト号シ医家診脈ノ一助トスト云々。【○操練ノ時歩兵常歩早針一回ニ七十六歩。同急歩百八歩。行軍ノ時歩兵常歩八十五歩。同急歩百六歩。同疾歩二十歩。】

一、三十一日ヲサス針ヲ附ルアリ。　本邦ニテハ格別用ナキコトナレドモ、西洋ノ暦法ハ太陽暦ヲ用ユルユヱ、一ケ月ヲ三十一日ト定ムル月多クシテ、朔日ニ満月ノコトアリ。又十五日ニ半月ノコトナドアリ。且船中ニ年月ヲ経ルコト多シ。依テ日ヲ記スルニ労ス。故ニ日ヲ指ヲ以テ一助トスルナランカ。

一、又七曜ヲサスアリ。是其日ニアタル星ヲサスナリ。

本邦ノ暦ニ正月ノ下ニ土曜値朔日トアリ、二月以下ハ略シテ日よう、火ようナドト記セリ。是ミナ朔日ノ本曜ナリ。タトヱバ朔日日曜ナレバ、夫ヨリ月火水木金土ト順ニクリ、八日ハ又日曜ニカヱルナリ。西洋ニテ此七曜ヲ配スルコトノミ　本邦ノ暦ニ同クシテ且其当ル日モ亦、符合スト云〈観象図説ニ出ヅ〉。又万年時計ト号スルモノアリ。是ヲ懐ニスルトキハ人ノ動揺ニ依テゼンマイ自ラシマル。是旅行等ニ辨トス。其外年々船来ノ奇品多シ。枚挙スルニ遑アラズ。

天保四癸巳孟夏

定刻附餘

（表略）

右十五行東都ヨリ日ノ短キ国ノ用ニ備フ。東都ニテハ用無シ。

東都定刻

（表略）

東都定刻終

定刻附餘

右十五行東都ヨリ日ノ永キ国ノ用ニ備フ。東都ニテハ用無シ。

（表略）

跋

昔者聖人旋璣玉衡以齊二七政一以授二人時一云。西洋時辰儀亦其類也。彼則以レ此量二日之行度一而過二於溟渤之中一不レ迷。是器伝二于　本朝一已久矣。人略知二験理一而寡二明辨者一。小川友忠独精二於此推歩一。自思卒得レ知三長針応二天度一而著二一書一。名二活測《ママ》一。時辰儀之用。於レ此乎明矣。而前之疑団消然氷解。豈不レ媮快乎。一日友忠語レ予曰、夫子在二川上一曰、逝者如レ斯。夫聖人観レ於レ物其如。此人於二時辰儀一亦復爾。不三啻知二一日之景一。夫授時之宜亦不レ差乎。可レ謂三友忠喩二於義一者。予感二其言一因為レ之云爾。

雲藩侍医　藤山裕識

（参考・安政再刊増補部分）

後序

西洋時辰儀ノ我国ニ舶来スルコト尤久トシ雖、其用方ノ密ナルヲ悉ク明辨スル者寡《すくな》シ。天保年間雲藩小川友忠ナル者定刻活測ヲ著ス。之ヲ閲スルニ長針ヲ以テ時ヲ計リ、日ノ行度ニ当ツ。極メテ精密ナリト雖、世ニ行レズ。遺憾ナラズヤ。爰ニ於テ今歳猶《なお》校訂増補ヲ加ヘ同学諸君ノタメニ再ビ是ヲ梓ニ上ゲ、此器ヲ用ユルノ一助トナス。後人此書ヲ読テ、其用ヲ審ニセバ小川氏ノ遺意ヲ得ルノミナラズ、西洋人ノ精巧ヲモ知ルニ近カラント云。

安政四丁巳晩夏　佐倉　鈴木光尚誌

景表ヲ造ル事　増補

一、景表ハ水平ノ地ニ造ルヲ要ス。宜ク先ヅ水平ノ地上或ハ石上ニ一枚ノ板ヲ打釘スベシ。其板ノ水平ヲ定ムル法ハ先ヅ矩形ノ板ヲ造ルコト［イロ］ノ如クシ、其正中ニ錘ヲ懸クルコト［ハニ］ノ如クシ、此矩ヲ板上ニ当テ南北東西及ビ自余諸方ニ向ハシメ、其垂線常ニ正中ニ在ル時ハ其板正ニ水平ヲ得タル徴トス。是ニ於テ其板ノ正中ニ於テ一点ヲ定メ、コレヲ中心トシ、大小数重ノ圏ヲ造リ、其中心ニ一鍼ヲ建ツ。此鍼正直ニ垂線ニ合スルヲ要トス。コレヲ試ムルニ其四方ヨリ矩ヲ当テ少シモ歪斜ナキヲ以テ正トス。而シテ此板ノ南ニ当ル処ハ遮掩スル者ナク、日中前後共ニ太陽ヲ受クルヲ要トス。サテ、午前ニ於テ板面ヲ検スレバ鍼影西ニ落ルコトイロノ如クニシテ長ク外圏ニ達ス。漸午ニ近ヅクニ随テ影亦漸短縮シイハイニノ如ク内圏ニ触レテ北方ニ近ヅク。乃ロハニノ処ニ刻記シテ、午後鍼影東ニ落ツルヲ待ツ。コレヨリ鍼影短極ヲ過ギテ又漸長息シ、ホノ処ニテ最内圏ニ達ス。此処ニ記ヲ造リ、又少間シテ第二圏第三圏ニ触ル、ヲ待チ、各々記ヲルコトヘトノ如クシ、而シテ後ロトハヘニホノ正中ヲ定メ、其三処ヲ貫キテ中心ヨリ直線ヲ造ル。是即正南北ノ線ニシテモコレヲ延長スレバ即其地子午線ニシテ地球ノ経度ナリ。但コレヲ造ル最良時ハ夏至ノ頃トス。此時節ニハ太陽最高ク鍼影板上ニ画スルコト最確ナルヲ以テナリ。（この項には二つの図があるが略す）

【本書で用いた蘭学関係書使用テキスト一覧】

主要なものに限り、およそのジャンル別に掲げる。
＊はデジタル画像による。／以下は校異などに用いたものである。

青木昆陽　『和蘭文学略考』・日本思想大系64『洋学　上』（岩波書店刊）
宇田川玄随　『西洋医言』・早稲田大学図書館蔵＊
森島中良　『蛮語箋』・洋学資料文庫①所収影印（皓星社刊）
H・ドゥーフ　『道訳法児馬』・近世蘭語学資料第Ⅲ期所収影印（ゆまに書房刊）
桂川甫周　『和蘭字彙』・影印複製本（早稲田大学出版部刊）
稲村三伯　『波留麻和解』・近世蘭語学資料第Ⅰ期所収影印（ゆまに書房刊）
藤林普山　『訳鍵』・蘭学資料叢書5所収影印本（青土社刊）
奥平昌高　『蘭語訳撰』・京都大学言語学研究室蔵文化七年刊本の複製（臨川書店刊）
宇田川榕菴　『博物語彙』・早稲田大学図書館蔵＊

馬場貞由他　『厚生新編』・静岡県立図書館蔵（恒和出版刊）

前野良沢　『思思未通』『和蘭管蠡秘言』『和蘭訳筌』『金石品目』『七曜直日考』・早稲田大学蔵資料影印叢書『前野蘭化集』（早稲田大学出版部刊）／日本思想大系64『洋学　上』（岩波書店刊）
杉田玄白　『和蘭医事問答』・日本思想大系64『洋学　上』（岩波書店刊）
杉田玄白他　『解体新書』・安永三年刊本の復刻版（出版科学研究所刊）
大槻玄沢　『蘭学階梯』・日本思想大系64『洋学　上』（岩波書店刊）

大槻玄沢　『蘭訳梯航』・同右
大槻玄沢　『重訂解体新書』早稲田大学図書館蔵＊
大槻玄沢　『六物新志』・刊本は『江戸科学古典叢書』（恒和出版刊）所収の兼葭堂蔵板、稿本は同所収の究理堂文庫蔵『西産緒言』の影印
大槻玄沢　『蘭説弁惑』・『磐水存響』（思文閣出版刊）
大槻玄沢　『蘭畹摘芳』・常陸文庫蔵本影印（『江戸科学古典叢書』恒和出版刊）
宇田川玄随　『遠西名物考』・宗田一氏の翻刻（『渡来薬の文化誌』八坂書房刊）／重山文庫蔵本（筆写年不詳）。
宇田川玄真　『遠西医方名物考』『同補遺』・凮雲堂蔵版影印（『近世歴史資料集成　第Ⅴ期第Ⅺ巻日本科学技術古典籍資料　薬物学編【2】』科学書院刊）
宇田川玄真　『西説医範提綱』・凮雲堂蔵版青藜閣発兌文化二年刊影印（蘭学資料叢書3（青史社刊））
宇田川玄随　『西説内科撰要』・文化七年槐園蔵版（架蔵）
宇田川玄真　『増補重訂西説内科撰要』・国公立所蔵史料刊行会編、日本世論調査六研究所発行の原本複製版
橋本宗吉　『三法方典』・『江戸科学古典叢書』（恒和出版刊）
緒方洪庵　『病学通論』・安政四年刊適適斎蔵版の原本複製（国公立所蔵史料刊行会編日本世論調査六研究所発行）
高野長英　『医原枢要』・『高野長英全集』（同刊行会）
緒方洪庵　『扶氏経験遺訓』・安政四年刊適適齋蔵版＊（東京大学医学部図書館蔵）
本木良永　『天地二球用法』・東京大学附属図書館蔵＊および『日本哲学全書』（第一書房刊）の「星術本原太陽窮理

了解新制天地二球用法記」の解説（三枝博音氏）および中山茂「本木良永の天文書翻訳について」（蘭学資料研究会『研究報告』66、1960.7）中の翻刻

本木良永　『星術本原太陽窮理了解新制天地二球用法記』・早稲田大学図書館蔵＊及び『日本哲学全書』（第一書房刊）

本木良永　『和蘭地球図説』・広瀬秀雄「洋学としての天文学―その形成と展開―」（日本思想大系65『洋学　下』の解説）引用の翻刻

志筑忠雄　『暦象新書』・『文明源流叢書』（国書刊行会）／重山文庫所蔵（書写年不詳）

志筑忠雄　『天文管闚』・大崎正次「暦象新書の天明旧訳本の発見」（『科学史学研究』4・5、1942.1）の翻刻

志筑忠雄　『求心法論』・日本思想大系65『洋学　下』（岩波書店刊）

司馬江漢　『刻白爾天文図解』・文化五年刊春波楼蔵版（重山文庫所蔵）／『司馬江漢全集』（八坂書房刊）

『和蘭天説』・日本思想大系64『洋学　上』（岩波書店刊）及び『司馬江漢全集』（八坂書房刊）

吉雄南皐　『遠西観象図説』・日本思想大系65『洋学　下』（岩波書店刊）

『西説観象経』・早稲田大学図書館蔵＊

北島見信　『紅毛天地二図贅説』・京都大学附属図書館蔵＊

新井白石　『采覧異言』・『新井白石全集』（国書刊行会編）

新井白石　『西洋紀聞』・東洋文庫

司馬江漢　『和蘭通舶』・日本思想大系64『洋学　上』（岩波書店刊）

山村才助　『訂正増訳采覧異言』・蘭学資料叢書（青史社刊）

箕作省吾　『坤輿図識』・弘化三年刊夢霞楼蔵版＊（早稲田大学図書館蔵）

渡辺崋山　『外国事情書』・日本思想大系55『渡辺崋山 高野長英 佐久間象山 横井小楠 橋本左内』（岩波書店刊）

渡辺崋山　『再稿西洋事情』・同右

青地林宗　『気海観瀾』・明治時代の刊本（架蔵）／『日本科学古典全書』（恒和出版刊）

川本幸民　『気海観瀾広義』・嘉永四年刊静修堂蔵版＊（京都大学附属図書館富士川文庫蔵）／安政二年静修堂蔵版（架蔵）

廣瀬元恭　『理学提要』・嘉永七年刊平安時習堂蔵版＊（京都大学附属図書館富士川文庫蔵）また安政三年刊時習堂蔵版（重山文庫所蔵）

帆足萬里　『窮理通』・万延元年刊西崦精舎蔵版（重山文庫蔵）／『日本科学古典全書』（恒和出版刊）

橋本宗吉　『ヱレキテル訳説』・長濱重磨氏蔵本複製（橋本曇斎先生百年記念会刊）／『江戸科学古典叢書』（恒和出版刊）

橋本宗吉　『阿蘭陀始制ヱレキテル究理原』・同右

堀口多狆　『野礼機的爾全書』・『江戸科学古典叢書』（恒和出版刊）

宇田川榕菴　『菩多尼訶経』・矢部一郎『植学啓原＝宇田川榕菴　復刻と訳・注』（講談社刊）

伊藤圭介　『泰西本草名疏』・文政十二年刊花繞書屋蔵版複製本（ツュンベリー来日二百年記念出版・井上書店刊）

宇田川榕菴　『植学啓原』・天保五年刊菩薩楼蔵版影印（矢部一郎『植学啓原＝宇田川榕菴　復刻と訳・注』講談社刊）／風雲堂蔵版青藜閣刊（刊行年不詳・架蔵）

石井当光原訳・吉田正恭修定　『遠西独度涅烏斯草木譜』・早稲田大学図書館蔵資料影印叢書洋学編所収影印複製

宇田川榕菴　『舎密開宗』・天保八年刊須原屋伊八版＊（中村学園図書館蔵）

後藤梨春　『紅毛談』・明和二年梧陰菴蔵版（重山文庫蔵本）／『文明源流叢書』（国書刊行会刊）
森島中良　『紅毛雑話』・天明七年須原屋市兵衛版（重山文庫蔵）／『文明源流叢書』（国書刊行会刊）
杉田玄白　『蘭学事始』・岩波文庫本
志筑忠雄　『異人恐怖論』・『文明源流叢書』（国書刊行会刊）
本田利明　『西域物語』・『海表叢書』（更生閣刊）
山片蟠桃　『夢ノ代』・日本思想大系43『富永仲基　山片蟠桃』（岩波書店刊）
平賀源内　『火浣布略説』・日本随筆大成〈第二期〉
平賀源内　『物類品隲』・覆刻日本古典全集（現代思潮社刊）
宇田川榕菴　『蘭学重宝記』・天保十四年頃刊観自在楼蔵版（重山文庫蔵）
司馬江漢　『天地理譚』・菅野陽「司馬江漢著『天地理譚』」（『日本洋史学の研究Ⅳ』創元社刊）の天理図書館所蔵本を底本とする翻刻。及び『司馬江漢全集』（八坂書房刊）
宇田川榕菴　『宇田川榕自叙年譜』・早稲田大学図書館蔵＊
高野長英　『三兵答古知幾』・『高野長英全集』（同刊行会刊）
三浦梅園　『帰山録』・日本教育思想大系『三浦梅園』（日本図書センター刊）

初出一覧（既発表のものはすべて一書として形を調えるために書き改めている）

序篇　蘭書の訳述
翻訳の文体と漢語の術語　未発表原稿
三訳法の起源とその名称　（「同志社女子大学日本語日本文学」第26号　二〇一四年六月）

第一篇　天文学・暦学のことば
地動説という言葉―中山茂氏説続貂―　（「同志社女子大学学術研究年報」第61巻　二〇一〇年十二月）
〈惑星〉を意味する語の変遷　（「同志社女子大学学術研究年報」第63巻　二〇一二年十二月）
黄道十二宮の星座名について　（「同志社女子大学日本語日本文学」第25号　二〇一三年六月）
七曜日　未発表原稿

第二篇　地理学・地学のことば
五大州―鎖国時代の世界地理認識―　（「同志社女子大学学術研究年報」第60巻　二〇〇九年十二月）
「経・緯」と方角　（『国語語彙史の研究　三十三』二〇一四年三月）
本初子午線と東経三百六十度　未発表原稿
「化石」の語誌―東洋自然哲学と西洋科学の間―　（「同志社女子大学総合文化研究所紀要」第27巻　二〇一〇年三月）

第三篇　物理学・化学のことば
青地林宗による時間語彙の創出　（「同志社女子大学文学研究科紀要」第14号　二〇一四年三月）
「電気」―気の思想によるヱレキテルの理解―　（「同志社女子大学総合文化研究所紀要」第29巻　二〇一二年七月）

なぜ虹は七色か　（「同志社女子大学総合文化研究所紀要」第28巻　二〇一一年三月）

「元素」という言葉　（「同志社女子大学総合文化研究所紀要」第30巻　二〇一三年七月）

第四篇　植物学のことば

宇田川榕菴の植物部位名の特徴　（「同志社女子大学総合文化研究所紀要」第31巻　二〇一四年七月）

「鬚蕊・心蕊」から「雄蕊・雌蕊」へ　（『国語語彙史の研究　三十一』　二〇一二年三月）

木目と年輪　（『国語語彙史の研究　三十二』　二〇一三年三月）

「幹《みき》」と「茎《くき》」　未発表原稿

研究余滴

『泰西本草名疏』とシーボルト事件　（「同志社女子大学総合文化研究所年報」第62巻　二〇一一年十二月）

植物学という言葉　（『日本語学』第8巻第1号　二〇一二年一月）

『植学独語』の「霊蚕」存疑　未発表原稿

時刻を「〇字」と書くこと　未発表原稿

資料紹介

重山文庫所蔵伊藤圭介宛シーボルト書翰について　（「同志社女子大学総合文化研究所紀要」第26巻　二〇〇九年三月）

重山文庫蔵『泰西本草名疏』伊藤圭介自筆原稿　未発表原稿

小川友忠著『西洋時辰儀定刻活測』翻刻　未発表原稿

あとがき

箕作阮甫の『樅堂詩集』の序に、

余、幼にして詩を嗜《たしな》む。未だ東都に遊ばざるに、光風霽月、苟も度《わた》らざるなし。名山奇水、毎《つね》に一篇を題す。已《すで》にして東遊するや、西書に枕藉して、文筆を抛擲し、復《ま》た風月を嘲弄せず。星月に対しては距離を論じ、雷霆を聴きては越列吉爹児《エレキテール》を想ひ、必ず真理を考察して後ち已《や》む。（原漢文）

とある。阮甫にとってかつて抒情の対象であった自然は、蘭学を学ぶことによって究理の対象となった。阮甫に限らず、蘭学者たちの文章には蘭書の伝える世界の姿に瞠目して、蘭学を窮めようとする情熱と強い意志とが込められている。吉田光邦氏は西洋と比べて東洋で自然科学の発達が著しく後れたのは、自然観にその原因があると言われているが（『日本科学史』）、蘭学はその後れを一気に取り戻そうとしているようにも見える。

私が蘭学に惹かれるようになったのは、言語学者堀井令以知先生の依頼で新村出記念財団の設立二十五周年（二〇〇六年）記念事業のために博士の旧蔵書（重山文庫）の雑誌の目録作りと博士宛の書翰の整理のお手伝いをしたことがきっかけであった。木戸孝允（桂小五郎）の別宅を移築した新村博士の旧宅に毎週一回通い始めたのはもう十年前のことになる。新村博士は南蛮資料やキリシタン資料だけでなく、蘭学資料も多く収集されている。博士が厳選して手元に残されていた、それらの資料の一つひとつを手に取ることができたのは、文字通り有り難いことであった。その中には、その方面の研究を専門としている方々にも知られていないものも多くあった。本書の「資料紹介」に採り上げた伊藤圭介宛のシーボルト書翰の写しとその日本語訳、『泰西本草名疏』の伊藤圭介自筆の版下原稿はその一部である。これらを紹介することを許可して頂いた堀井先生（当時の財団の代表理事）は既にお亡くなりになられた。先生がお元気だったころ、新村出博士の令孫新村祐一郎氏、晩年の博士のお世話をされ、博士没後は財団の維持に大きな力を果たされている入江貞子さん、そして入江さんから礼儀作法までも厳しく教え込まれながら財団の仕事をこなしているアルバイトの学生さんたちと過ごした重山文庫の静かな月曜日の午後は、座敷の鴨居に掛かる勝海舟の雄渾な文字で書かれた「美意延年」の扁額とともに今も懐かしい。

本書に収めた拙論の多くは一語の中に重層化している文化を読み取ろうとしたものでもある。このことの面白さを教えていただいたのは、大学時代の恩師松下貞三同志社大学名誉教授であった。先生に教えを受けていた頃には理解できなかった言葉がある。「私が、漢語受容史の研究をしている、という研究主体と研究対象とを別のものと自覚している間は、まだ本当の研究ではない。漢語受容史のすみずみまで究め尽くして、私は、漢語受容史を生活している、それと自覚しないで漢語受容史を生きている、という状態に達した時、学は蘊奥を究めたといえる」（『漢語受容史の研究』和泉書院刊）。重層化している意味は我々の文化がたどってきた歴史そのものに他ならないが、明確な層が現れるのは外国語の文化を受容した時である。日本語が出会った外国語は、古代においては中国語であり、近代においてはポルトガル語ラテン語から始まるヨーロッパ諸語である。古代において国掛かりで行われた中国の言葉と文化の学習と江戸時代において数人の民間人から始まった蘭学が日本語と日本文化に与えた影響の大きさは改めて言うまでもない。蘭学者たちの蘭書訳述文は漢学の素養の上に成り立っている。我々はそうした重層化した文化を生きているのである。松下先生も幽明界を異にされて久しい。

「古の学者は己《おのれ》の為にし、今の学者は人の為にす」（『荀子』勧学篇）と言う。私が先に述べたようなきっかけから蘭学訳述書を読み始めたのは「己の為」であった。高校で学んだ程度の、それも半分忘れかけている理系の学問の知識を復習しようという目的のためであった。訳述されている内容は現在では時代遅れのものであっても、それらを読むことはその分野の基礎知識を一から知ることにもなると安易に考えたからである。しかし、訳述書を読み進めるうちに、蘭学者たちは彼らたちの素養としてあった漢籍の知識で、それとはまったく異なる西洋の考え方やその考え方に基づいて成立している学問をどのように理解し、どのような語でその違いを表現したかということに関心は移っていった。したがって、西洋と東洋の文化との出会いといった観点から、興味の対象は蘭学にとどまらず、時代を降り、あるいは遡って、南蛮貿易やキリスト教との接触によって伝えられたものや、広く洋学という語で呼ぶのが適切なものも調査の対象になっていった。その中から興味深く思われたものを主に学内の研究誌に発表したものが本書に収めた拙論の基となっている。

もとより初学《ういまなび》同様の立場であり、予断無く可能な限り用例を集めることから始めたので、用例集的なものになっているものが多い。それでも当然取り上げるべき用例を漏らしている一方で、その分野の専門家には掲げるまでもないものまで取り上げているのではないかと思う。山村才助は橋本宗吉の『喎蘭《おらんだ》新訳地球全図』に対して「蛇ニ足ヲ添ルノミ」「刪《けず》リテ可ナリ」「用モナキ支那ノ古書ヲ引テ俗人ニ博識ヲ示サントスルノミ」などと指摘し、「憶説ヲナスノミ」「自分ニハ理会セシト見ユレドモ人ニハ一向解スベカラズ」「コレヲ以テ世ニ刊行シ、自ラ欺キ又人ヲ欺ク。抑《そもそも》コレ名ヲ釁《ひさ》ガンガタメカ、恥ヲ求メンガ為ナルカ。果シテコレ何ノ為ゾヤ。識者ハ可レ笑」（『読喎蘭新訳地球全図』）と酷評している。人に自分の学識をひけらかす「人の為」の学問ではないかという批判である。本書も同様の批判を受けるかもしれない。調査を尽くし、十分に理解したつもりであっても、さらに勉強が進むと、不勉強を露呈しているものが目に付くようになる。そのつど抜き刷りに補訂しておいたものを本書に収めたが、それでもなお思い違いがあるかもしれない。碩学宇田川榕菴にして言う「西洋の古賢、言へること有り、曰く、学に究尽無く、生に来日少《ま》れなり、発明は得難く、考拠失し易しと。信なるかな」（『植学啓原』引）と。

江戸遊学から故郷の津山に帰った箕作阮甫は、師も友もない土地でもあり、必要とする書籍も容易に手に入らず、次第に家計も窮乏し、終には病も得て酒も飲むこともできなくなったと伝えられる。雨降り風吹く時に、悶々とした心を晴らすのには、若い時の楽しみであった詩作しかなかった。彼は六十五歳で没した。私も今年同じ年齢になったので、ひとくぎりの意味で本書を編むことにした。

最後になりましたが、貴重な資料の掲載を許可していただいた新村出記念財団にお礼申し上げます。

本書も前拙著『日本植物文化語彙攷』と同じく和泉書院に出していただくことにした。採算に合いそうもない拙著の出版を快く引き受けていただいた廣橋社長に感謝申し上げます。

■著者紹介

吉野　政治（よしの　まさはる）
一九四九年　福岡県に生まれる
一九七五年　同志社大学大学院文学研究科
　　　　　　修士課程修了
現在　同志社女子大学（表象文化学部）特任教授
一般財団法人新村出記念財団評議員　博士（文学）

【主要著書】『古代の基礎的認識語と敬語の研究』（和泉書院、二〇〇五年）、『日本植物文化語彙攷』（和泉書院、二〇一四年）、『漢字の復権』（日中出版、一九八八年）、『「天道溯原」を読む』（共編著、かもがわ出版、一九九六年）など。

研究叢書 460

蘭書訳述語攷叢

二〇一五年五月二五日初版第一刷発行
（検印省略）

著　者　吉野政治
発行者　廣橋研三
印刷所　亜細亜印刷
製本所　渋谷文泉閣
発行所　有限会社　和泉書院

大阪市天王寺区上之宮町七－六
〒五四三－〇〇三七
電話　〇六－六七七一－一四六七
振替　〇〇九七〇－八－一五〇四三

ISBN978-4-7576-0746-0　C3381